격차

THE DIVIDE

이 도발적인 책에서 제이슨 히켈은 '개발/발전' 담론의 지배적인 패러다임을 뿌리부터 뒤흔든다. 그는 표준적인 개발/발전 모델의 치명적인 결함을 폭로할 뿐만 아니라 그 잘못된 모델을 촉진하기 위해 가난한 나라에 제공되는 '개발 원조' 액수보다 불공정한 글로벌 경제 시스템을 통해 이들 나라에서 부유한 나라로 빠져나가는 자원이 훨씬 많다는 사실도 드러낸다. 히켈이 제안하는 제도 개혁과 지식의 재구성 방안은 그 자신도 인정하듯이 '미친 소리'로 들릴 수 있지만, 역사에는 미친 생각이 결국에는 인정받는 사례가 왕왕 존재한다. 이 책은 글로벌 경제 시스템이 어떻게 작동하는지, 또 가난한 나라들이 글로벌 경제 시스템 안에서 발전을 성취하려 할 때 어떤 어려움에 직면하는지에 대한 당신의 이해를 근본적으로 바꿔놓을 것이다.

· 장하준, 《그들이 말하지 않는 23가지》 저자

글로벌 불평등의 역사를 모르고서는 글로벌 불평등을 알 수 없다. 히켈은 글로벌 불평등의 역사를 한 겹 한 겹 풀어서 펼쳐놓는다. 독자들은 그 모든 것이 일으키는 분노에 치를 떨게 될 것이다.

· 케이트 레이워스Kate Raworth, 《도넛 경제학》 저자

빈곤을 생산하고 영속화하는 과정을 다룬 독보적이고 꼭 필요한, 없어서는 안 될 책이다. 제이슨 히켈은 '개발/발전' 및 원조 분야에 충격적인 비판을 가할 뿐 아니라 이 모든 것의 작동 방식에 대해 뛰어난 분석을 제시한다. 흥미롭

고 유려하게 쓰여진 이 책은 개발과 발전을 공부하고 있거나 이 분야에서 일하고 있거나 이 분야에 관심이 있는 모두에게 표준적인 교재가 될 것이다.

제이슨 히켈은 빈곤이 왜 존재하는지, 진보란 무엇인지, 그리고 우리가 어떤 존재인지에 대해 이제까지 우리가 들어왔던 것과는 매우 다른 이야기를 거침없이, 열정적으로 들려준다. 신화를 깨뜨리는 최고의 책이다.

제이슨 히켈은 글로벌 불평등을 둘러싼 해로운 신화를 해체한다. 히켈은 식민주의가 사라진 것이 아니고 단지 형태만 바뀌었을 뿐임을 보여준다. 폭발력 있는 정보와 충격적인 주장이 가득한 필독서다.

팩트, 분노, 그리고 따뜻한 마음으로 불꽃이 튀는 책이다. 이 지구상에서 함께 살아가는 동료 인간들에게 더 잘 작동하는 세상을 만드는 데 왜 우리 모두가 책임이 있는지 알고자 한다면 이 책을 읽길 바란다. 히켈은 찬사를 받아 마땅한 저자다.

글로벌 불평등의 핵심을 찌르는 시의적절한 책이다. 이 책에서 제이슨 히켈은 모든 곳의 정책 결정자에게 도전하고 있으며, 이 도전은 간과되어서는 안 된다. 가난한 나라들이 가난한 이유는 시스템이 그들을 위해 작동하지 않기 때문이다. 이것은 권력의 문제이며 정치적 해법을 필요로 하는 정치적 문제다. 그리고 그 해법은 대담하고 근본적이어야 한다.

• 조나단 바틀리Jonathan Bartley, 전 영국 녹색당 공동 대표

흥미롭고, 통념에 도전하며, 이면의 진실을 폭로하는 뛰어난 책이다. 이 책을 읽고 글로벌 불평등의 추악한 진실을 알게 되길 바란다.

• 프랜체스카 마르티네즈Francesca Martinez, 저술가·정치활동가

제이슨 히켈은 오늘날 우리 세계가 직면한 경제적 불평등에 대해 탄탄하고 설득력 있는 분석을 제시한다. 그는 유엔 같은 기관과 빌 게이츠 같은 자선가들, 빈곤 문제가 해결되고 있는 것처럼 보이게 하고자 사용하는 왜곡된 통계를 분석한다. 또한 오늘날 서구의 개발 및 자선 모델이, 마치 권력과 특권의 기존 구조를 뒷받침하기 위해 고안되기라도 한 것처럼, 빈곤 문제를 사실상 악화시켜왔음을 드러낸다. 궁극적으로 이 책은 공감과 책임의 공유에 토대를 둔 새로운 정치를 촉구한다.

• 대니얼 핀치벡Daniel Pinchbeck, 《지금은 얼마나 '곧'인가How Soon is Now?》 저자

21세기에 우리 세계가 직면한 어려움을 헤쳐나가는 데 어떤 희망이라도 가질 수 있으려면 반드시 읽어야 할 책이다. 탄탄한 논증과 유려한 글쓰기로 경제사, 국제 교역, 식민주의, 정치와 권력, 탈성장에 대한 논의들로 우리를 안내하면서 널리 퍼져 있는 통념에 도전한다. 히켈은 마치 투우사처럼 공식 기관들이 사용하는 통계 술책을 깨부수고 글로벌 빈곤과 불평등 상태에 대한 그들의 허구적인 낙관을 해체한다.

· 오픈 데모크라시 openDemocracy

국제개발과 국제관계학을 공부하는 모든 대학생에게 필수 교재가 되어야 할 책이다. 어떻게 해서 가난한 나라들이 부유한 나라들의 정책에 의해 궁핍화되었는지를 더할 나위 없이 잘 설명하고 있다.

· 앤 페티포 Ann Pettifor, 《화폐의 생산 The Production of Money》 저자

이 대담한 책에는 놀라운 팩트와 통념을 깨뜨리는 주장이 가득하다.

· 《지오그래피컬 Geographical》

불평등과 빈곤에 대한 우리의 이해에 일대 도약을 가져오는 책이다. 더 나은 세상을 실현하고자 하는 사람이라면 누구나 읽어야 한다.

· 알누르 라다 Alnoor Ladha, 정치활동가

철저한 자료의 뒷받침과 함께 읽기 쉽게 쓰여졌다. 세계의 수많은 사람들에게 '개발/발전'의 이름으로 강요된 고통과 비참함을, 그리고 오늘날의 세계에 대한 지배적인 '이야기'에 분노와 열정의 불을 끊임없이 지펴야 할 필요성을 시의적절하게 상기시키는 책이다. 국제개발과 불평등 논의의 입문서로 이보다 좋은 책을 찾기는 어려울 것이다. 의심의 여지가 없는 '필독서'다.

• 콤 리건Colm Regan, 아일랜드의 국제개발 교육활동가

근본적이고 독창적인 접근. (…) 세계의 발전과 지속 가능성에 대해 설득력 있고 정신이 번쩍 드는 대안적 설명을 제시한다.

•《아이리시 타임스Irish Times》

글로벌 불평등을 영속화하는 요인들을 해부하면서, 부자와 빈자 사이의 균열이 의도적으로 만들어진 게 아니라는 개념을 깨부순다.

•《퍼블리셔스 위클리Publishers Weekly》

세계의 부와 빈곤에 대한 전통적인 설명들을 날카롭게 분석하고, 구조적 불평등을 해결해 비참함을 완화할 수 있는 프로그램을 제시한다. 히켈의 주장은 독자들 중 신자유주의자인 사람들을 불편하게 만들겠지만, 경제 정의라는 대의를 위한 개혁이 필요함을 강력하고 설득력 있게 역설한다.

•《커커스 리뷰Kirkus Reviews》

히켈은 물질적 소비보다 인간의 기본적인 필요를 충족시키는 데 초점을 맞춘 개발 전략을 주창한다. 모든 독자가 공감할 수 있도록 쓰여진 이 책에서, 때로는 분노와 함께 우리의 눈을 띄워주는 히켈의 비판은 세계 경제의 불평등에 대해 더 깊이 생각하도록 자극을 준다.

• 《라이브러리 저널 Library Journal》

격차

제이슨 히켈

김승진 옮김 · 홍기빈 해제

빈곤과 불평등의
세기를 끝내기 위한
탈성장의 정치경제학

THE
DIVIDE

아를

대지의 저주받은 사람들*에게 이 책을 바칩니다.

---

* 'The Wretched of the Earth.' 프란츠 파농이 쓴 동명의 책 제목에서 따온 표현.

주위를 둘러보면 우리의 세상이 잔인한 불평등으로 찢겨 있다는 사실을 목도하지 않을 수 없습니다. 어떤 나라들은 상상조차 안 되는 물질적 풍요를 누리는 반면 어떤 나라들은 대대적인 박탈을 겪고 있으며, 수십억 명이 영양가 있는 음식이나 깨끗한 물과 같은 기본적인 필수품조차 확보하지 못한 채 살아가고 있습니다. 온전한 정신을 가진 사람이라면 눈앞에서 펼쳐지는 이러한 현실이 보이지 않을 수 없을 것입니다. 이런 불평등은 어디에서 시작되었을까요? 이 책에서 저는 글로벌 불평등이 자연적인 현상이 아님을 보여주고자 했습니다. 글로벌 불평등은 정상적인 경제가 돌아갈 때 불가피하게 발생하게 되는 특징이 아닙니다. 이것은 우리 세계를 지배하고 있는 **특정한 종류**의 경제 체제가 일으키는 결과이며, 그 체제는 바로 자본주의입니다.

'자본주의'라는 단어는 곧바로 혼동을 일으키곤 합니다. 대부분의 사람들은 이 단어를 들으면 비즈니스, 시장, 교역 등을 떠올릴 것입니다. 사람들이 물건을 생산하고 서로에게 판매할 수 있게 해주는 것들 말이죠. 여기에 반대할 사람은 없을 것입니다. 하지만 비즈니스, 시장, 교역은 자본주의가 생기기 수천 년 전부터 있었습니다. 자본주의는 겨우 500년 전에 서구 유럽에서 생겨난, 비교적 최근의 체제입니다. 이 특정한 경제 체제의 가장 중요한 특징을 하나만 꼽으라면, 근본적으로 '반민주주의적인 체제'라는 점일 것입니다.

무슨 의미인지 조금 더 명확히 할 필요가 있을 것 같습니다. 물론 많은 사람들이 정치 지도자를 주기적으로 직접 선출할 수 있는 제도가 갖춰진 나라에 살고 있습니다. 불완전하고 때로는 부패했을 수도 있지만, 아무튼 우리는 정치적 민주주의와 비슷한 무언가를 가지고 있습니다. 하지만 경제, 즉 생산 시스템에 대해 말하자면, 여기에서는 민주주의의 희미한 환상 같은 것조차 찾아볼 수 없습니다. 생산은 압도적으로 자본에 의해 통제됩니다. 여기에서 자본이란 거대 기업, 주요 금융 기업, 그리고 투자 가능 자산의 아주 많은 비중을 소유하고 있는 상위 1%를 말합니다. 무엇을 생산할지, 우리의 노동과 자원이 어떻게, 또 누구의 이익을 위해 사용될지는 모두 자본이 결정합니다. 그리고 자본의 입장에서 생산의 목적은 사람들의 필요를 충족시키거나 사회적 진보를 달성하는 것이 아니라 이윤을 극대화하고 축적하는 것입니다. 이것이 다른 모든 목적보다 중요한 최우선의 목적입니다.

자본은 지속적으로 축적의 규모를 키우려 합니다. 이를 위해서는 노동, 토지, 에너지, 물질 자원과 같은 투입 요소들의 가격을 가능한 한 낮춰야 하고, 계속해서 낮게 유지해야 합니다. 또한 이러한 투입 요소들의 공급을 계속해서 늘려야 합니다. 그런데 국가 경제의 한계 안에서는 이것이 그리 오래 지속될 수 없습니다. 국내의 노동력을 과도하게 착취하면 머지않아 혁명이나 과잉 생산의 위기에 직면하게 될 것입니다. 국내의 환경을 과도하게 착취하면 머지않아 모든 생산이 의존하고 있는 생태적 기반을 훼손하게 될 것입니다.

이러한 모순을 극복하기 위해서 자본주의는 언제나 '외부'를 필요로 합니다. 자신의 바깥에 존재하는 곳, 노동력과 자연 환경의 가격을 아무런 문제에도 봉착하지 않고 낮출 수 있으며 방대한 규모로 그것들을 가져다 쓸 수 있는 곳 말이죠. 저항을 억누를 수 있고 현지인의 불만이나 요구가 있어도 협상을 할 필요가 없어서 사회적, 생태적 피해를 '외부화'할 수 있는 곳을 필요로 하는 것입니다. 이 대목에서 식민지가 들어옵니다. 자본주의가 발흥하기 시작한 15세기 말부터도 세계 경제의 '중심부'(서구 유럽, 미국, 캐나다, 호주, 뉴질랜드, 일본)는 늘 '주변부'(남미, 아시아, 아프리카)의 자원과 노동을 대거 가져다 쓰는 데 의존해왔습니다. 자본주의의 발흥과 제국주의 프로젝트의 부상 사이에는 시차가 없습니다. 자본주의는 **언제나** 제국주의적 배열을 필요로 했습니다.

이는 자본주의 역사에서 첫 몇백 년간 매우 명백했던 사실이며, 이 책에서도 상세히 다루었습니다. 유럽의 식민주의자들은 주변부 지역의 자족적인 산업들을 파괴했고 중심부의 소비와 축적이 필요로 하는 바에 맞추어 생산을 강제로 재조직했습니다. 많은 역사학자들의 연구가 보여주듯이, 막대한 양의 가치가 주변부에서 중심부로 흘러 들어갔습니다. 이를 통해 주변부는 극심한 박탈과 비참한 여건에 처했고 대대적으로 목숨을 잃기까지 했습니다. 그러는 동안 중심부는 전례 없는 부를 쌓았습니다.

그런데 20세기 중반에 혁명이 일어났습니다. 반식민주의 운동이 식민 지배자를 전복시키는 데 성공했고, 이들은 곧바로 자신의 생산력에 대한 통제권을 되찾는 일에 착수했습니다. 이들의 목적은 자국민의 필요와 자국의 발전을 위해 자신의 생산을 조직하는 것이었습니다. 그리고 이들은 괄목할 만한 성공을 거두었습니다. 하지만 중심부의 열강들은 이를 달가워하지 않았습니다. 글로벌 남부 국가들이 실질적으로 주권을 갖는다는 말은 그들 자신을 위해 생산을 조직한다는 것을 의미했고 그들의 자원에 대한 그들 자신의 소비를 늘린다는 것을 의미했기 때문입니다. 이는 중심부가 접근해서 확보할 수 있는 자원을 줄이는 것이었습니다. 따라서 이러한 투입 요소들이 더 비싸졌고 자본 축적은 더 어려워졌습니다.

이 위기를 해결하기 위해 미국, 영국, 프랑스 등 중심부 열강들은 글로벌 남부에 개입했습니다. 많은 경우에 무력을 동원해 독립 국가의 정부를 전복하고 그 자리에 꼭두각시 정권을 세웠습니다. 이에 더해, 1980년대부터는 글로벌 남부 전역에 '구조조정 프로그램'을 부과했습니다. 이는 글로벌 남부에서 국가가 통제하던 산업을 해체했고, 노동과 자원의 가격을 다시 낮추었으며, 생산은 글로벌 상품망의 종속적인 위치에서 중심부를 위한 수출에 집중하도록 재조직되었습니다. 구조조정은 점령을 하지 않고도 제국주의적 배열을 복원했습니다.

이 배열의 결과가 오늘날의 모습입니다. 글로벌 남부에서 빠져나가는 노동, 자원, 제품의 방대한 순유출이 중심부 국가들의 경제적 풍요와 성장을 떠받치고 있는 모습 말이죠. 7년 전에 출간된 이 책에는 담지 못했지만, 최근에 진행한 연구에 따르면 그러한 순유출의 가치는 연간 수조 달러에 달하는 것으로 추정됩니다.[1] 이 불균등은 매우 극단적입니다. 자본주의 세계 경제를 작동시키는 데 필요한 자원의 80%와 노동의 90%를 글로벌 남부가 제공하고 있습니다. 그리고 글로벌 남부의 모든 사람들에게 좋은 주거, 영양가 있는 음식, 의료를 제공하는 데 **쓰일 수도 있었을** 막대한 생산 역량이 중심부의 기업과 소비자를 위해 대농장의 수출 작물과 노동 착취 공장의 제품들을 생산하는 쪽으로 들어가고 있습니다.

최근의 몇몇 연구는 우리가 전 세계 80억 인구 전체의 빈곤을 영원히 종식시키고 그들에게 좋은 삶을 보장해줄 수 있기에 충분한 정도 이상의 생산 역량을 갖추고 있음을 보여주었습니다. 심지어 현재 우리가 사용하고 있는 것보다 더 적은 자원과 에너지를 사용해서도 이러한 목적을 이룰 수 있어서, 생태적 목적까지 동시에 달성할 수 있는 것으로 나타났습니다.[2] 단, 생산이 **자본 축적이 아니라 인간의 필요를 위해 조직될 경우**에 말이죠. 그렇게 되려면 전 세계의 다수 인구가 생산 수단에 대한 민주적 통제력을 획득해야 합니다. 이것은 싸움입니다. 이것은 우리가 수행해야만 하는 투쟁입니다. 한국의 독자분들께도 이 책이 그 목적을 향한 의지와 희망의 계기가 될 수 있다면 기쁘겠습니다.

2024년 3월
제이슨 히켈

차례

일러두기

• 본문의 각주는 모두 옮긴이의 것이다. 간략하게 부연 설명이 필요한 경우에는 각주 대신 본문의 해당
 내용 옆에 옮긴이의 설명을 대괄호로 묶어 표시했다.

• 원문에서 이탤릭체로 강조한 부분은 고딕체로 표시했다.

• 본문 중 저자의 첨언은 소괄호로 묶어 표시했으며, 저자의 주석은 후주 처리했다. 후주에서 언급된 자
 료 중 국내에 번역, 출간된 책은 국내 출간 제목을 추가 표기했다.

• 단행본, 학술지, 신문, 기관이 발행한 보고서는 겹화살괄호(《 》)를, 논문, 기사, 단행본 내의 챕터는 홑화살
 괄호(〈 〉)를 사용했다.

만들어진 격차

어렸을 때 나는 스와질란드에 살았다. 아프리카 남동부에 자리 잡고 있으며 사면이 육지로 둘러싸인 작은 나라다. 여러 면에서 행복한 어린 시절이었다. 앞을 가로막는 울타리나 담벼락 하나 없이, 나는 친구들과 함께 풀이 듬성듬성 난 땅을 맨발로 뛰어다니며 놀았다. 장마철에는 나무를 엮어 둥지처럼 만든 작은 배를 불어난 물 위에 띄우고 온몸이 흠뻑 젖는 것까지도 즐거워하며 급류타기 놀이를 했다. 나무를 타고 놀다가 배가 고프면 언제든 망고, 리치, 구아바 같은 것들을 따 먹었다. 때때로 나른한 오후에 집에 있다가 심심해지면 시멘트 벽돌로 된 조그마한 우리 집을 나서서 언덕길을 따라 부모님이 일하는 진료소에 갔다. 맨들맨들한 콘크리트 바닥의 시원한 감촉, 마당의 그늘 아래로 불던 산들바람, 지금도 모두 생생하다. 하지만 가장 생생하게 남아 있는 진료소의 기억은 길고 길었던 줄이다. 나무 벤치나 짚으로 만든 깔개에 앉아서 진찰받을 차례를 기다리는 환자들의 줄이 문 밖

19

으로 구불구불 늘어서 있었고, 내 눈에 그 줄은 끝이 없어 보였다.

커가면서 나는 결핵, 말라리아, 티푸스, 빌하르츠 주혈 흡충증, 영양실조, 콰시오르코르(단백질 결핍성 영양실조) 같은 말들을 듣기 시작했다. 무서운 단어들이면서도 우리 집에서는 숱하게 등장해서 익숙한 단어들이기도 했다. 그때 우리가 어디에도 없던 최악의 HIV/AIDS 확산 사태 한복판에 있었다는 것은 더 나중에 알았다. 나는 부유한 나라에서는 쉽게 예방되고 치료되고 관리되는 질병들로 너무나 많은 사람들이 고통을 받고 있으며 생명까지 잃고 있다는 사실을 알게 되었다. 이루 말할 수 없이 끔찍한 사실 같았다. 그리고 나는 빈곤에 대해서도 알게 되었다. 내 친구들 대부분은 반복적으로 가뭄에 시달리면서 미미한 생계 수단으로 겨우겨우 살아가는 집의 아이들이거나 만지니(스와질란드에서 제일 큰 도시) 외곽의 슬럼가에서 일거리를 찾으려고 고전하는 집의 아이들이었다.

이들만의 이야기가 아니었다. 2010년 현재(이 글을 쓰는 시점에 자료를 구할 수 있는 가장 최근 연도다), 세계 인구의 60%가 넘는 약 43억 명이 하루 5달러 이하로 살아가고 있다. 인간으로서의 역량이 훼손될 정도의 빈곤 속에서 불안정한 생계를 이어가는 사람이 이렇게 많은 것이다. 이들 중 절반은 먹을 것을 충분히 구하지 못한다. 게다가 지난 몇십 년간 이 숫자는 계속 증가해왔다. 한편, 매우 부유한 사람들의 부는 인류 역사에서 본 적이 없는 수준으로 팽창했다. 이 글을 쓰고 있는 지금, 세계에서 가장 부유한 단 8명의 부가 하위 인구 절반이 소유한 부를 다 합한 것보다 많다는 발표가 바로 얼마 전에 나왔다.

글로벌 불평등의 양상을 살펴보는 한 가지 방법은 개인들 사이에 소득과 부가 어떻게 분포되어 있는지 알아보는 것이고, 실제로 많은 분석이 이렇게 이루어진다. 하지만 세계를 크게 지역별로 구분해 이들 사이의 격차를 살펴보면 더 분명한 그림을 볼 수 있다. 예를 들어, 2000년에 미국인의 평균 소득은 라틴아메리카의 9배, 중동과 북아프리카의 21배, 사하라 이남 아프리카의 52배, 남아시아의 73배였다. 그리고 이 숫자들 역시 지난 몇십 년간 계속 악화되어서, 1960년 이래 글로벌 북부와 글로벌 남부의 1인당 실질소득 격차는 거의 3배나 늘었다.

*

부유한 국가와 가난한 국가 사이의 '격차divide'[혹은 분리]는 늘 존재했고 이것은 그저 세계의 자연스러운 현상이라고 생각하기 쉬울 것이다. '격차'라든가 '분리'라고 표현하는 것 자체가 부유한 세계와 가난한 세계 사이에 어떤 단절이, 근본적인 불연속이 존재한다는 인상을 준다. 두 세계가 마치 두 개의 섬처럼 서로 연결되지 않은 채로 따로따로 존재해왔다는 듯이 말이다. 이러한 개념에서 출발하면, 두 세계 사이의 경제적 차이는 각각의 내부적인 요인을 통해 설명해야 할 문제가 된다(실제로 많은 연구가 이러한 접근을 취하고 있다).

이 개념이 글로벌 불평등과 관련해 우리가 누누이 듣는 표준 스토리의 핵심이다. 개발기구, NGO, 강력하고 부유한 나라의 정부 등은 가난한 나라가 겪는 고통이 올바른 제도와 올바른 경제 정책을 도입하고 약간의 원조를 받아서 열심히 노력하면 해결 가능한 기술적 수단의 문제라고 말한다. 이들은 가난한 나라가 세계은행 같은 국제기구에서 온 전문가들의 조언을 받아들이기만 하면 점차 빈곤을 벗어나 부유한 나라와의 간극을 좁힐 수 있다고 말한다. 익숙하고 안심되는 이야기이며, 우리 모두 살면서 적어도 어느 한 시기에는 믿고 동참하게 되는 이야기이기도 하다. 또한 이 이야기는 수십 억 달러 규모의 업계를 떠받치면서, 원조와 자선으로 빈곤을 종식시키고자 하는 NGO, 자선단체, 공익재단 등의 방대한 군단을 지탱시킨다.

하지만 이 이야기는 틀렸다. 세계의 지역들 사이에 존재하는 빈부의 간극이 자연스러운 현상이라는 이야기는 시작부터 우리를 오도한다. 1500년에는 소득과 생활 수준 면에서 유럽과 나머지 지역들 사이에 별 차이가 없었다. 알려진 바에 따르면 글로벌 남부의 몇몇 지역이 오히려 유럽보다 훨씬 잘살았다. 그런데 그 이후 몇 세기 동안 이들의 운명이 극적으로 달라졌다. 서구 열강이 나머지 세계를 하나의 국제 경제 시스템 안으로 옭아넣으면서 생긴 일이었다. 서로의 존재와 별개로 생긴 일이 아니라 서로의 존재로 인해 생긴 일이었던 것이다.

이러한 접근을 따른다면, 글로벌 격차의 문제는 부유한 국가와 가난한 국가가 각각 가지고 있는 내부적 특성의 문제라기보다(물론 이 부분도 없지는 않겠지만), 이 두 지역이 어떤 방식으로 연결되어 있는가의 문제가 된다. 부유한 국가와 가난한 국가 사이의 격차는 자연스럽거나 불가피하게 나타난 현상이 아니다. 이 간극은 **만들어진** 것이다. 그렇다면, 정확히 무엇 때문에 한쪽은 떠오르고 한쪽은 가라앉게 되었을까? 어떻게 해서 성장하는 지역과 쇠락하는 지역의 이러한 패턴이 500년 넘게 지속될 수 있었을까? 왜 불평등은 계속해서 악화하고 있을까? 그리고 왜 우리는 이런 것들을 모르고 있을까?

*

지금도 가끔씩 나는 부모님의 진료소 밖에 늘어서 있던 줄을 떠올리곤 한다. 여전히 어제처럼 생생하다. 그 줄을 떠올릴 때면 글로벌 불평등에 대한 이야기가 숫자, 도표, 특정 사건 등의 문제가 아니라는 사실을 새삼 상기하게 된다. 글로벌 불평등의 이야기는 실제 사람들과 실제 삶에 대한 이야기다. 국가와 사회의 열망에 대한 이야기이고, 수세대, 심지어는 수세기에 걸친 사회 운동의 이야기다. 때때로 의구심에 흔들려도 또다시 굳게 고수되는, 지금과는 다른 세상이 가능하다는 믿음의 이야기다.

전례 없이 극단적인 불평등, 데마고그[거짓되고 자극적인 연설로 대중을 선동하는 사람]의 부상, 산업 문명에 대한 기후의 복수로 점철된, 인류 역사상 가장 두려운 시대라 해도 과언이 아닌 오늘날, 우리에게는 그 어느 때보다도 희망이 필요하다. 실제로 효과를 낼 진짜 해법을 찾고 미래를 향한 길을 상상할 수 있으려면 세상이 왜 지금 같은 방식으로 구성되어 있는지 그 근원을 살펴봐야 한다. 확실한 사실은, 우리가 정말로 글로벌 빈곤과 불평등, 기아, 환경 붕괴와 같은 거대한 문제를 해결하게 될 거라면, 내일의 세상은 오늘의 세상과 매우 다른 모습이어야 하리라는 것이다.

마틴 루터 킹 주니어는 "역사의 궤적은 정의를 향해 구부러진다"고 말했다. 하지만 저절로 그렇게 구부러지지는 않는다.

THE

DIVIDE

1부

거대한 격차

1장
개발이라는 이름의 속임수

시작은 홍보 술책이었다. 1948년에 재선에 성공한 해리 트루먼 미국 대통령의 두 번째 임기를 앞두고 연설 비서진은 정신이 하나도 없었다. 이들은 1949년 1월 20일에 있을 취임 연설에서 대통령이 말할 만한 것, 무언가 울림 있고 설득력 있는 것을 만들어내야 했다. 선포하기에 적합한, 대담하면서도 흥분되는 무언가가 필요했다. 그들의 목록에는 세 가지 아이디어가 있었다. 첫째, 막 설립된 유엔에 대한 지지를 밝히는 것, 둘째, 소비에트의 위협에 맞서 저항을 촉구하는 것, 셋째, 마셜 플랜에 대한 지속적인 실천 의지를 천명하는 것. 하지만 어느 것도 가슴을 뛰게 할 만한 내용은 아니었다. 아니, 셋 다 너무 지루했고 이런 주제라면 언론은 대통령의 연설을 이미 지나간 뉴스 취급할 게 틀림없었다. 시대정신을 건드릴 만한 것, 미국의 영혼에 울림을 줄 수 있는 것이 필요했다.

답은 의외의 인물에게서 나왔다. 벤저민 하디는 국무부의 중간 지위쯤 되는 젊은 직원이었지만, 《애틀랜타 저널》 기자 출신으로서 어떤 메시지가 헤드라인으로 뽑힐 만한지 포착하는 데 뛰어난 감이 있었다. 대통령 취임사에 쓸 만한 참신한 아이디어를 구한다는 공지를 본 그는 상사에게 파격적인 아이디어 하나를 주장해보기로 했다. 바로 '개발/발전development'이었다. 제3세계가 개발과 발전을 이루어서 고통스러운 빈곤을 종식할 수 있도록 트루먼 행정부가 원조를 제공하겠다고 발표하면 어떻겠는가? 하디는 이것이 확실히 효과를 볼 수 있는 방법이라고 생각했다. 이 제안을 담은 보고서에서 그는 이 메시지가 미국인들에게 "심리적으로 가장 크게 영향을 미치기에도" 또한 "더 나은 세상을 향한 열망이 모든 곳에서 떠오르고 있는 보편적인 추세에 올라타 그 추세를 이끌기에도" 쉬운 방법이라고 주장했다.

하디의 상사들은 이 제안을 일축했다. 뜬금없고 위험한 아이디어였고 대중이 이해하고 공감하기에는 지나치게 새로운 아이디어 같았다. 취임 연설같이 중요한 자리에서 실험할 만한 가치는 없어 보였다. 하지만 하디는 이 기회를 그냥 흘려보낼 생각이 없었다. 그는 어찌어찌 백악관에 파고들어 트루먼의 보좌진들에게 이 아이디어를 강하게 밀었고, 그의 제안은 취임사 원고에 네 번째 포인트('포인트 포Point Four')로 덧붙었다. 백악관 내부에서 이 아이디어를 지지하는 사람들이 약간이나마 판을 깔아준 덕도 있었을 것이다. 트루먼은 이 원고를 채택했다.

이날 연설은 텔레비전으로 방송된 최초의 취임 연설이었다. 1월의 추운 오후에 1000만 명이 트루먼의 연설을 보았다. 단일 이벤트 기준으로 당시까지 최다 시청자 기록이었다. 이전 모든 대통령들의 취임 연설을 다 합한 것보다도 이날 트루먼의 연설을 본 사람이 많았다. 그리고 사람들은 트루먼이 한 말을 굉장히 좋아했다. "전 세계 인구의 절반이 넘는 사람들이 비참함에 가까운 여건에서 살아가고 있습니다. 그들은 먹을 것이 충분하지 않습니다. 그들은 질병에 희생되고 있습니다. 그들의 경제는 원시적이고 정체되어 있습니다." 하지만 그는 희망이 있다고 말했다. "역사상 처음으로 인류는 이들의 고통을 덜어줄 지식과 기술을 가지고 있습니다. 미국은 산업적, 과학적 기술과 기법의 발달에서 독보적인 나라입니다. (…) 미국이 가진 기술적 지식의 자원은 가늠조차 어려울 만큼 방대하고 계속 늘고 있으며 고갈될 수 없습니다." 이어서 이날의 하이라이트가 나왔다. "우리는 우리가 이룩한 과학 진보와 산업 발전의 혜택이 저개발 지역의 성장과 향상에 쓰일 수 있도록 새롭고 대담한 프로그램에 착수해야 합니다. (…) 이것은 평화, 풍요, 자유를 달성하기 위한 전 세계의 노력이 되어야 합니다."

물론 그러한 프로그램에 대해 구체적인 계획이 실제로 있지는 않았다. 그런 계획은 단 한 건도 없었다. '포인트 포'는 순전히 홍보 술책으로 연설에 포함되었을 뿐이었다. 그리고 효과가 있었다. 언론은 환호했다. 《워싱턴 포스트》부터 《뉴욕 타임스》까지 너나없이 이 내용을 휘황찬란하게 보도했다. 모두가 '포인트 포'에 흥분했고, 연설의 나머지 내용은 모두 잊혔다.[1]

*

포인트 포는 어떻게 해서 대중의 상상을 그렇게 사로잡을 수 있었을까? 떠오르고 있는 국제 질서를 생각하기에 매우 설득력 있는 틀을 미국인들에게 제시해주었기 때문일 것이다. 2차 세계 대전의 먼지는 가라앉고 있었고, 유럽의 제국주의도 무너지고 있었으며, 세계는 동등하고 독립적인 국가들의 집합으로서 새롭게 모양을 잡아가고 있었다. 유일한 문제는, 현실에서는 국가들이 전혀 동등하지 않다는 점이었다. 권력과 부의 면에서 국가들 사이에는 거대한 격차가 존재했다. 글로벌 북부 국가들은 굉장히 높은 삶의 질을 누리고 있었지만 세계 인구 중 훨씬 더 많은 비중을 차지하는 글로벌 남부 국가들은 인간으로서의 역량이 훼손될 정도로 극심한 빈곤의 수렁에 빠져 있었다. 미국 너머로 눈을 들어 세계를 응시하면서 글로벌 불평등이라는 야만적인 현실을 인식하게 된 미국인들은 이를 이해할 수 있는 새로운 틀이 필요했다.

바로 이 지점에서 포인트 포가 미국인들에게 매우 호소력 있는 내러티브를 제공했다. 이 내러티브에 따르면, 유럽과 북미의 부유한 나라들은 '개발/발전'되었다. 이들은 '진보의 위대한 화살'이 날아가는 궤적 위를 더 먼저 출발했다. 이들의 여건이 더 나은 것은 **이들이 더 낫기 때문이다**. 이들은 더 똑똑하고 더 혁신적이고 더 열심히 일하며 더 나은 가치관과 제도와 테크놀로지를 가지고 있다. 이와 달리, 글로벌 남부 국가들은 올바른 가치관과 정책이 무엇인지를 아직 알지 못해서 가난하다. 그들은 여전히 뒤처져 있고 '저개발/저발전' 상태에 있으며 개발/발전된 나라들을 따라잡는 데 고전하고 있다.

이 이야기는 미국인들을 근본적으로 긍정해주는 이야기였다. 미국인이 그들 자신을 좋게 생각할 수 있게 해주었고, 미국이 이룬 성취와 세계에서 미국이 점하고 있는 위치를 자랑스러워할 수 있게 해주었다. 하지만 더 중요한 것은, 미국인들이 고귀함을 느낄 수 있게 해주었다는 점일 것이다. 이 이야기는 우주적 목적이라 불러도 좋을 만한 고차원의 목적을 제시해주었다. 이제 우리 '개발된 국가developed countries'[선진국]들은 가난한 사람들의 구원자가 될 것이고 그들에게 희망의 횃불이 될 것이었다. 우리는 가난한 나라의 가난한 사람들을 직접 찾아가서 우리의 풍요로움을 너그럽게 나누어 줌으로써, 글로벌 남부의 '원시적인' 나라들이 우리가 먼저 놓은 성공의 길을 따라올 수 있게 도울 것이었다. 우리는 전례 없는 평화와 번영의 세계로 가는 길을 이끌 영웅이 될 것이었다.

요컨대, 포인트 포는 글로벌 불평등이라는 현실에 대한 만족스러운 설명과 해결책을 동시에 제공했다. 같은 이유에서, 머지않아 서구의 다른 나라들도 이 스토리를 냉큼 집어 들었다. 식민지에서 철수해야 했을 때, 영국과 프랑스는 그들 자신과 그들이 오랫동안 지배했던 사람들 사이에 지속되고 있는 끔찍한 불평등을 설명할 새로운 방법이 필요했다. 이 점에서, 모든 나라가 진보의 위대한 화살이 날아가는 궤적을 타고 가는데 다만 아직 그 궤적 위의 서로 다른 지점에 있는 것일 뿐이라고 말하는 '개발/발전' 이야기는 편리한 알리바이를 제공했다. 이 이야기는 식민 지배를 받았던 국가들이 계속해서 겪고 있는 비참함에 대해 서구가 책임을 회피할 수 있게 해주었고, 전에 서구가 의지했던 노골적인 인종주의 이론에 비하면 받아들이기도 덜 불편했다. 그뿐 아니라, 세계 속에서 자신들이 수행하는 역할이 무엇인지를 전 세계 사람들에게 새로운 방식으로 각인시킬 수 있었다. 제국적 권력을 우아하게 내려놓고 이 세상의 동료 인간들을 위해 너그럽게 원조를 제공하는 존재로 말이다.

서구 사람들의 귀에는 믿을 수 없을 만큼 듣기 좋은 이야기였다. 이것은 그저 또 하나의 이야기에 불과한 것이 아니었다. 여기에는 장엄한 신화의 요소가 모두 담겨 있었다. 이 이야기는 사람들이 세상에 대해, 인간의 진보에 대해, 우리의 미래에 대해 생각하는 개념들을 구성하는 데 주춧돌을 제공했다.

지금도 개발/발전 이야기는 호소력이 크다. 우리는 이 이야기를 보이는 모든 곳에서 접한다. 옥스팜Oxfarm이나 트레이드Traid 같은 단체가 운영하는 자선 상점의 형태로, 세이브더칠드런이나 월드비전 같은 구호 기관의 TV 광고 형태로, 세계은행이나 국제통화기금의 연례 보고서 형태로 접하고, 전 세계 국가의 GDP 순위를 볼 때마다 접한다. 보노나 밥 겔도프 같은 록 스타와 빌 게이츠나 조지 소로스 같은 억만장자에게서, 또 우르르 모여든 아프리카 아이들에게 에워싸인 카키색 복장의 마돈나와 안젤리나 졸리에게서도 접한다. 라이브에이드 콘서트 같은 형태로도 접하고, 매년 연말 시즌이면 도처에서 들리는 "그들은 크리스마스인 줄 알고 있을까요?Do They Know It's Christmas?"처럼 유명인들이 참여해 제작한 기금 마련용 싱글 앨범의 형태로도 접한다. 모든 주요 대학이 개발 프로그램과 관련된 학위 과정을 두고 있으며, 지난 몇십 년 사이에 우후죽순 생겨난 수천 개의 NGO를 속속 채우면서 전문직 집단 하나가 통째로 생겨났다. 개발은 모든 곳에 있다. 그리고 수백만 명, 수억 명의 평범한 사람들이 참여할 수 있는 의례화된 행동들도 생겨났다. 탐스슈즈[소비자가 한 켤레를 구매하면 한 켤레를 제3세계 아이들에게 기부한다.] 신발을 산다든지, 잠비아의 결연 아동을 후원하기 위해 매달 몇 달러를 낸다든지, 여름방학 때·놀러 가는 것을 포기하고 온두라스에 자원봉사를 간다든지 하는 식으로 말이다.

서구의 거의 모든 사람이 적어도 어느 한 시점에서는 이 이야기를 접하고 거기에 참여한다고 해도 과언이 아닐 것이다. 이 이야기는 어디에나 있다. 그리고 이 이야기는 1000억 달러 이상이 움직이는 커다란 업계가 되었는데, 이 규모는 미국에 있는 모든 은행의 수익을 합한 것과 맞먹는다.[2]

*

개발 이야기는 우리가 그것을 자명하다고 여기게 되었을 정도로 우리 문화에 깊숙이 뿌리 박혀 있다. 얼핏 보면 맞는 말 같기도 하다. 나 역시 젊은 성인 시기의 상당 기간 동안 이 이야기를 열정적으로 믿었다. 대학 진학을 위해 스와질란드를 떠나 미국으로 온 나는 내가 자란 세계와 완전히 다른 세계를 마주했다. 거대한 집, 어마어마하게 큰 자동차, 매끈한 새 도로와 넓찍하게 트인 쇼핑몰 등 이곳은 과잉으로 가득한 세계였다. 하지만 스와질란드를 그저 뒤에 두고 갈 수는 없었다. 나는 내가 한 발씩 걸치고 있는 두 세계 사이의 깊디깊은 물질적 간극에 대해 이유와 해법을 찾고 싶었고, 개발 이야기에서 답을 (그리고 희망을) 찾았다.

대학 마지막 해에 나는 인도 북동쪽 끝에 위치한 외진 주 나갈랜드로 가서 현지의 한 마이크로파이낸스[가난한 사람들에게 담보 없이 소액 대출을 해주는 것] 단체에서 일했다. 흥분되고 보람 있었다. 개발 이야기의 일부가 되고 나니 기업 세계에서는 어떤 일을 했더라도 가질 수 없었을, 무언가 가치 있는 일을 한다는 느낌과 모종의 사명감이 들었다. 이 일은 내가 대단히 중요한 것의 일부가 된 양 느끼게 해주었다. 나 자신이 고귀해진 것 같았다.

졸업 후에도 이 분야에 헌신하겠다는 열정에 불타서 세계에서 가장 큰 NGO 중 하나인 월드비전에 취직해 스와질란드로 돌아갔다. 만지니와 모잠비크의 국경 사이 저지대를 가로지르는 도로 외곽에 음파카라는 마을이 있는데, 그곳을 근거지로 삼아 스와질란드 곳곳에서 물 공급부터 보건까지 수많은 종류의 프로젝트에 참여했다. 이번에도 개발 이야기의 일부가 된다는 것이 주는 고양된 감각을 느낄 수 있었다. 하지만 처음의 흥분이 사라지고 난 뒤에 점차로 몇 가지 어려운 질문에 맞닥뜨렸다. 아주 작은 나라인 스와질란드에서 우리는 오랫동안 수백만 달러의 후원금을 들여가며 수십 개의 프로젝트를 진행했다. 월드비전만이 아니었다. 이곳에서 우리와 동일한 문제들을 다루기 위해 일하고 있는 NGO는 아주 많았다(글로벌 북부의 공여국들에서 나오는 꾸준한 원조 자금 덕분에 국제개발 분야는 상당히 규모가 커져 있었다). 그런데도 전체적으로 보면 아무것도 진정으로 변화하고 있는 것 같지는 않아 보였다. 이렇게 많은 노력을 기울였는데도 스와질란드 사람들 대부분은 왜 이렇게 계속해서 가난한가? 밑 빠진 독에 물을 붓고 있는 것 같았다.

월드비전은 내게 스와질란드에서 진행한 개발 활동이 왜 기대대로 성과를 내지 못하는지 분석하는 일을 맡겼고, 나는 월드비전의 개입이 정작 중요한 핵심을 놓치고 있었기 때문이라는 사실을 발견했다. 세상을 설명하는 그들의 이야기(트루먼에게서 거의 그대로 빌려온 이야기였다)에 기반해서, 그들은 스와질란드 사람들에게 필요한 것은 빈곤에서 벗어나도록 도와줄 약간의 자선이라고 가정했다. 월드비전은 죽어가는 에이즈 환자들을 돌보고, 실업자를 위해 소득 창출 프로그램을 실시하고, 농민들에게 새로운 농사법을 교육하고, 아이들의 교육을 위해 자금을 지원했다. 물론 이런 프로젝트가 도움이 안 된 것은 아니지만, 문제의 진짜 원인을 다루고 있지는 않았다. **애초에** 에이즈 환자들은 왜 죽어가고 있었는가? 나중에 나는 이것이 제약 회사들이 자사가 특허를 가진 약품에 대한 복제약을 스와질란드가 수입하지 못하도록 막아서 생명을 살릴 수 있는 약품의 가격이 감당 못할 정도로 높았던 것이 한 요인이었음을 알게 되었다. 왜 농민들이 땅에서 나오는 소출로 생계를 꾸릴 수 없었는가? 나는 이것이 보조금을 받아 생산된 미국과 유럽연합의 농산물이 스와질란드 농가를 낮은 가격으로 치고 들어온 것과 관련 있다는 사실을 알게 되었다. 왜 스와질란드 정부는 기본적인 사회 서비스를 제공하지 못했는가? 나는 이것이 스와질란드 정부가 막대한 대외 채무에 짓눌려 있고, 그로 인해 사회적 지출을 줄여 그 돈을 부채 상환에 먼저 쓰도록 서구 은행들로부터 강요받고 있었기 때문이라는 것을 알게 되었다.

더 파고들수록 스와질란드에서 빈곤이 도무지 사라지지 않는 이유가 스와질란드 바깥에 있는 문제들과 크게 관련되어 있음을 알 수 있었다. 글로벌 경제 시스템이 스와질란드 같은 나라들로서는 유의미한 발전과 개발을 하기가 거의 불가능한 방식으로 조직되어 있다는 것이 점차 분명해졌다. 이런 사실들에 나는 충격을 받았다. 하지만 미국이나 호주에서 때때로 현장을 방문하러 오는 월드비전 관리자들에게 이야기하자 그들은 내가 언급한 내용들이 너무 '정치적'이라고 했다. 제약 회사의 특허, 교역 규칙, 대외 채무 같은 이슈를 생각하는 것은 월드비전이 할 일이 아니라는 것이었다. 관리자들은 우리가 이러한 이슈를 제기하기 시작하면 1년도 못 가서 후원금이 끊기게 될 거라고 말했다. 특허, 교역, 부채와 같은 글로벌 경제 시스템이 우리의 후원자들, 즉 우리에게 후원금을 기부해서 우리가 이 일을 할 수 있게 해주는 사람들을 부유하게 만들어주지 않았는가? 그러니 그런 이슈들에 대해서는 입을 다무는 게 나았다. 배를 흔드는 일은 하지 말고, 아동 결연 프로그램 같은 것에 계속 집중하는 것이 현명한 일일 터였다.

미몽이 깨지고 좌절한 나는 월드비전을 떠나 스와질란드만이 아니라 글로벌 남부 전체의 빈곤에 내재한 구조적이고 본질적인 원인을 최대한 많이 알아내겠다고 결심하고 학계로 돌아왔다. 왜 소수의 국가들은 상상을 초월하는 부를 누리는데 너무나 많은 다른 국가들은 수십 년간의 '개발' 노력에도 불구하고 여전히 고통스러운 빈곤에서 벗어나지 못하는지, 그 이유를 알아야 했다.

점차로 나는 부유한 나라와 가난한 나라에 대해 우리가 들어온 이야기가 틀렸다는 사실을 알게 되었다. 현실은 우리가 익숙하게 들어온 내러티브와 정반대였다. 우리가 들으려고만 한다면, 그 내러티브와 매우 다른 이야기가 존재한다. 이 새로운 이야기는 우리가 빈곤이 존재하는 원인에 대해 생각하는 방식을 바꿔놓을 것이다. 우리가 진보에 대해 생각하는 방식을 바꿔놓을 것이다. 나아가 우리가 우리 자신의 문명에 대해 생각하는 방식, 우리 삶의 양식을 생각하는 방식, 미래에 세상이 어떤 모습이어야 할지를 생각하는 방식도 완전히 바꿔놓을 것이다.

인류학자들은 핵심 신화의 구조가 달라지기 시작할 때 사회의 다른 모든 것도 달라지기 시작하며 전에는 상상조차 못 했던 새로운 가능성들의 문이 열린다고 말한다. 신화가 해체될 때, 혁명이 일어난다.

신화가 무너지기 시작하다

개발 이야기가 그토록 호소력 있는 이유 중 하나는 기본적으로 이것이 성공 내러티브이기 때문이다. 안 좋은 소식으로 가득한 세상에서 마음 따뜻해지는 한 움큼의 좋은 소식인 것이다. 부유한 나라들의 너그러운 원조 덕분에 글로벌 빈곤과의 싸움에서 놀라운 진전을 이뤄왔고 인간이 겪는 물질적 결핍은 곧 역사의 쓰레기통으로 사라질 것이라고 말이다. 이와 같은 희망적인 이야기는 수십 년 동안 사람들을 고무했고 수백만 명의 열정적인 사람들이 개발 분야에 뛰어들게 했다. 하지만 최근에 이러한 열정은 수그러들고 있는 듯 보인다. 사람들은 짐을 싸서 배에서 내리거나 조용히 파티장을 빠져나가고 있다. 개발기구들은 사람들이 개발이 더 이상 효과가 없다고 믿는다는 데 충격을 받아 이를 분석하는 보고서들을 내놓고 있다. 최근 영국의 국제

개발기구 네트워크인 본드Bond는 설문조사 결과를 분석하면서 "빈곤을 근절하려는 노력이 많은 대중이 보기에 실패한 것으로 여겨지고 있는 것 같다"며 "원조와 국제개발 운동의 실효성에 대해 회의적인 태도가 증가하고 있다"고 언급했다.

개발기구들은 이러한 경향을 이해하기 어려워한다. 그들 생각으로는 개발이 놀라운 성공을 거두었기 때문이다. 그들에 따르면, 개발 노력 덕분에 아동사망률과 모성사망률 등에서 놀라운 향상이 있었고 빈곤이 근절된 세계에 더 가까이 갈 수 있었다. 몇몇 성취는 실제로 굉장히 인상적이다. 예방 가능한 원인으로 사망하는 아동의 수가 1990년 1700만 명에서 2013년에는 800만 명 이하로 줄었다. 같은 기간에 출산 도중 사망하는 산모도 47%나 감소했다. 이러한 통계는 당연히 환호할 만하다.[3] 하지만 국제개발 분야는 일부 영역에서의 성취를 개발 프로젝트 전반의 성공으로 생각해주길 바라는 듯한데, 대중은 그렇게 생각하지 않는다. 일각에서 작은 승리가 있었을지는 모르지만 전체적으로 상황은 그리 나아진 것 같지 않고 어쩌면 악화되었을지도 모른다고 생각하는 것이다. 국제개발 분야는 전 세계의 기아를 종식시키겠다거나 빈곤을 과거의 일이 되게 만들겠다는 약속을 실현하는 데 반복적으로 실패했다. 그렇다면, 여기에 왜 돈을 더 준단 말인가? 왜 그들이 잘못된 희망을 촉진하게 둔단 말인가?

그리고 대중의 생각이 맞았다. 기아를 예로 들어보자. 1974년에 로마에서 유엔의 첫 세계식량회의가 열렸을 때 미 국무장관 헨리 키신저는 10년 안에 기아가 근절될 것이라고 장담했다. 당시에 세계 기아 인구는 4억 6000만 명이었다. 하지만 사라지기는커녕 기아는 꾸준히 악화되었다. 오늘날[2012년 기준] 기아 인구는 가장 보수적인 추산치로도 약 8억 명이며, 더 현실적인 추산치로는 세계 인구의 거의 3분의 1인 약 20억 명에 달한다.[4] 굶주리는 인구가 느는 것보다 국제개발의 실패를 더 상징적으로 보여주는 것도 없을 것이다. 우리가 매년 전 세계 인구 70억 명[2012년 기준]을 다 먹이고도 추가로 30억 명을 더 먹일 수 있을 만큼의 식량을 생산하고 있는 것을 생각한다면 더욱 그렇다.[5]

빈곤은 어떨까? 오랫동안 국제개발 분야는 극빈곤이 꾸준히 줄었다고 말해왔다. 2015년에 유엔은 새천년개발목표Millennium Development Goals, MDG* 최종 보고서에서 빈곤율이 1990년 대비 절반으로 줄었다고 발표했다. 이 공식적인 '좋은 소식 내러티브'는 언론을 통해 전파되었고 NGO들에 의해 끝없이 반복되었다. 하지만 이 숫자는 오도의 소지가 매우 크다. 첫째, 빈곤 감소의 거의 대부분이 단 하나의 장소, 중국에서 벌어졌다. 둘째, 이 '좋은 소식 내러티브'는 빈곤 인구의 절대 수가 아니라 비중을 이야기하고 있다. 하지만 정부들이 빈곤 감소의 진전을 측정하는 데 사용하기로 했던 원래의 지표는 빈곤 인구의 절대 수였고, 절대 수로 보면 빈곤 인구는 측정이 시작된 1981년에도 10억 명이었고 지금도 10억 명이다.[6] 35년 동안 향상이 없었던 것이다.

더구나 이것은 빈곤선을 가장 낮게 잡았을 때의 숫자이고, 더 현실적인 빈곤선으로 보면 상황은 더 나쁘다. 공식적인 글로벌 빈곤 지표는 하루 1.25달러 이하로 살아가는 사람들의 숫자를 센다. 하지만

• 빈곤을 줄이기 위해 전 세계가 최초로 공개 천명한 국제적인 노력으로, 2001년부터 2015년까지 15년간 달성할 목표를 설정했다.

글로벌 남부의 많은 국가들에서 하루 1.25달러는 존엄하게 사는 것은 고사하고 생존 자체에도 충분치 않은 액수다. 많은 연구자들이 만 5세 이전에 사망하지 않고, 먹을 것을 충분히 확보할 수 있으며, 정상적인 기대수명에 도달할 수 있으려면 적어도 그것의 4배는 되어야 한다고 본다.[7] 더 현실적인 이 기준으로 글로벌 빈곤을 측정하면 어떻게 될까? 빈곤 인구가 43억 명이 된다[2010년 현재 기준]. 유엔이 우리에게 믿게 하려는 숫자의 4배이고 전체 인구의 60%가 넘는다. 게다가 이 빈곤선으로 보면 빈곤은 **악화되어왔다**. 1981년에 비해 빈곤 인구는 무려 10억 명이 늘었다. 지난 몇십 년 사이 늘어난 글로벌 빈곤의 규모가 미국 인구의 3배에 달하는 것이다. 이러한 숫자들은[8] 상상하기 어려운 인간의 고통을 담고 있다.

그러는 동안 불평등은 폭발적으로 증가했다. 식민주의가 끝난 1960년에 가장 부유한 나라의 1인당 소득은 가장 가난한 나라 1인당 소득의 32배였다. 큰 격차다. 그리고 국제개발 분야는 이 격차가 줄어들 것이라고 말했지만 그렇게 되지 않았다. 오히려 이후 40년간 격차는 4배 이상 늘어서 2000년에 이 비율은 무려 134대 1이었다.[9] 이와 동일한 패턴을 국가보다 큰 지역regional 수준에서도 볼 수 있다. 세계 패권국인 미국과 개발도상국이 많은 라틴아메리카, 사하라 이남 아프리카, 남아시아, 중동 및 북아프리카 사이의 격차는 1960년부터 지금까지 약 3배가 늘었다.[10] 후발 주자가 선발 주자를 '따라잡는' 이야기라고는 전혀 볼 수 없다. 개인 수준에서 보면 글로벌 불평등 추세는 심지어 더 심각하다. 2014년 초에 옥스팜이 발표한 자료에 따르면 세계에서 가장 부유한 85명이 하위 절반인 36억 명이 가진 부를 다 합한 것보다 많은 부를 가지고 있었다. 그런데 그다음 해에 상황은 더 나빠졌고 그 이후에도 마찬가지여서, 2017년 초에 다보스 세계경제 포럼에서 옥스팜은 이제 가장 부유한 8명이 하위 절반인 38억 명보다 많은 부를 소유하고 있다고 밝혔다.

이런 사실들이 국제개발 분야가 전파하려 하는 성공 내러티브에 얼마나 치명적인지는 말할 필요가 없을 것이다. 이렇게 심하게 현실과 괴리된 이야기를 오랫동안 계속할 수는 없기 때문이다. 언젠가는 무언가가 포기되어야 한다.

국제개발 분야는 이 같은 존재론적 위기에 대응하기 위해 허둥지둥 애쓰고 있다. NGO들은 후원자 기반이 줄어드는 추세를 되돌리기 위해 고전 중이다. 많은 NGO들이 국제개발에 대한 부정적 인식을 불식하고 사람들을 옛 내러티브에 다시 동참하게 만들기 위해 비싼 돈을 주고 홍보 대행사를 고용한다. 이에 성공하느냐 못 하느냐에는 걸려 있는 것이 아주 많다. 개발/발전 담론이 무너지면 현재의 글로벌 경제 질서에 대한 그 밖의 확신들도 무너질 것이기 때문이다. 수십 년간의 국제개발 노력에도 불구하고 빈곤이 개선되기는커녕 악화되었고 부유한 나라와 가난한 나라 사이의 간극도 줄기는커녕 더 벌어졌다는 사실을 사람들이 받아들이기 시작하면, 우리의 경제 시스템에 무언가가 근본적으로 잘못되어 있다는 것이 모든 이에게 명백해지게 된다. 현재의 경제 시스템이 대다수 인구에게 잘 작동하지 않고 있으며 긴급하게 변화가 필요하다는 사실을 모두가 분명히 알게 되는 것이다. 이제까지 공식적인 성공 내러티브는 사람들이 현재의 시스템 쪽에 있게 하는 데 크게 일조했다. 이 내러티브가 무너지면 사람들의 동의와 합의도 무너지게 된다.

가난한 나라들은 왜 가난한가?

2005년에 버지니아 대학에서 첫 강의를 한 이래로 나는 매 학기 수업을 학생들에게 이렇게 질문하는 것으로 시작한다. "가난한 나라들은 왜 가난한가?" 매번 학생들의 반응은 대체로 동일하다. 여러분도 충분히 예상할 수 있을 것이다. 늘 몇 명은 가난한 나라들은 사람들이 게으르고 아이를 너무 많이 낳으며 '후진적인' 문화를 가지고 있어서라고 말한다. 어떤 학생들은 부실한 거버넌스와 제도, 부패 등과 관련 있을 것이라고 말한다. 토질이 농업에 부적합하다거나 기후가 열대 풍토병을 잘 일으킨다거나 하는 식으로 환경 요인을 언급하는 학생들도 있다.[11] 또 어떤 학생들은 가난한 나라들은 **그냥** 가난해서 가난한 것이라고 말한다. 이들은 가난한 나라들은 자연적으로 가난한 것이며 따라서 누구에게도 그에 대한 책임을 물을 수 없다고 가정한다. 어쨌거나 개발의 첫 단계에서는 빈곤이 정상적인 상태가 아닌가? 가난한 나라들은 어린아이처럼 그저 아직 성장하지 않았을 뿐이다. 즉 그들은 아직 **개발**되지 않았을 뿐이다.

이 생각은 트루먼의 연설에서 곧바로 이어지는 연장선이다. 트루먼의 이야기는 우리가 세계 각국을 각자의 레인에서 달리는 달리기 선수들처럼 서로 연결되지 않은 별개의 단위로 보도록 유도한다. 어떤 주자는 뒤에 있고 어떤 주자는 앞에 있으며 어떤 주자는 더 **빠르고**

어떤 주자는 더 느리다. 아마도 이 차이는 제도,[12] 거버넌스, 기후 등과 관련이 있을 것이다. 하지만 이유가 무엇이든 간에 각자의 성취 정도는 각자의 책임이라는 점이 중요하다. 부유한 나라들이 부유한 것은 그들의 역량과 근면 덕분이다. 가난한 나라들이 가난한 것도 그들 자신 외에는 탓할 곳이 없다. 이러한 접근은 '방법론적 국가주의'로 이어진다. 이는 각 국가의 운명을 그 국가의 외부는 보지 않은 채 내부적 요인으로만 설명하는 접근 방식을 일컫는다.

트루먼이 이런 이야기를 한 것은 다소 이상한 일이긴 했다. 그의 이야기는 가난한 나라들과 부유한 나라들의 운명이 별개이고 서로 분리되어 있다고 봄으로써 양쪽 사이의 명백한 관련을 무시한다. 서구와 나머지 사이에 존재했던 복잡하고 고난으로 가득한 오랜 역사와 여기에 관여되었던 정치적 이해관계를 치워버리는 것이다. 그런데 트루먼은 이 역사를 모르지 않았다. 그는 미국이 19세기 이래로 천연자원에 대한 접근을 확보하기 위해 라틴아메리카 나라들에 폭력적으로 개입해왔다는 사실을 잘 알고 있었다. 트루먼이 정치인으로 활동하고 있었던 1920년대와 1930년대에도 미국은 미국의 바나나 기업과 설탕 기업들을 위해 온두라스와 쿠바 같은 나라들을 침공해 점령한 바 있었다.

또한 잘 알려져 있듯이 유럽 열강은 이르게는 1492년부터 글로벌 남부의 상당 지역을 통제했다. 사실 유럽의 산업혁명은 식민지에서 추출한 자원 덕분에 가능했다. 그들이 라틴아메리카의 산에서 캐낸 금과 은은 산업에 투자할 자본만 제공한 것이 아니었다. 그 금은을 지불하고 토지 집약적인 산품들을 동양에서 구매해옴으로써 자신들의 노동력을 농업에서 산업 쪽으로 옮길 수 있었다. 더 나중에는 신대륙 식민지에서 생산한 설탕과 목화(노예로 잡혀온 아프리카 사람들이 생산했다), 식민화된 인도에서 나온 곡물, 식민화된 아프리카에서 나온 천연자원이 유럽의 경제를 떠받쳤다. 이 모두가 유럽 열강이 산업적 지배력을 확고히 하는 데 필요한 에너지와 천연자원을 제공했다. 식민지에서의 약탈이 없었다면 유럽의 '발전'은 일어날 수 없었을 것이다.[13]

하지만 이 과정이 식민지에 남긴 영향은 파괴적이었다. 라틴아메리카에서 자행된 약탈과 폭력으로 7000만 명의 원주민이 숨졌다. 인도에서는 영국 식민지 시절에 기근으로 3000만 명이 숨졌다. 식민주의 시기 이전에 영국과 비슷했던 인도와 중국의 평균 생활 수준은 그 이후 곤두박질쳤고 인도와 중국이 세계 GDP에서 차지하는 비중도 65%에서 10%로 급감했다.[14] 반면, 그 기간에 유럽이 차지하는 몫은 3배가 되었다. 또한 성장과 이윤 추구의 지상 명령으로 추동되는 유럽의 자본주의가 사람들을 땅에서 몰아내고 스스로 생계를 유지할 수 있는 역량을 파괴하면서, 역사상 처음으로 '대규모 빈곤'이 사회적 이슈가 되었다. 누군가의 발전은 다른 누군가의 저발전을 의미했다. 하지만 트루먼으로부터 전승된 이야기에서는 이 모든 것이 면밀하게 제거되었다.

*

'포인트 포'는 원래 서구의 청중을 대상으로 한 메시지였다. 포인트 포는 서구가 저지른 어떤 잘못도 지워주는 방식으로 글로벌 불평

44

등을 설명했다. 그런데 1950년대와 1960년대에 미국, 영국, 프랑스 등은 이 이야기가 자신들의 국경을 넘어서서도 힘을 가질 수 있다는 것을 깨달았고, 이것을 외교 정책의 무기로 휘두르기 시작했다.

그들은 식민 체제 종식 이후 글로벌 남부 전역에서 진보적인 개념들이 끓어오르는 것에 대해 깊이 우려하고 있었다. 신생 독립국의 지도자들은 글로벌 불평등에 대한 트루먼 버전의 이야기를 거부했다. 카를 마르크스, 에메 세제르, 마하트마 간디 같은 사상가들의 통찰을 바탕으로, 이들은 글로벌 남부의 저발전이 자연스럽게 생겨난 것이 아니라 서구 열강이 수백 년 동안 특정한 방식으로 구성해온 세계 체제의 결과라고 주장했다. 글로벌 남부의 지도자들은 세계의 다수 인구에게 더욱 공정해지도록 글로벌 경제의 규칙을 바꾸려 했다. 외국의 정부와 기업이 자국의 자원을 더 이상 약탈해가지 못하게 하고자 했다. 자신의 풍부한 천연자원에 대한 통제력을 되찾고자 했고, 서구의 개입 없이 자국의 산업을 일구고자 했다. 간단히 말해서, 이들은 정의를 원했다. 이들은 정의가 발전과 개발의 기본적인 전제 조건이라고 보았다.

서구 열강의 입장에서 이것은 막아야만 하는 위험한 움직임이었다. 서구의 경제적 지배력을 흔들 수 있기 때문이다. 서구 열강은 사람들의 분노를 다른 곳으로 빼낼 방도가 필요했고, 미국 경제학자 월트 휘트먼 로스토의 이론에서 그것을 발견했다. 드와이트 아이젠하워 대통령의 외교 정책 자문이었던 로스토는 저개발/저발전이 정치적인 문제가 아니라 기술적인 문제라고 주장했다. 식민주의나 서구의 개입 등과는 관련이 없고 그 나라의 내부적인 문제와 관련이 있다는 것이다.

가난한 나라들이 발전하고 싶다면, 그들이 해야 할 일은 다른 게 아니라 서구의 원조와 조언을 받아들이고 자유시장 정책을 도입하며 서구가 먼저 개척한 '근대화'의 경로를 따라가는 것이었다. 빈곤을 국내 정책에 초점을 두어 이야기함으로써, 로스토의 이론은 사람들의 관심을 글로벌 경제 시스템의 불공정성에서 멀어지게 하는 데서 그치지 않고 아예 글로벌 경제 시스템 자체가 사람들의 시야에서 사라지게 만들고자 했다.

로스토는 그의 이론을 1960년에 《경제 성장의 단계The Stages of Economic Growth》라는 책으로 펴냈다. 그는 [마르크스와 엥겔스의 《공산당 선언》을 패러디해서] 이 책을 '비공산주의 선언non-communist manifesto'이라고 홍보했고[이것이 이 책의 부제다.] 이 책은 빠르게 미국 정부의 최상층 정책 결정자들 사이에서 인기를 얻었다. 1960년대와 1970년대에 미국 정부는 일종의 억제 전략으로서 로스토의 이론을 글로벌 남부 국가들에 전파했다. 글로벌 불평등에 대한 질문을 탈정치화하기 위한 방편이었다. 이 방편이 너무나 유망해 보였기 때문에 케네디 대통령은 로스토를 미 국무부의 고위직에 임명했고 나중에 존슨 대통령은 그를 더 고위직인 국가안보보좌관으로 기용했다. 트루먼의 선례를 따라 로스토도 개발 이야기를 홍보 수단으로 삼았다. 다만, 이번에는 미국인만이 아니라 전 세계가 대상이었다.

하지만 로스토의 이야기는 계획한 효과를 내지 못했다. 글로벌 남부 전역에서 신생 독립국들은 미국의 조언을 무시하고 자신의 발전 어젠다를 추구했으며 무역 장벽, 보조금, 의료 및 교육에 대한 사회적 지출 등 보호주의와 재분배 정책을 통해 자국 경제를 일구고 있었다.

그리고 이 방식은 아주 효과가 있었다. 1950년대부터 1970년대까지 이들 국가에서 소득이 증가하고 빈곤율이 떨어졌으며, 역사상 처음으로 부유한 국가와 가난한 국가 사이의 간극이 좁혀지기 시작했다. 여기에 놀라지 말아야 한다. 이 시기에 글로벌 남부 국가들이 사용한 정책은 서구 국가들이 그들의 경제를 강화하던 시기에 썼던 것과 정확히 같은 정책이었으니 말이다.

미국, 영국, 프랑스 등 서구 열강은 글로벌 남부 국가들이 발전해 나가는 게 못마땅했다. 글로벌 남부에서 펼쳐지고 있는 정책들은 서구 기업의 이윤을 갉아먹었고, 서구가 값싼 노동력과 값싼 자원에 접근하던 것을 어렵게 만들었으며, 서구의 지정학적 이해관계를 손상시켰다. 이에 대한 대응으로, 서구는 글로벌 남부 전역에서 민주적으로 선출된 지도자 수십 명을 축출하고 서구의 경제적 이득에 친화적인 독재자를 세우기 위해 은밀히 개입했다. 그러고 나면 그 독재자들의 권력은 서구의 원조로 지탱되었다. 관심을 갖고 지켜본 사람이라면 누구나 알 수 있었듯이, 이러한 쿠데타는 트루먼이나 로스토 같은 사람들의 이야기가 거짓이었으며 글로벌 남부의 지도자들이 내내 주장했던 바가 옳았음을 말해주고 있었다. 서구가 지원한 쿠데타는 이르게는 로스토가 한창 《경제 성장의 단계》를 집필하던 1950년대에도 자행되었다. 이란과 과테말라가 그런 사례다. 로스토는 이러한 초창기 쿠데타들을 자행한 아이젠하워 행정부와 가까웠고, 따라서 무슨 일이 벌어지고 있는지 잘 알고 있었을 것이다. 1960년대에 미국이 지원한 브라질의 쿠데타는 그가 국무부에서 일하던 시기에 일어난 일이었으므로 그가 관여했을 수도 있다.

하지만 서구의 공격에도 글로벌 남부는 여전히 성장하고 있었고 경제 정의를 위한 움직임에도 계속해서 박차를 가하고 있었다. 글로벌 남부 국가들은 유엔에서 더 공정한 국제 질서를 주장했고, 성공적으로 관철하기도 했다. 글로벌 민주주의라는 새로운 규칙 아래에서, 글로벌 북부는 글로벌 남부의 부상을 막기에 무력해 보였다. 그런데 1980년대 초에 갑자기 상황이 반전되었다. 미국과 유럽이 채권자로서의 권력을 사용하면 굳이 유혈 개입을 하지 않고도 빚이 많은 글로벌 남부 국가들의 경제 정책을 원격으로 좌지우지할 수 있다는 사실을 알게 된 것이다. 미국과 유럽은 빚을 빌미로 글로벌 남부 국가들에 '구조조정 프로그램structural adjustment program'이라는 것을 강요했고, 이것은 글로벌 남부 국가들이 힘겹게 도입했던 경제 개혁을 모두 거꾸로 되돌렸다. 서구는 자신들이 발전을 위해 사용했던 바로 그 정책들을 글로벌 남부 국가들은 사용하지 못하게 했고, 글로벌 남부 국가들이 오르지 못하게 성공의 사다리를 걷어차 버렸다.

'자유시장 충격 요법'의 일종인 구조조정은 글로벌 남부가 성공적으로 발전하는 데 꼭 필요한 전제 조건이라고 설파되었다. 하지만 정확히 그와 반대되는 결과가 나타났다. 구조조정이 강요된 국가들에서 경제는 위축되었고, 소득은 급감했으며, 수백만 명이 부를 잃었고, 빈곤율이 치솟았다. 구조조정 기간 동안 글로벌 남부 국가들이 상실한 잠재적 GDP가 연평균 4800억 달러에 달하는 것으로 추산된다.[15] 구조조정이 식민 시기 이후 글로벌 남부의 빈곤을 초래하는 데 단일 원인으로는 가장 큰 원인 축에 든다는 점은 이미 학계에서 잘 알려진 사실이다. 하지만 글로벌 북부의 경제에는 막대하게 득이 되었다.

구조조정으로 전 세계 곳곳에서 시장 개방이 강요되면서, 1990년 대 중반에 앞으로의 국제 경제 질서를 지배할 새로운 시스템이 생겨 났다. 세계무역기구WTO가 관장하게 될 이 시스템에서는 권력이 시장 의 크기에 따라 결정될 것이었고, 따라서 글로벌 북부의 부유한 나라 들은 글로벌 남부 국가들의 이익에 적극적으로 해를 끼치는 것일지 라도 자신의 이익에 부합하는 정책을 공식적으로 제도화할 수 있게 될 터였다. 가령, 글로벌 남부 국가들은 농업 보조금을 철폐해야 하 겠지만 미국과 유럽연합은 자국 농민에게 계속해서 보조금을 지급하 도록 허용될 것이었다. 그렇게 되면 미국과 유럽의 생산자들은 글로 벌 남부가 자연적인 경쟁 우위를 갖는다고들 하는 농업에서마저 낮 은 가격으로 시장을 치고 들어가 그곳 생산자들을 몰아내고 시장 점 유율을 늘릴 수 있을 터였다. 이러한 권력 불균형이 세계무역기구의 우루과이라운드에서 정식화되면서, 오늘날 가난한 나라들은 수출로 더 벌 수 있었을 돈을 매년 적어도 7000억 달러씩 상실하고 있는 것 으로 추산된다.[16]

*

　　분석에 '역사'라는 차원을 다시 가지고 오면 글로벌 불평등의 이야 기는 훨씬 더 복잡해지고 굉장히 심각한 함의까지 갖게 된다. 부유한 국가들이 가난한 국가들의 구원자라는 아이디어 자체가 그저 순진한 생각인 정도가 아니라 중대한 문제로 보이기 시작하는 것이다. 가난 한 나라들이 능력이 부족해서 발전의 사다리를 잘 오르지 못하는 것이 문제가 아니었다. 발전의 사다리를 오르지 못하도록 적극적으로 가로막고 있는 것이 문제였다. 국제개발 분야는 '상태'를 묘사하는 형용사 형태를 사용해 가난한 나라들을 '저개발된/저발전된' 국가라고 묘사하곤 하는데, 스스로 진행하려는 개발과 발전이 외부의 권력에 의해 의도적으로 꺾이고 무력화되는 데다 그나마 성취한 약간의 발전마저 강제로 되돌려지고 있는 것을 표현하려면 타동사의 형태를 써서 선진국들이 가난한 나라들을 '저개발시켰다'라고 표현해야 더 정확할 것이다.[17] 앞으로 살펴보겠지만, 빈곤은 저절로 생겨난 것이 아니다. 빈곤은 **만들어진** 것이다.

거꾸로 가는 원조

강의실에서 이런 역사를 가르칠 때면 몇몇 학생들이 불편해하는 것을 보게 된다. 그들은 이렇게 말한다. "맞아요, 과거에 끔찍한 일이 있었습니다. 하지만 이제 우리는 더 공정하고 더 공감하는 세계에 살고 있습니다." 그리고 그 증거로 거의 예외 없이 원조 예산을 든다. 부유한 국가들이 가난한 국가들에 매년 원조로 1280억 달러를 지출한다고 말이다.[18]

이것은 실로 강력한 개념이다. 글로벌 빈곤이 줄고 있다는 거대한 주장 및 방법론적 국가주의가 전제하는 가정과 더불어, 원조 예산 증가는 표준적인 개발 이야기의 핵심을 이룬다. 원조라는 개념은 적어도 트루먼 시대부터 있었지만 오늘날 이 이야기가 지속적으로 힘을 갖는 것은 대체로 미국 경제학자 제프리 삭스의 노력 덕분이다. MDG 디렉터, 반기문 전 유엔 사무총장의 특별 자문을 지낸 삭스는 친근한 인상에 수려한 외모를 가진 인물로(전형적인 기술 관료 이미지와 달리 신선한 외모다) 우리 시대의 대외 원조 복음주의자가 되었고 그 과정에서 스타가 되었다. 《타임》이 선정한 '세계에서 가장 영향력 있는 100인'에 두 번이나 이름을 올렸을 정도다. 그는 2005년에 펴낸 베스트셀러 《빈곤의 종말》에서 단순하면서도 강력하게 호소력 있는 주장을 개진했다. 그에 따르면, 가난한 나라들이 지속적으로 빈곤에 시달리는 것에 대해서는 누구도 탓할 수 없다. 이것은 지리와 기후의 우연이 일으킨 결과일 뿐이다. 그리고 쉽게 극복될 수 있다. 부유한 국가들이 대외 원조를 GDP의 0.7%로만 늘려도 20년 안에 글로벌 빈곤을 종식시킬 수 있다. 가난한 나라에 필요한 것은 필수적인 농업 테크놀로지, 기본적인 의료, 깨끗한 물, 초등 교육, 전기 등을 위해 쓸 충분한 돈이며, 이러한 것들을 확보하고 나면 발전의 사다리를 올라갈 수 있을 것이다.

여기에서 중요한 것은 제안된 내용이 아니라(내용 자체에는 반대할 사람이 거의 없을 것이다) 이 스토리가 갖는 함의다. 로스토의 주장과 일맥상통하게, 삭스의 스토리는 부유한 국가들은 가난한 국가들의 저발전 상태를 야기한 책임이 없을 뿐 아니라 오히려 따뜻한 마음으로 양쪽 사이의 간극을 가로질러 손을 내밀고 있다고 말한다. 삭스의 아이디어는 새 세대의 원조 내러티브에 생명을 불어넣었고 대부분의 부유한 나라 정부로부터 환영받았다. 실제로 많은 부유한 나라들이 대외 원조 예산을 늘렸다. 원조 내러티브는 서구 열강이 글로벌 남부의 고통을 야기한 책임이 있다는 암시를 모두 덮어버린다는 점에서 매우 유용했다. 삭스의 책이 나왔을 때는 미국과 영국이 (적어도 부분적으로는) 석유 매장고에 대한 접근성을 확보하려는 목적에서 이라크를 침공한 지 얼마 지나지 않은 시점이었다. 또한 부시 행정부는 아이티에서 진보적인 장 베르트랑 아리스티드 정부의 전복을 지원했고 베네수엘라의 우고 차베스 대통령에 대한 쿠데타 시도도 암묵적으로 지원했다. 1950년대에 아이젠하워가 시동을 건 폭력적 개입의 오랜 역사를 이어가고 있었던 것이다. 그런데도 원조는 서구의 은혜로움을 보여주는 증거로 여겨질 터였다. 즉 이러한 이야기는 사람들의 인식을 관리하는 역할을 했다.

하지만 자세히 살펴보면 개발 이야기는 원조에 대한 부분마저 치명적인 모순으로 무너지게 된다. 연간 1280억 달러의 원조 지출이 거짓이어서가 아니다. 연간 1280억 달러 규모의 원조는 이루어지고 있다. 하지만 전체 맥락으로 시야를 넓혀서 보면, 반대 방향으로 흐르는 훨씬 더 방대한 돈이 글로벌 남부 국가들이 원조로 받는 돈을 상쇄하고도 남는다. 글로벌 남부에서 글로벌 북부로 빠져나가는 돈에 비하면 원조로 들어오는 돈은 한 줌에 불과하다.

2016년 말, 미국의 싱크탱크인 국제금융청렴기구와 노르웨이 경제대학원의 응용연구센터는 실로 패러다임을 바꾸는 데이터를 발표했다. 이들은 원조, 투자, 교역 대금 등 기존 연구들이 추적하던 항목들에 더해 부채 상환, 본국으로의 송금, 자본 이탈까지 포함해 부유한 국가와 가난한 국가 사이에 매년 오가는 금융 자원을 모두 추적했다. 돈의 흐름에 대해 이제까지 시도되었던 것 중 가장 종합적인 추산이었다. 자료가 존재하는 가장 최근 연도인 2012년에 개도국은 해외에서 들어오는 원조, 투자, 그 밖의 소득을 모두 합해 총 2조 달러가 약간 넘는 돈을 받았다. 하지만 같은 해에 그 돈의 2배가 넘는 5조 달러가 이들 나라에서 빠져나갔다. 개도국은 그들이 받는 것보다 3조 달러나 많은 돈을 부유한 나라에 '보내고' 있었다. 1980년 이래로 각 연도를 모두 더해보면 자금의 순유출액은 눈을 의심할 정도인 총 26.5조 달러에 달한다.[19] 이것이 지난 몇십 년간 글로벌 남부에서 빠져나간 돈이다. 규모가 감이 잘 잡히지 않는다면, 26.5조 달러가 미국과 서유럽의 GDP를 합한 것과 맞먹는다는 점을 생각해보시기 바란다.

개도국에서 빠져나가는 막대한 유출은 무엇으로 구성되어 있을까? 일부는 부채 상환이다. 오늘날 가난한 나라들은 매년 이자만으로도 해외 채권자에게 2000억 달러 이상을 상환하는데,[20] 상당 부분은 이미 원금이 여러 번 상환되고도 남은 오래된 부채이고 어떤 것은 탐욕스러운 독재자들이 개인적인 부를 축적하는 데 들어간 부채다. 1980년 이래 개도국이 이자 상환으로 지출한 돈은 4.2조 달러에 달하는데, 같은 기간 동안 원조로 받은 돈보다 많다. 그리고 상환금 대부분은 서구의 채권자에게 들어갔다. 즉 뉴욕과 런던의 거대 은행들에 직접적으로 현금이 들어간 것이다.

자본 유출의 또 다른 커다란 부분은 외국인이 개도국에 투자해서 번 소득을 본국으로 가져가는 것이다. 쉘 석유가 나이지리아의 유정에서 추출하는 이윤이나 광산 기업 앵글로아메리칸이 남아프리카공화국의 금광에서 가져가는 이윤을 생각해보라. 외국 투자자들은 매년 개도국에서 5000억 달러 가까이 수익을 얻고 있으며, 그 돈의 대부분은 부유한 나라로 들어간다.[21] 평범한 유럽인과 미국인이 가령 연기금 같은 형태로 글로벌 남부에 투자해 보유하고 있는 주식과 채권에 대한 수익도 있다. 이보다 더 작은 규모의 유출도 있는데, 세계무역기구의 '무역 관련 지적재산권 협정TRIPS'에 따라 매년 600억 달러가 경제 발전과 공중 보건에 필수적인 기술 및 의약품을 구하기 위해 외국의 특허 소유자에게 라이선스 비용으로 지불된다.[22]

하지만 빠져나가는 돈의 가장 큰 부분은 자본 이탈이다. 국제금융청렴기구의 계산에 따르면 1980년 이래 개도국이 자본 이탈로 잃은 돈은 총 23.6조 달러에 달한다.[23] 가장 비중이 큰 것은 국제수지상의 '누출'인데, 연간 9730억 달러로 추산된다. 또 다른 경로는 '교역 송장 조작trade misinvoicing'이라고 불리는 불법 행위를 통한 것이다. 기업들(외국 기업이든 국내 기업이든)이 개도국에서 조세 피난처, 공식 용어로는 '비밀성 관할구역secrecy jurisdiction'으로 돈을 옮겨 은닉하기 위해 송장 가격을 가짜로 보고하는 것을 말한다. 개도국이 매년 교역 송장 조작으로 잃는 돈은 약 8750억 달러다. 또한 매년 그와 비슷한 만큼의 유출이 '이전가격 조작transfer mispricing'에 의해 발생한다. 이것은 다국적 기업이 서로 다른 나라에 있는 자회사들 사이에서 불법적인 방식으로 이윤을 이전하는 것을 말한다.[24] 대개는 세금을 회피하는 것이 목적이지만 돈 세탁이나 자본 통제 회피를 위해 자행되기도 한다.

개도국에서 빠져나가는 연간 **순유출액** 3조 달러는 선진국들이 개도국에 주는 원조 예산의 24배가 넘는다. 개도국이 받는 원조 1달러당 24달러의 순유출이 일어난다는 말이다. 물론 이는 개도국을 전체적으로 본 것이므로 그중 어떤 나라는 더 심각하고 어떤 나라는 덜 심각할 것이다. 하지만 어느 경우든 자금의 순유출은 개도국의 개발과 발전에 쓰일 수도 있었을 중요한 소득원과 자금원이 빠져나갔다는 의미다. 또한 국제금융청렴기구에 따르면, 이러한 자금의 순유출은 증가하고 있고(2009년 이래 연간 약 20%의 속도로 증가하고 있는 것으로 나타났다.) 이것이 개도국의 경제 성장률과 생활 수준 하락에 직접적인 원인이 되고 있다.

*

이러한 사실은, 일반적인 가정과는 반대로 가난한 나라들이 부유한 나라들의 순채권자임을 말해준다. 이에 더해, 더 큰 맥락에서 원조 예산을 생각하려면 외부로 유출되는 돈만이 아니라 부유한 나라들이 만들고 강요한 정책 때문에 개도국이 겪는 비용과 손실도 생각해야 한다. 예를 들어, 1980년대와 1990년대에 글로벌 남부 국가들에 구조 조정이 강요되었을 때 이 국가들이 잃은 잠재적 GDP는 연간 4800억 달러에 달했는데, 이는 연간 원조 예산의 4배에 가깝다. 더 최근에는 세계무역기구에서의 불균등으로 인해 개도국들이 수출로 더 벌 수 있었을 돈에 비해 연간 약 7000억 달러의 손실을 겪고 있는 것으로 나타났는데, 이는 원조 예산보다 6배나 많은 것이다.

하지만 뭐니 뭐니 해도 가장 중대한 손실은 교역을 통한 착취일 것이다. 식민주의가 시작되었을 때부터 최근의 세계화에 이르기까지, 글로벌 북부 국가들의 주된 목적은 노동 비용과 글로벌 남부에서 들어오는 수입품 비용을 낮추는 것이었다. 과거에는 식민주의 열강이 그러한 조건을 식민지에 직접적으로 강제할 수 있었다. 오늘날에는 표면상으로는 교역이 '자유롭게' 이뤄지지만, 부유한 나라들의 협상력이 훨씬 더 크기 때문에 그들은 자신이 원하는 것을 관철시킬 수 있다. 이에 더해, 무역 협정들은 종종 가난한 국가들이 부유한 국가들과 같은 방식으로 자국 노동자를 보호하지 못하게 한다. 그리고 다국적 기업들이 가장 싼 노동과 가장 싼 제품을 찾아 전 지구를 훑고 다닐 수 있게 되었으므로 가난한 나라들은 비용을 서로서로 더 낮춰야 하는 경쟁에 내몰렸다. 이 모든 것의 결과로, 가난한 나라들이 판매하는 노동과 재화의 '실제 가치'와 그들이 지불받는 가격 사이에 엄청난 격차가 존재하게 되었다. 경제학자들은 이것을 '불평등 교환 unequal exchange'이라고 부른다. 구조조정이 정점이던 1990년대 중반에 글로벌 남부가 불평등 교환으로 잃는 돈이 매년 많게는 2.66조 달러(2015년 달러 기준)에 달했던 것으로 추산된다.[25] 이는 원조 예산의 21배나 되며 개도국으로 들어가는 외국인 직접 투자 금액조차 미미하게 보일 정도다. 이렇게 막대한 가치가 역방향으로, 즉 개도국에서 선진국으로 이전된다.

계산에 넣을 수 있는 구조적 손실과 비용은 이것 말고도 더 있다. 예를 들어, 액션에이드는 다국적 기업들이 개도국에서 매년 조세 휴일tax holiday[한시적으로 면세 혜택을 부여하는 기간]의 형태로 1380억 달러를 뽑아간다고 추산했다. 이 숫자 하나만 해도 글로벌 원조 예산을 능가한다.[26] 또 개도국 출신의 이주 노동자들이 본국으로 보내는 돈은 막대한 수수료 때문에 뭉텅 줄어들게 되는데, 이로 인해 매년 개도국 가구들이 치르는 비용이 330억 달러에 달한다.[27] 또한 원조 금액의 변동성이 커서 예산 관리와 투자 계획을 세우기 어려운 탓에 글로벌 남부 국가들은 매년 270억 달러의 GDP 손실을 본다.[28] 수량화가 더 어려운 종류의 자금 추출도 있다. 일례로, 2000년 이래로 잉글랜드 면적의 5배가 넘는 1억 6200만 에이커의 토지가 글로벌 남부 국가들에서 탈취되었다.[29] 거의 전적으로 부유한 국가들이 야기한 기후변화 때문에 개도국이 겪는 피해도 빼놓을 수 없는데, 이로 인한 비용이 현재 매년 5710억 달러에 달하는 것으로 추산된다.[30]

핵심은 간단하다. 원조 예산은 글로벌 남부가 구조적으로 겪는 손실과 자본 유출에 비하면 우스꽝스러울 정도로 작다. 원조가 사람들의 삶을 더 낫게 만드는 방향으로 작동하는 경우도 있지만, 공여국 자체가 일으킨 피해를 보상하기에는 어림도 없다. 그러한 피해 중에는 원조 어젠다를 운영하는 바로 그 집단들이 일으키는 것도 있다. 예를 들어, 세계은행은 글로벌 남부 국가들의 부채에서 이윤을 얻는다. 게이츠 재단은 생명을 구하는 의약품과 필수적인 테크놀로지를 막대한 특허 비용으로 묶어두는 지적재산권 체계에서 이득을 얻는다. 보노는 글로벌 남부 국가들에서 돈을 빼내가는 조세 피난처 시스템에서 이득을 얻어왔다.[31]

원조 자체에 반대하자는 말이 아니다. 원조 담론이 더 큰 그림을 보는 데서 멀어지게 만든다는 점을 지적하려는 것이다. 원조 담론은 오늘날 글로벌 남부에서 적극적으로 궁핍화를 일으키고 유의미한 발전을 방해하고 있는 수탈의 패턴을 가린다. 자선 패러다임은 실제 이슈들을 흐릿하게 하고, 사실은 그와 반대인데도 마치 서구가 글로벌 남부를 '발전시키고' 있는 것처럼 보이게 한다. 부유한 국가들은 가난한

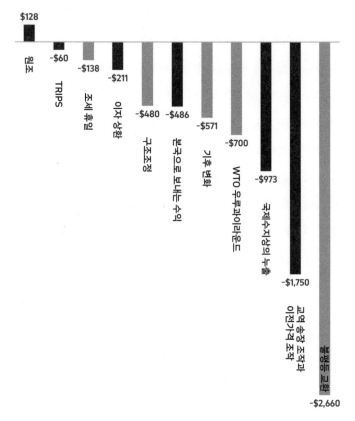

$128
원조

-$60
TRIPS

-$138
조세 휴일

-$211
이자 상환

-$480
구조조정

-$486
본국으로 보내는 수익

-$571
기후 변화

-$700
WTO 우루과이라운드

-$973
국제수지상의 누출

-$1,750
교역 송장 조작과 이전가격 조작

-$2,660
불평등 교환

연간 원조 이득 vs. 몇몇 자본 유출과 구조적 비용 및 손실[32] (단위: 10억 미국 달러)
다양한 경로의 자본 유출(짙은 회색)과 구조적 비용 및 손실(옅은 회색)

국가들을 발전시키고 있지 않다. 거꾸로 가난한 국가들이 부유한 국가들을 발전시키고 있으며 15세기 말 이래로 내내 그랬다. 이런 면에서, 원조 내러티브는 단순히 빈곤의 실제 원인을 잘못 이해하고 있는 것이 아니라 원인과 결과를 **거꾸로** 뒤바꿔놓고 있다. 트루먼 시대에도 그랬듯이, 원조는 원조를 받는 사람을 주는 사람처럼 보이게 하고 글로벌 경제의 실제 작동 방식을 가리는 프로파간다로 기능한다.

마르티니크 출신의 유명한 철학자이자 알제리 반식민주의 운동의 주요 사상가였던 프란츠 파농이 이를 더없이 유려하게 표현한 바 있다.

식민주의와 제국주의가 우리의 영토에서 철수했을 때, 그들은 그들이 진 빚을 청산하고 가지 않았다. 제국주의 국가들의 부는 우리의 부다. 유럽은 말 그대로 제3세계의 창조물이다. 제3세계의 목을 조르고 있는 부유한 자들은 저개발국 국민을 약탈한 자들이다. 따라서 우리는 저개발국을 위한 원조가 '자선'으로서 제공되는 것을 거부한다. 원조는 이중 의식dual consciousness의 마지막 단계로 여겨져야 마땅하다. 이중 의식이란, 식민 지배를 받았던 저개발국 입장에서 그 돈이 원래 자신의 것이라는 의식과 자본주의 열강 입장에서 그것이 마땅히 그들이 갚아야 하는 돈이라는 의식을 말한다.

파농은 서구의 부가 자연스러운 상황이 아니듯이 글로벌 남부의 빈곤도 자연스러운 상황이 아님을 잘 알고 있었다. 기본적으로 빈곤은 지속적인 약탈 과정의 불가피한 결과다. 이 과정은 소수의 사람들에게 이득을 주고 훨씬 다수의 사람들이 비용을 치르게 한다. 원조가 피해의 규모나 정도에 상응하리라고 보는 것은 망상이며 이런 종류의 문제에 대해 정직하고 유의미한 해법이라고 보는 것은 더더욱 망상이다. 원조 패러다임은 부유한 국가와 부유한 사람들이 한 손으로 파괴한 것을 다른 손으로 고치는 척할 수 있게 해준다. 깊은 상처를 내놓고는 작은 반창고를 나누어주면서 그 작은 자선을 가지고 자신의 도덕적 고결성을 주장하는 것이다.

*

몇 년 전에 팔레스타인 서안을 방문할 기회가 있었다. 유난히 더운 어느 오후, 나를 초청해준 사람들이 차로 요르단 계곡에 데려다주었다. 우리는 물 문제에 대해 그곳 농민들을 인터뷰하러 가는 참이었다. 비포장도로를 울퉁불퉁 달리다 보니 사막의 바위에 흰색 표지판이 생뚱맞게 서 있는 것이 보였다. 미 국제개발처USAID가 새 우물을 지어 이 일대에서 "반복적으로 발생하는 물 부족 문제를 완화하기 위해" 노력하고 있다는 메시지였다. 펄럭이는 성조기 아래로 바위에는 자랑스럽게 이렇게 쓰여 있었다. "이 프로젝트는 미국인들이 팔레스타인 사람들에게 주는 선물입니다."

무심코 지나가는 사람은 감동했을지도 모른다. 미국 납세자의 돈이 척박한 사막에서 생존을 위해 고투하는 가난한 팔레스타인 사람들을 돕기 위해 인도주의적 정신에서 너그럽게 제공되었다니 말이다. 하지만 1967년에 미군의 지원을 받아 서안을 점령한 이스라엘은 이 영토의 대수층에 대해 완전한 통제권을 주장했다. 그리고 이곳 물의 상당 부분, 사실 90% 가까이를 이스라엘 정착지의 대규모 산업용 농장에 관개용수를 대는 데 사용했다. 지하수 수위가 낮아지면서 팔레스타인 지역의 우물들이 말라갔다. 팔레스타인 사람들은 이스라엘의 허가 없이는 우물을 더 깊이 파거나 새 우물을 지을 수 없었는데, 허가는 거의 내려진 적이 없었다. 그래서 다들 그러듯이 허가 없이 우물을 지으면, 다음 날 이스라엘 쪽이 와서 밀어버렸다. 팔레스타인 사람들은 자신들의 물을 자의적으로 정해진 비싼 값을 주고 이스라엘로부터 다시 사와야만 한다.

이것은 비밀이 아니다. 공개적으로 일어나고 있는 일이고, 내가 이야기를 나눠본 농민들 모두가 잘 알고 있었다. 그들에게 USAID의 표지판은 상처에 모욕을 더하는 격이다. USAID의 메시지가 암시하는 것과 달리 팔레스타인 사람들은 물이 부족한 것이 아니다. 문제는 이스라엘이 그들에게서 물을 훔쳐가고 있는 것이다. 그것도 미국의 지원을 받아서 말이다. 2012년, 내가 방문하기 겨우 2개월 전에 유엔 총회는 팔레스타인 사람들이 그들 자신의 물에 대한 권리를 회복해야 한다고 촉구하는 '결의안 66/225'를 채택했다. 투표에서 167개국이 찬성했고, 미국과 이스라엘은 반대했다.

이 에피소드를 이야기한 이유는 원조가 종종 얼마나 핵심을 놓치고 있는지뿐 아니라 더 큰 진실을 드러내기 위해서다. 가난한 나라들은 우리의 원조를 필요로 하지 않는다는 진실 말이다. 그들이 필요로 하는 것은 우리가 그들을 궁핍화하는 과정을 멈추는 것이다. 글로벌 빈곤을 추동하는 구조적인 요인을 조준하지 않는다면, 즉 부를 추출하고 축적하는 기저의 구조를 조준하지 않는다면, 몇십 년을 하더라도 개발 노력은 계속 실패할 것이다. 빈곤과 관련된 통계 숫자들은 계속 커질 것이고 부유한 나라와 가난한 나라의 격차는 계속 벌어질 것이다. 선한 의도로 개발 이야기를 설파해온 수백만 명에게는 받아들이기 어려운 진실일 것이다. 핵심 신화의 붕괴에 직면하는 것은 두려운 일일 수 있다. 적어도 나는 그랬다. 하지만 핵심 신화의 붕괴는 흥미로운 가능성들의 세계를 열어주고 새로운 미래를 위한 길을 내어주기도 한다.

2장
빈곤의 종식은… 연기되었다

모든 것이 희미하게 안개 속으로 사라졌다.

과거는 지워졌고, 그것이 지워졌다는 사실은 잊혔으며,

거짓이 진실이 되었다.

— 조지 오웰, 《1984》

2000년의 어느 선선한 가을날, 세계 각국 정상이 뉴욕에 있는 유엔 본부에 모여 근현대 역사에서 가장 중요한 국제 협정 중 하나에 서명했다. 바로 '새천년선언Millennium Declaration'이다. 실로 기념비적인 사건이었다. 사상 처음으로 세계의 지도자들이 전 범위를 두루 아우르는 개발 노력에 헌신하겠다고 의지를 천명한 것이다. 이 선언에서 전 세계의 관심을 사로잡은 핵심 목표는 2015년까지 글로벌 빈곤과 기아를 절반으로 줄이겠다는 것이었다.

정상들이 모이고 나서 유엔 직원들이 새천년선언에 담긴 열망을 여덟 개의 구체적이고 측정 가능한 목표로 공식화했는데, 이것이 새천년개발목표다. 제1번 목표MDG-1는 빈곤과 기아를 절반으로 줄이는 것이었고, 그 외에도 보편 초등 교육 달성, 젠더 간 교육 불평등 종식, 아동사망률 3분의 2 감소, 모성사망률 4분의 3 감소, 에이즈와 말라리아 확산세 저지 등의 목표가 제시되었다. 빈곤이 해당 국가의 국내 정책에서 기인한다는 가정하에, 가난한 나라들 자신이 목표 달성에 일차적인 책임을 지되 부유한 나라들이 원조 등의 형태로 돕도록 되어 있었다.

자금이 넉넉하게 지원된 홍보 캠페인 덕분에 MDG는 대중의 인식에서 두드러진 자리를 점할 수 있었고 글로벌 정책 어젠다에서도 높은 우선순위를 차지하게 되었다. 곧 MDG는 21세기에 가장 크게 국제적으로 협업과 조율이 이뤄지는 활동이 된다. 유엔은 매년 진도를 업데이트한 보고서를 펴냈다. 그리고 시한이 3년이나 남은 출범 12년 시점에 MDG-1 달성에 성공했다고 발표했다. 글로벌 빈곤이 벌써 절반으로 줄었다는 것이었다. 그리고 기아를 절반으로 줄인다는 목표도 곧 달성될 것이라고 선언했다.

많은 이들에게 이 소식은 의외였다. 당시에 세계는 거의 지난 한 세기 사이 최악이었던 경제 위기[2008년 금융 위기]의 수렁에서 아직 벗어나지 못하고 있었다. 서구 경제가 위축되면서 글로벌 남부의 수출산업이 말라버렸고 고용이 떨어졌다. 설상가상으로 가난한 사람들은 전례 없이 치솟은 식품 가격에 직면했다. 향후 전망에 대해 말하자면, 분석가들 대부분은 빈곤과 기아의 **증가**를 전망하고 있었다. 하지만 언론은 유엔의 발표를 덥석 붙잡아 그것을 들고 돌진했다. 유엔의 보고서가 나오고 얼마 뒤, 《이코노미스트》는 다음과 같은 제목의 기사를 게재했고 이 기사는 널리 공유되었다. 〈환호할 만한 가을:

최초로 가난한 사람 수가 모든 곳에서 감소하다〉. 같은 해에 찰스 케니는 《더 나아지다: 왜 글로벌 개발은 성공하고 있는가Getting Better: Why Global Development Is Succeeding》라는 책을 펴냈는데, 빌 게이츠가 휘황찬란한 서문을 썼다. 빌 게이츠 본인도 얼마 뒤인 2014년에 다음과 같이 시작하는 공개서한을 썼다. "거의 모든 지표에서 현재의 세상은 그 어느 때보다 나은 세상입니다." 스웨덴의 통계학자 한스 로슬링도 가난한 사람들의 고통스러운 상황이 계속해서 개선되고 있음을 보여주는 화려한 시각 자료들과 함께 성심껏 준비한 내용을 여기저기서 발표했다. 그의 테드 강연 '당신이 보았던 어떤 것보다도 좋은 통계'는 1000만이 넘는 조회수를 기록했다. 글로벌 빈곤과 관련해 유엔이 제시한 고무적인 숫자들은 곧 세계에서 가장 반복적으로 인용되는 통계가 되었다.

나는 이것을 빈곤에 대한 '좋은 소식 내러티브'라고 부르고자 한다. 마음이 편해지는 이야기이며, 날마다 뉴스에 등장하는 우울한 이야기들과 대조되는 반가운 이야기다. 한 발 물러서서 보니 상황이 생각만큼 나쁘지는 않았고 큰 틀에서 세상이 점점 더 나아지고 있다고 생각할 수 있다는 것은 즐거운 일이다. 이것은 우리의 문명을 긍정해주고 진보에 대해 우리가 가지고 있는 가장 깊고 강력한 개념을 확증해주는 이야기다.

또한 이것은 강력한 정치적 도구이기도 하다. '좋은 소식 내러티브'는 글로벌 경제 시스템이 올바른 경로 위에 있다고 믿게 한다. 이 내러티브는 이 세상에서 고통을 없애고 싶다면 급진적인 변화를 삼가고 현질서를 유지해야 한다고 말한다. 현재의 분배 질서를 유지하는 데

이해관계가 걸려 있는 사람(가령, 글로벌 상위 1%)에게는 '좋은 소식 내러티브'가 정말로 유용할 것이다. 때로는 이 주장이 매우 명시적으로 설파되기도 한다. 2015년 초에 《스펙테이터》는 〈옥스팜이 당신이 모르기를 바라는 것: 글로벌 자본주의는 그 어느 때보다도 적은 빈곤을 의미한다는 사실〉이라는 제목의 글을 블로그에 게시했다. 이 글은 극빈곤이 감소했다는 새천년개발목표 통계와 개도국의 영양실조 인구 비중이 줄어들고 있음을 보여주는 그래프를 제시하면서, 우리가 사회적 불평등과 가장 부유한 1%에게 집중되는 부에 초점을 맞추는 것이 잘못이라고 주장했다. 상위 1%가 나머지 전체보다 부유할 수도 있겠지만, 그들을 그렇게 부유하게 만들어준 바로 그 시스템이 개도국의 빈곤을 줄이기도 했으니 괜찮다는 것이다. 이 글은 "현재 우리는 빈곤 감소의 황금기를 보내고 있다"며 이렇게 주장했다. "글로벌 빈곤 문제 해결을 정말로 진지하게 생각하는 사람이라면 그게 무엇이든 우리가 지금 하고 있는 일이 효과가 있으며 따라서 그것을 계속해야 한다는 사실을 인정해야 한다. 우리는 믿을 수 없는 목적 달성을 향한 길 위에 있다. 우리의 생애가 끝나기 전에 우리가 아는 형태의 빈곤을 타파하겠다는 목적 말이다. 가난한 사람을 돕는 것이 부자에게 피해를 주는 것보다 더 중요하다고 생각하는 사람이라면 이 사실에 기뻐해야 하고 자유무역과 글로벌 자본주의가 계속 확산되게 하라고 지도자들을 촉구해야 한다. 이것이 빈곤을 역사 속으로 사라지게 만들 수 있는 유일하게 진정한 방법이다."

물론 '좋은 소식 내러티브'를 액면 그대로 받아들인다 하더라도 그와 같은 빈곤 감소가 《스펙테이터》의 글이 주장하듯 자유시장 자본주의가 전 지구에 빠르게 확산된 것의 직접적인 결과라는 말이 되는 것은 아니다. 오히려 자유시장 자본주의의 확대에도 불구하고 일어난 일일 수도 있다. 어쨌든 분명한 것은, 글로벌 빈곤에는 정치적인 문제가 매우 크게 걸려 있다는 사실이다. 빈곤이 어느 때보다도 빠르게 감소하고 있다면, 이는 현 경제 시스템을 옹호하는 데 매우 강력한 근거가 될 수 있다. 빈곤이 감소하고 있기는 한데 전보다 빠르게 감소하지는 않고 있다면, 현 경제 시스템은 생각보다 좋은 것이 아닐 수도 있다. 그리고 빈곤이 감소하지 않고 있거나 오히려 증가하고 있다면 현 경제 시스템을 완전히 바꿔야 한다고 주장하는 데 좋은 근거가 될 것이다. 이러한 질문이 걸려 있으니만큼, 사실관계를 정확하게 바로잡는 것이 매우 중요하다.

새천년개발목표가 말하는 몇몇 성과는 실제로 강력하고 환호할 만하다. 5세 미만 아동 사망자 수는 1990년 1270만 명에서 2015년 600만 명으로 줄었다. 날마다 아이들이 1만 8000명씩 덜 사망했다는 뜻이다. 놀라운 진전이다. 모성사망률도 그렇다. 새천년개발목표 기간 동안 45%나 감소했다.[1] 초등학교 등록률도 증가했다. HIV와 말라리아 감염율도 상당히 감소했다. 이 숫자들은 엄밀히 말하자면 목표치에 도달하지는 못했지만, 그래도 상당한 진보가 있었음을 말해주는 증거다.

하지만 '좋은 소식 내러티브'의 핵심 주장인 빈곤과 기아가 절반으로 줄었다는 부분은 근거가 그리 탄탄하지 못하다. 면밀하게 살펴보면 글로벌 빈곤의 실제 이야기는 우리가 믿도록 유도된 것만큼 장밋빛이 아니다. 오히려 공식적인 내러티브와 정반대에 가깝다. 어떻게

그럴 수 있었을까? 무슨 일이 벌어지고 있는 것일까? 글로벌 빈곤과
기아에 대해 더 정확한 이야기는 무엇일까?

빈곤을 감추는 기만적 술책

빈곤 감소 이야기에서 무엇이 잘못되었는지 알려면 출발부터 살펴
보아야 한다. 글로벌 빈곤 감소를 위한 최초의 다자간 합의는 세계식
량회의를 위해 각국 정상들이 아름다운 도시 로마에 모였던 1996년에
나왔다. 여기에서 천명된 약속은 대담했다. "우리는 모든 이의 식량
안보를 달성하고 모든 국가에서 기아를 근절하려는 노력을 지속적
으로 펼쳐나가기 위해 우리의 정치적인 의지와 국가 공동의, 또한 각
국가의 실천을 맹세한다. 단기적으로는 늦어도 2015년까지 영양실조
인구를 현재의 절반으로 줄일 것이다." 여기에서 중요한 것은 절반으
로 줄일 대상이 영양실조 인구의 **절대 수**로 제시되었다는 점이다. 로
마 선언Rome Declaration은 빈곤의 지표로 소득보다 기아에 초점을 맞
추었지만, 어느 쪽이었든 간에 이것은 무엇을 측정할지 그리고 목표
를 얼마나 대담하게 잡을지와 관련된 목표치의 **유형**에 대해 중요한
선례를 제시했다.

4년 뒤, 새천년선언을 위해 뉴욕에 모인 각국 정상은 소득을 기준
으로 빈곤 감소 목표를 제시했다. 이러한 종류로는 처음 선포된 것이
어서 어마어마한 팡파르가 울렸지만, 자세히 들여다본 사람들은 환호
할 이유를 거의 찾을 수 없었다. 로마 선언이 제시했던 목표치에서 골

대가 살짝 이동했기 때문이다. 새로운 목표치는 2015년까지 소득이 하루 1달러 이하인 인구의 **비중**과 기아 상태인 인구의 **비중**을 2000년 대비 절반으로 줄인다고 되어 있었다.[2] '절대 수'에서 '비중'으로 목표를 변경함으로써 목표 달성이 훨씬 더 용이해졌다. 인구 증가에서 비롯되는 계산상의 이득을 누릴 수 있기 때문이다. 즉 빈곤 인구의 절대 수가 크게 악화되지만 않는다면 인구 비중 면에서는 성과가 있는 것으로 보이게 될 터였다. 2000년에 빈곤 인구는 16억 7300만 명이었다. **절대 수**를 반으로 줄인다는 목표치를 택하면 빈곤 인구를 8억 3600만 명 줄여야 하지만, **인구 비중**을 절반으로 줄인다는 목표치를 택하면 빈곤 인구를 6억 6900만 명만 줄이면 된다. 목표 달성이 훨씬 더 쉬워지는 것이다. 절묘한 통계 술책이었고 거의 아무도 눈치 채지 못했다.

이것은 시작에 불과했다. 새천년선언이 채택되고 얼마 뒤 유엔은 구체적으로 새천년개발목표를 내놓았는데 이때 빈곤 감소 목표인 MDG-1이 또다시 희석되었다. 이번 변화는 닫힌 문 뒤에서 스리슬쩍 이루어졌고 어떤 언론도 이에 대한 논평을 내지 않았다. 원래 **전 세계** 빈곤 인구 비중을 절반으로 줄이기로 했던 데서 **개도국** 빈곤 인구 비중만 절반으로 줄이는 것으로 목표가 바뀐 것이다. 개도국 인구가 더 빠르게 증가하고 있었으므로, 분모가 더 빠르게 증가하는 데서 오는 계산상의 이득을 추가적으로 볼 수 있게 되었다. 이에 더해 또 하나의 중대한 변화가 있었는데, 기준년을 2000년에서 1990년으로 바꾼 것이다. 이것은 목표 달성까지 더 많은 기간을 허용하고 분모[인구]가 증가할 시간도 더 길어지게 했을 뿐 아니라, MDG가 시작되기 전에 이미 줄고 있었던 빈곤까지 MDG의 성과로 소급해 이야기할 수 있게 해주었다. 기준년을 앞으로 당겨 잡으면 중국이 1990년대에 이룬 성과 덕분에 숫자가 더 좋아 보이게 된다. 1990년대에 중국에서 수억 명이 극빈곤에서 벗어났는데,[3] 기만적으로 이것까지 MDG의 성과인 것처럼 이야기할 수 있게 된 것이다.[4]

새로운 술책으로 인해 목표치가 처음에 희석된 것보다 더 희석되었다. 새천년선언의 원래 목표는 가난한 사람의 수를 6억 6900만 명 줄인다는 것이었는데 MDG-1의 새 목표치는 4억 9000만 명만 줄이는 것이 되었다. 이것의 의미를 다음과 같이 생각해볼 수 있다. 원래 세계 각국 정부들은 2015년에 빈곤 상태로 살아가는 인구가 10억 400만 명보다 많아서는 안 된다고 선언했다. 이것은 절대 수를 기준으로 한 상한이었다. 전 세계에 빈곤 인구가 이보다 많다면 도덕적으로 용인될 수 없는 것이라고 동의했다는 의미다. 그런데 이 도덕적 한계선이 갑자기 13억 2700만 명으로 **올라갔다**. 2015년이 되었을 때 세계에 극빈곤 인구가 그것보다 더 많아서는 안 된다고 원래 동의했

	기준년	빈곤 인구 (단위 100만 명)	2015년까지 빈곤 인구 수 감소 목표치 (단위 100만 명)	2015년까지 빈곤 인구 비중 감소 목표치 (단위 %)	연간 빈곤 감소율 목표치 (단위 %)
새천년선언	2000	1673	669	40	3.35
MDG-1	1990	1817.5	490	27	1.25

빈곤 목표치에 물 타기

출처: 다음을 토대로 정리함. Pogge, 'How World Poverty Is Measured'.

던 수준보다 3억 2300만 명이나 더 많아도 된다고 말이 바뀐 것이다. 빈곤과 싸우는 데 훨씬 덜 적극적이어도 된다고 그들 자신을 느슨하게 풀어준 격이기도 하다.[5] 처음의 목표가 유지되었다면 연간 빈곤 감소율이 3.35%여야 했지만 최종적으로 제시된 목표에 따르면 연간 1.25%의 감소율로도 충분했다. 3.35%에 비하면 1.25%라는 새 목표는 거의 노력을 들이지 않고도 쉽게 달성할 수 있는 수준이었다.

이런 면에서, MDG-1에는 심각한 윤리적 문제가 있다. 도덕적으로 우리가 용인할 수 있는 한계 지점이 어디인가가 이렇게 왔다 갔다 하다니 말이다. 하지만 '좋은 소식 내러티브'를 촉진하려는 사람들에게는 굉장히 유용했다. 그저 목표치를 재설정함으로써, 새천년 캠페인은 실상은 그렇지 않은데도 빈곤이 절반으로 줄었다고 주장할 수 있게 되었다.

빈곤에 대한 '좋은 소식 내러티브'는 단순히 골대가 이동했기 때문에 좋은 소식이 될 수 있었을 뿐이다. 그런데 우리가 주의해야 할 술책은 이것만이 아니다.[6]

*

무엇이 빈곤에 해당하는가를 정하는 기준선(빈곤선)은 일반적으로 각 국가가 계산하며, 평균적인 성인이 살아가는 데 필수적인 자원들의 총 비용을 반영하리라고 간주된다. 이제까지 대체로 연구자들은 각국의 맥락이 다르므로 빈곤선을 단순 비교할 수는 없다고 보았다. 소말리아에서 빈곤이라고 여겨지는 소득 수준은 칠레에서 빈곤이라고 여겨지는 소득 수준과 같지 않다. 그렇긴 하지만, 세계 각국의 빈곤율을 하나의 방법론으로 계산해 비교 가능하게 만들기 위해 공통분모를 찾으려는 시도에 엄청난 노력이 집중되었다. 그리고 호주 출신의 세계은행 경제학자 마틴 라발리온이 최초로 이를 현실화했다. 1990년에 그는 최빈국들의 빈곤선이 하루 소득 1.02달러 근처에 많이 모여 있다는 사실을 발견하고서 이것을 극빈곤 수준을 측정할 때 최저 기준값으로 삼는다면 충분히 합리적일 것이라고 생각했다.[7] 라발리온의 권고에 따라 세계은행은 하루 소득 1달러를 최초의 국제 빈곤선International Poverty Line, IPL으로 설정했다.

하지만 이 국제 빈곤선을 적용했더니 세계은행에 곤란한 문제가 생겼다. 2000년 연례 보고서에서 빈곤이 **증가**하고 있다고 발표해야 했던 것이다. 이 보고서는 "하루 1달러 이하로 살아가는 사람들의 절대 숫자가 **계속해서 증가**해 1987년 12억 명에서 오늘날 15억 명이 되었다"며 "최근의 추세가 지속된다면 2015년에는 19억 명에 도달할 것으로 예상된다"고 밝혔다.[8] 경악할 뉴스였고 향후의 추세에 대해서도 곤란하기 짝이 없는 그림을 보여주고 있었다. 게다가 1980년대와 1990년대에 세계은행과 국제통화기금이 글로벌 남부 국가들에 '개발'이라는 이름으로 부과한 구조조정 프로그램이 되레 상황을 악화시켰다는 의미이기도 했으므로[9] 세계은행으로서는 한층 더 심각한 문제였다. 빈곤이 얼마나 줄었는가가 글로벌 경제가 얼마나 진보했는가를 측정하는 한 가지 방법이라고 할 때, 이런 결과가 나왔으니 구조조정 프로그램은 폐기되어야 했고 세계은행은 이토록 커다란 비용을 일으킨 실수를 인정해야 했다. 이는 강요된 시장 자유화와 민영화를 전 세계적으로 멈추어야 한다는 의미였고, 시장 자유화와 민영화를 통해 막대한 이득을 얻어온 다국적 기업과 글로벌 남부의 지배층에게 안 좋은 소식이었다. 세계은행의 급진적인 자유시장 정책을 역사의 쓰레기통에 버려야 할 극적인 순간이 온 것 같아 보였다.

하지만 이 보고서가 나오고 얼마 후에 세계은행의 이야기가 달라진다. 2001년에 세계은행 총재 제임스 울펀슨은 어느 연설에서 자유시장 정책을 인위적으로 부과한 결과 개도국에서 빈곤이 **감소했다**고 주장했다. "지난 몇 년 동안 개도국의 1인당 소득이 1970년대 중반 이후 어느 시점보다도 빠르게 증가했으며, 여기에 가장 크게 기여한 것은 이들 국가들이 더 나은 정책을 펼친 것이었습니다."[10] 그리고 개도국의 빠른 경제 성장은 빈곤 감소를 의미했다. 울펀슨은 전 세계의 극빈곤 인구 비중이 지난 몇십 년간 꾸준히 감소해 1990년의 29%에서 1998년에는 23% 이하가 되었으며 이로써 가장 낮은 수치를 달성했다고 말했다. 극빈곤 인구수도 지난 두 세기 동안 꾸준히 증가하다가 1980년대 이래로는 2억 명 정도 줄어든 것으로 추산된다고 했다.

울펀슨의 연설에서 흥미로운 점은 1970년대 중반까지는 1인당 소득이 더 빠르게 증가했었다고 언급함으로써 1980년대와 1990년대에 세계은행의 구조조정 프로그램이 도입된 후 성장세가 둔화되었음을 사실상 인정했다는 점이다. 그는 그럼에도 1980년대와 1990년대에 빈곤이 줄었다고 주장했고 오로지 이 부분이 모든 이의 관심을 사로잡았다. 언론은 빈곤 감소를 집중적으로 보도하면서, 세계은행의 정책에 의구심을 제기하던 데서 세계은행이 빈곤과의 싸움에서 거둔 성공에 환호하는 쪽으로 돌아섰다. 이때는 2001년이었고 3년 뒤에 세계은행은 새로운 공식 숫자들을 내놓았는데, 이 숫자들은 빈곤 타파 노력이 울펀슨이 말한 것보다도 더 성공적이었다고 말하고 있었다. 그것도 무려 2배나 더 성공적이어서, 1981년에서 2001년 사이에 총 4억 명이 극빈곤을 벗어난 것으로 추산되었다.[11] 이야기는 자꾸자꾸 더 좋아지고 있었다.

어떻게 해서 세계은행의 빈곤 통계가 증가에서 감소로 갑자기 바뀔 수 있었을까? 간단히 말하면 국제 빈곤선의 기준을 바꾸었기 때문이다. 2000년에 세계은행은 국제 빈곤선을 원래의 1.02달러에서 1.08달러로 바꾸었다. 새 빈곤선이 기존보다 약간 높아진 것으로 보이지만, 사실은 주기적으로 달러 가치 절하분을 반영해 계산하는 '구매력 평가 계산Purchasing Power Parity, PPP'을 통해 '조정'된 것이었을 뿐이다. 달러의 구매력이 낮아지면 동일한 물건을 사기 위해 더 많은 달러가 필요하므로 이를 반영해 주기적으로 빈곤선을 '상향 조정'해야 한다. 그런데 이 경우에는 달러 구매력 절하분을 반영하기에 충분할 만큼 상향 조정되지도 않았다. 즉 실질 기준으로 볼 때 1.08달러라는 새 빈곤선은 1.02달러이던 기존 빈곤선보다 오히려 낮아진 것이었다. 빈곤선을 낮추면 전보다 더 적은 사람이 빈곤 상태인 것으로 보이게 된다. 이렇게 해서, 새 빈곤선이 도입되자 현실 세계에서는 아무것도 달라지지 않았는데도 말 그대로 하룻밤 사이에 빈곤 인구수가 줄게 되었다.

새 국제 빈곤선은 새천년 캠페인 첫해에 도입되었고 새천년 캠페인의 공식적인 극빈곤 측정 기준이 되었다. 한 경제학자가 획 하나 다시 그은 것에 불과한 작은 변화로 갑자기 세상이 훨씬 더 나은 곳으로 보이게 되었다.

국제 빈곤선은 2008년에 1.25달러로 다시 수정되었다. 세계은행 경제학자들은 새 빈곤선이 실질 기준으로 이전 빈곤선과 거의 동일하다고 주장했지만, 예일대 교수 토마스 포기와 뉴욕에 소재한 뉴스쿨의 경제학자 산제이 레디 같은 학자들은 두 데이터가 비교 가능하지 않다고 지적했다.[12] 또다시 극빈곤 숫자가 하룻밤 사이에 뚝딱 바뀌었다. 이번에는 **증가하는** 쪽으로 바뀌었다는 점에서 지난번과 다르긴 했다. 새 빈곤선이 도입되자 빈곤 인구가 4억 3000만 명 더 많아졌다. 얼핏 보면 너무나 안 좋은 소식이어서 '좋은 소식 내러티브'에 결정타가 되었을 것 같아 보인다. 하지만 세계은행의 입장에서 이것은 나쁜 소식만은 아니었다. 적어도 1990년(MDG 기준년) 대비로 볼 때 빈곤 감소 **추세**가 예전 빈곤선에서보다 상당히 더 좋아 보이게 되었기 때문이다. 1.08달러 빈곤선에서는 1990년에서 2005년 사이에 빈곤 인구가 3억 1600만 명 줄어든 것으로 계산되었는데 새 빈곤선에서는 4억 3700만 명이 줄어든 것으로 계산되었고, 이는 1억 2100만 명이 빈곤의 문턱에서 추가로 더 구제된 것 같은 착각을 불러일으켰다. 다시 한번, 새천년 캠페인은 더 큰 성과를 주장할 수 있게 해주는 새 빈곤선을 채택했다.

*

빈곤에 대한 이 '이야기'에는 많은 사람들이 간과하는 또 다른 술책이 있다. 새천년 캠페인이 기준년을 1990년으로 앞당겼고, 그 덕분에 1990년대에 중국이 이미 달성한 빈곤 감소를 자신들의 성과로 이야기할 수 있게 되었다는 사실을 다시 떠올려보자. 여기에서 중국을 빼면 어떻게 될까? 세계은행이 글로벌 남부 국가들에 구조조정 프로그램을 강요하고 있었던 1980년대와 1990년대에 전 세계 빈곤 인구수는 **증가했다**. 오늘날 극빈곤 인구수는 1981년과 같은 약 10억 명이다. 다른 말로, '좋은 소식 내러티브'는 우리가 전 세계적으로 빈곤이 줄었다고 믿게 하려 하지만 그 말이 맞는 곳은 중국과 동아시아뿐이다. 이 사실은 매우 중요한데, 중국과 동아시아는 세계은행과 국제통화기금에 의해 자유시장 자본주의가 강요되지 **않았던** 유일한 곳이기 때문이다.[13] 다른 모든 곳에서는 빈곤 인구가 줄지 않았고 심지어 늘었다. 이것은 세계은행이 이리저리 시도한 숫자 꼼수에도 불구하고 여전히 사실이다.

기아 통계는 어떻게 축소되는가

MDG의 '좋은 소식 내러티브'는 우리의 모든 관심을 빈곤에 집중시키려 한다. 하지만 기아는 어떤가? 이것도 새천년선언의 커다란 목표였는데, 오랫동안 우리는 기아에 대한 이야기를 별로 듣지 못했다. 아마 각국 정부들이 기아 감소 목표를 달성하는 데 명백히 실패하고 있었기 때문일 것이다. MDG 기간 동안 전 세계 기아 인구는 꾸준히 **늘었다**. 1996년에 전 세계 정상이 모여 2015년까지 기아 인구를 절반으로 줄이자고 처음 결의했을 때 세계 기아 인구는 7억 8800만 명이었다. 그런데 2009년에 이 숫자는 10억 2300만 명으로 30%나 늘어 있었다. 이 추세는 오랫동안 권력자들에게 불편한 가시였다. 경제 시스템이 성공적이냐 아니냐를 가늠하는 가장 좋은 방법 중 하나는 기아가 얼마나 줄었는지를 보는 것일 텐데, 기아 인구가 줄지 않고 정체되어 있거나 심지어 증가하고 있다면 현 경제 시스템에 근본적으로 잘못된 점이 없다고 주장하기가 어려워진다.

물론 새천년선언이 기준년을 1990년으로 당기자 기아 추세가 약간 더 괜찮게 보이기는 했다. 절대 수가 아니라 인구 비중으로 초점을 바꾼 것도 약간 도움이 되었다. 하지만 이렇게 바꾸었어도 2009년 기아 지표는 1990년에 비해 21%나 악화되어 있었다. 유엔은 패배를 인정해야 했고, 기아 감소 목표가 달성 불가능할 것이라고 인정하는 보고서를 펴냈다. 이에 따르면, 줄어들기는커녕 "기아는 지난 10년간 증가해왔다."[14]

이것은 재앙 같아 보였다. 그런데 갑자기 2012년에 기아 통계를 내는 유엔 산하 식량농업기구FAO가 정확히 반대되는 이야기를 하기 시작했다. MDG 시한을 3년밖에 남기지 않은 시점에, 식량농업기구는 기아를 집계하는 '개선된' 방법론을 발표했다. 새 방법론으로 수정된 숫자들은 드디어 더 장밋빛이 도는 이야기를 하고 있었다. 유엔은 1990년에 개도국 인구 중 23%가 영양실조 상태였는데 이 숫자가 15%로 줄었다고 기쁘게 선언했다. 물론 목표 달성까지는 갈 길이 남아 있었고 기아 인구의 절대 수로 보면 이렇다 할 성과가 없긴 했다. 25년 동안 기아 인구는 10억 명에서 8억 명으로 줄었을 뿐이었고, 그나마 이것도 거의 다 아시아에서 일어난 성과였을 뿐 아프리카에서는 영양실조 인구가 증가했다. 그래도 이제 유엔은 적어도 전 세계 수준에서는 어느 정도나마 진전을 이야기할 수 있게 되었다. 2013년 MDG 보고서는 이렇게 선언했다. "기아 감소에서의 진보는 이전에 생각되었던 것보다 더 두드러지며 2015년까지 기아 인구 비중을 절반으로 줄인다는 목표는 달성 가능한 범위 안에 있다."[15]

그들은 어떻게 이 이야기를 끌어낼 수 있었을까? 어떻게 위기 이야기를 진보 이야기로 바꿀 수 있었을까? 비결은 새 방법론이었다. 새 방법론에 쓰인 모델은 경제 위기의 영향을 반영하지 않도록 고안되어 있었고, 그 덕분에 2007년의 식품 가격 폭등과 2008년의 금융 위기 이후 기아 인구가 급증한 것이 반영되지 않았다. 이에 더해, 식량농업기구는 칼로리 접근에 대한 가정을 '완화'해서 각국의 식품 공급량 추산치를 수정했다.[16] 또한 이전의 측정치로 보았을 때보다 개선이 더 빠르게 이루어지고 있는 것처럼 보이게 하는 방식으로 기아의 기준값을 낮췄다.[17] 이 모든 것이 기아 이야기를 전보다 더 좋아 보이게 만들었고, 언론은 방법론의 변화를 면밀히 따져보지 않고 새로운 이야기를 내보냈다.

방법론 문제를 차치하더라도, 유엔의 기아 통계는 기아의 정의 자체와 관련해서도 커다란 문제가 있다. 유엔은 칼로리 섭취가 "실내에서의 좌식 생활에 필요한 최소한의 필요조차 감당하기에 불충분할" 경우를 기아로 계산하며,[18] 이것은 "1년에 걸쳐" 하루 평균 1600-1800칼로리 이하로 섭취하는 경우를 의미한다. 그런데 가난한 나라 사람들 대부분은 '실내에서의 좌식 생활'을 하지 않는다. 이들은 대개 상당한 육체노동을 수반하는 생활을 하므로 유엔의 최저 칼로리 기준보다 훨씬 많은 칼로리가 필요하다. 예를 들어, 인도에서 평균적인 인력거꾼은 하루에 3000~4000칼로리를 소모한다.[19] 식량농업기구 스스로도 오류를 인정했다. 2012년 보고서에서 "가난하고 굶주리는 사람들 다수가 고된 육체노동이 관여되는 생활을 하고 있을 가능성이 크다"고 언급한 것이다. 식량농업기구는 자신들이 사용하는 기아의 정의가 "협소하고" "매우 보수적"이며 "극단적인 칼로리 결핍"에만 초점을 맞춘 것이어서 정책 수립에 필요한 정보를 주기에는 "명백히 불충분하다"고 언급했다. 즉 식량농업기구는 대부분의 가난한 사람들이 '보통의' 신체 활동 또는 '강한' 신체 활동을 하기에 충분한 칼로리를 필요로 한다고 인정한 셈이다.[20]

이와 같은 더 정확한 기준으로 기아 인구를 측정하면 어떻게 될까? 식량농업기구의 자체 데이터로도 15억 명에서 25억 명 사이가 되는데, 이는 새천년 캠페인이 우리에게 믿게 하려는 것보다 2~3배 많은 규모다.[21] 그리고 이 숫자들은 식량농업기구의 문제투성이인 새 방법론으로 계산해도 증가하고 있다.

문제는 여기에서 그치지 않는다. 식량농업기구의 기아 인구 정의는 오로지 '칼로리'만 따진다. 필수 비타민과 영양소가 심각하게 결핍되어 있어도(이 문제는 전 세계적으로 21억 명에게 영향을 미친다) 생명을 유지할 수 있는 만큼의 칼로리가 공급되는 한 영양실조 인구로 계산되지 않는다.[22] 기생충 때문에 소화 흡수율에 지장을 받는 사람들도 누락된다. 영양분이 실제로 흡수되었는지가 아니라 섭취되었는지가 기준이기 때문이다. 또한 여러 달씩 굶주려도 기아 인구로 계산되지 않을 수 있다. 1년 전체에 걸친 칼로리 섭취를 계산하기 때문이다. 식량농업기구는 이를 다음과 같이 설명했다. "기준 기간은 낮은 식량

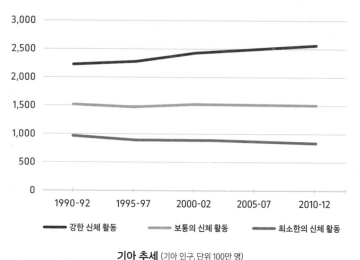

기아 추세 (기아 인구, 단위 100만 명)

출처: Food and Agricultural Organization, *State of Food Insecurity*, 2012.

섭취가 건강에 해로운 영향을 미치기에 충분한 기간으로 설정되어야
한다. 따라서 일시적인 식량 부족으로 인한 압박도 물론 클 수 있지
만, 식량농업기구의 지표는 1년 전체를 기준으로 삼는다."[23] 즉 식량
농업기구는 이를 뒷받침하는 근거는 제시하지 않은 채로 11개월간의
기아는 인간의 건강에 해로운 영향을 주지 않는다고 보고 있다.[24]

이 모든 것을 생각해볼 때, MDG의 내러티브는 전 세계 기아 규
모를 대대적으로 과소 추산하고 있다고 충분히 말할 수 있을 것이다.
여기에서도 MDG의 내러티브는 사람들을 단순히 숨 쉬고 있게만 하
는 것을 기준으로 삼고 있는 듯하다. 이 기준만 통계에서 맞추면 되
고, 실제로 그들이 살아갈 수 있는 삶이 어떤 종류인지는 신경 쓰지
않는 것 같다. 그리고 이런 비극은 우리 시대의 너무나 잘 알려진 사

실 중 하나에 직면해서도 끈질기게 바뀌지 않고 있다. 식량 총생산량이 매년 전 세계 인구 모두를 하루 3000칼로리 수준에서 다 먹이고도 남을 정도라는 사실 말이다.[25] 기아는 '부족'의 문제가 아니라 '분배'의 문제다. 전 세계의 식량 중 압도적으로 많은 양이 부유한 나라로 흘러가고 거기에서 버려진다. 미국과 유럽 소비자들은 구매하는 식품의 절반을 버린다.[26] 유엔에 따르면, 전 세계적으로 낭비되는 식품을 4분의 1만큼 줄여서 가장 필요로 하는 곳으로 돌리기만 해도 글로벌 빈곤을 일거에 해결할 수 있다.[27]

토마스 포기는 빈곤과의 싸움에서 우리가 정말로 보아야 할 지표는 인구 비중으로 본 감소율도, 절대 수로 본 감소율도 아니라며 다음과 같이 지적했다. "현재의 빈곤 수준을 비교하는 데 도덕적으로 적합한 방법은 과거의 기준점과 비교하는 것이 아니라 현재의 가능성과 비교하는 것이다. 현재의 빈곤 중 어느 정도가 피할 수 있는데도 존재하는 것인가? 이 기준으로 보면, 우리 세대는 인간 역사상 어느 때보다도 성과를 내지 못하고 있다."[28]

현실적이고 유의미한 빈곤선을 찾아서

MDG의 주장으로 돌아가보자. 오늘날 10억 명이 극빈곤 상태로 살아간다. 어떻게 보더라도 어마어마한 숫자이며 현 글로벌 경제 시스템의 핵심을 강타하는 고발이다. 그런데 점점 더 많은 연구자들이 실제 상황은 이보다도 더 나쁘다고 지적하고 있다. 이들은 하루 1달러라는 기준이 애초에 빈곤선으로 사용하기에 옳은 것이었는지에 문제를 제기하기 시작했다. MDG가 사용한 국제 빈곤선 하루 1.25달러[2008년부터 2015년까지 사용됨]는 최빈국 15개 국가의 빈곤선을 토대로 한 것이다. 하지만 왜 우리가 극단적으로 가난한 몇몇 나라들의 빈곤선을 믿어야 하는가? 왜 우리가 이 빈곤선이 정말로 그 나라에서 빈곤이 의미하는 바가 무엇인지를 정확히 반영하고 있다고 믿어야 하는가? 국가 빈곤선을 설정하는 그 나라의 당국자들이 적절한 데이터에 접근할 수 없었다면 어쩔 것인가? 데이터가 정치적 이미지를 위해 손질된 것이라면 어쩔 것인가?

이 국가들의 빈곤선이 정확하다 쳐도, 국제 빈곤선의 기준으로 최빈국의 빈곤선을 사용한다는 것은 가장 극단적인 최저 수준을 기준으로 삼는다는 것을 의미하는데, 이 수준은 최빈국보다 상황이 약간이라도 더 나은 나라에서 빈곤이 무엇을 의미하는지에 대해 말해주는 바가 없다. 예를 들어, 스리랑카 정부가 1990년에 진행한 조사에 따르면 인구의 40%가 국가 빈곤선 이하로 살고 있었는데, 세계은행은 국제 빈곤선을 사용해서 스리랑카 인구의 겨우 4%만 빈곤 인구라고 계산했다.[29] 멕시코 정부도 2010년에 국가 빈곤선을 사용해서 빈곤율이 46%라고 발표했는데, 세계은행은 국제 빈곤선을 사용해서 빈곤율이 겨우 5%라고 발표했다. 많은 경우 국제 빈곤선을 적용하면 그 나라의 빈곤이 실제보다 덜 심각한 문제로 보이게 된다. 인도도 마찬가지다. 세계은행은 국제 빈곤선을 사용해서 2011년 인도의 빈곤 인구가 3억 명이며 빈곤 인구 비중이 꾸준하게 감소했다고 주장했다. 하지만 같은 시기에 인도에서 이뤄진 실증 연구에 따르면 '필수적인 니즈'를 충족시키는 데 필요한 수단을 결여하고 있는 사람이 6억 8000만 명으로 나타났다.[30] 또한 2011년에 인도 인구의 75%에 해당하는 약 9억 명이 하루 2100칼로리 이하로 살아가고 있었고 이는 1984년의 58%보다 크게 높아진 것이었다. 세계은행은 인도 빈곤의 실제 정도를 상당히 과소 추산했을 뿐 아니라 기아가 분명하게 증가했는데도 빈곤이 '감소'했다고 주장하고 있는 셈이다.[31]

다른 많은 지역에 대해서도 동일한 이야기를 할 수 있다. 국제 빈곤선보다 약간 위에 있어도 이는 여전히 지극히 궁핍하게 산다는 뜻일 수 있다. 인도에서 국제 빈곤선 바로 위에 있는 아이는 체중 미달일 가능성이 무려 60%다. 니제르에서 국제 빈곤선보다 약간 위에 있는 가구에서 태어난 아기는 세계 평균의 3배가 넘는 1000명당 160명이라는 영아사망률에 직면한다.[32] [1948년 12월 10일 제3회 유엔 총회에서 채택된] 세계인권선언은 "모든 사람은 의식주와 의료를 포함해 자신과 가족의 건강과 안녕에 적합한 생활 수준을 누릴 권리가 있다"고 선포했는데, 하루 1.25달러라는 소득은 세계인권선언이 말하는 '적합한 생활 수준'을 제공하기에 턱없이 부족하다.

기성 국제개발 기관들조차 이를 인정하기 시작했다. 2014년에 아시아개발은행은 1.25달러 빈곤선이 유의미하기에는 너무 낮다고 인정했다. 이곳은 현재 1.50달러로 올릴 것을 검토하고 있는데, 1.50달러는 적어도 아주 기본적인 영양을 공급할 수 있는 수준이다. 그런데 이렇게 약간만 올려도 극빈곤 인구는 추가로 10억 명 넘게 늘어나고 MDG가 주장하는 빈곤 감소 추세는 뒤집히게 된다.[33]

현재의 국제 빈곤선은 미국에서 2005년 시점에 1.25달러로 구매할 수 있는 것이 무엇이었는지를 반영한다. 하지만 2005년에 미국 정부는 평균적인 사람이 적어도 하루 4.58달러는 있어야 최소한의 필수 영양을 공급받을 수 있다고 계산했다.[34] 주거비 등 기본적인 생존에 필요한 그 밖의 비용은 치지 않은 것인데도 말이다. 영국 경제학자 데이비드 우드워드는 영국에서 이 수준으로 살아가려면 "35명이 단 한 사람의 최저 임금으로, 어떤 부가급부나 복지급여도 없이, 돈을 빌리지도 못하고 버려진 것을 줍거나 구걸을 하거나 저축해놓은 것을 써서 살 수도 없는 채로 살아가는 것을 의미한다"고 말했다. "뒤에 언급한 모든 것이 국제 빈곤 계산에서는 이미 '소득'에 포함되기 때문"이다. 또한 "무료 의료 서비스도 없고 무상 교육도 없는 것"을 의미하는데, "일반적으로 가난한 나라에서는 무상 의료와 무상 교육을 이용하는 것이 가능하지 않기 때문"이다.[35]

1.25달러가 기본적인 영양을 공급할 수 없거나 만 5세 전에 사망하지 않기 위해 필요한 것을 아이들에게 줄 수 없다면, 어떻게 이 빈곤선 위로 벗어나는 것이 빈곤에서 벗어난 것이라고 말할 수 있겠는가? 정말로 유의미하게 빈곤을 줄이려면, 인간의 정상적인 기대수명 범위 중 낮은 정도인 74세까지는 기대할 수 있게 해야 한다. 최근의 연구들은 '윤리적인 빈곤선'을 하루 5달러로 보는데, 현재 기준인 하루 1.25달러의 4배다.[36] 이것 역시 전적으로 비교 가능하지 않은 맥락들을 비교하고 있다는 점에서 완벽하지는 않지만, 적어도 현재 국제 빈곤선으로 쓰이고 있는 것들 중에서는 가장 낫다.

5달러 국제 빈곤선은 여러 곳에서 지지를 얻고 있다. 경제학자 라훌 라호티와 산제이 레디는 기본적인 최소한의 영양을 공급하는 데만도 하루 4.50달러가 필요하다고 본다.[37] 런던에 소재한 신경제재단New Economics Foundation은 영아사망률을 세계 평균인 1000명당 30명 수준으로 줄이려면 하루 약 5.87달러가 필요하다고 본다(이 영아사망률도 선진국보다 5배가량 높은 것이다).[38] 하루 5달러는 개도국들의 국가 빈곤선 평균이기도 하다.[39] 세계은행도 반복적으로 이야기했듯이, 1.25달러 빈곤선은 "의도적으로 보수적으로 잡은" 기준이다. 이것은 가장 가난한 나라에서만 적합할 뿐이고 "더 개발된 지역들에서는 빈곤선이 이보다 높아야 적합하다." 세계은행은 "국가 간 비교를 하려면 라틴아메리카와 카리브해 연안 지역 국가들 사이에서는 하루 4달러가 더 유의미한 기준"이며 "동유럽과 중앙아시아 지역 국가들 사이에서는 하루 5달러 기준이 종종 사용된다"고 밝혔다.[40] 몇몇 기관들은 이보다도 더 높은 빈곤선을 사용해야 한다고 주장한다. [전 세계 빈곤 퇴치와 불평등 감소를 위해 활동하는 국제 비정부기구] 액션에이드는 하루 10달러를 사용해야 한다고 주장하는데, 이것은 세계은행이 제안한 빈곤선 중 더 높은 기준으로, 영아사망률을 1000명당 20명으로 줄이는 데 필요한 수준이다(이조차 선진국 영아사망률보다 3배 높다). 또한 하버드 대학의 경제학자 랜트 프리체트는 인간의 후생에 대한 글로벌 최소 기준으로 12.50달러 빈곤선을 주창했다.[41]

이런 지적들을 진지하게 고려해서 글로벌 빈곤의 규모를 하루 5달러를 기준으로 측정하면 어떻게 될까? [2010년 현재] 전 세계 빈곤 인구가 무려 43억 명이 된다. 세계은행과 새천년 캠페인이 우리에게 믿게 하려는 수준보다 4배나 많으며 세계 인구의 60%가 넘는다. 더 중요하게는, 빈곤 상황은 **악화되어왔다**. 중국까지 포함해도 1981년 이후

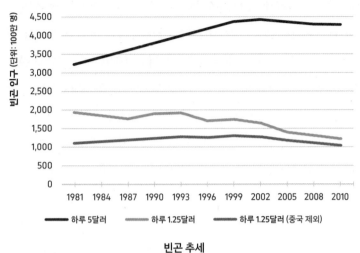

빈곤 추세

출처: PovcalNet (2005 PPP)

극빈곤 인구는 10억 명이 늘었다.[42] 하루 10달러를 기준으로 잡으면 오늘날 빈곤 인구는 51억 명으로 세계 인구의 약 80%에 달하고, 역시 상당히 악화되어왔다. 1981년 이후 10달러 기준 빈곤 인구는 20억 명이 늘었다.[43]

1.25달러 빈곤선은 너무 낮다는 데 학계의 강한 합의가 있는데도 여전히 이것이 공식 기준으로 사용되고 있다. 빈곤과의 싸움에 진전이 있는 것처럼 보이게 해주는 유일한 빈곤선이고(중국을 포함하면 적어도 이 기준으로 볼 때는 빈곤이 감소했다), 따라서 현재의 경제 질서를 정당화하는 유일한 빈곤선이기 때문이다.

글로벌 불평등을 측정하다

오늘날 불평등을 걱정하지 않는 사람은 거의 없다. 우리는 지난 몇십 년 사이 **국가 내** 소득 불평등이 악화되었다는 것을 알고 있다. 이것은 상식처럼 잘 알려진 이야기이고 '월가를 점령하라Occupy Wall Street' 같은 운동도 일어나서 국가 내 불평등에 많은 관심을 불러일으켰다. 하지만 **국가 간** 불평등은 어떤가? 이에 대해 대부분의 경제학자들은 걱정할 필요 없다고 말한다. 부유한 나라와 가난한 나라 사이에 큰 간극이 있지만 좋은 소식도 있다는 것이다. 격차가 좁혀지고 있으며 그것도 빠르게 좁혀지고 있다고 말이다.

경제학자들이 국가 간 소득 불평등을 볼 때 사용하는 대표적인 지표로 지니계수가 있다. 이탈리아 통계학자 코라도 지니가 1912년에 고안한 것으로, 0은 모두 동일한 소득을 가진 완전한 평등 상태를 나타내고 1은 한 사람이 전부 다 가지고 있고 나머지는 하나도 가지고 있지 않은 완전한 불평등 상태를 나타낸다. 숫자가 클수록 불평등이 심하다는 것을 의미한다. 2016년에 세계은행의 불평등 전문가 브랑코 밀라노비치는 국가 간 불평등(인구수로 조정)이 지난 몇십 년 사이에 극적으로 감소했음을 보여주는 데이터를 발표했다. 그에 따르면 지니계수가 1960년 0.63에서 2013년에 0.47로 줄었고, 특히 1980년대에 급감했다.[44]

이 이야기는 언론을 통해 널리 퍼져나갔다. 밀라노비치의 데이터가 나오고 며칠 뒤, 보수 논평가 찰스 레인은 《워싱턴 포스트》에 이를 환영하는 칼럼을 썼다. 그는 프란치스코 교황과 미국 대통령 후보 버니

샌더스가 불평등을 그렇게 큰 문제인 양 이야기하는 것을 비판했다. 물론 세계에서 가장 부유한 1%의 소득은 치솟았지만 그들에게 어마어마한 부를 가져다준 바로 그 시스템이 글로벌 불평등 또한 줄이고 있으므로 괜찮다는 것이었다. 그는 자유시장 비판자들이 이야기하는 것과 달리 미국의 자유시장 세계화 모델은 불평등을 야기하고 있지 않으며 오히려 불평등을 **줄이고** 있다고 말했다. 나아가, 그는 불평등의 가장 큰 감소가 미국이 각국에 구조조정을 도입하고 세계무역기구를 통해 자유시장 시스템을 밀어붙였을 때 발생했다고 주장했다. 자유지상주의 성향의 싱크탱크로 잘 알려진 케이토 연구소Cato Institute도 이 이야기를 냉큼 집어 들었다. 케이토 연구소는 "언론에 자주 나오는 사람들의 이야기를 들으면서 당신이 어떻게 생각하든 간에 (…) 지난 사반세기 동안 전 세계의 소득 불평등과 빈곤은 막대하게 **감소했다**"며 이렇게 단언했다. "이것은 오늘날의 세계에 관한 좋은 소식이다. 사실, 이것은 우리 세상에 관한 가장 중요한 소식이다."

이 이야기는 직관적으로 옳게 들린다는 점에서 유리하다. 중국과 몇몇 동아시아 경제권이 산업화에서 극적인 도약을 했으며, 두텁고 점점 증가하는 중산층을 성공적으로 만들어냈다는 것을 우리도 잘 알고 있지 않은가? 그런데 바로 여기에 핵심이 있다. 글로벌 불평등이 줄어든 것으로 보이는 추세는 전적으로 중국과 동아시아가 주도했으며, 중국을 제외하면 '좋은 소식 내러티브'는 사라진다. 경제학자 수디르 아난드와 폴 세갈은 중국을 빼면 지니계수로 볼 때 글로벌 불평등이 줄어든 것이 아니라 1988년 0.50에서 2005년 0.58로 악화되었음을 보여주었다.[45] 이것은 매우 중요하다. 다시 말하지만, 중국과 동아시아 국가들은 이 시기에 미국이 구조조정을 강요하지 않은 몇 안 되는 곳이기 때문이다.[46] 중국은 자유시장 자본주의의 일괄적인 청사진을 강요받지 않고 국가 주도의 발전 정책을 취하면서 자신이 정한 조건에 따라 경제를 점진적으로 자유화했다. 그렇다면, 찰스 레인이나 케이토 연구소의 논평가들이 중국의 진전에 기대어 글로벌 불평등 감소를 운운하면서 미국의 자유시장적 세계화 접근 방식이 승리했다고 이야기하는 것은 정직하지 못한 것이다.

불평등에 대한 '좋은 소식 내러티브'의 두 번째 문제는 지니계수가 **상대** 지표라는 데 있다. 이것은 꽤 오도될 소지가 크다. 시간에 따른 추이를 보고자 할 때, 부유한 쪽과 가난한 쪽의 격차를 비교하는 대신 서로 다른 평균 소득 수준에서의 성장률을 비교하게 되기 때문이다. 즉 가난한 나라의 소득이 부유한 나라의 소득보다 약간 빠르게 성장하고 있다면 절대 격차가 증가하고 있어도 지니계수상으로는 불평등이 감소하고 있는 것으로 나타난다. 가난한 나라의 소득이 5000달러에서 5500달러로 10% 증가하고 부유한 나라의 소득이 5만 달러에서 5만 4500달러로 9% 증가하면 격차는 [4만 5000달러에서 4만 9000달러로] 4000달러 **늘었지만** 가난한 나라의 소득 증가율이 더 빠르기 때문에 지니계수상으로는 불평등이 **줄어든** 것으로 나타나게 된다. 이런 면에서 많은 경제학자들이 지니계수를 과도하게 보수적인 지표로 보아 주되게 사용하지 않는다. 이 편향을 보정해 '절대 지니'를 계산할 수 있는데, 수디르 아난드와 폴 세갈이 절대 지니로 글로벌 불평등을 살펴본 결과 (2005년 세계 평균 소득 대비로 조정한 숫자로 보았을 때) 1988년 0.57에서 2005년 0.73으로 불평등이 크게 증가한 것으로 나타났다.[47]

세 번째, 심지어 더 중요한 문제가 있다. 국가 간 불평등을 이야기할 때 세계은행은 각국이 서로 관련이 없는 별개의 단위인 것처럼 취급한다. 하지만 **지역별로** 묶어 격차를 살펴보면 매우 다른 이야기가 나타난다. 이것을 볼 수 있는 몇 가지 방법이 있다. 가장 좋은 방법은 미국의 1인당 실질 GDP(미국은 세계의 지배적인 강국이고 부유한 쪽의 대표 국가다)를 글로벌 남부의 여러 '개발 도상' 지역들과 비교하는 것이다. 1960년 이래 미국과 중동 및 북아프리카의 격차는 154% 증가했고, 미국과 남아시아와의 격차는 196%, 미국과 라틴아메리카 사이의 격차는 206%, 미국과 사하라 이남 아프리카 사이의 격차는 207% 증가했다. 다음 그래프에서 이를 한눈에 볼 수 있다.

이 그래프는 미국을 기준으로 삼았지만 '서유럽'을 기준으로 하거나 더 폭넓게 호주와 캐나다를 포함한 '서구'를 기준으로 해도 비슷한 그래프를 볼 수 있다. 이렇게 지역 간 비교를 해보면 글로벌 불평등 격차는 전혀 줄어들지 않았다. 오히려 가난한 나라와 부유한 나라 사이의 격차는 대략 3배로 늘었다. 사실 불평등은 지난 수십 년간 너무나 악화되어서 2000년에 미국인들은 라틴아메리카 사람들의 9배를 벌고 있었고, 중동과 북아프리카 사람들의 21배를 벌고 있었으며, 사하라 이남 아프리카 사람들의 52배를, 남아시아 사람들보다는 무려 73배를 더 벌고 있었다. 이 숫자들은 현 글로벌 경제 시스템이 전 세계의 부를 얼마나 불공정하게 분배하고 있는지에 대해 말해주는 바가 크다.

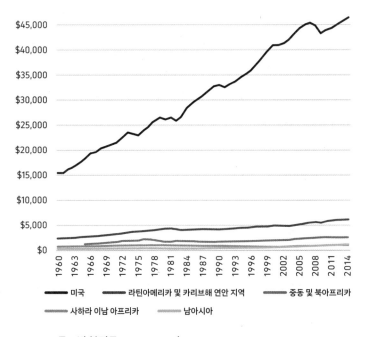

글로벌 불평등, 1960-2014년 (1인당 GDP, 2005년 미국 고정달러 기준)

출처: World Development Indicators

실패한 경제 시스템의 증거

그렇다면 몇 가지 의문점이 생기는데, 이는 매우 중요하다. 왜 세계의 정부들은, 그리고 식량농업기구와 세계은행은, 자신들이 달성하지 못한 승리를 주장하는 데 그토록 열심일까? 왜 그들은 빈곤과 기아와 불평등이 실제로는 줄지 않았는데도 준 것처럼 보이게 하려고 안달일까? 물론 내부적인 압력이 한 가지 이유일 것이다. 어느 조직도 실패한 것처럼 보이고 싶지는 않을 테니 말이다. 하지만 오랫동안 학계의 연구자들이 빈곤과 기아 측정에 사용되는 방법론의 적합성에 문제를 제기하고 더 정확한 방법론을 제안해왔는데도 왜 유엔은 데이터를 다시 산정하지 않을까? 한 가지 유력한 이유는, 더 정확한 방법론으로 측정할 경우 글로벌 빈곤을 해결하는 데는 원조로 가장자리만 땜질하는 정도를 훨씬 넘어서는 일이 필요하리라는 사실이 명백해지기 때문일 것이다. 세계 인구 다수를 위해 글로벌 경제가 더 공정하게 작동하도록 글로벌 경제의 규칙을 대대적으로 바꿔야 한다는 사실이 명백해지는 것이다.

하지만 국제개발 분야가 이 사실을 오래 간과할 수는 없을 것이다. 2015년에 경제학자 데이비드 우드워드는 미래의 빈곤 감소 추이에 대해 정신이 번쩍 드는, 심지어 무시무시하기까지 한 분석을 내놓았다. 그는 《세계 경제 리뷰World Economic Review》에 실린 이 논문에서 시나리오별로 분석한 빈곤 전망을 내놓았는데, 현재의 경제 모델이 지속된다고 가정할 경우 빈곤의 감소는 애초에 불가능하다는 충격적인 결과가 나왔다. 빈곤 감소를 위한 노력이 충분치 않을 것이라는 말이 아니라, 무슨 노력을 하든 간에 아예 물리적으로 불가능하리라는 것이다. 즉 그가 발견한 것은 구조적인 불가능성이었다.[48]

현재 빈곤 타파 노력에 사용되는 주요 전략은 글로벌 GDP의 성장을 가속화하는 것이다. 성장을 통한 산출 증대분이 점차 아래로 내려가 세계에서 가장 가난한 사람들의 삶도 향상시키게 되리라는 개념에 기반하고 있다. 하지만 우리가 가진 어떤 데이터를 보더라도 GDP 성장이 가난한 사람들에게 진정으로 이득을 가져다주지는 않는다는 사실을 알 수 있다. 1990년 이래 글로벌 1인당 GDP는 45% 성장했지만 하루 5달러 이하로 살아가는 사람의 수는 3억 7000만 명 이상 늘었다. 성장이 왜 빈곤 감소에 도움을 주지 못할까? 성장의 산출이 매우 불균등하게 분배되기 때문이다. 경제 성장을 통해 새로이 창출된 전 세계 소득 중 세계의 가장 가난한 60%가 가져가는 몫은 5%에 불과하고 가장 부유한 40%에게 소득의 95%가 돌아간다. 그나마 이조차도 가장 좋은 시나리오일 때의 이야기다. 우드워드는 이토록 기울어진 분배율을 감안했을 때 하루 1.25달러를 기준으로 극빈곤 인구를 없애려면 100년도 넘게 걸릴 것이라고 계산했다. 더 정확한 기준인 하루 5달러를 기준으로 하면 빈곤을 없애는 데 207년이 걸린다. 이것이 현재의 국제개발 추세가 지속되리라는 전제하에서 최선으로 기대할 수 있는 결과다. 또한 우드워드의 방법론이 세계 인구 중 가장 가난한 1%를 포함하지 못한다는 사실도 기억해야 한다. 이 사람들은 그 긴 시간이 지난 뒤에도 여전히 빈곤 상태일 것이다. 9000만 명이 영구히 빈곤 상태로 남게 된다는 의미다.

이것은 지극히 낙관적인, 가장 좋은 경우의 시나리오다. 금융 위기 이후에 소득 성장이 둔화된 것은 이 시나리오에 감안되어 있지 않다. 지난 몇 년 사이 식품 가격이 폭등해 가난한 사람들의 실질 소득을 잠식했다는 사실도, 기후 변화가 글로벌 남부 전역에서 이제까지 이룩한 발전을 이미 뒤흔들고 있다는 사실도 감안되어 있지 않다. 게다가 이 시나리오는 이 모든 문제가 존재하지 않는다고 가정하고서, 앞으로도 한두 세기 동안 경제적, 생태적 위기가 일어나지 않을 것이라고까지 가정하고 있다. 정말 커다란 가정이다.

빈곤을 없애는 데 필요한 시간 단위가 100년, 200년이라는 데 아직 실망하지 않으셨다면, 더 안 좋은 소식이 있다. 하루 5달러를 기준으로 빈곤을 근절하려면 글로벌 GDP가 지금의 175배가 되어야 한다. 지금보다 175배 많은 상품을 생산, 소비해야 하고 그만큼의 자원을 추출해야 하는 것이다. 잠시 이것의 의미를 생각해보자. 이렇게 어처구니없이 대대적인 성장이 가능하다 쳐도, 그 결과는 재앙일 것이다. 지구의 생태계를 없애고 삼림과 토양을 파괴하고 가장 중요하게는 기후를 파괴할 것이다. 우드워드는 이렇게 지적했다. "이것이[빈곤 근절이] 진정으로 재앙적인 기후 변화를 촉발하지 않고 달성될 수 있는 길은 존재하지 않는다. 무엇보다, 기후 재앙은 빈곤 타파를 위한 싸움에서 이제까지 달성한 모든 성취를 없애게 될 것이다."[49] 가난한 사람들을 놓고 말하는 잔혹한 농담 같다.

더구나 이 수준의 성장을 달성하려면 글로벌 1인당 소득을 130만 달러까지 올려야 한다. 가장 가난한 3분의 2가 하루 5달러를 벌게 하려면 **평균적인** 사람의 연간 소득이 130만 달러가 되어야 한다는 말이다. 이것은 우리의 경제 시스템이 얼마나 심각하게 불평등한지를 말해준다.

이 모든 것이 하나의 단순한 진실을 가리킨다. 지구에서 인간이 거주할 수 있는 역량을 파괴하지 않으면서 빈곤을 근절할 수 있으리라는 희망을 가지려면 우리가 지금과는 완전히 다른 경제 모델을, 우리의 부를 훨씬 더 공정하고 합리적으로 분배하는 시스템을 채택해야 한다는 사실 말이다. 우리에게 미래가 있느냐는 여기에 달려 있다.

앞으로는?

MDG는 2015년에 종료되었고 또 하나의 굵직한 국제적 약속인 지속가능발전목표Sustainable Development Goals, SDG로 대체되었다. 새 목표에는 바람직한 면이 많다. 총 17개의 목표가 있어서 MDG보다 광범위하며, 인간의 필요뿐 아니라 생태적 필요도 고려되어 있다. 또한 글로벌 빈곤과 기아의 타파와 관련해서 더 공격적인 목표를 설정했다. 간판 목표인 SDG-1과 SDG-2는 2030년까지 극빈곤과 기아를 완전히 없애겠노라고 천명하고 있다. 환영할 만한 목표다. 하지만 여기에도 빈곤 타파를 위해 사용할 수단이 주로는 글로벌 GDP 성장이며, 분배의 문제나 경제 활동을 무한히 팽창시킬 때 발생할 생태적 결과는 고려되어 있지 않다. 그뿐 아니라 비현실적으로 낮은 빈곤선에 대한 반대가 광범위하게 있었는데도 여전히 낮은 빈곤선을 기준으로 삼고 있다. 또 MDG에서 여러 문제를 일으켰던 통계 술책을 막기 위한 모니터링 시스템이 없다.

'인식 관리' 기법이 다시 가동되기 시작했다. SDG 출범 후 세계은행은 1.90달러로 새 빈곤선을 발표했다. 세계은행이 기존 빈곤선이 너무 낮았다는 것을 깨닫고 드디어 더 유의미한 기준으로 올렸나 보다 싶을 수도 있다. 실제로 많은 논평가들이 그렇게 생각했다. 하지만 그와 반대였다. 세계은행은 빈곤선을 올린 것이 아니라 달러 가치 절하분을 반영해 구매력 평가로 보정했을 뿐이었고, 이번에도 보정된 정도는 실질 구매력을 반영할 만큼 충분히 높지 않았다. 따라서 빈곤 인구가 전에 계산되었던 것보다 적어진 것처럼 보이게 되었다. 새로운 빈곤선을 내놓으면서 세계은행은 갑자기 세계 빈곤 인구가 1억 명이나 줄었다고 발표했다. 또한 빈곤 감소 추세도 전에 생각했던 것보다 빠르다고 발표했다. 새 빈곤선에 따라 2015년의 빈곤율이 처음으로 10% 미만이 되면서 자릿수가 달라지는 커다란 문턱을 넘었다는 것이다. 그리고 또다시 언론은 타당성에 대한 문제 제기 없이 그 이야기를 반복했다.

잘 알려져 있듯이 구매력 평가를 반영한 보정은 가난한 사람들에게 차별적이다. 구매력 평가는 경제 전체에 걸쳐 있는 소비재들의 가격에 따라 이동한다. 하지만 빈곤선 근처에서 살아가는 가난한 사람들은 그렇게 다양한 소비재를 구매하지 않고 소득의 70%를 식품에 쓴다. 가장 최근에 구매력 평가 보정을 한 2005년 이후에는 다른 소비재 가격 대비 식품 가격이 급등했다. 이 말은 대부분의 사람들이 자신의 소득으로 더 많은 것을 구매할 수 있게 되었더라도 가난한 사람들은 자신들의 소득으로 구매할 수 있는 것이 더 적어졌다는 뜻이다. 실질 기준으로 전과 동일하게 유지하려면 세계은행은 구매력 평가로 보정한 숫자보다 빈곤선을 더 올려야 마땅하다. 하지만 그렇게 하면 SDG가 성공하고 있는 것처럼 보이게 만들기가 더 어려워진다.

예상컨대, SDG 기간 동안 세계은행은 빈곤이 근절된 것처럼 보일 때까지 실질 빈곤선을 계속 낮출 것 같다. 그렇게 한 뒤, SDG 종료 시점인 2030년에 성공을 선포할 것이다. 그러면 언론은 환호하고 정치인과 국제개발 분야 지도자들은 서로 축하할 것이다. '좋은 소식'은 대중을 흡족하게 할 것이고 글로벌 경제 질서의 정당성에 대한 질문은 모조리 침묵시킬 것이다. 하지만 현실에서 43억 명의 사람들은 이것이 사실이 아님을 몸으로 체감할 것이다.

유엔이 2030년에 빈곤의 종식을 선언하려면 이 같은 통계적 술책이 필요하다. SDG 출범 직전에 세계은행은 2030년까지의 빈곤 전망치를 새로 내놓았는데, 이 숫자들은 비극적인 방식으로 코믹했다. 세계은행은 사하라 이남 아프리카 국가들이 세계은행의 조언을 모두 따르고 구조조정 프로그램을 지속할 경우 빈곤 인구를 2008년의 4억 700만 명에서 2030년까지 3억 3500만 명으로 줄일 수 있을 것이라고 내다봤다. 빈곤의 종식과는 거리가 멀다. 특히 1990년에 사하라 이남 아프리카의 빈곤 인구가 2억 8700만 명이었음을 생각하면 더욱 그렇다. 이곳에서 빈곤 타파 운동을 40년이나 한 뒤에, 희한하게도 세계은행은 빈곤 인구수가 2억 8700만 명에서 3억 3500만 명으로 '줄어들' 전망이라고 말하고 있는 것이다. 세계은행의 극단적으로 낮은 빈곤선을 기준으로 해도 아프리카 국가들이 기대할 수 있는 가장 좋은 시나리오는 1990년보다 2030년에 빈곤 인구가 많아지는 것이라는 뜻이 된다. 이것이 현재의 경제 시스템이 얼마나 잘 작동하고 있는지에 대해 빈곤 지표가 말해주는 바다.

*

나는 이 장을 시작하면서 '좋은 소식 내러티브'가 세계의 강력한 국가들 입장에서 그토록 중요한 이유는 현재의 경제 질서를 정당화하고 사람들이 그 경제 질서에 대해 계속 동의하도록 해주기 때문이라는 점을 지적했다. 따라서 강력한 국가들로서는 지난 35년 사이에 빈곤이 극적으로 증가했다는 사실을 받아들일 수 없다. 이 사실을 받아들이면 게임 전체에 의구심을 제기하는 격이 되기 때문이다. 현 상태를 도덕적으로 정당화할 수 있는 기제가 무너지는 것이다. 하지만 '좋은 소식 내러티브'를 유지하려면 그들은 인류 역사 중 아주 좁은 부분으로만 시야를 축소해야 한다. 이를테면, MDG는 우리가 1990년 이전에 일어났던 일을 다 잊게 만든다. 1990년은 아주 편리한 연도인데, **세계은행의 1.25달러 기준으로 보더라도** 그전 10년간 빈곤 인구가 증가했기 때문이다. 1980년대는 글로벌 남부가 극심한 고통을 겪은 시기였고 이는 숫자를 아무리 매만져도 숨겨지지 않는다. 앞에서 보았듯이 세계은행 총재이던 제임스 울펀슨마저 세계은행과 국제통화기금이 개입하기 전인 1960년대와 1970년대가 개도국들에 더 나은 시기였다고 인정했다. 그때 효과가 있었던 정책은 무엇이었는가? 왜 우리는 그 이야기를 잊도록 유도되었는가?

우리는 이 질문에 답해야 한다. 하지만 글로벌 빈곤과 불평등에 대한 전체 이야기를 알려면 1960년대보다 훨씬 전으로 가보아야 한다. 울펀슨 본인이 지난 200년 동안 빈곤이 꾸준히 증가해왔다고 말했음을 기억해보자. 이 시기는 산업화가 일어나고 서구의 경제 권력이 강화된 시기다. 왜 이때 빈곤이 증가했는가? 무슨 일이 일어난 것인가? 그리고 왜 우리는 이 이야기를 많이 듣지 못하는가?

2부

폭력의 역사

THE DIVIDE

3장
빈곤은 어디에서 시작되었는가

다른 이를 식민화하는 사람 중에 결백한 사람은 있을 수 없다.

— 에메 세제르

국제개발 분야는 우리를 짧은 시간 단위에서 사고하도록 길들였다. 오늘날 빈곤에 대한 지배적인 내러티브는 MDG 기준년인 1990년까지만 거슬러 올라가고, 가장 이른 때라고 해봐야 세계은행이 최초로 세계 빈곤 통계를 낸 1981년으로 올라갈 뿐이다. 그전에 무슨 일이 있었는지 대부분의 사람들은 전혀 알지 못한다. 역사적 시각을 결여하고 있다는 점은 국제개발 이야기가 생겨난 이래로 내내 이 이야기의 핵심 특징이었다. 트루먼의 1949년 연설도 기이할 정도로 몰역사적이다. 그는 "세계의 절반 이상이 비참함에 가까운 조건에서 생활하고 있다"고 말했지만 그와 같은 비참함이 어떻게 해서 생겨났는지는 설명하지 않았다. 사람들은 미국 정부가 (또한 그 밖의 서구 세계가) 어쩌다 멀리서 어떤 장소를 우연히 접하고서 세계에는 가난한 나라도 존재한다는 사실을 갑자기 발견한 줄 알았을 것이다. 지배적인 내러티브를 받아들이면, 가난한 나라들은 늘 가난했고 부유한 나라와 가난한 나라의 격차도 늘 지금처럼 존재했으리라고 믿게 된다.

하지만 시계를 1500년으로 돌려보면 매우 다른 이야기가 나타난다. 평범한 사람들의 생활 수준을 비교해보면 당시에 유럽과 나머지 지역 사이에는 격차가 거의 없었다. 많은 면에서 오히려 라틴아메리카, 인도, 아시아 사람들이 유럽 사람들보다 잘살았다. 1800년에도 잉글랜드의 기대수명은 32-34세에 불과했고 노동자 계급 아이의 기대수명은 비참하게 낮은 15세였다. 프랑스의 기대수명은 28-30세, 독일은 25-31세였다.

아즈텍, 잉카, 마야 문명 사람들의 기대수명도 유럽인들보다 그리 더 낮지는 않았다. 당시의 유럽처럼 그들의 사회도 인구 밀도가 높은 정주 공동체였고 매우 불평등했으며 질병에 크게 영향을 받았다. 그들은 식량을 거의 전적으로 농경에 의존했는데, 허리가 휘는 노동이 필요했고 그에 비해 산출물의 영양적 가치는 매우 낮았다. 하지만 고고학 자료들을 보면 초창기 정주 농경 국가에 속하지 않고 농경과 수렵을 병행했던 다른 공동체들에서는 기대수명이 50%나 더 길었음을 알 수 있다.[1] 그들은 라틴아메리카의 소위 더 '문명화'된 사람들에 비해 더 건강했고 더 강인했고 키도 더 컸고 영양도 더 잘 섭취했으며, 유럽인에 비해서도 그랬다.[2] 이들은 훨씬 더 다양한 식품 시스템을 활용했기 때문에(식품 중 일부는 농경으로 재배했고 일부는 수렵 채집으로 조달했다) 기아로 사망할 확률이 더 낮았다. 이들은 훨씬 더 적은 시간 노동했고 노동 강도도 더 약했다. 강력한 귀족이나 토지 소유자에게 노동을 강요당하지 않았고 권력자가 그들의 잉여를 가로채지도 않았다. 또한 이들은 인구 밀도가 높은 사회의 고질적인 문제이던 질병에도 덜 노출되었다. 15세기에 북아메리카 대륙에는 이러한 공동체가 더 일반적이었고(아마 80%는 되었을 것이다) 정주 농경 국가는 드물었다.[3]

중국, 일본 등 아시아에 대한 자료들을 보면 이곳 사람들 역시 유럽인들보다 더 길고 건강한 수명을 누린 것으로 보인다. 수명 면에서 아시아인들은 적어도 1800년까지 유럽인들보다 우위를 유지했다. 기대수명이 일본은 41-45세, 중국은 35-40세, 동남아시아 일부 지역은 약 42세였다. 아시아 사람들이 유럽인들보다 많게는 10년가량 더 살 것으로 기대되었다는 뜻이다. 여타의 발전 지표들도 아시아가 유럽을 능가했다.[4] 교통 기술도 더 우월했고, 도시 규모도 더 컸으며, 위생도 더 나았고, 공중보건 시스템과 영양 수준도 더 나았다. 글로벌 권력 균형의 측면에서도 1500년에 유럽은 이제 막 '암흑 시기'를 벗어나기 시작했기에 후진성을 면했을까 말까 한 정도였고 글로벌 GDP에서 차지하는 비중도 15%에 불과했다. 그와 대조적으로, 중국과 인도를 합하면 세계 경제의 65%에 달했다.

그런데 어떻게 해서 이런 양상이 달라졌을까? 어떻게 해서 서구 유럽의 소수 국가들이 나머지 세계보다 이토록 부유하고 강력해질 수 있었을까?

일반적인 답은 우리 모두 학교에서 배운 것이다. 영국에서 일련의 기술 혁신이 일어나 산업혁명을 일으켰고 유럽과 미국에 퍼졌다. 1733년에 '플라잉 셔틀' 방직기가 발명되어 직물을 훨씬 더 효율적으로 생산할 수 있게 되었고, 1781년에 제임스 와트의 증기기관이 나오면서 강력하고 거대한 기계를 작동시킬 수 있게 되었다. 영국은 매우 유용하게도 석탄 매장지가 대도시 가까운 데 있어서 싸고 풍부한 에너지원을 조달하기 쉬웠다. 또 지형이 상대적으로 평탄해서 운하를 이용해 석탄과 제조품 모두를 나라 곳곳에 운송하기도 용이했다. 과학 기술의 발달과 지리적 우연 덕분에 영국은 생산적인 산업을 일굴 수 있었고 제조품 판매를 통해 생활 수준을 전례 없는 정도로 높일 수 있었다.

이 이야기는 강력하도록 단순하지만 영국 안에서 벌어진 일에만 초점을 맞춤으로써 이러한 발전이 세계의 다른 지역과 별개로 이루어진 것처럼 보이게 만든다. 이것만큼이나 사실과 거리가 먼 개념도 없을 것이다. 와트가 증기기관을 발명했을 무렵에 영국은 이미 세계를 대략 두 지역으로 나눈 '세계 체제'의 중심 국가였다. 이 체제는 '중심부' 국가인 서유럽 및 (신생 국가) 미국, 그리고 '주변부' 국가인 아시아, 아프리카, 라틴아메리카로 나뉘어 있었으며 중심부와 주변부는 촘촘히 연결된 네트워크 속에서 지속적으로 상호 작용했다.[5] 중요한 사실은, 이러한 상호 작용이 평등하거나 상호 동의하에 이루어진 것이 아니라 폭력과 강압으로 점철되어 있었다는 점이다. 유럽의 산업혁명은 전체 이야기의 일부일 뿐이다. 서구와 나머지 사이의 '격차'가 어떻게 시작되었는지를 정말로 이해하려면, 훨씬 더 이른 시기로 가보아야 한다.

피의 역사, 세계 체제의 형성

1492년에 크리스토퍼 콜럼버스가 인도로 가는 새 항로를 찾아 항해에 나섰다. 물론 그렇게까지 멀리 가지는 못했다. 엉성한 지리적 계산의 피해자로서, 그의 인도행은 예기치 못했던 대륙에 가로막혔다. 쿠바에 내리게 된 콜럼버스는(자신이 틀렸을 가능성을 고집스럽게 부인하면서 그곳이 인도라고 주장했다) 이곳에서 놀라운 사람들을 마주쳤다. 그가 속한 문명과는 매우 다른 문명이었다. 일기장에 콜럼버스는 이곳 사람들이 "자신의 소유물을 어찌나 너그럽게 내어주는지, 직접 보지 않는다면 아무도 믿지 않을 것"이라며 "가진 것을 달라고 요구하면 어느 누구도 안 된다고 말하는 법이 없고 오히려 자신이 가진 것을 나누어주겠다고 누구에게든 먼저 제안한다"고 적었다.[6] 그들은 공동 건물에서 살았고 놀라울 정도로 평등했다. 성별 간에도 평등해서, 여성은 자신이 잘못 대우받는다고 여겨지면 자유롭게 파트너를 떠날 수 있었다. 사람들은 강건했다. 콜럼버스는 그들을 "좋은 신체와 잘생긴 외양을 가진 건강한 사람들"이라고 표현했다. 서구에서 온 다른 사람들도 이곳 원주민들이 얼마나 멀리 수영을 할 수 있는지나 임신한 여성마저도 민첩하고 독립적이며 쉽게 출산을 하고서 곧 다시 일어나 돌아다닌다는 것 등을 놀라워하며 기록했다.[7]

콜럼버스는 자신이 마주친 사람들이 마음이 열려 있고 너그러울 뿐 아니라 매우 평화적이라는 것도 알게 되었다. 그는 "그들은 무기를 소지하지 않으며 무기 자체를 알지 못한다"며 다음과 같이 기록했다. "그들에게 검을 보여주었더니 그게 뭔지 몰라 칼날 쪽을 쥐어서 손을 베었다." 콜럼버스는 원주민들의 이러한 취약성을 활용해 이득을 얻고 싶었고 다음과 같은 불길한 내용을 일기에 적었다. "50명만 있으면 그들 모두를 복속시켜서 우리 마음대로 무엇이건 시킬 수 있을 것이다."[8]

두 번째 탐험에 나선 콜럼버스는 이번에는 17척의 배와 1200명을 이끌고 카리브해 연안을 돌면서 수천 명의 원주민을 사로잡아 스페인에 노예로 보냈다. 하지만 진짜 목적은 금이었다. 그는 원주민들이 금붙이로 된 장신구를 많이 두르고 있는 것을 보고 그곳에 금이 풍부할 것이라고 가정했다. 하지만 금광이 잘 찾아지지 않자 그는 강압적 방식을 사용하기로 했다. 이스파니올라(오늘날의 아이티와 도미니카 공화국이 공유하고 있는 섬)에 기지를 두고 원주민인 아라와크족 사람들에게 3개월마다 한 번씩 일정량의 금을 가져오도록 강요했다. 가져오지 못하면 손목을 자르거나 사냥하듯 몰아 살해했다. 원주민 남성들은 산맥을 훑으며 금광에서 노동을 하는 데 일생을 바치도록 내몰렸다. 6개월마다 노동자의 3분의 1가량이 사망했다. 스페인이 침공한지 2년도 지나지 않아서 섬 인구의 절반인 12만 5000명이 목숨을 잃었다. 남은 사람들은 대부분 노예가 되어 플랜테이션에서 일했다. 몇십 년이 지나자 아라와크족 인구는 몇백 명밖에 남아 있지 않았다.

이를 목격한 유럽인인 바르톨로메 데 라스카사스는 카리브해 연안 지역에서 느린 속도로 펼쳐지던 제노사이드에 대한 경악스러운 통계를 기록으로 남긴 바 있다. "1494년에서 1508년 사이에 전쟁, 노예화, 광산 노동 등으로 인해 300만 명 이상이 사망했다. 미래 세대 중 과연 누가 이것을 믿을까? 이 글을 쓰는 나 자신조차 직접 목격했고 알고 있음에도 믿기 어려울 정도다."

콜럼버스는 유럽 콩키스타도르[정복자]의 긴 행렬에서 첫 번째일 뿐이었다. 얼마 뒤인 1519년에는 에르난 코르테스가 멕시코에 도착해 이곳을 스페인령으로 선포하고 내륙으로 들어가 현재의 멕시코시티에 해당하는 아즈텍의 수도 테노치티틀란으로 향했다. 이번에도 원주민은 유럽의 침략자들을 환대로 맞이했고 원주민들이 보여준 너그러움은 기록에 많이 남아 있다. 하지만 코르테스는 감동받지 않았다. 그는 테노치티틀란을 향해 계속 나아가면서 가는 길에 있는 마을들을 파괴하고 주민들을 살해했다. 그리고 석궁, 말, 대포 같은 우월한 무기로 이 땅을 정복했다. 코르테스가 테노치티틀란에 도달하자 몬테주마 황제는 금과 은을 선물로 주며 너그럽게 그를 맞이했다. 하지만 코르테스는 몬테주마를 그 자신의 궁에 가두고 도시를 장악했다. 1521년이면 몬테주마는 살해되고 테노치티틀란은 귀금속을 모조리 약탈당한 상태가 됐다.

역시 스페인의 콩키스타도르인 프란시스코 피사로가 그 뒤를 이었다. 1532년에 피사로는 페루 잉카 제국 황제 아타우알파의 초대로 이곳의 수도에 들어왔다. 수도는 8만 명의 군대가 보호하고 있었고 아타우알파 황제는 피사로와 그가 대동한 군인들을 위협으로 여기지 않았다. 하지만 피사로는 무력으로 도시를 쑥대밭으로 만들고 아타우알파를 사로잡았다. 목숨을 구하기 위해 아타우알파 황제는 두 달 안에 커다란 방을 금으로 채우고 은으로 그 방을 두 번 더 채우겠다고 제안했다. 스페인 사람들이 귀금속을 매우 좋아한다는 것을 알고 있었기 때문이다. 이 시기에 나와틀어로 작성된 문서에는 이렇게 기

록되어 있다. "그들은 원숭이들처럼 금을 높이 치켜들고 기쁨을 표현
했다. 마치 금이 그들의 심장에 새로운 생명의 불을 붙여주기라도 하
듯이 말이다. 금은 그들이 매우 갈망하고 있었던 것임에 틀림없었다.
그들의 신체는 금으로 살찌워졌고 그들은 금에 굶주려 난폭해져 있었
다. 그들은 굶주린 돼지처럼 금을 갈망했다."[9] 피사로는 아타우알파의
제안을 받아들였고 아타우알파는 귀금속을 쌓았다. 하지만 이것은 피
사로의 계략이었다. 금과 은을 받고 난 뒤 피사로는 가짜 법정에서 스
페인의 침공에 저항했다는 '범죄'를 물어 아타우알파를 처형했다.

10-20년 뒤에 유럽 사람들은 오늘날의 볼리비아에 있던 도시 포
토시Potosí를 중심으로 방대하게 뻗어 있는 은광맥을 발견했다. 오래
지 않아 은은 스페인 식민지에서 수출되는 광물의 99%를 차지하게
되었다.[10] 1503년부터 1660년 사이에 1600만 킬로그램의 은이 유럽으
로 보내졌는데, 유럽의 은 매장량 전체의 3배나 되는 양이었다. 이에
더해 같은 시기에 금도 18만 5000킬로그램가량이 스페인의 항구로
들어왔다.[11] 1800년대 초반 무렵까지 총 1억 킬로그램의 은이 라틴아
메리카에서 빠져나와 유럽 경제에 유입되었다. 은은 스페인으로 먼저
들어간 뒤 그다음에 유럽 나머지 지역으로 스페인의 빚을 상환하는
데 들어갔다.[12]

이 부의 규모가 어느 정도인지 감을 잡기 위해 다음과 같은 사고
실험을 해보자. 1800년에 1억 킬로그램의 은을 5% 이자율(역사적으로
평균 금리에 해당한다)로 투자했다면 이 돈은 오늘날 165조 달러가 되
며, 이것은 2015년 세계 GDP 전체의 2배가 넘는다. 유럽은 아메리카
원주민들에게서 나오는 은의 일부는 재화를 지불해 구매했지만 대부

분은 공짜로 가져갔다. 강압적인 탈취의 산물이었던 것이다. 이렇게 해서 유럽 경제에 막대한 부가 공짜로 주입되었다.[13]

라틴아메리카에서 온 금은은 다 어디에 쓰였을까? 일부는 유럽 국가들의 군사력 증강에 들어갔고, 이는 유럽 국가들이 세계의 나머지에 대해 정치적 우위를 확고히 하는 데 도움이 되었다. 하지만 대부분은 중국 및 인도와의 교역에 들어갔다. 은은 유럽이 내놓을 수 있는 산품 중 동양 국가들이 실제로 원하는 몇 안 되는 품목이었다. 그래서 은이 없으면 유럽은 심각한 무역 적자를 겪을 수밖에 없었다. 그렇게 되었다면 유럽 경제는 계속 정체 상태에 머물렀을 것이다. 그런데 은으로 교역을 지속할 수 있게 되자 유럽은 토지 집약적 산품과 천연자원을 해외에서 수입해올 수 있었다. 토지가 부족한 유럽으로서는 매우 중대한 이득이었다. 이것을 '생태적 횡재'라고 부를 수 있을 것이다.[14] 자연에 의존해야 하는 자원이 외부에서 들어오면서 유럽이 그들의 자연적 한계를 넘어 경제를 성장시킬 수 있게 되었다는 의미에서다. 이를 통해 유럽은 1800년경이면 중국과 인도를 따라잡고 더 나아가 추월할 수 있게 되었다. 중국과 인도는 과도한 생태적 압박에 놓여 있던 유럽에 그 압박을 풀어주는 역할을 해주었다. 유럽은 토지 집약적인 생산을 해외로 돌리면서 자국 노동력을 직물 공장처럼 자본 집약적 산업 쪽으로 재배치할 수 있었는데, 다른 나라들은 누릴 수 없는 사치였다.

유럽이 이러한 구조에서 이득을 얻는 동안 라틴아메리카는 막대한 고통을 겪었다. 유럽 사람들이 오기 전에 멕시코에는 원주민 인구가 3000만 명에 달했고 안데스 지역에도 비슷한 숫자의 원주민이 있었다. 또 중앙아메리카에도 1300만 명 정도가 있었던 것으로 추산된다.[15] 자료마다 차이는 있지만 연구자들은 1492년에 라틴아메리카 지역에 총 5000만-1억 명이 살고 있었으리라고 본다. 그런데 1600년대 중반 무렵에 이곳 인구는 350만 명으로 급감해 있었다. 약 95%가 목숨을 잃은 것이다.[16]

이러한 제노사이드의 상당 부분은 콩키스타도르들이 자행한 학살의 형태로 펼쳐졌다. 원주민을 토지에서 강제로 축출하고 그들의 사회경제적 시스템을 해체해 생계를 유지할 수 없게 한 것과도 관련이 있었고, 원주민을 노예 노동력으로 사용한 것과도 관련이 있었다. 이들의 노동력은 유럽인이 소유한 귀금속 광산에서 사용되었다. 광산 노동은 지극히 위험했을 뿐 아니라 유독하기도 했다. 바위에서 은을 추출하는 데 수은이 사용되면서 광부들의 사망률이 크게 높아졌다. 원주민 사망의 상당 부분은 천연두 등 유럽인들이 대서양을 건너 들여온 질병에도 기인했다. 감염된 담요를 '선물'로 주는 것처럼 의도적으로 퍼트린 경우도 있었다. 원주민들은 해외의 질병에 면역력이 없었으므로 이러한 병원균은 매우 치명적이었다. 감염병은 유럽인들의 아메리카 대륙 정복에서 말과 대포 못지않게 유용했다.

*

팽창하는 유럽의 제국에 강제로 복속된 것은 아메리카 원주민만이 아니었다. 유럽인들은 신대륙에서 필요한 노동력을 아프리카에서 잡아온 노예로 채웠다. 노예 교역은 이르게는 콜럼버스가 첫 식민지 이

스파니올라를 발견하고 얼마 되지 않은 1500년대부터 이루어졌다. 노예 교역은 유럽의 상인들이 주도했는데, 처음에는 스페인과 포르투갈, 나중에는 영국이 핵심 국가였다. 이들은 유럽의 제품을 주고 서아프리카 해변에서 노예를 사왔다. 더 정확하게는 신대륙에서 나온 귀금속으로 중국과 인도에서 수입한 제품을 아프리카에 주고 노예를 사왔다. 노예들은 대부분 서아프리카 국가들 사이의 분쟁에서 사로잡힌 전쟁 포로였다. 잡혀서 아메리카로 운송된 노예들은 카리브해 지역의 사탕수수 플랜테이션이나 브라질의 광산에서 일했다. 이러한 농장이나 광산은 유럽인들이 소유하고 있었다. 1700년대에 포르투갈령 브라질은 스페인이 그전 200년 동안 식민지에서 뽑아간 금의 총량을 넘어서는 금을 노예 노동력으로 생산했다.[17]

노예 교역이 종식된 1853년 무렵까지 1200만-1500만 명의 아프리카인이 노예가 되어 대서양을 건너는 노예선에 실렸다.[18] 120만-240만 명은 항해 도중에 노예선 갑판 아래의 어둠 속에서 숨졌고 시신은 바다에 버려졌다. 이 숫자들이 나타내는 인간 파괴의 규모는 상상조차 불가능할 정도다.

서구는 이 막대한 공짜 노동력에서 얼마나 많은 이득을 얻었을까? 미국 하나만 보아도 1619년부터 노예제가 폐지된 1865년까지 총 222,505,049,000시간어치의 강제 노동력을 얻은 것으로 추산된다. 미국의 최저 임금에 약간의 이자율을 쳐서 계산하면 오늘날 돈으로 97조 달러에 해당한다.[19] 미국만 계산한 것인데도 이 정도다. 2013년에 카리브해 연안의 14개 국가가 법무법인 레이 데이Leigh Day의 대리를 받아 영국을 상대로 노예 노동에 대한 국가 배상 소송을 진행했다. 배상액을 얼마 요구했는지는 공개하지 않았지만, 이들은 1834년에 영국이 노예제를 폐지하면서 노예 소유주들에게 재산[노예] 손실에 대한 보상금으로 2000만 파운드를 지급했음을 언급했다(한편, 당시에 보상은 노예 소유주들에게만 이뤄졌고 노예들에게는 보상이 이뤄지지 않았다).[20] 그 금액은 오늘날 3000억 달러에 해당한다. 그리고 이 숫자는 노예의 가격만 반영한 것이고 노예가 평생에 걸쳐 생산한 것의 총 가치와 그들이 견뎌야 했던 트라우마, 그리고 1834년 **이전**에 수세기 동안 일하고 죽은 수십만 명의 비용은 포함되지 않은 것이다.

하지만 유럽이 노예 경제에서 끌어낸 진짜 이득은 아프리카인과 아메리카 원주민의 신체에서 강제로 추출해낸 가치만이 아니었다. 사탕수수와 면화 플랜테이션은 신대륙에서 은에 이어 또 하나의 '생태적 횡재'를 유럽에 제공했다. 설탕은 영국에서 총 소비 칼로리의 22%를 차지하게 되는데, 이로써 국내 농업 생산의 필요가 줄어서 농업 노동력을 산업 쪽으로 돌릴 수 있었다.[21] 신대륙의 면화는 유럽 산업혁명의 핵심 자원을 유럽의 토지나 노동력에 부담을 가하거나 식량 생산에 써야 할 토지를 면화 쪽으로 전용하지 않고도 확보할 수 있게 해주었다. 여기에 목재 수입까지 더하면, 영국 하나만 해도 신대륙으로부터 생산적인 토지를 2500만-3000만 에이커가량 얻은 것이나 마찬가지였는데, 이는 영국 내 경작 가능한 토지 전체의 2배가 추가로 생긴 격이었다.[22] 노예 노동력으로 생산한 신대륙산 수입품은 유럽의 빠른 경제 발전에 단일 요인으로는 가장 큰 요인 중 하나였고, 영국이 풍부한 석탄 광맥으로 얻을 수 있었던 에너지 횡재보다 더 중요한 요인이었다. 노예 노동력과 식민지의 땅을 생산에 사용할 수 있다는 생태적 횡재가 없었다면 유럽은 그들의 경제 역량을 산업화 쪽에 집중시킬 수 없었을 것이다.

*

라틴아메리카 경제가 소수의 농산품 생산만을 위한 식민지 경제로서 조직되었기 때문에, 이들은 자체적으로 국내 산업을 발달시킬 수 있는 길이 막혀 있었고 필요한 제조품은 유럽 제품에 의존해야 했다. 이러한 구조는 유럽에 막대한 이득이 되었다. 라틴아메리카는 유럽의 제조업에 꾸준히 수요를 제공하는, 포획된 시장이나 다름없었다. 신대륙 식민지가 유럽 제품을 소비해주지 않았다면 유럽의 산업화는 불가능했을 것이다.

세계 체제의 주변부 지역이 이런 식으로 재배열되면서 그 지역들에 막대한 피해가 발생했다. 앞으로 살펴보겠지만, 라틴아메리카는 21세기까지도 유럽에 경제적으로 종속된 관계에 계속 놓이게 된다. 이 관계의 한 가지 특징은 교역에서 손실을 보는 것인데, 라틴아메리카 수출품의 가격이 서구로부터 수입하는 제조품 가격보다 낮아서 발생하는 문제다. 아프리카도 대서양을 가로지르는 노예 교역으로 막대한 노동력 손실을 보았다. 아프리카 노예가 신대륙에서 생산한 가치의 총합은 오늘날의 가치로 수백조 달러어치에 달한다. 이만큼의 부가 서구에서 탈취되어 아프리카에 더해졌다면 어떻게 되었을까? 아니, 이 액수의 일부만이라도, 가령 노예 교역으로 아프리카의 군주들이 얻은 돈을 제외한 액수라도 아프리카에 더해졌다면 어떻게 되었을까?[23]

경제학자들은 글로벌 남부가 발전에 실패한 것이 자본 부족 때문이라고 가정하곤 한다. 하지만 자본은 부족하지 않았다. 그들의 경제 발전에 자본으로 쓰일 수 있었을 부(라틴아메리카의 귀금속과 아프리카의 잉여 노동력)가 유럽의 경제 발전을 위해 강탈당했다고 봐야 한다. 유럽이 자원과 노동력을 약탈하지 않았더라면, 그리고 이들 지역을 천연자원 공급지와 제조품 판매 시장이 되도록 강제하지 않았더라면, **이론상으로는** 글로벌 남부도 유럽 못지않은 경제 발전을 이룰 수 있었다. 물론 강탈이 없었을 때 글로벌 남부가 경제 발전을 했을지, 혹은 그렇게 하는 것이 타당했을지는 다른 문제다. 유럽 스타일의 경제 발전은 다른 곳의 토지와 인신에 대한 폭력적 강탈을 필요로 했으니 말이다. 하지만 그것을 떠받친 토대를 보지 않고는 서구의 경제 성장을 설명할 수 없다는 핵심은 달라지지 않는다.

'임노동자'와 '빈곤' 개념의 탄생

유럽의 산업혁명을 설명하는 통상적인 이야기에 대해 이제까지 제시된 대안적인 설명은, 세계 체제의 주변부에서 추출한 노동력과 자원이 중심부가 자본을 투자하는 데 필요한 부를 제공했다고 보는 것이다. 현대 경제학의 아버지로 불리는 애덤 스미스는 이를 '선행 축적previous accumulation'이라고 불렀는데, 그것 없이는 자본주의가 존재할 수 없었을, 자본주의의 발흥에 꼭 필요했던 자본 축적의 시작

과정을 지칭하는 용어다. 카를 마르크스는 이것을 '시초[원시] 축적 primitive accumulation'이라고 불렀는데, 폭력적으로 이뤄졌던 축적 과정의 야만적인[원시적인] 속성을 드러내고자 선택한 표현이었을 것이다. 마르크스는 이렇게 설명했다. "아메리카 대륙에서의 금은의 발견, 원주민 인구의 절멸 또는 광산에서의 노예화와 매몰, 동인도에서 정복과 약탈의 시작, 아프리카를 흑인에 대한 상업적 사냥터로 전환, 이와 같은 일은 자본주의적 생산의 장밋빛 새벽을 알리는 신호였다. 이러한 목가적인 과정이 시초[원시] 축적의 핵심 동력이었다."[24] 이 견해에 따르면, 자본주의를 가능하게 만든 축적은 식민주의적 추출을 통해 추동되었다.

앞에서 보았듯이 유럽이 초창기 식민주의 시기에 얻은 실제 이득은 (신세계 식민지로부터 유럽의 곳간으로 가치가 직접 이전되는 형태의) 직접적인 추출과 직접적인 부의 축적만은 아니었다. 유럽은 여기에 더해 '생태적 횡재'를 얻어서 자국 경제의 방향을 산업적 생산으로 전환할 수 있었다. 또한 포획된 시장이 유럽 제조품을 판매할 공간이 되어준 것도 축적의 주요 요소였다.

하지만 축적만으로는 유럽에서 산업화가 부상한 과정을 설명할 수 없다. 많은 역사 연구가 보여주듯이, 막대한 부의 축적에도 불구하고 자본주의화가 되지 않은 사례도 많다. 자본주의가 작동하려면 무언가가 더 필요한데, 바로 임노동자다. 임금을 받고 일하려는 사람들이 없었다면 신흥 자본가들은 그리 많이 나아가지 못했을 것이다. 오늘날에는 임노동자의 존재가 당연하게 여겨지지만, 꽤 가까운 과거까지만 해도 임노동자를 구하는 것은 그리 쉬운 일이 아니었다. 중세에 (도시국가였던 곳들을 제외하면) 유럽 인구 대다수는 임금을 받고 일하기를 원하지 않았을 것이다. 이들은 생존을 위해 임금을 벌어야 할 필요가 없었다. 대부분의 사람들은 땅을 경작해 스스로 필요한 것을 충족하는 '소농민'이었고 대개 그 생활에 꽤 만족했다.

우리는 으레 중세 농민들이 비참한 삶을 살았으리라고 가정하곤 한다. 많은 면에서 그렇긴 하다. 질병이 만연했고 영양 수준도 그리 높지 않았으며 기대수명도 짧았다. 19세기 말 이전의 정착 농경 사회 대부분이 그랬다. 하지만 적어도 농민들은 안정적인 생계를 보장하는 데 필요한 가장 중요한 것 하나를 가지고 있었다. 바로 토지에 대한 접근권이었다. 농민들은 토지에서 작물을 재배하고, 가축에게 풀을 먹이고, 사냥감을 잡고, 물을 긷고, 조리와 난방에 쓸 토탄과 땔감을 모으고, 집을 지을 나무를 모을 수 있었다. 어떤 이들은 자신의 토지를 직접적으로 소유하고 있었고, 어떤 이들은 영주가 소유한 땅을 사용할 권리를 가지고 있었으며, 또 어떤 이들은 '공유지'에 접근할 권리를 가지고 있었다. 이 시절의 농민들은 풍요롭지는 않았지만 '자신의 터전에서 살아갈 권리'는 기본적으로 누릴 수 있었다. 이 권리는 오랜 전통에 의해 보호되었고 1217년의 삼림 헌장Charter of the Forest[•] 과 같은 법제도에 의해서도 보호되었다. 누군가가 생존에 필요한 기본적인 자원에 안정적으로 접근할 수 없다는 것은 생각하기 어려운 일이었다.

하지만 이러한 전통적인 생계 보장 시스템이 15세기에 잉글랜드에

• 왕실의 사유지였던 삼림에 잉글랜드의 자유민들이 생계를 위해 접근할 권리를 인정한 헌장.

서 시작된 일련의 과정에 의해 해체되기 시작한다. 수익성이 매우 높았던 모직물 교역으로부터 이윤을 얻으려는 열망에서, 부유한 귀족들이 자신의 땅을 양 목장으로 바꾸는 체계적인 운동을 시작한 것이다. 이를 위해 그들은 과거의 봉건적 의무를 없애고 수세기 동안 농민을 보호하던 '자신의 터전에서 살아갈 권리'를 박탈했다. 또한 사람들이 생계를 의지하던 공유지 접근권을 박탈하고 땅에 울타리를 쳐서 개인의 상업적 용도로만 쓰기로 하면서 공유지를 사유지로 전환했다.[25] 이것이 '인클로저Enclosure'* 운동이며, 이를 통해 그 후 2-3세기에 걸쳐 수천만 에이커의 땅이 사유지가 되었다. 인클로저는 잉글랜드 인구 상당수를 터전에서 쫓아냈고 수백 개의 마을을 밀어버렸다. 인클로저는 평화롭게 진행된 과정이 전혀 아니었다. 축출과 박탈의 과정이 늘 그렇듯이, 이것은 근본적으로 폭력적인 과정이었다. 수백만 명의 사람들을 대대로 살았던 땅에서 쫓아내려면 마을을 불태우고 집을 파괴하고 작물을 밀어버리는 등의 강도 높은 폭력이 필요했다.

모직물 산업이 인클로저를 추동한 핵심 요인이었지만 종교개혁도 중요한 요인이었다. 헨리 8세가 옛 가톨릭 수도원들을 해체하면서 교회의 소유였던 땅이 빠르게 지배층에게 넘어갔고 그 땅에 생계를 의지하던 많은 농민들이 쫓겨났다. 하지만 인클로저를 가장 강력하게 촉진한 요인은 농업과 관련이 있었다. 토지 소유자들은 그들의 땅에서 일하는 농민들이 산출을 더 늘리게 할 수 있다면 훨씬 더 많은 가치를 뽑아낼 수 있다는 사실을 깨닫기 시작했다. 이를 위해 그들은 소작농

• '울타리를 치다'라는 뜻의 영어 단어 'enclose'에서 나온 용어.

들이 땅을 부칠 수 있는 권리를 보장했던 기존 방식을 없앤 뒤 시장에서 소작권을 임차하도록 했고, 가장 많이 생산할 수 있는 사람에게만 땅을 임대했다. 생산성이 낮은 농민은 땅에서 쫓겨났고 생계를 꾸릴 길이 없어져버렸다. 당시에 '향상improvement'이라고 불린 이 시스템은 임차농에게 막대한 압박을 가했다. 생존하려면 그들은 그 땅에서 살아가는 데 필요한 것보다 훨씬 더 많은 소출을 뽑아낼 방법을 찾아야만 했고, 이를 위해 스스로 노동 부담을 늘리고 농사법을 강도 높게 집약화해야 했다.[26] 농업 소출은 극적으로 증가했지만 여기에서 진정으로 '향상'되었다고 말할 수 있는 것은 토지 소유자의 이윤뿐이었다.

시장 논리가 토지와 농업에 적용된 것은 자본주의의 공식적인 탄생을 알리는 신호탄이었다. 역사상 처음으로 사람들의 삶이 생산을 강화하고 이윤을 극대화해야 한다는 지상 명령에 지배받게 되었다.[27] 하지만 초창기의 농업 자본주의는 오늘날의 자본주의 형태와 아직 비슷하지 않았다. 현재와 같은 형태가 되는 데는 또 다른 결정적인 국면이 있었다.

인클로저 운동이 진전되면서 잉글랜드 곳곳에서 농민 반란이 일어났다. 1450년 잭 케이드의 난, 1549년 로버트 케트의 난 등과 같은 농민 반란의 핵심에는 토지에 대한 권리가 놓여 있었다. 1607년에는 노샘프턴셔 전역에서 반란이 일어났고 워릭셔와 레스터셔로도 빠르게 확산되었다. 수천 명의 반란자가 인클로저된 땅 둘레에 세워진 울타리와 장벽을 부수었다.[28] 이것은 미들랜드 봉기Midland Revolt 라고 불리는데, 이 저항은 뉴튼에서 정점에 올랐다. 뉴튼의 농민들은 무장을 하고 인클로저 세력에 맞서 싸웠다. 하지만 패배했다. 50명이 사망했고 운동의 지도자들은 공개적으로 교수형이나 거열형에 처해졌다.

반란이 혁명으로 비화될 것을 두려워한 군주가 개입해 점점 커지는 영주들의 권력을 제한하고 공유지에 대한 농민들의 전통적인 권리를 보호했다. 하지만 이러한 노력은 1640년대에 잉글랜드 내전 이후 무산되었다. 영주 계급이 국왕의 권력을 제약하고 의회를 장악하면서 그들이 원하는 것을 더 자유롭게 할 수 있게 되었기 때문이다. 1688년의 명예혁명도 도움이 되지 않았다. 이것은 토지 소유 계급이 국가의 정책 결정에서 자신들의 이해관계를 추구할 수 있는 권한을 더욱 강화했다. 그 결과, 의회 자체가 인클로저의 강력한 도구가 되어 입법을 통해 공유지에 대한 농민의 권리를 공식적으로 없애고 '영지 청소'(새롭게 사유화된 지배층의 토지에서 농민들을 '쓸어 없애는' 국가적인 프로그램)를 전개할 수 있게 되었다. 1760년에서 1870년까지 잉글랜드 면적의 6분의 1인 700만 에이커가 의회의 법령에 의해 인클로저되었다.[29]

잉글랜드 소농민의 생계 시스템이 파괴되는 과정에서 이 마지막 사건은 정확히 산업혁명과 시기가 일치한다. 19세기 중반이면 이 과정이 모두 완료되어 공유지는 거의 존재하지 않게 되었고 수백만 명이 강제로 자신들의 터전에서 내몰린 상태가 되었다. 그 결과는 오늘날 우리가 상상할 수 있는 그 무엇도 초월할 만큼 대대적인 난민 위기였다. 가장 디스토피아적인 과학소설이나 영화도 이보다 암울할 수 없을 것이다. 잉글랜드 인구 상당수가 갈 곳 없는 신세가 되었다. 이들은 집도, 땅도, 먹을 것도 없었다. 인간으로서의 존재를 위협하는 인도적humanitarian 재앙이었다. 역사상 처음으로 상당 비중의 인구가 생존을 위한 어떤 형태의 생계 수단에도 접하지 못했다. 1600년대 중반이면 이러한 새로운 상태를 묘사하기 위해 '빈곤poverty'이라는 단어가 일반적으로 쓰이게 되며, 18세기 말과 19세기 초 무렵이면 이 용어는 영어권 담론에서 주된 개념어로 자리 잡는다.[30] 이것은 19세기 초에 잉글랜드 노동자 계급의 기대수명이 그토록 낮았던 이유에 대해 실마리를 준다.

토지에서 밀려난 농민들은 단 하나의 선택지를 제외하고는 생계를 유지할 방도가 없었다. 바로 임금을 받고 자신의 노동력을 판매하는 것이었다. 미사여구로 '자유 노동자'라고 불렸지만 이 용어는 오도의 소지가 크다. 엄밀히 말해 노예가 아닌 것은 맞지만, 임노동은 자유로운 선택의 문제가 아니었다. 터전에서 밀려난 농민 중 일부는 새로 생긴 양 목장이나 자본주의적으로 경영되는 농장에서 일했지만 대부분은 런던 같은 도시로 와서 쥐꼬리만 한 소득으로 겨우 입에 풀칠을 하며 살아갔다. 잉글랜드의 도시 인구는 전례 없는 속도로 증가했고, 유럽 다른 나라의 도시 인구 증가를 훨씬 능가했다.[31] 다른 나라들에서는 인클로저가 아직 그렇게까지 추진력을 얻지는 못했다. 인구가 급증하는 잉글랜드의 도시들은 살기 좋은 환경과는 전혀 거리가 멀었다. 대부분의 사람들은 슬럼에서 살아야 했고 노동 조건도 끔찍했다. 이 지옥 같은 여건이 찰스 디킨스의 《올리버 트위스트》 같은 작품의 배경이다.

잉글랜드 역사의 이 끔찍한 한 챕터가 잉글랜드의 지배층에게는 밝은 미래의 서광이었다. 궁핍화된 난민들은 산업혁명에 꼭 필요한 연료가 되어줄 값싼 노동력을 제공했다. 공장에서 노예나 다름없는 조건으로 낮을 대로 낮은 임금이라도 받으며 일하는 것 외에는 선택의 여지가 없었기 때문이다. 증가하는 소비자 수요를 충족하기 위해 우후죽순 생겨난 공장들은 땅에서 밀려난 사람들이 제공하는 값싼 노동력으로 저렴한 제품을 대량 생산하기 시작했다. 어린아이들마저 윌리엄 블레이크가 묘사한 '어두운 악마의 공장dark satanic mills'[*]에서 일해야 가족이 생계를 유지할 수 있었다. 일자리를 찾는 사람에 비해 일자리가 적었으므로 노동자들 사이에 경쟁이 일어나 노동 비용[임금]이 내려갔고 이전에 장인匠人들의 생계를 보호했던 길드 시스템도 파괴되었다. 절박하게 일자리를 유지해야 했던 노동자들은 가능한 한 많이 생산해야 한다는 강한 압박에 시달렸고 하루 16시간씩 일하는 경우도 흔했다. 인클로저 이전 시기 농민들의 노동보다 훨씬 장시간의 노동이었다. 이들이 생산한 방대한 부는 대부분 공장 소유주에게로 들어갔고 노동자들이 노동의 대가로 받는 임금은 매우 적었다. 이 시스템은 가장 탐욕스러운 봉건 영주가 누릴 수 있었던 정도를 훨씬 능가하는 수준으로 '트리클 업' 효과를 가져왔다. 잉글랜드의 산업가들은 가장 부유한 왕도 상상하지 못했을 막대한 부를 축적했다.

토지 없는 노동자 계급의 발생은 잉글랜드 경제가 대전환을 이루는 데 마지막 조각을 제공했다. 이 노동자들이 세계 최초로 대규모 소비 인구가 된 것이다. 의복, 식품, 주거 등 생존에 필요한 가장 기본적인 것조차 시장에 의존해야 했기 때문이다. 인클로저, 농민들로부터의

• 영국의 시인 윌리엄 블레이크는 실제로 '악마의 제분소'라는 별칭으로 불리던, 증기기관을 도입한 공장인 알비온 제분소Albion Flour Mills 가까운 곳에서 자랐다. 칼 폴라니는 《거대한 전환》에서 블레이크의 시구를 빌려 자본주의 체제를 '악마의 맷돌'에 비유했다.

토지 박탈, 소비자 시장의 창출이라는 세 가지 요소가 산업혁명의 국내적 조건을 만들었다. 그리고 앞에서 보았듯이 산업혁명의 국외적 조건은 아메리카 대륙의 식민화와 노예 교역이었다.

새로이 떠오르는 자본주의 시스템이 그 이전에 있었던 다른 시스템들과 어떻게 다른지 이해하는 것은 중요하다. 예전에는 군주와 콩키스타도르, 봉건 영주 등이 부를 훔치거나 조공을 강요하는 방식으로 다른 이들에게서 직접적으로 부를 추출했다. 즉 이들은 직접적인 강압을 사용해야 했다. 하지만 새로운 시스템에서는 직접적인 강압이 필요하지 않았다. 이제 지배층은 그저 노동 시장(그리고 토지 임차 시장)의 경쟁적 압력이 노동자들의 임금 상승 속도보다 더 빠르게 그들의 생산성을 높일 것이라는 사실에 기대기만 하면 되었다. 이것이 이윤의 기본적인 메커니즘이었고 이는 부를 위쪽으로 재분배하는 자동 컨베이어 벨트처럼 작동했다.[32]

*

우리는 자본주의의 발흥을 자연스럽고 불가피하게 벌어진 과정으로 여기는 경향이 있다. 인간 사회에는 언제나 자본주의의 기본적인 논리가 존재했고 그것이 점차 성숙해 산업혁명으로 이어졌다는 듯이 말이다. 하지만 역사적 실증 근거들은 매우 다른 이야기를 암시한다. 자본주의의 발흥은 국내와 국외 모두에서 대대적인 폭력과 궁핍화를 필요로 했다. 이 과정은 어마어마하게 많은 사람을 박탈의 상태로 내몰거나(잉글랜드의 농민처럼) 노예 상태로 내몰았다(아프리카와 아메리카의 원주민처럼). 잉글랜드에서조차 사람들은 새로운 시스템을 환영하지 않았다. 환영하기는커녕 인간 거주의 기본적인 권리와 생계의 의미 및 삶의 의미에 대한 오랜 문화적 기대가 파괴되었기 때문에 사람들은 저항했고 반란을 일으켰다. 인클로저의 목적은 사람들을 땅에서 몰아내는 것만이 아니라 더 근본적으로 그러한 문화적 기대를 일소하는 것이기도 했다.

잉글랜드의 이러한 역사가 오늘날의 글로벌 빈곤을 이해하는 데 왜 유용할까? 역사적 사건으로서 인클로저 과정이 대규모 빈곤의 기원일 뿐 아니라, 세계의 나머지 지역들에서 빈곤이 생성된 과정의 기본적인 논리를 보여주기 때문이다.

'향상'이라는 이름의 파괴

자본주의의 부상은 유럽의 모양만이 아니라 유럽 제국주의가 취하는 접근 방식에도 변화를 가져왔다. 원래의 제국주의는 직접적이고 강압적으로 부를 탈취하는 방식이 중심이었다. 스페인과 포르투갈은 아메리카 대륙에서 그러한 방식으로 금과 은 같은 귀금속을 강탈해오거나 노예 노동력을 이용해 광산과 플랜테이션을 경영했다. 제국주의적 팽창은 교역로 확보를 목적으로 삼기도 했는데, 캐나다에서의 프랑스, 남아프리카에서의 네덜란드가 그런 사례다. 이 모든 경우에 기본적인 개념은 기존에 존재하던 부의 원천과 흐름에 대한 접근권을 획득하는 것이었다. 하지만 잉글랜드가 제국주의 대열에 합류하면서 제국주의의 논리가 달라졌다. 그 시작은 아일랜드에서였다.

1585년에 잉글랜드 식민주의자들은 인클로저와 '향상'을 토대로 한 새 시스템을 해외 영토에서도 복제하려는 첫 시도를 했다. 그들은 아일랜드 농민들의 토지를 강제로 탈취하고 집약 농경 방식으로 훈련된 농민들을 정착시켰다. 잉글랜드 본국에서 이미 진행되었던 과정을 직접적으로 복제한 것이었다. 그리고 잉글랜드에서처럼 이 과정에서 굉장히 많은 사람들이 빈곤한 처지로 내몰렸다. 그들은 척박한 땅으로 밀려나야 했고, 많은 농민들이 토지로는 생계를 유지할 수 없어서 잉글랜드와 스코틀랜드로 이주해 임노동자가 되었다. 전에는 그럴 필요가 있어본 적이 없었던, 전례 없는 일이었다. 인클로저 운동이 두어 세기에 걸친 폭력적인 과정을 마치고 난 1800년대 초 무렵이 되자 아일랜드 농민들이 경작할 수 있는 땅은 아주 조금밖에 남아 있지 않게 되었다. 그리고 거기에는 오로지 감자만 심어야 했는데, 매우 좁은 땅에서도 생존에 필요한 칼로리를 확보할 수 있는 유일한 작물이 감자였기 때문이다.

감자 의존도가 높아진 상황에서 1845년에 감자 병충해가 닥치자 치명적인 결과로 이어졌다. 이후 7년간 아일랜드 인구의 10%가 넘는 100만 명이 사망했다. 이것이 '아일랜드 대기근'이다. 이 기근이 경악스러운 이유는, 전적으로 피할 수 있는 기근이었기 때문이다. 농민들에게 고대로부터 전해져 내려오던 토지 접근권이 유지되었더라면, 그래서 다양한 작물을 재배할 공간이 있었더라면, 애초에 일어나지도 않았을 일이었다. 즉 기근을 일으킨 희소성은 인공적으로 창조된 것이었다.[33] 하지만 새로운 농업 시스템이 자리 잡은 뒤에도 총계적으로 보면 아일랜드는 여전히 상당한 양의 식량을 생산하고 있었다. 문제는 그 식량이 영국에 의해 아일랜드에서 빠져나가고 있었다는 점이었다. 아일랜드 사람들이 굶어 죽고 있었던 기근 동안 아일랜드는 영국과 스코틀랜드로 매일 30-50선박 분량의 식량을 수출하고 있었다.[34]

아일랜드는 잉글랜드가 자본주의를 해외에서 제국주의적 방식으로 복제하려 시도한 첫 번째 사례였는지는 몰라도 마지막 사례는 아니었다. 동일한 모델이 잉글랜드 식민주의자들에 의해 아메리카 대륙에서도 복제되었다. 아일랜드에서의 실험에 자문을 제공한 동일한 사람들이 진행한 것도 있었다. 잉글랜드는 '향상'에 수반되는 대대적인 박탈을 어떻게 정당화할 수 있었을까? 대체로 계몽주의 철학자 존 로크의 덕분이라고 말해도 과언이 아닐 것이다. 1600년대 말에 잉글랜드의 대토지 소유자였던 로크는 아메리카 대륙의 식민화에 이해관계가 있었다. 그는 《통치론》에서 재산권에 대해 매우 강력하고 새로운 이론을 개진했다. 원래는 토지가 공유재로서 모든 이에게 속해 있었지만 당신이 토지에 당신의 노동력을 "보탰다면" 그 토지는 당신의 사유 재산이 된다는 것이었다. '재산권에 대한 노동 이론'은 아메리카에서의 토지 강탈을 정당화하는 데 사용되었다. 원주민들이 농업에 생산적으로 관여하는 것처럼 보이지 않았기 때문에 잉글랜드에서 온 정착민들은 농경을 할 의지만 있다면 그 토지가 자신들의 것이라고 주장할 수 있었다.

하지만 많은 경우에 잉글랜드에서 온 식민주의자들이 갖고 싶어 했던 땅에는 사람들이 살고 있었다. 아일랜드에서도 그랬듯이 말이다. 로크는 이러한 경우에 진정한 소유권을 구성하는 요인은 단순히 농경을 한다는 사실이 아니라 집약화를 하거나 수익 지향적으로 운영하는 식으로 농경 기법을 **향상**시키는 것이라고 주장했다. 따라서 잉글랜드 스타일로 농업 자본주의 원칙을 적용할 준비가 되어 있는 정착민들은 다른 이의 토지를 강탈하는 것을 정당화할 수 있었다. 로크에 따르면 이것은 전반적인 생산성을 증가시킬 것이었으므로 공공선에 기여하는 일이었다. 원래 거주하던 사람들을 몰아내야 하더라도 인류가 더 나아지는 데 기여할 수 있는 일이고, 암흑기에 살고 있는 사람들을 자본주의라는 문명의 빛으로 데려올 수 있다는 것이었다.[35] 즉 이번에도 '향상'의 논리가 자신의 터전에서 살아갈 기본적인 인간의 가치보다 우선했다. '향상'은 종교적 신조와도 같은 지위가 되었고 이제 이 경제적 원칙은 도덕적 의미를 갖게 되었다.

새로운 제국주의가 유럽 밖에서 일으킨 결과는 아일랜드에서보다도 더 파괴적이었다. 1600년대에 아메리카 북동부 지역에 정착한 영국인들은 빠르게 원주민의 토지를 탈취했다. 매사추세츠 베이 콜로니의 총독 존 윈스롭은 인디언들이 거기에 살고 있다는 사실은 인정했지만 그들이 토지를 '복속시키지' 않았으므로 토지에 대해 권리를 갖지 않는다고 주장했다. 이러한 토지 강탈은 영국인과 원주민 사이에 전쟁을 촉발시키기도 하면서 수십 건의 피비린내 나는 대량 학살을 불러왔다.[36] 1800년대에 신생 국가 미국은 1830년의 '인디언 강제이주법'을 시작으로 원주민에게서 소유권을 빼앗는 토지 강탈을 체계화했다. 당시에 미시시피강 동쪽에 원주민 인구가 12만 명 정도였는데 1944년이 되면 이 숫자는 3만 명으로 줄어든다. 살해된 사람도 많지만 대부분은 미국 정부에 의해 서쪽으로 강제 이주당했고, 서쪽으로 가는 '눈물의 길Trail of Tears'에서 1만 5000명 정도가 목숨을 잃었다. 이와 같은 대규모 인클로저로 2500만 에이커가 넘는 땅이 백인 정착민에게 개방되었고, 남부에서는 담배와 목화 대농장 경영이, 북부에서는 집약적인 곡물 농경이 이뤄질 수 있는 길이 닦였다.

*

아일랜드 사례와 아메리카 사례의 공통점은 인클로저와 '향상'의 논리로 추동되었다는 점이다. 하지만 세 번째 사례도 볼 필요가 있는데, 바로 인도다. 19세기 인도에서는 인클로저와 '향상'의 과정이 아일랜드 농민과 북미 원주민에게 닥쳤던 것을 훨씬 능가하는 규모로 인간의 고통을 야기했다(이러한 비극이 애초에 비교 가능한 것인지는 모르겠지만 말이다). 이것은 잘 알려져 있지는 않지만 정말로 정신이 멍해지는 이야기다.

인도 식민화는 1600년대 초에 기업의 비즈니스로서 시작되었다. 이것은 동인도회사가 이끌었고 초점은 희망봉 동쪽의 교역로에 대한 통제력을 확보하는 것이었다. 하지만 동인도회사의 업무와 권한은 점차 확대되었고, 1800년대가 되면 아대륙 거의 대부분에서 직접적인 행정력을 행사하고 있었다. 나중에 행정적인 통치 권한은 영국 정부로 이양된다. 이러한 권력을 바탕으로 영국이 인도에서 진행한 주요 개입은 역시 '향상'의 논리에 따라 농업 시스템을 재조직화한 것이었다.

북미에서와 달리 인도에서는 영국인들이 직접 와서 정착하지는 않았고 인도인들에게 새 농업 시스템을 받아들이도록 강요했다. 인도

농민들은 생계를 위한 작물 경작에서 아편, 인디고, 면화, 밀, 쌀 등 수출 작물 경작으로 전환해야 했다. 영국이 부과한 조세와 빚 부담을 감당하려면 많은 이들이 이러한 전환을 따르는 것 외에는 생존할 방도가 없었다. 영국은 이 전환을 한층 더 촉진하기 위해 마을이 비축하고 있던 곡물을 매각하도록 강요했다. 이렇게 해서 사람들이 오랫동안 의존해왔던 상호 부조와 호혜의 시스템을 없애버렸다. 또한 엄청난 속도로 공유지를 사유화했다. 1870년 이전에 인도의 삼림은 공동으로 관리되었다. 농민들은 삼림을 취사와 난방에 쓸 장작을 구하는 데 사용할 수 있었고, 밭을 갈아주고 비료를 생산해주는 가축을 먹일 꼴을 모으는 데도 사용할 수 있었다. 하지만 1870년대 말 무렵이면 삼림은 거의 완전하게 인클로즈되어 영국이 배와 철도를 짓는 용도로 사용하고 있었다. 영국이 인클로즈한 것은 삼림만이 아니었다. 물에 대한 공공 소유권도 사유화되었고 인클로즈된 땅과 함께 매각되어 처음으로 시장에서 팔리는 상품이 되었다.

수세기간 이어져왔던 전통적인 복지 기반이 영국 통치하에서 시장의 작동을 '방해한다'는 이유로 파괴되었다. 그것을 없애야 인도 농민들이 더 생산적이 되도록 유도할 수 있다는 논리였다. 시장의 은총에 내던져놓으면 토지에서 더 높은 산출을 뽑아낼 방법을 알아낼 것이라고 말이다. 하지만 농민들은 시장이 자신들에게 불리하게 조작되고 있다는 것을 깨달았다. 인도의 관세를 런던에서 영국 주주들을 위해 결정하고 있었기 때문이다.[37] 인도의 많은 소농민들이 빠르게 경쟁에 의해 밀려났고 그들의 토지는 더 크고 더 강력한 기업가들에게 탈취되었다.

이러한 변화 자체도 재앙적이었지만 새 시스템의 진정한 공포가 명백하게 드러난 것은 1876년에 엘니뇨가 3년간의 파괴적인 가뭄을 일으켰을 때였다. 19세기에 인도 아대륙에서 엘니뇨 가뭄은 드물지 않았고 농민들은 버티는 방법을 놀랍도록 잘 터득하고 있었다. 소출이 적은 해에는 언제나 곡물 비축분에 의지할 수 있었고 공유 자원도 귀중한 생명줄이었다. 하지만 이번에는 이러한 안전 시스템이 하나도 없는 상태로 가뭄을 견뎌야 했고, 그 결과는 그야말로 재앙이었다. 삼림에 울타리가 쳐져서 농민들은 가축을 먹일 꼴을 구할 수 없었다. 소 개체수가 대거 줄었고 소의 분뇨를 쓸 수 없어서 농업 산출도 떨어졌다. 수자원에도 접근이 불가능해지면서 사람들은 가물었을 때 의존하던 관개 시스템을 더 이상 사용할 수 없었다.[38] 이 모든 것이 가뭄을 원래보다 훨씬 더 치명적인 재앙이 되게 했다.

인간 생명의 비용은 어마어마했다. 인도 사람 1000만 명이 기아로 숨졌다. 1877년에 플로렌스 나이팅게일은 기근 두 번째 해에 이렇게 기록했다. "이 기근 소식을 들을수록 이렇게 끔찍한 인간의 고통과 파괴는 어느 기록에서도 본 적이 없는 것임을 깨닫게 된다." 기근은 점점 더 심해졌다. 20년 뒤, 1896년과 1902년 사이에 엘니뇨가 다시 닥쳤다. 이번에는 사망자 수가 심지어 더 많아서, 2000만 명이 기아로 숨졌다. 다 합하면 3000만 명이 숨진 것이다. 3000만 명은 상상하기 쉽지 않은 숫자다. 한 줄로 눕혀 놓으면 그 길이가 잉글랜드를 위아래로 85번이나 덮을 수 있을 정도다.

아일랜드에서와 마찬가지로 인도에서의 대규모 기아도 전적으로 피할 수 있는 재앙이었다. 농민들을 보호했어야 할 전통적인 지원 시스템이 없어진 상태라 하더라도, 영국이 지은 철도와 다리를 이용해 곡식을 남는 곳에서 가뭄이 닥친 곳으로 운송만 했어도 사람들에게 식량을 공급할 수 있었다. 가뭄이 최고조에 달한 시기에도 인도에는 전체 인구를 다 먹이고도 남을 식량이 있었다. 그저 정확한 지역으로 운반만 하면 되었던 것이다. 하지만 시장 논리에 충실하게, 철도 시스템은 상인들이 곡물을 외진 곳에서 중앙 기착지로 옮기는 데 사용되었고, 배고픈 사람들이 가져가지 못하게 경비가 지키는 가운데 곡물은 다시 유럽으로 운송되었다. 런던 증권 시장에서 벌어진 금융 투기로 인해 식품 가격이 믿을 수 없을 정도로 치솟고 있었고 곡물 상인들은 그로부터 이득을 얻기 위해 혈안이 되어 있었다. 첫 가뭄이 정점이던 1877년과 1878년에 640만 톤이라는 기록적인 양의 인도산 밀이 인도의 기아 해소에 쓰인 게 아니라 유럽으로 운송되었다. 1875년에서 1900년 사이에 인도의 곡물 수출은 연 300만 톤에서 1000만 톤으로 늘었다.[39]

19세기 말 인도의 기근은 당시에 영국이 주장한 것과 달리 자연재해가 아니었다. 이윤을 위해 수천만 명을 희생시키고 기본적인 식량 안보 시스템을 없애는 것이 타당하다고 여기는 시장 논리가 외부로부터 강요되었을 때 발생하는 예측 가능한 결과였다. 기근은 인도 경제의 내재적인 문제와는 관련이 없었다. 기근은 인도가 떠오르는 자본주의 세계 체제에 통합되었을 때 일어났다. 역사학자 마이크 데이비스는 이렇게 설명했다.

즉 우리는 세계사의 후미진 곳에 정체되어 존재하는 '기근의 땅' 이야기를 하고 있는 것이 아니라 그곳의 노동력과 산품이 런던에 중심을 둔 세계 경제에 역동적으로 징발되고 있었던 바로 그 시기(1870-1914년)에 열대의 사람들이 처했던 운명을 이야기하고 있는 것이다. 수백만 명이 '근대 세계 체제'의 외부에서가 아니라 그 체제의 경제적, 정치적 구조에 강제로 통합되는 과정에서 목숨을 잃었다. 그들은 자유주의적 자본주의의 황금기에 목숨을 잃었다.[40]

물론 영국이 강제한 자유시장 시스템에 '자유로운' 부분은 없었다. 이 시스템은 강제로 도입되었고 교역 규칙은 런던이 좌지우지했다. 농민들이 환금 작물로 전환한 것은 채무 및 조세 부담과 협박에 짓눌렸기 때문이었다. 지역의 관개 시스템에도 조세가 부과되었고 심지어는 새 우물을 파는 데도 과세가 되었다. 잉글랜드에서와 마찬가지로 '시장 사회'를 만들어내는 데는 엄청난 폭력과 사회적 탈구가 수반되어야 했고 수세기간 지속되어온 상호 부조 시스템이 파괴되어야 했다. 또한 역시 잉글랜드에서처럼 토지 접근권을 박탈당한 사람들은 노동 시장으로 내몰려 공장에서 일해야만 하게 되었다.

영국은 어떻게 아시아를 탈발전시켰는가

식민지의 인클로저 과정은 일부에게는 발전을, 다른 많은 사람들에게는 탈발전을 가져왔다. 식민주의의 이 같은 효과는 토지와 농업에서만이 아니라 산업 영역에서도 펼쳐졌고, 어쩌면 더 극명하게 펼쳐졌다. 유럽 열강은 식민지를 곡물과 같은 토지 기반 산품의 생산지로 바꾸는 것에 더해 증가하는 유럽 제조품의 소비 시장으로도 만들고 싶었다.

영국의 입장에서 볼 때 인도의 문제는 인도가 상대적으로 강한 자체 산업을 가지고 있다는 점이었다. 예를 들어, 인도의 직물 산업은 세계에서 가장 좋은 의복을 생산하고 있었고 이 때문에 영국은 국제 직물 시장에서 지배력을 획득하기 어려웠다. 이 장애물을 제거하기 위해 영국 식민 당국은 인도의 자율적인 산업 발전을 방해하고 나아가 아예 해체하기 위해 자신의 권력으로 할 수 있는 모든 것을 했다. 영국은 인도의 제조업이 절대로 영국과 경쟁할 수 있는 상태가 되지 못하게 만들고자 했다. 영국은 인도인들이 숙련 장인이 되는 것을 막았고 정부 구매에서 영국 기업들을 우대했다. 심지어는 인도 직조공의 손가락을 짓뭉개고 베틀을 파괴해가면서까지 인도의 직물 산업을 해체하려 했다. 하지만 가장 강력한 도구는 영국 시장을 인도의 수출품으로부터 보호하는 동시에 영국 제품은 인도 시장에 쉽게 접근할 수 있게 하는 일방적인 관세 제도였다. 이것은 매우 효과가 있어서, 한때 자족적이고 수출품으로 유명했던 인도는 '세계 역사상 가장 큰 포획된 시장'으로 재편되었다.[41]

실로 극적인 경제적 변모였다. 경제학자 앵거스 매디슨의 추산에 따르면, 영국이 들어오기 전에 인도는 세계 경제의 27%를 차지했는데 영국이 떠났을 무렵에 이 숫자는 3%로 쪼그라들어 있었다.[42]

외국에 시장 개방을 강요하는 기법은 영국이 그보다 먼저 중국에서 연마한 기법이었다. 1793년에 영국은 최초로 공식 사절단을 중국 황실에 보냈다. 영국은 차와 도기, 비단 등 외국산 제품이 절실히 필요했지만 그것을 수입해올 자금을 조달할 수 없었다. 중국은 은으로만 대금을 받았고 영국이 교역 물품으로 내놓을 수 있는 다른 물건들은 필요로 하지 않았다. 그리고 어느 경우든 중국은 자국 산업을 외부 경쟁으로부터 보호하고자 했다. 영국의 교역상들은 중국 시장에 상징적인 정도의 소규모로밖에 접근할 수 없었다. 이들의 상업 활동은 광저우항을 통해서만 이루어지도록 제한되었다. 하지만 영국은 은이 동이 나고 있었고 영국 상인들은 잔뜩 쌓여 있는 제조품을 절실하게 판매해야만 했다. 즉 이들은 반드시 중국 시장에 들어가야 했다.

영국 대사가 중국 황제 건륭제를 만났지만 일은 잘 풀리지 않았다. 건륭제는 영국인을 문명화되지 않은 땅의 야만인이라고 보았고 그들이 선물로 가져온 것들에 그리 인상을 받지 못했다. 건륭제는 자신의 위치를 확실히 각인시키기 위해 영국 국왕 조지 3세에게 다음과 같은 서신을 보냈다. 아마도 세상에서 가장 유명한 편지 중 하나일 것이다.

귀국의 대사가 직접 보았을 것이로되, (…) 우리 천조天朝의 제국은 모든 것을 풍요롭게 소유하고 있으며 우리의 경내에서 나오는 산품으로 부족함이 없도다. 따라서 우리의 산품과 외부의 야만인들이 제조한 수입품을 교환할 이유 또한 없노라. 하지만 차, 비단, 도기 등 천조가 생산하는 것들이 귀국 및 유럽의 국가들에는 절대적으로 필요할 것이므로, 호의의 표시로 외국 상인들이 광저우에 해관을 둘 것을 허용해 귀국의 필요가 충당되게 함으로써 귀국이 우리의 은혜 안에 들어올 수 있게 허하여왔다. (…) 짐은 귀국의 섬이 외롭게 떨어져 있어 바다의 낭비로 가로막혀 있다는 것을 잊지 않고 있으며…….[43]

외교 전선에서 패한 영국은 마약으로 눈을 돌렸다. 늘어나는 무역

적자를 메우는 데 절박했던 영국은 식민화한 인도에서 재배한 아편을 중국의 암시장에서 판매하기 시작했다. 중국이 주권 국가로서의 당연한 권리로 불법적인 마약 교역을 금지하자 영국은 군사 개입으로 보복했다.

이렇게 해서 1839년부터 1842년까지 영국과 중국 사이에, 그리고 1856년부터 1860년까지 영-프 연합과 중국 사이에 아편 전쟁이 일어났다. 해상 전투에 준비되어 있지 않았던 중국은 참혹하게 패배했다. 하지만 영국과 프랑스는 중국이 유럽에 대한 접근 제한을 풀고 방대한 영토를 유럽의 통제력에 넘겨주기 전까지 물러서지 않았다. 이 결과로 나온 조약[난징 조약]은 유럽에 어마어마한 교역 특권을 주었지만 그 대가로 중국이 얻은 것은 없었다. 이 '불평등 조약'에 따라 유럽은 제조품을 중국 시장에 판매할 수 있었고 동시에 자신들의 시장은 중국의 경쟁자로부터 보호할 수 있었다. 그 결과는 파괴적이었다. 아편 전쟁 전에는 중국이 세계 경제에서 차지하는 비중이 35%였는데 그 이후에 전례 없이 낮은 7%로 떨어졌다. 그뿐 아니라 인도에 가뭄이 닥친 것과 동일한 시기에 중국에도 가뭄이 닥쳤는데, 중국이 자국 곡물 시장에 대한 지배력을 잃었기 때문에 가뭄이 기근으로 비화했다. 인도에서도 그랬듯이, 19세기 말에 중국이 런던을 중심부로 한 세계 체제에 통합된 후 3000만 명의 중국인이 불필요하게 아사했다.[44]

*

오늘날 영국의 식민주의를 옹호하는 사람들은 영국의 인도 식민화와 중국에 대한 무력 개입이 인도와 중국에 '발전'을 가져왔다는 논리를 댄다. 하지만 우리가 살펴본 실증 근거들은 그와 정반대의 이야기를 들려준다. 영국과 아시아 사이에 '발전 격차'가 생긴 시기가 바로 강요된 시장 통합이 이루어졌던 식민주의 시기였다. 18세기 중반에 유럽의 평균적인 생활 수준은 아시아보다 약간 낮았다.[45] 늦게는 1800년까지도 중국의 1인당 소득이 서구 유럽을 앞섰고, 아시아 전체적으로도 1인당 소득이 유럽 전체보다 나았다.[46] 중국의 문해율은 유럽 국가들보다 높았고, 여성들 사이에서도 그랬다. 출생률은 더 낮았다. 18세기에 인도 남부에서 노동자들은 영국보다 높은 소득을 올렸고 더 안정적으로 생활했다. 인도의 장인들은 유럽 평균보다 식생활이 좋았고 유럽보다 더 탄탄한 권리를 가지고 있었기 때문에 실업률도 더 낮았다.[47]

인도의 1인당 소득은 1757년에 동인도회사가 들어왔을 때부터 1947년 독립까지의 식민 시기 동안 증가하지 않았다. 오히려 영국의 개입이 정점이었던 19세기 후반부에 인도의 소득은 50% 이상 **줄었다**. 소득만 낮아진 것이 아니었다. 1872년부터 1921년 사이에 인도인의 평균 기대수명도 20%나 떨어졌다.[48] 아대륙은 탈발전되었다.

인도와 중국이 글로벌 GDP에서 차지하는 비중이 줄고 있던 식민주의 시기 동안 유럽이 차지하는 비중은 20%에서 60%로 증가했다. 유럽이 식민지를 발전시킨 것이 아니라 식민지가 유럽을 발전시킨 것이다.

아프리카, 유럽의 압력 밸브

유럽 국가들이 산업화되면서, 공장을 돌리는 데 필요한 천연자원을 구하기 위해 그들 사이에 경쟁이 벌어지기 시작했다. 이는 아직 식민화되지 않은 곳으로 팽창해야 할 막대한 압력을 발생시켰다. 이어서 19세기 말의 몇십 년 동안 금융 위기로 유럽이 불황에 빠지자 이 압력은 더욱 심해졌다. 경제가 위축되면서 유럽 국가들은 잉여 자본을 투자할 수익성 있는 새 출구가 절실히 필요했다.

이와 동시에 유럽에서는 사회적 불안정이 점점 더 심각해지고 있었다. 산업혁명 초기에 영국에서는 대대적인 빈곤이 국가를 불안정에 빠트릴지 모른다는 위협이 커졌고, 사회적 긴장은 계급 전쟁으로 비화될 것이 분명해 보였다. 영국의 지배 계급은 식민지 프로젝트가 자신들의 권력을 전혀 포기하지 않고도 그러한 긴장을 완화할 수 있는 방법이라고 생각했다. 이들은 인클로저를 되돌리거나 노동자의 임금을 올리기보다 국경 밖의 어딘가에서 압력 밸브를 찾고자 했다. 영국의 가장 유명한 식민주의자인 세실 로드의 말이 당대의 정신을 단적으로 보여준다.

어제 나는 런던의 이스트엔드(노동자 계급 지구)에 가서 실업자들의 모임에 참석했다. 그곳에서 험악한 말들을 들었다. 그것은 그저 "빵을 달라, 빵을 달라!"는 외침이었다. 집에 오는 길에 그 광경을 곰곰이 생각해보았고 제국주의의 중요성을 그 어느 때보다도 확신하게 되었다. (…) 내가 소중히 여기는 아이디어는 사회적 문제에 대한 해법이다. 즉 대영제국의

4000만 거주민을 피비린내 나는 내전의 위협에서 구하기 위해 우리의 식민주의 관료들은 새로운 땅을 획득해 잉여 인구를 정착시켜야 한다. 우리의 공장과 광산에서 생산되는 제품을 판매할 새로운 시장을 열어야 한다. 내가 늘 주장했듯이, 제국은 빵과 버터의 문제다. 내전을 피하고 싶다면 제국주의자가 되어야 한다.

제국주의의 다음번 파도에서 주요 타깃은 아프리카였다. 그전까지는 해안가의 교역 거점을 제외하면 유럽에서 아프리카 대륙은 대체로 시야에서 벗어나 있었다. 영국은 최남단의 케이프 콜로니를 지배했고 프랑스는 북부의 알제리아를 지배했지만, 아프리카의 광대한 내륙은 지구상에서 유럽을 중심으로 하는 세계 체제의 올가미에 아직 걸리지 않은 몇 안 남은 지역이었다. 당시 아프리카의 내륙 지역은 유럽인들에게 거의 알려져 있지 않았다. 하지만 데이비드 리빙스턴과 헨리 스탠리 같은 탐험가들이 내륙 수로로 이용할 수 있을 법한 장대한 강들의 지도를 그리고 아프리카 대륙의 막대한 자원을 드러내기 시작하자 이 새로운 변경을 차지하려 각축이 벌어졌다.

유럽 국가들이 식민지를 두고 맹렬히 갈등하기까지는 오래 걸리지 않았다. 초창기의 발화점은 콩고 분지였다. 벨기에, 포르투갈, 프랑스, 영국이 동일한 지역을 두고 영유권을 주장했다. 갈등이 격화되는 것을 막기 위해 유럽 각국 지도자들은 아프리카에서의 오해를 최소화하기 위한 공동 정책에 합의했다. 이들은 1884년에 '베를린회의'라고 불리는 일련의 모임에서 아프리카 대륙에 국경을 긋고 어느 열강이 어느 지역에 지배권을 가질 수 있는지에 대한 지침을 마련함으로써 아프리카 식민지 분할을 사실상 공식화했다.

베를린회의는 아프리카 진출에 상당한 추동력을 보탰다. 1870년에는 아프리카의 10%만 유럽의 지배를 받았는데 1914년이면 90%가 유럽의 지배하에 들어간다. 영국은 케이프에서 카이로에 이르는 지역, 나이지리아, 마다가스카르와 적도의 일부 지역, 그리고 북서 연안을 따라 세워진 몇몇 전초 기지에 대해 소유권을 주장했다. 프랑스는 서아프리카 대부분, 마다가스카르, 적도 지역 일부를 통제했다. 독일은 나미비아, 탄자니아, 카메룬의 통제권을 주장했다. 포르투갈은 앙골라와 모잠비크를 갖게 되었고, 콩고 분지는 벨기에의 손에 들어갔다. 먼지가 가라앉고 나서 보니 독립 상태로 남아 있는 곳은 에티오피아와 라이베리아뿐이었다.

아프리카 식민화의 역사를 설명하려면 너무나 많은 지면이 필요할 것이다. 하지만 핵심 사례 두 개를 통해 그 형태를 간략하게 파악해볼 수 있다. 바로 콩고와 남아프리카다. 우리의 목적을 놓고 볼 때, 콩고는 유럽인들이 오로지 천연자원을 추출하기 위해 아프리카 사회에 자행한 극단적이고 순도 100%인 폭력을 보여주기 때문에, 남아프리카는 자본주의적 시장에 인구 전체를 값싸고 착취 가능한 노동력으로 편입시키기 위한 장기적, 계획적인 토지 및 생계 수단 박탈 전략을 보여주기 때문에 흥미로운 사례다.

벨기에 국왕 레오폴드 2세는 19세기 말에 아프리카의 자원을 본격적으로 장악한 최초의 유럽인에 속한다. 초창기에 그가 시도한 개입은 이후 유럽 각국이 따르는 모델이 되었다. 그가 주도한 국제아프리카협회International African Association는 민간 병력으로 무장을 하고 벨기에 정부의 후원을 받아 중앙아프리카에 있는 콩고의 너른 지역에서 통제력을 확보했다. 벨기에보다 80배나 넓은 면적이었다. 레오폴드는 자신이 인도주의적이고 박애적인 일을, 즉 이 지역의 '발전'을 추구하고 있는 것이라며 아프리카에서의 막대한 토지 획득을 국제 사회에서 정당화했다. 베를린회의는 그의 주장대로 이 지역에 대한 벨기에의 지배권을 승인했다. 하지만 '발전'이라는 연막 뒤에서 레오폴드는 콩고를 천연자원 공급원으로 변모시키고 있었다. 처음에는 상아를, 1890년대에 자동차 생산이 도약하면서는 고무를 확보하기 위해서였다. 고무 채취는 노동 집약적인 산업이었으므로 레오폴드는 노동력을 충분히 확보하기 위해 원주민 인구 상당수를 노예화해 고무 채취 노동을 강요했다. 정해진 할당량을 채우지 못하면 손목을 잘랐다. 콜럼버스가 아라와크족에게서 금을 추출할 때 사용한 것과 같은 수법이었다. 20세기 초 서구 산업화의 대표 산업인 자동차 산업은 식민지에서 이루어지는 폭력에 결정적으로 의존하고 있었다. 고무만이 아니었다. 콩고 경제 전체를 장악한 레오폴드는 아프리카 사람들이 그들의 생산품을 오로지 국가에만 판매할 수 있게 하는 칙령을 내렸고 모든 가격과 소득을 국가가 통제했다.

레오폴드의 잔혹한 통치하에서 콩고 인구의 절반가량인 무려 1000만 명이 목숨을 잃었다.[49] 벨기에의 직접적인 폭력 행위로 사망한 사람도 많지만 식민 통치가 지역 경제를 파괴하고 원주민 공동체를 탈구시켜서 광범위한 박탈과 기아를 일으킨 데다 치명적인 열대 질병이 창궐해 사망한 사람도 많았다. 상아와 고무에서 뽑아낸 부는 오늘날 벨기에의 경제 발전을 상징하며 브뤼셀을 장식하고 있는 아름답고 장엄한 건축물, 공공사업, 아치, 공원, 인상적인 기차역, 그리고 유럽연합의 화려한 본부를 만드는 데 들어갔다.

한편, 더 남쪽에서는 이 과정이 매우 다른 논리로 펼쳐졌다. 1800년대에 남아프리카에 점점 더 많이 들어온 네덜란드와 영국계 정착민들은 한 가지 어려운 문제에 지속적으로 봉착했다. 대농장에서, 나중에는 금광과 다이아몬드 광산에서 일할 노동력을 충분히 확보할 수 없었던 것이다. 아프리카 인구는 자족적인 생활 양식에 꽤 만족하고 있었다. 전통적인 토지 점유 제도하에서 대부분의 사람들은 가축에게 풀을 뜯기고 식구들을 위한 식량을 생산할 수 있는 토지에 접근할 수 있었다. 이들은 굳이 집을 떠나 대농장이나 광산에 가서 허리가 부러져라 노동을 할 이유가 없었다. 그렇게 극적인 변화를 수용하게 할 유인이 되기에 충분한 수준의 임금을 제시하는 곳은 없었다. 식민주의자들은 아프리카 사람들을 노동 시장으로 불러올 유일한 방법은 기존의 생계 제도를 파괴함으로써 사실상 강요하는 것뿐임을 빠르게 터득했다. 굶주림은 그들에게 선택의 여지가 없게 만들 것이었다.

식민 당국은 이를 위한 정책을 차차 도입했다. 이르게는 1857년부터도 아프리카 사람들에게 세금을 강요했고 이 때문에 아프리카 가구들은 식구를 광산과 플랜테이션에 일하러 보내야 했다. 세금을 내지 않으면 처벌을 받았기 때문에 배경에는 늘 폭력의 위협이 도사리고 있었다. 이에 더해 식민 당국은 체계적으로 아프리카 사람들을 그들의 토지에서 몰아내기 시작했다. 잉글랜드에서의 인클로저 운동을 모방한 과정이었다. 1913년의 원주민 토지법Natives Land Act은 아프리카인이 전체 국토의 10%에 불과한 '원주민 보호 구역' 혹은 '홈랜드'에서만 토지를 소유할 수 있도록 제한했다. 이러한 분리는 잔혹하게 강제되었다. 점차로, 그리고 체계적으로, 아프리카 사람들은 자신의 땅에서 쫓겨나 보호 구역으로 들어가게 되었다. 보호 구역은 생산성이 낮은 토지라서 인구를 부양하기에 적절하지 않았으므로 아프리카 사람들은 유럽인들이 사는 지역으로 가서 임노동자가 되어야 했다.

설상가상으로 일련의 '통행법'이 도입되어 아프리카 노동자들은 백인 지역에 식구들을 데리고 들어와 정착하지 못하게 되었다. 유럽 식민주의자들은 이것이 인종에 따른 주거지 분리 정책이라고 정당화했지만 이들이 얻은 진짜 이득은 아프리카 노동자들에게 극도로 낮은 임금을 줄 수 있게 된 것이었다. 노동자들이 유럽인 지역에 식구들을 데려와 정착하면 임금은 노동자 본인뿐 아니라 배우자와 아이들을 부양할 수 있을 정도가 되어야 한다. 또한 고용주와 국가는 의료나 은퇴 등에 대한 사회적 돌봄에도 비용을 지출해야 한다. 물론 이러한 비용은 노동력을 유지하고 재생산하는 데 들어가는 정상적인 비용이다. 하지만 아프리카 노동자의 식구들을 보호 구역에 몰아넣음으로써 고용주들은 아프리카 노동자들에게 '총각 임금bachelor wages'을 지불할 수 있었다. 이는 노동자 본인은 생존할 수 있지만 가족을 부양하기에는 충분하지 않은 임금 수준을 말한다. 가족의 생계에 부족한 임금은 보호 구역 내에서 식구들이 자급자족 농경으로 메워야 했다. 병들고 노인이 된 노동자들을 돌보는 비용도 보호 구역 내에서 알아서 감당했다. 따라서 유럽의 고용주와 국가는 지출을 상당히 절약할 수 있었다.[50]

아프리카의 노동력이 그렇게 값싸지게 만든 것은 보호 구역 시스템만이 아니었다. 노동조합이 금지되었고 소위 '유색인종 채용 금지 color bar'가 있어서 흑인은 보수가 좋은 일자리에 접근할 수 없었다. 그리고 새로운 토지 박탈이 시작되어 더 많은 사람이 노동 시장으로 내몰리면서 임금은 더욱더 하방 압력을 받았다. 식민주의자들의 관점에서 보면 이는 뛰어난 체계였다. 거대 광산 기업 드비어스나 앵글로아메리칸 같은 유럽 기업들은 강도 높은 착취가 가능한 노동력으로부터 기록적인 이윤을 뽑아낼 수 있었다. 남아프리카는 비옥한 토양, 광물 자원, 인간 노동력이 풍부한 땅이다. 하지만 정작 아프리카 사람 대다수는 이러한 풍요에서 배제되어왔다. 오늘날 흑인 인구의 50% 이상이 극빈곤 상태에서 살아가며, 광산과 플랜테이션은 여전히 소수의 백인(주로 영국인)이 소유한 거대 기업이 독점하고 있다.

'희생 지대' 그리고 미국판 식민주의

15세기 말부터 20세기 초까지 유럽 열강은 식민지를 그들의 발전을 위한 '희생 지대sacrifice zone'로 삼았다.[51] 식민 본국 기업의 경제적 이익에 부합하기만 한다면, 그들은 인간 생명의 손실, 고통, 파괴의 규모가 얼마가 되든 간에 충분히 감수할 수 있는 고통이라고 여겼다. 식민지에서의 불평등은 그곳에 사는 검고 갈색인 사람들을 인간으로 간주하지 않음으로써 정당화되었다. 식민지의 비非백인은 백인과 동일한 인간이 아니며, 따라서 그들의 고통은 중요치 않다는 주장을 반복적으로 설파한 것이다.

식민주의는 아시아와 아프리카 경제를 막대하게 짓눌렀다. 1870년에서 1913년 사이에 아시아의 1인당 소득(일본 제외)은 겨우 연 0.4%씩 증가했고 아프리카에서는 겨우 0.6%씩 증가했다. 이 수준은 경제학자들이 심각한 위기의 징후라고 간주할 정도로 낮은 성장률이다. 그와 대조적으로, 서구 유럽의 소득은 같은 시기에 연 1.3%씩 증가했고 미국은 연 1.8%씩 증가했다.[52] 식민지 세계보다 3-4배나 높은 성장률을 달성한 것이다. 이러한 소득 성장률의 차이는 글로벌 불평등의 주된 요인이었다. 이 시기가 끝났을 무렵 유럽은 아시아와 아프리카 국내 자본의 3분의 1에서 2분의 1가량을, 아시아와 아프리카 산업 자본의 5분의 4 이상을 소유하고 있었다.[53]

라틴아메리카에서는 상황이 다소 다르게 펼쳐졌다. 유럽 식민주의의 세 세기가 지난 후인 19세기 초에 이 지역은 시몬 볼리바르 등의 해방 운동가들이 이끈 혁명을 통해 독립했다. 스페인에 맞서 오랜 투쟁을 벌인 끝에, 1821년에 베네수엘라, 1822년에 에콰도르, 1824년에 페루, 1825년에 볼리비아가 독립했다. 하지만 많은 경우 이들 독립 국가들은 유럽이 심어놓은 경제 제도를 유지하려는 독재자들이 장악했다. 그리고 어쨌거나 독립은 이름뿐이었다. 유럽 열강이 라틴아메리카에서 물러나던 바로 그 시기이던 1823년에 이번에는 미국이 먼로 독트린을 천명했다. 유럽 열강이 라틴아메리카를 재식민화할 것을 우려한 미국은 먼로 독트린에서 그런 시도가 있을 시 미국 자체를 공격하는 것으로 간주하겠다고 선포했다. 이는 라틴아메리카의 신생 독립국들을 지원하려는 이타적인 조치가 아니었고, 진짜 목적은 라틴아메리카에서 미국의 이해관계를 보호하는 것이었다. 이 어젠다는 시어도어 루스벨트 대통령이 1904년에 루스벨트 계론系論을 덧붙였을 때 더없이 분명해졌다. 루스벨트 계론은 라틴아메리카 국가들이 미국의 경제적 이익에 협력하지 않을 경우 미국의 군사 개입을 정당화하는 데 사용되었다.[54] 라틴아메리카를 미국 기업에 자원과 농산물을 제공하는 원천이자 미국 제조업의 판매 출구로서 미국에 열려 있게 해야 한다는 개념에서 나온 정책이었다. 이는 영국이 인도와 중국에서 추구했던 것과 동일한 전략이다.

이것은 단지 추상적인 수준의 권력 주장이 아니었다. 유럽 제국주의가 직접적으로 개입했던 것과 달리 간접적으로 경제를 지배하는 미국판 식민주의였다. 루스벨트 계론은 20세기 초에 미국이 쿠바, 멕시코, 온두라스, 콜롬비아, 니카라과, 아이티, 도미니카 공화국, 푸에르토리코 등에서 자행한 10여 건의 군사 개입을 정당화하는 논리로 동원되었다.

이 개입은 오늘날 '바나나 전쟁'이라고 불린다. 수많은 여타의 침략 사례와 마찬가지로, 미국 과일 기업들이 풍부한 토지와 값싼 노동력을 확보할 수 있게 하기 위해 이루어진 일이었다. 예를 들어, 미 해병대는 1903년에서 1925년 사이에 온두라스를 일곱 차례나 침공했는데, 온두라스에서 진보적인 정당들을 억제하고 꼭두각시 지도자를 세워 미국 바나나 업체들의 이해관계에 복무하게 하려는 것이었다. 쿠바도 그러한 사례다. 미국은 1906년부터 1934년까지 간헐적으로 쿠바를 점령했는데, 대체로는 미국 설탕 기업의 이익을 위해서였다. 다른 이슈로 군사 개입이 이뤄진 경우도 있었다. 1903년에 미국이 콜롬비아를 침공했을 때는 파나마 운하를 짓기 위해 파나마에 대한 통제력을 확보하기 위한 것이었고, 1912년에서 1933년 사이에 니카라과를 점령했을 때는 니카라과 정부가 (혹은 그 밖의 어느 나라 정부라도) 별도로 다른 운하를 건설하지 못하게 하려는 것이었다. 또 다른 주요 이슈는 부채였다. 도미니카 공화국이 미국 채권자들에게 진 채무를 감당하지 못하고 디폴트를 선언할지 모를 상황이 되자 미국은 도미니카 공화국을 침공해 항구를 장악하고 통관 수입이 직접 미국으로 들어오게 했다. 이 점령은 1916년부터 1924년까지 이어졌고, 점령이 끝났을 때는 미국의 이익에 부합해 도미니카 공화국을 통치할 군사 독재 정권이 들어섰다.

*

이런 사례들을 단지 범죄의 목록으로만 생각하기 쉽겠지만, 훨씬 더 그 이상이다. 이러한 역사의 조각들은 세계 경제 체제가 지난 수백 년간 인류의 소수만을 부유하게 하고 막대한 다수를 희생시키는 경로를 밟아왔음을 시사한다. 그리고 20세기 초에 이 새로운 질서가 완성되었다. 이 체제의 중심부인 유럽과 미국은 주변부에서 값싼 천연자원을 뽑아낼 수 있었고 그다음에는 제조품을 다시 주변부에 판매할 수 있었다. 동시에, 과도하게 높은 관세 장벽을 세워 자국 산업은 외부와의 경쟁에서 보호했다.

이 체제에는 서구와 나머지 사이의 불평등을 키우는 내재적인 특징 두 가지가 있다. 첫째, 시간이 갈수록 교역 조건이 개도국에게 악화된다.[55] 즉 주요 원자재 수출품의 가격이 수입하는 제조품 가격보다 점점 더 떨어지는 것이다. 이는 더 적은 것을 얻기 위해 더 많은 지출을 해야 한다는 말이고, 외부로 부의 순이전이 발생한다는 말이다.[56] 둘째, 개도국 노동자들이 그들의 수출품에 대해 받은 임금이 서구보다 훨씬 낮으며 생산성과 구매력으로 조정한 뒤에도 그렇다. 그래서 글로벌 남부 국가들은 그들이 해외로 내보내는 가치에 비해 적은 보상을 받는다. 이 두 가지 패턴이 중심부와 주변부 사이에서 벌어지는 '불평등 교환'의 핵심이다.[57]

식민주의 시기가 끝날 무렵에 주변부는 불평등 교환으로 매년 220억 달러를 잃고 있었다. 2015년 가치로는 1610억 달러에 해당하며 주변부 국가들이 같은 시기에 받은 연간 원조 금액의 2배다.[58] 이러한 메커니즘은 글로벌 불평등을 추동하는 주요 요인이었다. 제국주의의 두 번째 파도가 시작되기 직전이던 1820년에 가장 부유한 나라와 가장 가난한 나라의 소득 격차는 3대 1에 불과했지만, 20세기 중반에 식민주의가 끝났을 때는 이 격차가 35대 1이 되어 있었다.[59]

대학의 경제학 수업 대부분에서 학생들은 가난한 국가와 부유한 국가의 경제적 차이가 비교 우위 법칙과 수요 공급 법칙으로 설명된다고 배운다. 표준적인 이론에 따르면 가격과 임금은 각 국가가 지닌 생산 요소의 부존량에 따라 시장에 의해 자동적으로 결정된다. 가난한 나라는 자연적으로 노동력이 풍부하고 그들의 임금은 낮다. 따라서 그들은 노동 집약적인 생산에서 비교 우위가 있다. 1차 산업인 광업과 농업, 나중에는 경공업 같은 부문이 그렇다. 부유한 국가들은 자연적으로 자본이 풍부하다. 따라서 임금이 더 높고 자본 집약적인 고도 상품 생산에 특화할 것이다. 정통 경제학에서 이것은 자연적인 질서로 여겨진다.

하지만 역사를 다시 불러오면 이 이론은 붕괴되기 시작한다. 왜 애초에 가난한 나라들은 상대적으로 노동력이 더 풍부했는가? 수백 년간의 식민 통치로 인해 생계 경제가 파괴된 수백 만 명의 사람들이 터전에서 밀려나 노동 시장으로 가야 했기 때문이다. 이는 실업률을 밀어 올렸고 임금을 끌어 내렸다. 그리고 19세기까지 내내 노예제가 유지되면서 임금의 하방 압력을 가중시켰다. 노동자들이 공짜 노동력과 경쟁해야 했기 때문이다. 왜 애초에 가난한 나라들은 자본이 상대적으로 적었는가? 한편으로는 귀금속을 약탈당했기 때문이고 다른 한편으로는 식민주의자들이 지역 산업을 강제로 파괴해서 사람들이 서구에서 수출하는 물품을 소비할 수밖에 없도록 만들었기 때문이다. 정통 경제 이론은 마치 국제 불평등이 늘 그렇게 존재했던 것처럼 가정하지만 역사적 기록은 그것이 의도적으로 만들어졌음을 명백히 보여준다. 우루과이의 저널리스트 에두아르도 갈레아노가 말했듯이 "식민주의 경제는 유럽 시장의 입장에서 유럽 시장에 복무하기 위해 지어졌다."

4장
식민주의에서 쿠데타로

당신은 제국을 복제하는 방법을 몇 가지나 가지고 있는가?

— 샤일자 파텔, 〈어떻게 해서 암비는 페이즐리가 되었는가?〉

글로벌 남부에는 식민주의가 경제적, 인도적 재앙이었지만 유럽에는 어마어마한 횡재였고 나중에는 미국에도 그랬다. 하지만 새로운 부는 평등하게 분배되지 않았고 거의 대부분 소수의 강력한 지배층 손으로 들어갔다. 1870-1910년에 가장 부유한 계층은 비약적으로 더

• 암비ambi는 고대 페르시아와 무굴 제국 시대의 유적에 새겨져 있던 패턴을 말한다. 공작이 펼친 날개, 곡선으로 나뉜 하트, 망고 열매 등을 연상시키는 암비 패턴은 '카슈미르 숄'로 대표되는 인도의 직물 산업 전반을 상징하는 모티프였다. 19세기 초반 동인도회사를 통해 영국으로 들어간 암비 패턴은 직물 산업의 중심지이던 스코틀랜드의 도시명을 딴 '페이즐리Paisley 패턴'으로 이름이 바뀌어 유럽 전역으로 퍼졌다. 샤일자 파텔Shailja Patel은 《이주Migritude》의 첫 번째 장 〈어떻게 해서 암비는 페이즐리가 되었는가?How Ambi Became Paisley?〉에서 영국 군대가 인도의 직물에 80%의 관세를 부과하고 인도 직공들의 손가락을 자르는 식으로 암비를 빼앗아간 역사를 이야기한다.

148

부유해져서, 1차 세계 대전 직전에 그들의 부는 역사상 가장 높은 수준에 도달했다. 1910년에 미국에서 가장 부유한 1%는 국가의 전체 부 중 45%를 가지고 있었고 유럽의 경우에는 65% 가까이를 가지고 있었다.[1] 조금 더 줌아웃을 해보면 숫자는 더 놀랍다. 미국에서 가장 부유한 10%는 국가의 전체 부 중 80% 이상을 가지고 있었고, 유럽에서는 많게는 무려 90%를 소유하고 있었다. 오늘날 우리가 또다시 이와 비슷한 극단을 향해 가고 있지 않았다면 이러한 수준의 불평등을 거의 상상할 수 없었을 것이다.

1차 세계 대전이 짧게나마 냉각 효과를 가져왔다. 경제 성장이 둔화되었고 가장 부유한 사람들의 부가 잠식되었다. 하지만 오래지 않아 파티는 다시 시작되었다. 1919년에 베르사유 조약으로 승전국은 독일에서 막대한 배상금을 가져갔고, 프랑스와 영국은 오토만 제국을 나눠 가지면서 식민지가 상당히 넓어졌다. 전쟁 물자를 생산하던 공장들은 대량으로 소비재를 생산하기 시작했고 군인들은 돌아와서 노동력이 되었다. 이후의 10년은 '광란의 20년대Roaring Twenties'라고 불리는데, 부와 환락이 다시 증가한 시기를 일컫는다. 이번에도 주로 지배층만의 이야기이기는 했지만 말이다.[2]

하지만 오래 이어지지는 못했다. 1929년에 월가가 붕괴하면서 파티는 끝났고 대공황이 시작되었다. 월가의 붕괴는 '검은 화요일'이라고 불리는데, 막대한 버블을 키운 투기 과열의 결과였다. 투기 열풍은 1920년대의 호황 속에서 사람들이 향후의 경기 전망을 확신한 데서도 기인했지만, 보증금은 매우 적게만 걸고 나머지 대부분은 신용을 조달해 투자하도록 사람들을 부추긴 주식 중개인들의 무리한 영업 때문인 면도 있었다. 이는 전체 시스템에 악성 부채가 주입되는 상황으로 이어졌다. 쉬운 자금 조달 덕분에 사람들은 점점 더 많은 주식을 샀고, 이로 인해 주식 가격이 점점 더 올랐으며, 오르는 주식 가격을 보면서 아이러니하게도 사람들은 더 많은 주식을 구매하기 위해 더 많은 대출을 했다. 하지만 모든 버블이 그렇듯이 이 버블도 터졌다. 금융 시스템은 그 모든 악성 부채를 감당할 수 없었고, 붕괴했다. 경제는 멎어버렸고 시장에 대한 신뢰는 기록적으로 낮은 수준으로 곤두박질쳤다.

하지만 이 위기에는 밝은 면도 있었다. 옛 경제 질서가 붕괴된 폐허에서 역사의 경로를 바꾸게 될 강력한 새 개념들이 떠오르고 있었다. 이 개념들은 서구에서만이 아니라 글로벌 남부에서도 널리 호응을 얻었다. 아프리카와 아시아에서 유럽이 철수하고 남미 전역에서 민주화 운동이 독재 정권과 미국 제국주의를 무너뜨리면서 글로벌 남부의 운명이 달라지기 시작했다.[3] 1950년대에서 1970년대 사이에, 예전에 식민지였던 곳들에서 경제적 독립과 세계적인 부의 공정한 분배라는 이상으로 추동된 새로운 운동이 일어났다. 그리고 이 운동은 효과가 있었다. 소득이 증가했고 생활 수준이 개선되었으며 부유한 국가와 가난한 국가 사이의 격차가 1492년 이래 처음으로 좁혀지기 시작했다. 이것은 발전의 기적이라 할 만했다. 하지만 이러한 운명의 전환을 모두가 달가워한 것은 아니었다. 추상적인 개념 차원에서는 국제개발과 발전을 가장 소리 높여 찬미하던 사람들이 실제로는 이러한 변화를 가장 폭력적으로 가로막으려 했다.

서구의 뉴딜

대공황이 서구를 강타하면서 기존의 경제학 개념이 일대 혼란에 빠졌다. 그때까지 대부분의 경제학자들은 시장이 자기 안정화 기제를 가지고 있다고 믿었다. 미국의 허버트 후버 대통령은 대공황에 대한 해법이 정부 지출을 조여 재정 균형을 맞추어서 투자자들의 신뢰를 회복하는 것이라고 확신했다. 또 어떤 이들은 임금이 낮아져야 한다고 주장했다. 그래야 기업들이 고용을 하려 할 것이기 때문이다. 이론상으로 이러한 조치들은 경제에 다시 생명을 주어야 했다. 하지만 정반대의 효과가 나타났다. 모든 예측과 달리 대공황을 되레 심화시킨 것이다. 기업들은 생산 비용이 아무리 낮더라도 제품을 살 사람이 없다면 생산을 한다는 것 자체가 의미 없게 되리라는 점을 우려했다.

1930년대에도 대공황은 지속되었고 경제는 회복되지 않았다. 전통적인 견해가 흔들리면서, 새로운 경제 이론이 떠올랐다. 사람들은 자본주의 자체에 내재된 모순이 문제라는 사실을 깨닫기 시작했다. 자본가들은 생산성을 높이고 생산 비용을 줄여서 이윤을 극대화하려 하는데, 생산 비용을 줄이는 가장 쉬운 방법은 노동자들의 임금을 내리누르는 것이다. 하지만 여기에 제약이 없다면 임금이 너무 낮아져서 노동자들이 자신이 생산하는 제품을 살 수 없게 된다. 제품을 구매할 사람이 없어서 수요가 줄면 시장은 과잉 생산된 제품으로 가득 차게 된다. 제품은 빠르게 상품 가치를 잃고, 기업은 생산을 멈추게 되며, 경제는 둔화된다. 이것은 자본주의를 그 자체의 논리대로 돌아가게 두었을 경우에 발생할 수밖에 없는 일이다. 이 과정은 극도의 불평등을 불러와 시스템이 멈춰버리게 만든다.

이러한 비판을 제기한 대표적인 사람이 런던의 유명한 보헤미안 지식인 중 한 명으로 풍성한 수염이 인상적인 경제학자 존 메이너드 케인스다. 그는 자신의 새 이론을 토대로 대공황에 대해 매우 다른 해법을 제시했다. 그는 정부 지출을 줄이지 말아야 하고 임금도 낮추지 말아야 한다고 주장했다. 오히려 이와 반대로 정부 지출을 늘리고 통화공급을 확대하며 임금 인상을 촉진해야 한다는 것이었다. 그에 따르면, 이러한 조치들은 사람들이 다시 물건을 구매하게 해서 총수요를 진작함으로써 경제를 다시 살아나게 할 것이었다. 이것이 오늘날 '수요측 경제학'이라고 불리는 이론이다.[4]

1933년에 미국 대통령이 된 프랭클린 델라노 루스벨트가 시작한 것이 바로 이러한 정책들이었다. 루스벨트 행정부의 '뉴딜'은 뉴욕의 링컨 터널, 몬태나의 포트펙 댐 등 정부 자금으로 진행되는 대대적인 프로젝트에 실업자로 있던 수많은 미국인을 좋은 임금을 주고 고용했다.[5] 대대적인 정부 지출은 케인스가 '승수 효과multiplier effect'라고 부른 것을 가져왔다. 정부가 지출한 돈이 노동자의 임금이 되고 다시 노동자는 구매력 있는 소비자가 되면서 민간 기업들을 위한 새로운 기회가 창출되었고, 오아시스 주변에서 나무가 잘 자라듯이 현금이 풍부하게 도는 곳에서 기업들이 번성할 수 있었다. 2차 세계 대전이 진행되면서 이 이론은 또다시 입증되었다. 전시 물자를 생산하는 공장에 정부 지출이 대거 이뤄지면서 동일한 효과가 나타난 것이다. 고용이 증진되었고(전쟁 시기에 미국은 완전 고용 상태에 도달했다) 임금이 올랐으며 수요가 진작되었다. 경제 성장률이 급등했고, 가난한 사람들은 더 높은 임금을 받게 되고 부자들은 더 많은 세금을 내게 되면서[6] 불평등이 극적으로 감소했다.

이 시기는 호시절이었다. 자유방임 자본주의의 잔재는 모든 곳에서 무너지고 있었고 케인스와 그를 따르는 사람들은 경제에 대한 완전히 새로운 접근법을 주창했다. 이들에 따르면, 민주주의 국가는 시장을 규율해야 하고 국가 권력을 바람직한 사회적 목적에 적극적으로 사용해야 했다. 이를테면, 경제적 안정성을 보장하고 사람들의 삶의 질을 높여야 했다. 시장이 사회에 복무해야지 그 반대가 되면 안 되었다. 이 새로운 시스템은 자본과 노동 사이의 계급 간 타협에 의존하고 있었다.[7] 국가는 노동자의 권리와 좋은 임금을 보장하고, 유순하고 생산적인 노동력은 대량 생산된 제품을 구매하기에 충분한 임금을 받으면서 경제가 안정적으로 성장할 수 있게 할 터였다.

또한 뉴딜의 일환으로 미국은 보편 사회보장 프로그램을 실시했고 구매 가능한 가격대의 주거를 제공했으며 제대군인원호법GI Bill으로 제대 군인들의 대학 등록금을 보조했다. 영국에서는 광산 노동자들의 주도로 노조 운동이 성장하면서 클레멘트 애틀리의 노동당이 집권했다. 애틀리 노동당 정부는 국가의료서비스NHS를 시작했고 무상교육, 공공 주택, 임대료 통제, 종합적인 사회보장 제도, 그리고 광산과 철도의 국유화를 추진했다. 우파 정치인들도 기꺼이 동참했다. 노동자 계급에게 더 공정한 조건을 허용하면 사회적 불만을 누그러뜨릴 수 있어서 그들이 두려워하던 소비에트 스타일의 혁명을 피할 수 있을 것이기 때문이었다. 또한 파시즘의 부상도 막고 싶었다. 과거에 독일이 심각한 경제 위기에 직면했을 때 호전적인 해법에 매력을 느낀 독일인들 사이에서 파시즘이 급부상한 바 있었다. 케인스주의적 정책은 산업화된 세계에 안정과 복지를 확고히 가져옴으로써 세계 대전이 또 일어나는 것을 막기 위해 고안된 면이 컸다.

이러한 목적에서 1944년에 브레턴우즈 기관들이 세워졌다. 전쟁으로 찢긴 유럽에 재건 및 발전 자금을 대기 위해 세계은행이 설립되었고, 경제 불황을 겪는 국가들 사이에서 한 나라의 수요 부족이 유럽 전역에 걸친 위기로 비화하지 않도록 정부 지출에 필요한 자금을 대주기 위해 국제통화기금이 설립되었다.

1950년대와 1960년대에 케인스주의적 정책들은 높은 경제 성장률을 달성할 수 있는 여건을 만들었고 그 과실은 여러 계급에 걸쳐 비교적 평등하게 공유되었다. 이전의 어느 것과도 비할 데 없는 성공 스토리였다. 물론 완벽하지는 않았다. 많은 이들이 과실의 분배에서 배제되었다. 중산층 여성들은 여전히 가정에만 한정되어서 남성의 임금에 의존해야 했다.[8] 흑인들은 공정한 노동 계약을 맺을 수 없었고 좋은 학교와 주거에도 접근할 수 없었다. 특히 미국에서 그랬다. 미국에서 민권 운동은 아직 흑인의 법적 동등성을 달성하기 위한 싸움에서 승리하지 못하고 있었다. 성소수자도 일상적으로 박해받고 주변화되었다. 요컨대, 서구에서 벌어진 케인스주의적 타협은 백인, 남성, 이성애자 등 '정상' 기준에 순응하는 사람들을 위한 것이었다. 그리고 이것은 여성과 소수자가 제공하는 값싼 노동력에 어느 정도 의존했고, 또한 물론 옛 식민지에 연결된 파이프라인을 통해 해외에서 추출해오는 부가 추가적인 자금원 역할을 했다.

글로벌 남부의 기적

　케인스주의의 부상은 정확히 유럽 식민주의의 마지막 시기와 일치했다. 사실 식민주의 프로젝트를 유지 불가능한 것으로 보이게 만들어 결국 해체시킨 요인 중 하나가 케인스주의 이데올로기였다. 2차 세계 대전 이후 유럽에서 집권하기 시작한 진보적인 정당들은 식민주의에 별로 생각이 없었다. 당시에 떠오르고 있던 평등, 국가 주권, 인권 담론 들과 충돌했기 때문이다.[9] 전쟁이 끝나고 한두 해 뒤에는 세계인권선언이 채택되었다. 유럽의 식민지였던 국가들은 전쟁 승리에 꼭 필요했던 수백만의 군인과 막대한 자원을 제공한 바 있었고, 새로운 체제에서 자신들이 이득을 얻지 말아야 할 이유를, 자신들이 유럽과 동등한 권리를 갖지 말아야 할 이유를 찾을 수 없었다.

　마하트마 간디, 마커스 가비 등 반식민주의 사상가들은 수십 년 동안 독립이라는 개념에 씨를 뿌려왔고 이것이 20세기 중반에 결실을 맺기 시작했다. 강력한 시민 불복종의 파도가 있고 나서 1947년에 마침내 영국이 인도에서 철수했다. 프랑스는 시리아와 레바논에서 철수했고, 이집트에서는 1952년에 혁명이 일어나 영국의 통치에 종지부를 찍었다. 5년 뒤에는 가나가 독립했고, 영국령 아프리카에 탈식민화의 파도가 일었다. 1960년 즈음에는 프랑스가 서아프리카의 식민지에서 철수하기 시작했다. 라틴아메리카는 미국 대통령 프랭클린 루스벨트가 라틴아메리카 국가들의 주권을 존중하는 '선린 외교 정책'을 펴면서 처음으로 숨통이 트였다. 이 정책은 미국이 먼로 독트린에 따라 남미 각국에 군사적으로 개입하던 긴 역사를 멈추었고, 미국

이 지원하던 꼭두각시 정권을 몰아내고 민주적인 혁명이 일어날 수 있는 가능성을 열었다.[10]

처음으로 글로벌 남부 국가들이 그들 자신의 경제 정책을 자유롭게 결정할 수 있게 되었다. 케인스주의 경제학이 유럽과 미국에서 잘 작동하는 것을 본 그들은 국가 주도 개발, 각종 사회적 지출, 노동자에 대한 충분한 임금 등을 포함한 케인스주의적 기본 원칙을 빠르게 도입했다. 그리고 여기에 한 가지 중요한 점을 더했다. 그들의 경제가 외부의 권력을 위해서만이 아니라 자국의 이익을 위해 작동하도록 경제적 의사 결정을 하겠다는 열망이었다.

이것이 '발전주의' 시대이며, 라틴아메리카 남쪽 원뿔꼴 지역에 있는 칠레, 아르헨티나, 우루과이, 브라질 등의 국가들이 초기의 성공 사례다. 발전주의 운동의 진원지는 칠레에 소재한 유엔의 '중남미 및 카리브해 연안 경제위원회'였다. 1948년에 설립된 이 위원회는 종속 이론과 불평등 교환 이론을 개진한 학자 중 한 명인 아르헨티나의 진보적 경제학자 라울 프레비시가 이끌었다.[11] 프레비시는 저발전과 글로벌 불평등은 식민주의가 글로벌 남부 국가들을 원자재 수출에만 집중하게 만들고 경쟁력 있는 산업은 발달시키지 못하게 하는 식으로 세계 체제를 조직한 데서 발생한 결과라고 주장했다.[12] 또한 그는 원자재 수출품 가격이 서구에서 수입해오는 제조품 가격 대비 하락하고 있어서 글로벌 남부 국가들이 경제적 기반을 계속해서 잃고 있다고 설명했다.

프레비시의 이론을 토대로 라틴아메리카 국가들은 '수입 대체' 전략을 펼치기 시작했다. 굉장한 비용을 들여가며 서구에서 수입해야 했던 제품들을 국내에서 직접 생산해 산업화를 이루겠다는 대담한 시도였다. 그들은 서구 열강에 종속된 상태에서 벗어나기를 원했다. 예를 들어 아르헨티나에서는 후안 페론 행정부(1946-1955)가 인프라에 막대한 투자를 하고 석유를 국유화했으며 중공업 분야의 역량을 쌓았다.[13] 또한 공공 교육, 의료, 사회보장, 주거에도 상당한 투자를 했는데, 이는 후안 페론 대통령의 아내이자 개혁가인 에바 페론이 진행한 프로그램이었다. 오늘날까지도 페론 부부는 빈곤 타파, 노동자 지원, 중산층 성장에 대체로 성공한 것으로 널리 칭송받는다.

발전주의는 글로벌 남부의 다른 곳에서도 추진력을 얻기 시작했다. 아프리카의 일부 지역에서는 '아프리카 사회주의'의 형태로 발전주의가 나타났다. 경제적 자원을 공유하는 것이 아프리카의 중요한 '전통적' 가치라고 보는 아프리카 사회주의의 원칙은 가나의 콰메 은크루마와 탄자니아의 줄리어스 니에레레 같은 지도자의 통치하에서 사회 정의를 위한 국가의 노력에 지침을 주었다. 북아프리카와 중동에서는 발전주의가 '아랍 민족주의'의 형태로 나타났는데, 이집트의 가말 압델 나세르, 이라크와 시리아의 바트당 지도자들이 이를 대표적으로 보여준다. 인도에서는 자와할랄 네루 총리와 그의 뒤를 이은 통치자들이 발전주의 정책을 도입했다. 동아시아 국가들도 비슷한 정책을 도입했고, 특히 유치산업에 보조금을 지급해 강한 기업이 될 때까지 보호함으로써 서구 기업들과 경쟁할 수 있는 역량을 갖게 했다. 이 모든 전략은 해외 상품에 대한 비교적 높은 관세와 해외 자본에 대한 제한, 그리고 국가 자산을 외국이 소유하는 것에 대한 제한에 의존하고 있었다. 또한 종종 토지 개혁도 중요한 부분이어서, 많은 나라가 자국민이 최대한 많은 이득을 얻도록 천연자원과 핵심 산업의 국유화를 시도했다.

이러한 발전주의 정책은 미국과 유럽이 자국의 경제를 성장시킬 때 매우 효과를 보았던 바로 그 정책들을 모방한 것이었다.[14] 그리고 글로벌 남부에서도 효과가 있었다. 1960년대와 1970년대에 글로벌 남부는 1인당 소득 성장률이 3.2%에 달했는데,[15] 이는 산업혁명기에 서구가 성취한 것의 2-3배이며 식민 시기 동안의 글로벌 남부 경제 성장률의 6배가 넘는 것이다. 탈식민지 국가들이 보여준 기적이었다. 또한 새로운 부는 그전보다 평등하게 분배되었다. 라틴아메리카에서 가장 부유한 20%와 가장 가난한 20%의 격차는 22%나 줄었다.[16] 발전주의는 인간의 후생 면에서도 놀라운 성과를 가져왔다. 식민주의가 끝났을 때 글로벌 남부의 기대수명은 겨우 40세였는데 1980년대 초에는 60세로 높아져 있었다.[17] 역사상 가장 빠른 향상이었다. 마찬가지로 문해율, 영아사망률 등 그 밖의 인간 개발 지표들도 1970년대 중반에 빠른 성장률을 보였다.[18]

이에 더해, 부유한 국가들과 발전주의 정책을 적용한 글로벌 남부 국가들 사이의 소득 격차가 처음으로 좁혀지기 시작했다. 1960년에 미국의 평균 소득은 동아시아보다 13.6배 높았는데 1970년대 말에는 이 비율이 10.1배로 떨어졌다. 26%나 줄어든 것이다. 같은 시기에 미국과 라틴아메리카의 소득 격차는 11%가 줄었고 중동 및 북부 아프리카와의 격차는 23%가 줄었다.[19] 글로벌 남부는 꾸준히 격차를 좁혀가고 있었다.

자국 경제를 발전시키는 것에 더해 글로벌 남부 국가들은 서로를 지원하는 일에도 나섰다. 1955년에 아프리카와 아시아의 신생 독립국들이 아이디어를 공유하고 경제 협력을 위해 연대하며 서구 열강이 추진할지 모르는 모든 형태의 식민주의와 신식민주의에 저항한다는 원칙을 천명하기 위해 인도네시아 반둥에 모였다. 이들은 냉전에서 어느 한 편에 서기를 거부하고 미국과 소련 모두로부터 자국의 이익을 지켜내려 하면서 '제3의 길'을 개척하고자 했다. 이 국가들은 1961년에 베오그라드에서 다시 만나 '비동맹운동Non-Aligned Movement'을 결성했다. 처음에는 네루, 나세르, 은크루마, 유고슬라비아 대통령 티토, 그리고 인도네시아의 독립 후 첫 대통령 수카르노가 주도했고 곧 글로벌 남부의 거의 모든 국가가 동참해 평화, 국가 주권, 불개입, 반인종주의, 경제 정의를 요구하는 강력한 세력이 되었다. 3년 뒤, 비동맹운동 국가들은 유엔에서 그들의 이해관계와 비전을 진전시키기 위해 G77을 결성했고 더 공정한 글로벌 경제 원칙을 개발할 유엔무역개발회의UNCTAD를 설립했다.

글로벌 남부가 일어서고 있었고, 이들은 세계의 다수 대중을 위해 더 좋은 세계로 가는 길을 이끌고 있었다.

*

이러한 성공이 펼쳐지는 것을 보면서 유럽과 미국이 기뻐했으리라 예상할지도 모르겠다. 관세, 국유화, 토지 개혁, 자본 통제 등 글로벌 남부 국가들이 펼치고 있는 새로운 정책들이 진정한 발전을 가져오고 있었고, 서구 정부들은 트루먼의 정신에 따라 글로벌 남부의 발전을 지지한다고 늘 주장해왔으니 말이다.

하지만 서구는 이러한 움직임이 달갑지 않았다. 글로벌 남부의 값싼 노동력과 천연자원, 그리고 소비재 시장에 쉽게 접근하는 데 익숙해져 있었는데, 이들 국가에서 발전주의가 부상한다는 말은 노동, 자원, 소비재 시장에 대한 접근이 제한되기 시작했다는 의미였기 때문이다. 글로벌 남부가 수입 대체 정책을 펴면서 서구의 소비재 수출업자들은 이제 글로벌 남부의 시장에 제품을 팔려면 높은 관세를 물어야 했다.[20] 민족주의적인 정부가 자국 산업을 보호하기 위해 통관을 아예 금지하는 경우도 있었다. 또한 많은 글로벌 남부 국가에서 비즈니스를 하고자 하는 서구 투자자들은 진입을 거부당했고 진입이 허용될 경우에는 벌어들인 돈에 대해 더 높은 세금을 내야 했다. 또 자본 통제가 적용되어서 수익을 본국으로 가져가려 할 때에도 높은 수수료를 내야 했다. 노조가 성장하고 헌법적 권리가 보장되면서 글로벌 남부의 노동자들에게도 더 높은 임금을 주어야 했다. 어떤 국가에서는 기본적인 필수품을 구매 가능한 수준으로 유지하기 위해 실시한 가격 통제 때문에 서구 기업들이 무력함을 느꼈고, 또 어떤 국가에서는 서구 기업의 토지와 자산이 국유화될지 모른다는 위험에 직면했다. 국유화의 위협은 서구 기업들이 가장 크게 우려하는 문제였다.

요컨대, 발전주의적 혁명과 글로벌 남부의 정치권력 확대는 유럽과 미국이 의존하고 있던 세계 체제의 근간을 잠식하고 있었다.

쿠데타의 시대

서구 열강의 정부와 기업들은 이런 일이 계속되는 것을 보고만 있을 생각이 없었다. 전에 누리던 시장과 자원에 대한 접근을 다시 획득하기 위해 이들은 모종의 반혁명이 필요했다. 하지만 케인스주의가 풀어낸 개념들에 대해 대중의 저항이 일지도 않았고, 글로벌 남부에서 경제적 독립의 열망이 높아지는 것을 억압할 길도 없었다. 간혹 힘겨운 협상을 통해 좋은 조건으로 외국인 직접 투자를 하는 데 성공하거나 세제 혜택 또는 자본 통제 완화와 같은 양보를 얻어내기도 했지만, 그렇게 하지 못할 때도 많았다. 발전주의를 완전히 종식시키고 싶었던 이들은 더 공격적인 조치에 의지해야 했다.

1953년에 미국 대통령이 된 드와이트 아이젠하워는 발전주의에 맞서는 결정적인 조치를 취했다.[21] 그는 발전주의가 미국의 다국적 기업들의 상업적 이해관계를 위협한다고 보았고 자신의 견해에 동조하는 두 사람을 행정부에 고용했다. 존 포스터 덜레스 국무장관과 그의 동생인 앨런 덜레스 CIA 국장이었다. 덜레스 형제는 '설리번 앤 프롬웰'이라는 로펌에서 일한 적이 있는데, 글로벌 남부의 발전주의 때문에 잃고 있는 것이 많다고 느끼고 있는 JP모건, 쿠바 사탕수수 코퍼레이션, 유나이티드 프루트 컴퍼니 같은 거대 기업들이 이 로펌의 고객이었다. 하지만 아이젠하워 행정부는 평등, 정의, 독립의 원칙에 깊이 뿌리를 두고 있는 운동을 공격한다면 정당화되기 어려우리라는 것을 잘 알고 있었다. 그는 미국 대중의 눈에 합당해 보일 만한 방법을 찾아야 했고, 냉전 레토릭에 강하게 의존함으로써 이 문제를 해결했다.

발전주의가 공산주의로 가는 첫 단계라는 프레임을 씌우면서 발전주의 국가들을 소련과 연결지었고, 미국인들의 인식에서 발전주의의 이미지를 훼손할 수 있었다.

아이젠하워판 백래시의 첫 대상은 이란이었다. 민주적으로 선출된 이란의 지도자 모하메드 모사데크는 발전주의의 견고한 버팀목이었다. 큰 키에 위엄 있는 풍채를 지녔으며 파리에서 교육받은 모사데크는 진보적인 정치인으로 이란에서 인기가 많았다. 총리 시절에 실업 보상과 아프거나 다친 노동자에 대한 복지 급여를 도입했고 농촌의 강제 노동을 철폐했으며 부자들의 세금을 올려 농촌 개발 프로젝트의 재원을 마련했다. 또한 가장 유명하게, 영국의 '앵글로 이란 오일 컴퍼니'(현재의 BP)가 소유하고 있던 이란의 유정에 대한 소유권 재협상을 시도했다. 그리고 앵글로 이란 오일 컴퍼니가 회계 감사에 협조하기를 거부하자 이란 의회는 투표를 통해 만장일치로 이 회사의 자산을 국유화했다.

이 일로 이란에서 모사데크의 인기는 한층 더 높아졌지만 영국 정부는 분노했고 미국에 도움을 청했다. 군사 개입이라는 선택지가 테이블에 올라왔다. 하지만 소련이 이란 쪽에서 개입해 대리전 양상으로 비화할지 모른다는 점이 우려되었고, 결국 '아작스 작전Operation Ajax'이라고 불리는 비밀 프로젝트가 진행되었다. 이 작전은 CIA가 이끌었고 커밋 루스벨트(시어도어 루스벨트의 손자로, 할아버지 루스벨트는 먼로 독트린을 확대한 '루스벨트 계론'으로 미국의 해외 개입주의에 길을 닦은 바 있다)가 담당했다. 계획은 치밀했다. 우선 [이란] 정치인들에게 뇌물을 주어 이들 사이에 반정부 정서를 불러일으켰다. 그리고 모사데크가 사람들에게 인기가 없다는 가짜 이미지를 불러일으키기 위해 바람잡이를 매수해 거리 시위를 하게 했다. 이어서 이란 군대를 지원해 모사데크를 내몰고 왕가인 모하마드 레자 팔라비가 권력을 잡게 했다. 계획은 성공했다. 1953년 8월, 쿠데타가 일어나 모사데크가 밀려났고 샤(왕조)가 군부 정권이자 절대 왕정으로서 권력을 잡았다. 이후 팔라비는 26년간 이란을 통치했다. 그는 통치 시기 대부분에 걸쳐 미국의 지원을 받았고 이란의 정책은 이 지역에서 서구의 또 다른 주요 위성국인 사우디에서와 마찬가지로 서구의 석유 기업들에 유리한 방향으로 수립되었다. 모사데크는 이후 평생을 가택 연금 상태로 지냈다.

아작스 작전은 미국이 외국 정부를 전복한 초창기 작전 중 하나였고,[22] 분명 마지막 작전은 아니었다. 곧이어 1954년에 덜레스 형제는 본격적으로 실력 발휘에 나섰다.

1931년부터 과테말라를 통치하고 있던 군부 독재자 호르헤 우비코는 미국이 소유한 유나이티드 프루트 컴퍼니에 비옥한 토지를 방대하게 넘기는 대가로 미국의 지원을 받았다. 그 땅의 대부분은 마야 원주민 농민들에게서 탈취한 땅이었다. 우비코의 잔혹한 통치를 오랫동안 견디다 못한 민중이 혁명을 일으켜 그를 몰아냈고, 처음으로 과테말라에서 민주적인 선거가 치러질 수 있게 되었다. 이 선거로 1945년에 집권한 철학 교수 출신 후안 호세 아레발로는 전임자와 정반대였다. 우비코가 지배층의 이해관계에 따라 과테말라를 통치한 반면 아레발로는 가난한 사람들을 정책의 더 높은 우선순위로 삼았다. 그는 최저 임금법을 포함해 가난한 사람들을 위한 정책을 도입했다. 우비코 정권하에서 자행되었던 토지 강탈로 대대적인 궁핍화가 벌어진 것을 되돌리기 위해서였다. 그의 임기 6년 동안 과테말라는 전례 없는 정치적 자유와 안정을 구가했고, 임기가 끝난 그는 선거로 다음 주자에게 정권을 넘기기 위해 물러났다. 그리고 그의 행정부 장관이었던 하코보 아르벤스가 당선되었다.

스위스계 인물로 '빅 블론드Big Blonde'라는 별명을 가지고 있었던 아르벤스는 아레발로의 진보적인 정책을 이어갔다. 그는 '농업개혁법'으로 토지 개혁을 실시했다. 당시에 과테말라에서는 3%도 안 되는 사람들이 토지의 70%를 소유하고 있었다. 아르벤스의 토지 개혁은 사용되지 않고 있던 많은 민간 소유 토지를 국유화해 토지가 없는 농민에게 분배한다는 계획이었다. 토지가 없는 농민들 대부분은 우비코 시절에 생긴 빚 때문에 노예화된 피해자들이었고, 농업개혁법은 이들이 농사를 지어 안정적으로 기아를 면할 수 있게 하려는 목적을 가지고 있었다. 그런데 우연히도 45만 에이커의 땅이 유나이티드 프루트 컴퍼니 소유였다. 몰수 토지에 대해서는 완전한 보상을 하겠다고 했는데도 회사는 협조를 거부했다.[23] 협조는커녕 미국 정부에 아르벤스를 축출해달라고 로비를 하고 냉전 레토릭을 이용해 아르벤스 축출에 대한 미국 대중의 지지를 불러일으켰다. 아르벤스를 러시아의 꼭두각시로, 과테말라를 소련의 위성 국가로 보이게 한 것이다. [형과 함께 회사를 대리하는 변호사로 일하며] 유나이티드 프루트에서 38년간 보수를 받았던 앨런 덜레스의 지휘하에 CIA가 기꺼이 이 일에 나섰다. 코드명 'PBSUCCESS'라고 불린 이 작전에서, 이들은 과테말라의 수도를 폭격하고 아르벤스를 몰아낸 뒤 카를로스 카스티요 아르마스를 군부 독재자로 세웠다. 과테말라에서 10년간의 희망적이던 민주주의 시기는 이렇게 끝났다. 새 정부는 빠르게 외국인 투자 규제를 완화했고 아르벤스 시절의 정책을 되돌렸으며, 그에 비판하는 사람들 수천 명을 감옥에 보냈다.[24] 과테말라는 1996년까지 미국의 지원을 받은 일련의 군부 독재자들이 통치했다. 이 시기 내내 정권은 마야 원주민에게서 토지를 빼앗았고, 과테말라는 서반구에서 가장 빈곤율이 높은 나라 중 하나가 되었다. 정부를 반대하는 목소리가 커지면 가혹하게 진압했다. 20만 명가량의 마야인이 토지 강탈에 저항하다가 살해되었다.[25]

과테말라 침공은 프랭클린 루스벨트 시절의 라틴아메리카 불개입주의였던 '선린 외교 정책'이 겨우 20년간의 평화 이후에 종말을 고했음을 의미했다. 과테말라 침공으로 아이젠하워는 먼로 독트린을 사실상 부활시켰고 미국이 라틴아메리카에 폭력적으로 개입해 권력을 투사하던 오랜 버릇도 되살렸다.

브라질에서도 미국이 지원한 쿠데타가 일어났다. 1961년에 대통령이 된 전직 축구 선수이자 국민 영웅이었던 주앙 굴라르는 그의 대표 업적이라 할 수 있는 '기본 개혁'을 시작했다. 문맹자에게도 투표권을 확대하고 가난한 사람들에게 성인 교육을 제공했으며 다국적 기업이 국외로 가지고 나가려고 하는 모든 수익에 과세했고 생산적으로 쓰이지 않는 토지를 600헥타르 이상 소유하고 있는 경우 회수해 재분배했다. 이러한 개혁은 가난한 사람들에게 득이 되었지만 브라질 지배층은 달가워하지 않았다. 미국의 다국적 기업도 달가워하지 않았다. 1962년에 브라질 정부는 사업이 난항을 겪던 미국 전화 서비스업체 ITT 코퍼레이션을 국유화했다. 그런데 이 회사의 CEO 헤럴드 제닌은 CIA의 국장과 친한 사이였다. 제닌은 브라질의 정책에 대해 불만을 제기했는데, ITT의 브라질 지사가 걱정이어서라기보다는 라틴아메리카의 다른 국가들에서도 민주적으로 선출된 지도자들이 굴라르의 정책을 따라 할 경우 ITT의 이익이 크게 훼손될지 모른다고 우려해서였다. 케네디 대통령은 개입에 반대했지만, 린든 존슨이 대통령으로 당선되고 얼마 뒤 CIA는 영국의 협조를 받아 행동에 나섰다. 1964년에 '브라더 샘Brother Sam' 작전에서 미국은 굴라르를 축출하기 위한 군사 쿠데타를 지원했고, 이렇게 해서 권력을 잡은 독재자가 21년 동안 브라질을 통치했다.[26] 새 정권은 노골적으로 서구 기업 친화적이었고 외국인 투자에 대한 규제를 대폭 완화했다. 시장 자유화가 빠르게 이뤄지면서 굴라르가 빈곤 타파 전선에서 달성했던 성과가 예전으로 되돌아갔고 미국과 유럽 기업들의 이윤 수준도 옛날로 돌아갔다. 사람들의 불만이 높아지자 독재자는 민주적 자유를 억압하고 정치적 반대자들을 공개적으로 고문하고 암살했다.[27]

　서구가 은밀하게 라틴아메리카에 개입한 사례는 한참 더 이야기할 수도 있다. 1953년에 영국은 가이아나에서 세계 최초로 민주적으로 선출된 마르크스주의자 대통령을 축출했다. 1961년에는 미국이 쿠바의 혁명 정부 전복을 시도했다. 이것이 그 유명한 '피그만 침공Bay of Pigs Invasion'인데, 성공하지는 못했다. 1965년에는 도미니카 공화국에서 군부 독재에 맞서 민중 반란이 일어나자 미국의 존슨 대통령이 이를 진압하기 위해 도미니카 공화국 침공을 명령했다. 엘살바도르에서도 미국은 폭압적인 군사 정부에 1980년대까지도 무기 등 여러 지원을 계속했고, 민중 혁명을 억누르기 위한 '죽음의 부대' 활동과 민간인에 대한 고문 및 대규모 강제 이주를 암묵적으로 승인했다. 니카라과에서도 민주적으로 선출된 다니엘 오르테가 정부를 전복시키기 위해 친미 우익 민병대('콘트라'라고 불린다)에 1980년대 내내 불법적인 재정 지원과 군사 지원을 했다. 오르테가가 발전주의와 사회민주주의에 헌신하는 사람으로 잘 알려져 있었기 때문이다. 또한 미국은 볼리비아, 에콰도르, 아이티, 파라과이, 온두라스, 베네수엘라, 파나마에서도 우익 독재자를 이런저런 시기에 각각 지원했다. 이러한 작전의 기술적, 전술적 지원은 상당 부분 '아메리카 스쿨School of the Americas'에서 이루어졌는데, 조지아주의 미군 기지에 위치한 이곳은 오랫동안 암살자와 독재자를 훈련시키는 역할을 했고 여기에서 훈련받은 사람들은 미국의 이해관계를 위해 라틴아메리카 전역으로 파견되었다.[28] 이곳은 오늘날에도 '안보 협력을 위한 서반구 연구소WHINSEC'라는 이름으로 운영되고 있다.

*

미국이 발전주의를 짓밟으려 한 곳은 라틴아메리카만이 아니었다. 브라질에서 미국의 지원으로 쿠데타가 일어난 이듬해에 이와 비슷한, 아니 더 파괴적인 일이 인도네시아에서 벌어졌다. 초등학교 교사의 아들로 태어나 네덜란드 식민 통치기에 독립 운동을 이끌었던 지도자 수카르노가 독립 후에 대통령이 되어 표준적인 발전주의 정책들을 펼쳤다. 인도네시아 경제를 값싼 외국 수입품으로부터 보호했고 가난한 사람들에게 부를 재분배했으며 국제통화기금과 세계은행을 몰아냈다. 서구 열강은 수카르노의 정책에도, 그리고 그가 비동맹운동 조직화에 앞장서는 데도 분노했다. 그러던 중 수카르노가 석유, 고무 등에서 미국과 유럽인이 통제하던 자산을 국유화하기 시작하자, 서구 열강은 이를 개입의 빌미로 삼았다.

군부의 권력을 약화시키려는 수카르노의 정책에 분노해 있던 수하르토 장군은 CIA가 쿠데타를 지원할 의사를 분명히 하자 자신이 쿠데타를 일으키겠다고 제안했다.[29] 1965년에 수하르토 장군은 미국에서 정보와 무기를 지원받아 50만~100만 명에 육박하는 수카르노 대통령 지지자를 살해했다. 20세기 최악의 대량 학살이라 할 만했다. 1967년이면 수카르노 대통령의 기반은 사라졌거나 위협에 눌려 항복했고 수하르토 장군이 국가를 장악했다. 그의 군부 통치는 1998년까지 계속되었고 서구 기업들의 이해관계에 활짝 문을 열었다.《타임》이 1960년대에 인도네시아에서 벌어진 정치적 변화를 두고 "서구 입장에서는 지난 몇 년 사이 아시아에서 들려온 가장 좋은 소식"이라고 표현한 것은 유명하다. 수하르토 정권은 포드 재단의 지원으로 캘리포니아 대학 버클리 캠퍼스에서 유학한 인도네시아 경제학자들에게 경제 정책 수립을 맡겼다. '버클리 마피아'라고 불리는 이들은 수하르토와 긴밀히 협력하면서 시장을 자유화하고 발전주의의 잔재를 마지막까지 남김없이 제거했다.

아프리카에서는 가나가 서구 열강의 요주의 국가였다. 1957년에 가나는 아프리카 최초의 독립국 중 하나가 되었고 해방 운동 지도자 콰메 은크루마가 초대 대통령으로 선출되었다. 아프리카의 선도적인 발전주의 사상가이던 은크루마는 가나의 제조업 발달을 촉진했고 유럽산 수입품 의존도를 상당히 줄였다. 또한 광산을 국유화했고 외국 기업을 규제했으며 무상 의료와 무상 교육을 실시했고 농촌 인프라 건설에 사람들을 고용했다. 은크루마는 여타 아프리카 지역의 해방을 위해서도 목소리를 냈다. 그는 아프리카가 경제적, 정치적으로 협력해야 한다고 주장하며 범아프리카 비전을 구상했다. 또한 식민주의 시기에 식민주의자들이 그들의 이익을 위해 강요하고 조장한 모든 인위적인 분열을 철폐해야 한다고 주장했다. 그의 비전은 아프리카로만 한정되지 않았다. 인도네시아의 수카르노 대통령처럼 은크루마도 비동맹운동의 창립 멤버였다. 그는 1950년대와 1960년대 초에 글로벌 남부 각지에서 서구의 지원을 등에 업은 쿠데타가 벌어지는 것을 보면서 서구가 글로벌 남부에 지속적으로 개입하는 것에 대해 맹렬한 비판자가 되었다. 그가 1965년에 펴낸 《신식민주의: 제국주의의 마지막 단계Neo-Colonialism: The Last Stage of Imperialism》는 이러한 비판을 유려하고 힘 있게 담고 있는 명저로, 글로벌 남부 사람들이 느끼고 있던 좌절에 강력한 목소리를 실어주었다.

이 모든 것이 은크루마를 즉각적인 공격 대상이 되게 만들었다. 이르게는 1961년부터 영국과 미국은 그의 제거를 기획하기 시작했다. 그리고 1966년에 실행되었다. 은크루마가 국빈 방문으로 해외에 갔을 때 CIA가 지원한 쿠데타가 일어나 그의 정부를 무너뜨리고 군부 독재 정권을 세웠다. 독재자는 국제통화기금과 세계은행을 불러와 경제를 관리하게 했고 국가 자산을 민영화했으며 외국 기업에 대한 장벽을 없앴고 가나를 예전처럼 천연자원 수출국 역할로만 한정시켰다. 은크루마는 남은 생을 기니의 코나크리에서 망명자로 살았고 다시는 고향으로 돌아가지 못했다.

아프리카의 다른 많은 국가들도 발전주의 실험을 했고, 사하라 이북 국가들에서 특히 두드러졌다. 하지만 서구의 개입이 너무나 빨라서 전혀 기회를 갖지 못한 곳도 많았다. 콩고에서 1960년에 독립 후 첫 지도자로 선출된 젊은 범아프리카주의자 파트리스 루뭄바는 2개월밖에 자리를 지키지 못하고 벨기에와 미국이 기획한 폭력적인 쿠데타로 살해되었다. 아이젠하워 대통령이 직접 지시한 일이었다. 미국은 루뭄바가 콩고의 광대한 광물 자원, 특히 핵 프로그램에 필요한 우라늄과 제트 엔진에 필요한 코발트 등에 대한 미국의 통제력을 훼손할지 모른다고 우려했다. 루뭄바는 살해당했고 시신은 토막 나 통에서 불태워졌다. 그의 자리에 서구 정부들은 장교 출신의 모부투 세세 세코를 앉혔다. 세코는 세계에서 가장 악명 높은 독재자로, 미국, 프랑스, 벨기에의 지원을 받아 거의 40년이나 콩고를 통치했다.[30] 그는 서구의 지원 대부분을 해외에 있는 자신의 금고로 빼돌렸다. 모부투의 긴 통치 시기 동안 콩고(자이르로 이름이 바뀌었다)의 1인당 소득은 연 2.2%씩 감소했다.[31] 이는 실로 어마어마한 붕괴여서, 콩고의 빈곤은 벨기에의 식민지이던 시절보다도 심해졌다.

우간다에서는 독립 운동 지도자 밀턴 오보테가 1962년에 첫 총리로 당선되었다. 성품이 좋은 사람이라고 보기는 어려웠고, 권좌에 있는 동안 점점 더 편집증적, 폭력적, 권위주의적이 되었다. 하지만 결정적인 발전주의 정책들을 추진했다. 1969년에 의회는 '민중 헌장Common Man's Charter'을 승인했는데, 이 헌장은 다음과 같이 선포하고 있다.

"이제 우리는 우리의 공화국 우간다에서 온전한 안보, 정의, 평등, 자유, 그리고 우리 나라의 모든 아들과 딸을 위한 복지의 여건을 창출하는 데 헌신할 것이다. 우리는 소수를 위해 물질과 인간 자원이 착취되는 것을 거부하며, 빈곤, 무지, 질병, 식민주의, 신식민주의, 아파르트헤이트에 맞서 굴하지 않고 싸울 것을 결의한다. 우리는 반드시 민주주의 원칙을 따라야 한다. 정치권력은 소수가 아니라 국민 다수에게 속해야 한다."[32] 우간다를 식민 지배했던 영국은 이와 같은 좌파로의 이동이 달갑지 않았고, 오보테 정부가 유명한 영국 은행들을 포함해 주요 민간 기업들을 부분적으로 국유화하자 더욱 달갑지 않았다. 1971년에 영국은 이스라엘의 협조를 받아 우간다에 개입해 오보테 정부를 무너뜨리고 자기 입맛에 맞는 이디 아민이 집권할 길을 열었다. 영국 식민지 군대의 장교 출신인 아민은 헌법을 중지하고 계엄을 선포했으며 아시아인을 강제 추방했다. 또한 국제사면위원회에 따르면 이러한 조치에 저항하는 사람들 50만 명을 살해했다.

포르투갈은 글로벌 남부의 다른 지역들이 독립한 지 한참 뒤인 1975년까지도 아프리카에서 식민지를 유지했다. 그들은 기니비사우와 카보베르데의 독립 운동 지도자 아밀카르 카브랄 암살을 지원해 아프리카에서 가장 저명한 지식인 중 한 명을 제거했다. 앙골라에서는 저명한 시인이자 헌신적인 사회 개혁가이며 독립 운동 지도자이던 아고스티뉴 네투와 오래 싸움을 벌였다. 네투는 포르투갈의 식민 지배에 맞서 싸우기 위해 미국에 지원을 요청했지만 거절당했다. 미국은 식민 지배가 유지되는 상태에서 앙골라의 석유에 대한 접근권을 계속 확보하는 데 더 관심이 있었기 때문이다. 앙골라가 마침내 독립하고 네투가 대통령이 되었을 때, 미국은 네투가 발전주의 정책을 추진해 유정을 국유화할까 봐 우려했고 잔혹한 반정부 세력 조나스 사빔비에게 막대한 지원을 제공했다. 이는 내전으로 이어졌고 2002년까지 지속된 내전으로 앙골라는 폐허가 되었다.

남아프리카공화국도 빼놓을 수 없다. 미국과 영국 모두 1980년대까지 아파르트헤이트 체제를 적극적으로 지원했다. 넬슨 만델라와 아프리카민족회의가 정권을 잡으면 미국과 영국 기업들이 장악하고 있는 방대한 금, 다이아몬드, 백금 광산이 국유화될지 모른다고 우려했기 때문이다.

하지만 식민지 시기 이후에 아프리카에 공격적으로 개입한 서구 열강 중 하나를 꼽으라면 뭐니 뭐니 해도 프랑스다. 1960년에 프랑스령이던 아프리카 지역들이 공식적으로 독립하자 프랑스는 민족주의 운동이 일어나면 이 지역의 자원에 대한 접근성을 잃게 될지 모른다고 우려했다. 당시 프랑스 내무장관 프랑수아 미테랑은 "아프리카가 없으면 21세기의 역사에 프랑스는 없을 것"이라고 드물게 솔직한 언급을 하기도 했다. 그런 일을 막기 위해 샤를 드골 대통령과 그 이후의 프랑스 대통령들은 아프리카의 신생 독립국들에 꼭두각시 지도자들(이들은 프랑스에서 '검은 총독'이라는 조롱조의 표현으로 불렸다)을 세우기 위해 은밀히 개입했다. '프랑사프리크Françafrique'라고 알려진 이 정책은 아프리카 사안에 대한 최고 자문이던 자크 포카르가 이끈 비밀 그룹에서 진행했고 프랑스 국영 석유 회사 엘프아키텐(현재의 토탈)이 자금을 댔다. 프랑스는 카메룬의 첫 선거에 개입해 상대 후보를 독살하고 아마두 아히조를 대통령으로 내세웠다. 아히조는 프랑

172

스를 등에 업고 프랑스의 이해관계를 지원하는 대가로 22년간 권좌에 있었다. 가봉에서는 레옹 음바가 프랑스가 선택한 초대 대통령이 되었다. 그가 사망하자 프랑스는 오마르 봉고를 새 독재자로 앉혔다. 봉고는 프랑스의 지원을 받으며 42년간 통치했고 그 대가로 프랑스는 가봉의 석유에 직접적으로 접근할 수 있었다. 이것은 오랫동안 프랑스 부의 주요 원천이었다. 코트디부아르에서는 펠릭스 우푸에부아니가 1960년부터 1993년까지 프랑스의 지원으로 권력을 지켰다.

나이지리아, 기니, 니제르, 콩고 공화국(브라자빌), 중앙아프리카 공화국 등 여타의 많은 아프리카 국가들도 '프랑사프리크'에 휘말렸다. 아프리카 국가 중 발전주의 프로그램을 성공적으로 도입한 몇 안 되는 나라인 부르키나파소도 마찬가지였다. 정치적 부패와 쿠데타의 이 방대한 네트워크는 1994년이 되어서야 그 규모가 전체적으로 드러났다. 프랑스 재무장관 에바 졸리가 국영 석유 회사 엘프아키텐을 조사하면서 드러난 일이었다. 《가디언》은 이를 "2차 세계 대전 이래 유럽에서 벌어진 가장 큰 사기에 대한 조사"라고 불렀다. 하지만 이러한 조사도 프랑스가 아프리카에 개입하는 것을 중단시키지는 못했다. 가장 최근에는 2009년에까지도, 봉고의 아들이 아버지 사후에 집권하게 만들어 가봉의 자원에 대한 접근권을 유지하려고 프랑스가 선거 조작을 지원했다는 의혹이 일었다.

이러한 기록을 보면 아프리카의 정치에 대해 흔히들 떠올리는 통념에 의구심을 갖게 된다. 서구인의 상상에서 아프리카의 전형적인 이미지는 부패한 독재자에 의해 고통받는 대륙이다. 여기에는 아프리카 사람들은 서구 스타일의 민주주의의 가치를 알기에는 너무 '원시적'이라는 가정이 깔려 있다. 하지만 식민주의 시기가 끝난 이래 아프리카 사람들이 민주주의를 일구기 위해 내내 노력했지만 서구에 의해 적극적으로 가로막혔다는 것이 더 정확한 진실이다. 아프리카에서 독재가 지속된 것은 대체로 서구의 개입 때문이었지 아프리카 사람들이 민주주의의 가치를 몰라서가 아니었다. 서구 열강은 진정한 독립을 이루려는 아프리카 사람들의 시도를 수없이 좌절시켰다. 이러한 사실은 서구가 민주주의와 대중 주권의 횃불이라는 일반적인 이미지에 의구심을 갖게 한다.

그러는 동안 미국에서는…

서구의 지배층이 케인스주의의 부상으로 자신들의 이익이 훼손되고 있다고 느낀 것은 해외에서만이 아니었다. 서구 안에서도 케인스주의적 정책이 확산되면서 성장률이 높아지고 빈곤이 줄었으며 사회적 후생이 증가하는 등의 성과를 내고 있었지만, 그에 적대적인 사람들이 있었다. 도금 시대Gilded Age*와 '광란의 20년대'에 너무나 크게 이득을 얻었던 지배층은 케인스주의적 정책이 도입되면서 상당한 금전적 타격을 입었다. 미국 국민소득 중 상위 1%가 가져가는 몫이 절반으로 줄어 8%가 되었다. 상위 0.1%가 가져가는 몫은 더 극적으로 줄어서, 1960년대와 1970년대에 역사적으로 낮은 수준에 도달했다.

* 남북전쟁 이후부터 1890년대까지, 미국 자본주의가 급속하게 발전한 시대.

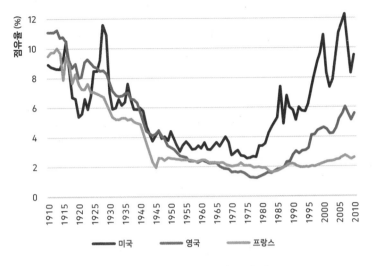

국민소득 중 상위 0.1% 부유층의 점유율

출처: Thomas Piketty's data on www.quandl.com

한 가지 이유는 상류층에게 부과된 조세가 높아졌기 때문이었다. 1940년대와 1950년대에 미국의 최고한계세율은 90%에 달했다(오늘날 흔히 정치인들은 높은 조세가 경제를 둔화시킨다고 하지만 과거 데이터를 보면 미국에서 성장률이 가장 높았던 시기는 최고한계세율이 90%인 시기였다). 또한 노동자들의 권력이 강화되어 (노조를 통해) 이윤을 더 공정하게 나누자고 협상할 수 있게 되면서 노동자들이 더 높은 임금을 받게 된 것도 국민소득 중 상류층이 가져가는 몫이 감소하는 데 일조했다. 1940년대와 1950년대에 미국의 노조 가입률은 약 35%로, 이전 어느 때보다 높았다.

세금이 오르고 노동자들의 임금이 높아져서 부가 잠식된 지배층은 절박하게 해법을 구하고 있었고[33] 프리드리히 하이에크와 밀턴 프리드먼에게서 해법을 발견했다. 미국 경제학자인 프리드먼은 동유럽계 이주민 출신 부모에게서 태어났다. 그의 부모는 뉴저지주에서 저임금 노동력을 사용하는 직물 공장을 운영했는데, 그의 아버지는 노조, 규제 등 수익을 갉아먹는 것이라면 무엇이든 맹렬하게 반대하는 사람이었다. 프리드먼도 자라면서 비슷한 견해를 갖게 되었고, 1930년대 이래로 내내 뉴딜 철폐를 공개적으로 주장했다. 특히 그는 가격 고정과 임금 고정 조치를 비판했다. 그에게 주된 영감을 준 사람은 오스트리아 출신 경제학자로 런던정경대학에 있던 하이에크였다. 1944년 저서 《노예의 길》에서 하이에크는 경제에 대한 개입은 그게 무엇이든 간에 반드시 전체주의로 귀결된다고 주장했다. 파시스트 국가 독일이나 공산주의 국가 러시아처럼 말이다. 하지만 당시에는 이런 견해에 호응하는 사람이 별로 없었다. 그 시절에는 모두가 케인스주의자였고, 대공황의 기억이 여전히 생생했던 사람들은 자유방임 자본주의의 위험한 시절로 돌아간다는 아이디어에 손사래를 쳤다. 그럼에도, 프리드먼과 하이에크는 언젠가는 세를 얻으리라 기대하면서 자신의 견해를 계속 설파했다. 1947년에는 같은 이데올로기를 공유하는 자유시장 경제학자들을 모아 몽페를랭 소사이어티를 결성했다. 이는 모임이 처음 열린 스위스의 휴양 도시 이름을 딴 것으로, 최대한 빠르고 긴급하게 대중 담론에 자유시장주의적 개념들을 밀어 넣는 것을 목적으로 삼았다.

1950년에는 하이에크와 프리드먼 둘 다 시카고 대학 경제학과에 있었으며, 시카고 대학은 곧 경제학에서 자유주의를 부흥시키는 허브가 된다. 학과장으로서 프리드먼은 자신의 사상을 운동가적 열정으로 밀어붙였다. 그는 순수한 시장이라는 비전을 전적으로 믿었고 경제가 (그가 생각하기에) 인간의 개입으로 왜곡되기 전의 '자연적인' 상태로 돌아가야 한다고 생각했다. 그는 인위적인 왜곡이 없어지면 시장이 자체의 작동 원리에 따라 부드럽고 완벽하게 기능해서 부와 재화를 가장 효율적인 방식으로 분배할 것이라고 주장했다. 프리드먼이 유토피아적 완벽성을 추구했다고도 말할 수 있을 것이다. 단순하고 논리적인 경제 모델에 따라 돌아가는 우주, 모두가 자신의 이기심에 따라 행동할 때 모두를 위한 최대의 이익이 달성되는 우주 말이다. 프리드먼이 볼 때 높은 인플레나 실업 같은 경제적 문제는 시장이 진정으로 자유롭지 않아서 생기는 문제였고 따라서 인공적인 개입은 모두 제거돼야 했다.

프리드먼의 아이디어가 그렇게 강력할 수 있었던 이유는, 자유시장이 경제의 자연법칙을 따를 뿐 아니라 자유와 민주주의의 가치에도 부합한다고 주장했기 때문이었다. 그는 대중의 상상 속에서 시장의 자유와 개인의 자유를 강하게 연동시키고자 했다. 그에 따르면, 우리 모두 시장에서 우리의 욕망을 자유롭게 풀어놓아야 했고 이것이 바로 민주적 참여의 본질이었다. 이 견해는 그의 1962년 저서 《자본주의와 자유》의 기초가 되었다. 프리드먼 버전의 자유는 케인스주의적 개념에서의 자유와 충돌했다. 후자의 의미에서 보면 진정한 자유는 결핍으로부터의 자유였고 이를 달성하려면 지배층의 축적을 제한해야 했다. 하지만 프리드먼과 하이에크가 보기에 이런 제한은 [자유롭게 풀려 있을 때 더욱] 아름다웠을 시스템을 훼손하고 자유의 가능성을 침식하는 악이나 다름없었다. 이 이론은 너무나 우아하고 유려해서 호소력이 있었다.

프리드먼과 그의 추종자들에게는 미국의 케인스주의만이 아니라 유럽의 사회민주주의와 글로벌 남부의 발전주의도 적이었다. 프리드먼은 이 모두가 자본주의의 오염된 형태라고 보았고 정화되어야 한다고 생각했다. 가격 통제는 기본적인 재화의 가격을 더 많은 사람들이 구매할 수 있는 수준으로 낮추었다. 최저 임금제는 노동자를 착취로부터 보호했다. 교육과 의료 같은 공공 서비스는 모든 이의 접근을 보장하기 위해 시장에서 완전히 벗어나 있었다. 이러한 정책들은 사람들의 삶을 향상시키고 있었다.[34] 하지만 프리드먼은 이러한 정책이 시장 균형을 교란해 숨겨진 피해를 일으키고 있다고 주장했다. 그에 따르면, 가격 통제, 보조금, 최저 임금제는 철폐되어야 했다. 교육, 의료, 연금, 국립공원 등 모든 정부 서비스와 공기업은 이윤 논리에 따라 운영되도록 민간에 매각되어야 했다. 노동 시장을 교란하지 않기 위해 정부는 사회적 지출을 줄여야 했다. 세율은 누진적이면 안 되었다. 기업은 자신들의 제품을 세계 어디에서든 팔 수 있어야 했다. 프리드먼은 이런 정책들이 적용되면 전례 없는 성장과 번영이 올 것이라고 주장했다.

이와 같은 경제 이데올로기는 곧 '신자유주의'라고 불리게 된다. '신新'이 붙은 이유는 대공황 이후 사라졌던 고전 시장 자유주의를 되살렸다는 의미에서였지만, 정말로 새로운 요소들도 있었다. 우선 시장 자유의 개념이 개인의 자유와 같은 의미로 등치되었다. 이것은 전에 없었던 새로운 면이었고 신자유주의 이데올로기의 독특한 특징이었으며 서구에서 신자유주의 이데올로기가 정치적으로 성공을 거두는 데 핵심적인 역할을 했다. 또한 신자유주의는 정치적 의제를 추구할 때 중립성을 표방하지 않았다. 신자유주의는 보조금, 노동자 보호, 노조를 지원하는 규제에는 명시적으로 반대했고, 그와 동시에 부유한 사람들을 위한 보조금과 보호, 그리고 거대 기업을 지원하는 규제는 전혀 문제 삼지 않았다.

1970년대에 신자유주의 개념들은 기업 세계와 상류층에서 지지를 얻었다. 이들은 프리드먼을 비롯해 '시카고학파'의 형태로 나타난 나팔수 학자들의 등장에 환호했다. 자신들의 경제 어젠다에 정당성의 휘광을 둘러주었기 때문이다. 오래지 않아 시카고학파에 기업의 후원이 쇄도했다.[35] 유일한 문제는, 일반 시민들이 이 이데올로기를 지지하게 만들 방법이 없다는 점이었다. 케인스주의가 평범한 사람들에게 큰 이득을 주었기 때문이다. 미국이나 유럽에서는 신자유주의로의 근본적인 변화를 일으키는 데 필요한 정치적 자본을 획득하는 것이 여의치 않았다.

하지만 그 사이에 이 이론을 해외에서 먼저 실험해보는 것은 가능했다.

"칠레가 비명을 지르게 하라"

1950년대와 1960년대에 미국은 칠레를 특히 우려했다. 칠레는 유엔의 '중남미 및 카리브해 연안 경제위원회'와 라울 프레비시 같은 학자들이 활동하는 곳으로, 라틴아메리카 발전주의 사상의 중심지였다. 미국은 발전주의 사상이 칠레를 넘어 중남미 대륙의 다른 지역에까지 퍼질 것을 걱정했다.

그러한 경향을 막기 위해 미국 정부는 1956년에 칠레 프로젝트 Project Chile를 시작했다. 목적은 칠레 경제학자들(약 100명)을 신자유주의 사상으로 훈련시켜 발전주의에 맞서게 하는 것이었다. 10년 뒤이 프로그램은 라틴아메리카 전체로 확대되었고 시카고 대학에는 '중남미 및 카리브해 연안 경제 연구센터'가 설립되었다. 이것은 이데올로기 전쟁이었다. 사회 안전망, 무역 장벽, 유치산업 보호, 가격 통제, 공공 서비스 등 당시에 진보적인 라틴아메리카 경제학자들이 촉진하고 있던 정책들을 일축할 새로운 경제학자들을 훈련시키려는 것이었기 때문이다. 1990년대에 칠레의 장관이던 후안 가브리엘 발데스는 이 작전을 "미국이 그들의 직접적인 영향권에 있는 나라들에 이데올로기를 체계적으로 이식하기 위해 진행한 놀라운 사례"라고 묘사했다.[36] 흥미롭게도 이 프로젝트는 예전에 트루먼이 시작한 '포인트 포'의 기치하에 고안되었고 미 국제협력국(나중에 미 국제개발처가 된다)이 수행했으며 자금은 포드 재단에서 나왔다. 말하자면, 이것은 미국이 공식적으로 진행한 첫 '국제개발' 프로그램이었다.

하지만 미 국제개발처나 포드 재단 같은 기관이 수백만 달러를 부었음에도 이 기획은 영 성공적이지 못했다. 발전주의는 계속해서 라틴아메리카에서 속도를 얻고 있었고 많은 유권자들이 더 많은 국가주의, 토지 개혁, 그리고 글로벌 남부 국가들 사이의 협업을 요구하고 있었다.

칠레보다 이것을 더 분명하게 보여주는 사례는 없을 것이다. 칠레에서 발전주의는 유권자들이 살바도르 아옌데를 선출하면서 추동력을 얻었다. 굵은 테 안경에 사려 깊고 겸손한 의사 출신인 아옌데는 진보적인 견해로 인기가 많았다. 당시 칠레는 인구 중 다수가 여전히 극빈곤 상태인 반면 소수의 지배층은 방대한 토지와 부의 대부분을 소유하고 있었다. 아옌데는 더 나은 임금, 더 나은 공립 학교와 의료와 주거, 더 정당한 임대료 등 더 공정한 사회를 약속하며 권력을 얻었다. CIA와 미국 기업들이 아옌데의 우파 쪽 경쟁자 호르헤 알레산드리에게 유리하도록 선거를 조작하려 했음을 생각하면, 아옌데의 승리는 실로 놀라운 성취였다.[37]

아옌데 정부는 약속을 이행했다. 최저 임금제를 도입했고, 빵 가격을 낮추었으며, 학교에서 무상 급식을 실시했고, 저소득층 주거를 확대했고, 노동자 계급 동네에 대중교통을 확대했다. 또한 구리 광산을 국유화했고 토지 소유에 80헥타르의 상한을 두었다(그 이상 소유하고 있었던 모든 민간 소유자에게는 완전하게 보상했다). 그리고 식민지 시대의 대장원을 없애고 토지를 소농민에게 재분배했다.

이 조치들은 효과가 있었다. 임금이 올랐고 빈곤율이 떨어졌고 취학률은 기록적인 수준에 도달했다. 하지만 미국은 이것이 마뜩하지 않았다. 아옌데의 국유화와 토지 개혁은 미국의 경제적 이익에 위협으로 보였다.[38] 미국 기업들은 칠레에 9억 6400만 달러를 투자한 상태였고 평균적으로 17.4%의 수익을 올리고 있었다. 아옌데는 투자 자산을 잃은 사람 모두에게 완전한 보상을 약속했지만, 이것으로는 미국을 달랠 수 없었다. 미국은 아옌데의 인기가 높아지면 라틴아메리카의 다른 나라들에까지 좌파적 전환이 확산될 것을 우려했다. 당시 라틴아메리카는 미국 해외 투자의 20%를 차지하고 있었고 미국 기업은 라틴아메리카에 5436개의 자회사를 두고 있었다.[39] 한마디로, 미국은 여기에 걸려 있는 것이 아주 많았고, 칠레의 이웃 국가들 중에서 아옌데 스타일의 정부가 더 생겨나는 것을 원하지 않았다.

처음에는 비군사적 압력을 써서, 즉 칠레 경제의 목을 조를 수 있는 모든 수단을 동원해서 아옌데가 국가주의적 프로그램을 철회하게 만들려고 했다. 미국의 리처드 닉슨 대통령이 CIA 국장 리처드 헬름스에게 "경제가 비명을 지르게 하라"고 지시한 것은 유명하다.[40] 미국은 칠레로 가는 정부 대출을 막았고 민간 은행들도 칠레에 대출을 중단하도록 독려했다. 또한 칠레산 구리에 대해 6개월간 수입 중지를 선언해 칠레의 외환 보유고를 고갈시켰다. CIA는 미국의 다국적 기업 ITT가 소유한 신문인《엘 메르쿠리오》를 활용해 반反아옌데 프로파간다도 퍼트렸다. 하지만 이 모든 노력도 소용이 없었다. 1973년에도 아옌데는 여전히 권력을 잡고 있었고, 오히려 이전 3년 사이에 아옌데의 정당은 지지율이 더 높아져 있었다. 미국은 더 공격적인 방식으로 전환하는 것 외에 방법이 없다고 판단했다. 과테말라와 인도네시아에서 사용했던 전술, 즉 오랜 옛 친구인 쿠데타를 사용하기로 한 것이다. 1972년 9월 11일에 아우구스토 피노체트 장군이 CIA가 주도한 '퓨벨트 작전Operation FUBELT'의 지원을 받아 쿠데타를 일으켰다.

CIA가 주문한 영국제 폭격기가 산티아고의 상공을 낮게 날더니 대통령궁에 미사일과 포를 퍼부었다. 지붕과 벽이 날아가고 기둥에서 먼지와 연기가 피어올랐다. 살바도르 아옌데와 칠레 국민들의 희망은 이렇게 끝났다. 숨지기 몇 분 전에 아옌데는 전국에 방송된 마지막 연설을 했다. "제 이야기에 억울함은 없겠지만 실망스러움은 있을 것입니다." 그의 연설은 이렇게 시작했다. "저는 제 생명으로 국민에게 충성을 바칠 것입니다. 저는 수많은 칠레인들이 선한 양심으로 심은 씨앗이 영원히 마르지 않을 것이라고 확신합니다. 이 나라의 노동자 여러분. 정의를 향한 커다란 열망에 대해 통역자에 불과했던 한 사람에게 보여주신 신뢰에 깊이 감사드립니다. 저는 칠레와 칠레의 운명을 믿습니다. 배신자가 승리하는 쓰디쓴 순간에도 또 다른 사람들이 이 어둠과 고통의 순간을 극복해낼 것입니다."

그가 쏟은 모든 노력의 결과, 아옌데는 머리에 크게 손상을 입은 채 집무실의 붉은 소파에 쓰러져 사망하는 것으로 생을 마감했다. 그의 안경은 부서진 채로 바닥에 떨어져 있었다. 리처드 닉슨은 5000마일[약 8000킬로미터] 떨어진 곳의 비슷하게 생긴 집무실에서 승인의 의미를 담아 고개를 끄덕였다.

피노체트의 권력 장악은 신속하고 잔혹하게 이루어졌다. 기밀 해제된 CIA 문서에 따르면 대통령궁 폭발이 있고서 피노체트는 아옌데의 사상을 지지하던 8만–10만 명을 체포해 수감했다. 대부분은 소농민이거나 노동자였다. 3200명이 실종되거나 처형되었다. 정권 초기에 많은 이들이 죽음의 수용소로 바뀐 스포츠 경기장에서 처형되었고 20만 명이 국외로 도피해 정치적 망명자가 되었다.[41]

칠레에서의 쿠데타는 그보다 이른 시기에 미국의 지원으로 자행된 쿠데타들과 스타일이 비슷했지만 매우 중요한 새로운 요소가 있었다. 단순히 미국 기업에 친화적인 지도자를 심는 것이 아니라 경제 정책을 자유시장 원칙에 따라 완전히 개조하려 한 것이다. 이러한 경제 개조는 모든 반대 세력이 분쇄되었기 때문에 가능했고, 오로지 그랬기 때문에 가능했다. 1975년에 미국 상원의 한 위원회가 실시한 조사에 따르면 "CIA의 협력자들이 초창기에 전반적인 경제 계획에 관여했고 이것이 칠레 독재자[피노체트]의 핵심적인 경제적 의사결정에 기초가 되었다." CIA가 자금을 댄 칠레 경제학자 집단(시카고 대학에서 학위를 받아서 '시카고 보이즈Chicago Boys'라고 불린다)[42]은 《자본주의와 자유》에서 프리드먼이 개진한 처방을 실행하기 위해 피노체트 정권에 경제 자문을 제공했다. 프리드먼 본인도 피노체트 정권의 핵심 자문이었다.

프리드먼이 칠레에서 한 실험은 파괴적인 결과를 낳았다. 쿠데타 직후부터 하이퍼인플레이션이 시작되어 높게는 인플레율이 341%에 달했다. 시카고 보이즈가 인플레를 꺾기 위해 통화 공급을 줄이자 불황이 왔고 실업률이 9% 가까이로 올라갔다(아옌데 시절에는 3%였다).[43] 이후 몇 년 동안 칠레에서 거의 500개의 국영 기업이 민영화 대상에 올랐다. 여기에는 은행도 있었고, 공립 학교도 있었으며, 심지어는 사회보장 시스템도 민영화되었다. 또 시카고 보이즈가 관세 장벽을 없애면서, 쿠데타를 지원했던 제조업계마저 값싼 수입품이 낮은 가격으로 치고 들어온다고 불만을 토로했다. 보조금과 가격 통제가 없어지자 생활비가 급등했고 사회 서비스 지출은 반으로 줄었다. 그러는 동안, 군에 들어가는 지출은 증가했다. 《이코노미스트》마저 이것을 "자해의 잔치"라고 불렀을 정도다.[44]

1978년 이후에 경제가 약간 회복되긴 했지만 이는 해외에서 투기적 금융 자본이 들어와서 떠받친 회복이었고 1982년이 되자 경제는 또다시 심각하게 붕괴했다. 하이퍼인플레가 다시 시작되었고 실업률은 35%에 달했다. 점차 상황은 피노체트가 시카고 보이즈 상당수를 해고하고,[45] 민영화되었던 기업과 은행 다수를 다시 국유화하지 않을 수 없을 정도로 나빠졌다. 경제가 완전한 붕괴로 치닫지 않게 해준 유일한 버팀목은 민영화되지 않은 국영 구리 광산 기업 코델코가 국가 수입의 85%를 대어준 것이었다. 1988년에 경제가 회복되고서야 프리드먼과 시카고 보이즈는 실험의 성공을 선포할 수 있겠다고 느낄 수 있었다. 그런데 누구를 위한 성공이었는가? 빈곤율은 41%였다.[46] 평균 임금은 14% 낮아졌다. 최저 임금의 실질 가치는 42%나 낮아졌다. 기아가 만연했고 가장 가난한 40%의 식품 섭취는 하루 2000칼로리에서 1600칼로리로 떨어졌다. 심지어는 1993년까지도 1인당 GDP가 쿠데타 이전 수준보다 12%나 낮았다.[47] 피노체트 시절의 새 경제 체제에서 이득을 본 사람은 지배층뿐이었다. 은행과 외국인 투자자 들은 규제로부터 '해방'되어 호시절을 맞았다. 가장 부유한 10%가 국민소득 중에서 차지하는 비중은 28%나 증가했다. 칠레는 세상에서 가장 불평등한 사회 중 하나가 되었다.

*

　새로운 경제 전략의 피해자는 칠레 사람들만이 아니었다. 동일한 경제 전략이 라틴아메리카의 다른 곳에도 적용되었고 역시 미국의 지원을 받았다. 시카고 보이즈는 1970년대 브라질 정부의 주요 자문이었고 칠레에서와 비슷한 경제 개혁을 지휘했다. 우루과이에서는 미국의 지원을 받은 군부 독재자가 1973년에 권력을 잡았고 시카고학파의 원칙을 적용했다. 아르헨티나에서도 미국의 지원을 받은 독재자가 1976년에 권력을 잡았고 마찬가지로 시카고학파의 원칙을 적용해 파업을 저지하고 가격 통제를 없애고 국영 기업을 민영화했으며, 저항은 고문으로 억눌렀다. 실질 임금은 40% 급감했고 인구의 절반 이상이 빈곤선 아래로 떨어졌다.[48] 한때는 글로벌 남부에서 평등한 발전을 이룰 수 있음을 보여주는 횃불이었던 나라들이 근본적으로 달라졌다. 시카고 대학에서 라틴아메리카 프로그램을 담당하던 경제학자 아놀드 하버거가 그 정권들 모두에서 경제 자문을 맡았고 볼리비아의 군부 독재에도 자문을 했다.[49]

이 지저분한 이야기의 핵심은, 신자유주의 경제 정책이 사람들의 삶에 너무나 명백히 파괴적이어서 민주적인 정부에서는 도입되기가 매우 어려웠다는 점이다. 많은 경우에 그것을 도입하는 유일한 방법은 군부 독재와 국가 권력의 공포 통치로 저항을 분쇄하는 것이었다. 공격적으로 경제를 탈규제하기 위해서는 먼저 공격적으로 정치를 규제해야 했다. 완전한 시장 자유는 완전한 정치적 부자유를 필요로 했다. 대규모 수감과 수용소가 필요할 정도로까지 말이다.

신자유주의, 집으로 돌아오다

칠레는 시카고가 이끈 반혁명의 첫 승리였다. 하지만 미국과 유럽에 신자유주의 정책을 강제하는 것은 여전히 가능하지 않았다. 케인

186

스주의 시스템이 훨씬 더 인기가 있었고 칠레 등 민주주의가 멈춘 라틴아메리카 국가들에서와 달리 미국과 유럽에서는 케인스주의 정책을 되돌리려는 시도가 유권자들에 의해 즉각 거부될 것이 틀림없었다. 하지만 1970년대에 이러한 합의에 균열이 생기기 시작했다. 미국과 유럽은 케인스주의 정책에 힘입어 1950년대와 1960년대에 높은 성장률을 달성했지만, 1970년대 초에 스태그플레이션 위기에 직면했다. 스태그플레이션은 높은 인플레와 경기 침체가 결합된 것을 말한다. 인플레는 1965년 3%였던 데서 10년 뒤에는 12%가 되었다. 표준적인 케인스주의 이론에 따르면 인플레가 고조되면 실업은 떨어져야 하는데,[50] 이번에는 무언가 이상한 일이 벌어지고 있었다. 실업이 인플레와 나란히 증가하고 있었던 것이다. 이는 케인스주의의 신뢰성에 심각한 타격을 입혔고, 케인스주의의 비판자들은 장막 뒤에서 구성하고 실험해온 대안을 펼칠 황금 같은 기회를 맞이했다.

무엇이 스태그플레이션 위기를 촉발했는가? 대부분의 학자들은 닉슨 행정부 시절에 있었던 몇 가지 주요 사건을 꼽는다. 하나는 닉슨이 팽창적인 통화 정책을 사용한 것이다. 즉 돈을 찍어냈다.[51] 여기에 베트남 전쟁으로 정부 지출이 통제 수준을 넘어서 증가했다. 미국이 급증한 정부 부채를 잘 해결하지 못할 것이라는 우려가 국제 자금시장에 생겨나면서 달러 가치가 급락하기 시작했고 이는 인플레를 한층 더 촉진했다. 이 모든 문제가 펼쳐지는 동안, 또 하나의 위기가 닥쳤다. 1973년에 석유수출국기구OPEC가 유가를 올리기로 한 것이다. 산업 생산 및 운송에 필요한 에너지 가격이 오르면서 소비재 가격이 급등했고, 생산 비용이 오르면서 경제 성장이 둔화되고 실업률이 오르기 시작했다. 퍼펙트 스톰이었다.

스태그플레이션 위기는 특정한 역사적 사건들의 결과였다. 하지만 신자유주의자들은 그러한 설명을 받아들이지 않았다. 그들은 스태그플레이션이 케인스주의의 산물이라고 주장했다. 부자들에게 과도한 세금 부담을 지우고 경제에 너무 많은 규제를 가했으며 노조가 너무 강력해졌고 노동자들의 임금이 너무 높아져서 생긴 문제라는 것이었다. 그들은 정부 개입이 시장을 비효율적으로 만들고 가격을 왜곡해 경제 행위자들이 합리적으로 행동하지 못하게 하면서 전체 시장 시스템이 뒤흔들렸고 불가피하게 스태그플레이션으로 이어졌다고 주장했다. 그들은 케인스주의가 실패했다고 선포했고 따라서 케인스주의에 기초한 시스템은 무너져야 한다고 주장했다. 그리고 그들의 주장이 승리했다. 그 주장이 옳았기 때문이 아니라 그들의 뒤를 받쳐준 화력이 더 강했기 때문이었다. 하이에크와 프리드먼이 1974년과 1976년에 이러한 사상을 개진한 공로로 노벨 경제학상을 받은 것도 대중의 인식을 돌리는 데 크게 일조했다.[52] 그 주장은 자신들의 계급적 권력을 회복할 방법을 갈구하던 부유한 사람들에게 매우 호소력이 있었고 이들 부유층은 그 주장을 지지하는 데 기꺼이 나섰다. 1970년대의 위기는 전후 몇십 년간 성립되었던 사회적 계약을 해체하는 데 완벽한 이유가 되어주었다.[53]

상류층의 정책 해법은 '볼커 쇼크Volcker Shock'의 형태로 나타났다. 미 연방준비위원회 의장 폴 볼커는 인플레를 끝내는 유일한 방법은 금리를 극단적으로 높이는 것이라고 보았다. 화폐 공급을 줄여서 화폐 가치를 끌어올린다는 것이었다. 레이건 행정부 시기 동안 볼커는 이자율을 한 자릿수에서도 낮은 수준이었던 데서 최대 20%로까지 올렸다. 이 조치는 막대한 불황을 촉발했고 기업 활동의 비용을 크게 증가시켰다. 이에 기업들이 노동자들을 해고하면서 실업률이 10%를 넘어섰다. 이는 노조의 힘이 약화되는 결과로 이어졌다. 대공황으로 이어졌던 과잉에 대해 결정적인 길항 권력 역할을 하고 있던 것이 노조였는데 말이다. 요컨대, 볼커 쇼크는 노동자 계급에게 막대한 타격을 입혔다. 볼커 쇼크로 임금이 급감했고 주택담보대출 상환 불능이 3배가 되었다. 하지만 인플레는 꺾을 수 있었다.

긴축적인 통화 정책(즉 낮은 인플레 유도)이 1980년대 초 신자유주의의 첫 번째 요소였다면 두 번째 요소는 '공급측 경제학'이었다. 레이건은 경제 성장을 촉진하는 방법으로서 이미 부자인 사람들에게 돈을 더 주고자 했다. 기저의 논리는 부자들이 이러한 횡재를 생산적인 방식으로 투자해 새로운 부를 창출하면 점차 그 이득이 사회의 나머지로도 '트리클 다운'되어 퍼지리라는 것이었다. 그는 70%이던 최고한계세율을 28%로 낮추었고 최고자본이득세율도 20%로 낮추었다. 대공황 이래 가장 낮은 것이었다. 하지만 레이건이 모두의 세금을 깎아준 것은 아니었다. 부자들에게 세금을 깎아주어서 생긴 세수 공백을 메우기 위해 노동자 계급의 급여세를 **인상했다**. 레이건 경제 계획의 세 번째 요소는 금융 분야의 규제 완화였다. 볼커가 이 정책이 너무 극단적이라며 반대하자 1987년에 레이건은 그 자리에 앨런 그린스펀을 임명했다. 그린스펀은 전후에 도입된 은행 규제를 상당히 많이 완화했다. 심지어 은행들이 대공황의 원인이 된 위험한 투기에 들어가지 못하도록 [고객의 예금을 받는] 상업 은행과 [위험한 투자를 하는] 투자 은행을 분리한 글래스-스티걸 법Glass-Steagall Act을 철폐하는 데도 일조했다.[54]

밀턴 프리드먼에게 영감을 받아서 마거릿 대처도 같은 시기에 영국에서 비슷한 정책을 추진했다. 인플레를 잡기 위해 고금리가 도입되었고 1989년에는 '인두세poll tax'[지역주민세]와 같은 역진적인 조세가 시행되었다. 그리고 금융 분야에서 공격적인 규제 완화가 벌어졌다. 대처는 특히 노조 분쇄에 초점을 맞추었다. 노조가 경제의 효율적 작동을 가로막는다고 생각했기 때문이다. 1985년에 가혹한 싸움으로 전국광산노조를 분쇄하고 노동자들의 권리를 꺾는 입법을 추진했다. 또한 공공 지출을 크게 삭감했고, 대처리즘의 간판 정책으로서 영국석유, 영국항공, 롤스로이스 등 유명한 공기업 대부분과 수도, 전기를 포함한 공공 유틸리티를 민영화했다.

이러한 정책은 미국과 영국에서 불평등을 전례 없는 수준으로 증가시켰다. 생산성은 꾸준히 증가했지만 임금은 정체되었고 점점 더 많은 이윤이 노동자에게서 자본 소유자에게로 들어갔다. 미국에서 CEO 보수는 1990년대에 연평균 400% 증가했는데[55] 노동자의 임금 증가율은 5%가 되지 않았고, 최저 임금을 받는 노동자들은 실질 기준으로 소득이 9% 넘게 **감소했다**. 국민소득 중 상위 소득자가 가져가는 몫은 놀라운 수준으로 증가했다. 미국에서 상위 1%의 소득 비중은 1980년 8%에서 오늘날 18%로 증가했다. 영국도 비슷해서, 가장 부유한 사람들의 몫이 6.5%에서 13.5%로 증가했다. 미국 인구조사국 데이터에 따르면 상위 5% 가구의 소득이 1980년대 이래 72.7% 증가하는 동안 중위 소득 가구의 소득은 정체되었고 하위 20% 가구의 소득은 7.4% **감소했다.**[56] 즉 신자유주의적 반혁명은 불평등 수준을 대공황 이래로는 본 적이 없었던 수준으로 되돌려놓았다.

트리클 다운 효과를 위한 것치고는 너무 과하지 않은가? 게다가 부유한 사람들을 더 부유하게 만드는 것은 나머지 사람들을 더 부유하게 만들지도 못했다.[57] 또한 경제 성장을 촉진하지도 못했다. 경제 성장을 촉진한다는 것이 공급측 경제학의 유일한 정당화 근거였는데도 말이다. 오히려 그 반대였다. 신자유주의 정책이 시작된 이후 부유한 OECD 국가들의 1인당 GDP 성장률은 **떨어져서,** 1960년대와 1970년대에 평균 3.5%였던 것이 1980년대와 1990년대에는 2%가 되었다.[58] 이 숫자들이 보여주듯이, 경제 발전의 도구로서 신자유주의는 실패했다. 하지만 부유한 지배층의 권력을 회복하는 도구로서는 **매우 효과적이었다.**

*

식민주의가 종식되고 나서 글로벌 남부 전역에서 도입된 발전주의 정책은 불평등과 빈곤을 줄이는 데 효과가 있었다. 이 운동은 트루먼의 내러티브와 정반대되는 비전에 의해 진행되었다. 불평등과 빈곤이 자연스러운 현상이거나 도덕적인 결함의 징후가 아니라 부정의의 문제이고 정치적 해법을 요하는 정치적 문제라는 관점이었다. 가난한 나라들은 서구의 원조를 원하지 않았다. 그들은 더 공정한 글로벌 경제 체제를 원했고, 경제 정책을 스스로 결정할 수 있는 권한을 원했으며, 자신들의 영토가 외국 세력의 자원 추출 경쟁을 위한 게임판이 되기를 거부했다.

우리는 발전주의의 유산에서 많은 교훈을 얻을 수 있다. 대규모 빈곤의 해법은 알고 보니 놀랍도록 간단했다. 가난한 사람들은 자선이 필요한 게 아니었다. 그들에게는 노동에 대한 공정한 임금, 그러한 임금을 방어할 수 있는 노조, 착취를 막을 수 있는 국가의 규제가 필요했다. 양질의 공공 서비스(보편 의료와 교육 등), 그것에 자금을 댈 수 있는 누진적인 조세가 필요했다. 토지에 접근할 수 있는 공정한 권리와 천연자원에서 나오는 부에 대한 공정한 분배가 필요했다. 다른 말로, 진정한 발전에는 권력의 재분배가 필요했다. 대부분의 경우 권력의 재분배는 자연스럽게 자원의 재분배를 촉진했다. 일반적으로 발전주의 정책은 민주적으로 선출된 정부하에서 대중의 광범위한 지지를 받아 이루어졌다. 이집트처럼 권위주의 정권으로 변질된 곳도 있긴 했지만, 모든 경우에 발전주의 정부들은 다수 인구에게 더 공정해지도록 국내 경제의 규칙을 바꾸려 했고 이를 통해 경제 시스템이 지배층과 외국 기업의 이익만이 아니라 대중의 이익에도 복무하게 만들고자 했다.

간단히 말해서, 이 시기에 사람들은 빈곤 및 저발전과 싸우는 것이 **정치적인** 싸움이라는 사실을 잘 알고 있었다. 세계 전역에서 이 과정은 기존의 권력과 자원 분배에 도전했다.

하지만 서구는 이를 용인할 수 없었다. 이 시기의 모든 발전주의 국가가 보복의 대상이 된 것은 아니었다. 인도, 중국, 리비아, 나이지리아, 이집트, 시리아, 이라크, 탄자니아, 그리고 다수의 동아시아 국가들은 보복에서 벗어날 수 있었다. 몇몇 나라는 공개적인 전쟁을 촉발하지 않고 선을 넘기에는 너무 강력했고, 몇몇 나라는 굳이 보복에 나설 만큼 서구의 이익에 큰 위협이 되지 않았다. 하지만 위에서 보았듯이, 서구는 글로벌 남부 국가들에서 발전주의적인 입법을 되돌리기 위해 발전주의 정책에 불만을 가진 해당 국가의 지배층을 지원하며 개입했다. 냉전의 맥락에서, 가난한 사람들을 위한 입법은 서구 매체에 의해 '공산주의적'이라고 악마화되었고 이러한 프레임 덕분에 서구 정부들은 가장 가혹한 전술로 해외에 개입해도 아무 문제를 겪지 않을 수 있었다. 하지만 이 시기에 암살되거나 권력에서 축출된 글로벌 남부 지도자 중 실제로 공산주의자였던 사람은 없었다. 대부분 명시적으로 비동맹주의자였고 케인스주의적 혼합 경제인 '제3의 길'을 주창하는 사람들이었다. 사실 그들은 미국과 유럽이 큰 효과를 보았던 정책을 그대로 따르고 있었다. 레토릭을 걷어내고 본질을 보면, 서구가 우익 쿠데타를 지원한 것은 냉전 이데올로기와 아무 상관이 없었고 민주주의를 촉진하는 것과는 더더욱 상관이 없었음을 알 수 있다(오히려 민주주의를 훼손했다!). 그들의 목적은 서구의 경제적 이익을 수호하는 것이었고, 냉전의 베일로 그와 같은 명백한 사실을 대중의 시야에서 가렸을 뿐이다.

과테말라, 브라질, 이란, 인도네시아, 콩고 같은 나라들이 가난한 사람들을 위한 정책을 평화롭게 지속하도록 허용되었다면 그들은 어떻게 발전했을까? 동아시아 국가들처럼 지금쯤 제3세계라는 지위를 완전히 벗어버릴 수 있지 않았을까? 하지만 슬프게도 그들은 그 경로를 계속 가지 못하게 가로막히고 말았다.

*

　하지만 주의해야 할 점도 있다. 발전주의도 자체의 오류가 없지 않기 때문이다. 빠른 경제 성장, 산업화, '근대화'는 상당한 비용을 수반했다. 많은 경우에 이것은 더 크고 더 '효율적으로' 운영하기 위해 땅에서 소농민을 몰아내는 것을 의미했다. 마을을 밀어내고 댐을 짓는 것을 의미했다. 사람들을 노동 시장으로 몰아내 생존을 위해 임노동에 의존해야만 하게 만들었고 소비재 시장에 그들을 옭아맸다. 환경 파괴의 비용도 있었다. 고도의 투입을 위주로 하는 농경은 토질을 저하시켰고 공장과 발전소에서 나오는 오염물질, 광업과 임업에서 유발되는 생태계 파괴도 심각했다. 1980년에 발전주의 시대가 종말을 고했을 때, 이 운동의 창시자격인 라울 프레비시조차 이러한 문제를 인식하지 않을 수 없었다. 그는 이렇게 언급했다. "우리는 가속적으로 증가하는 성장률이 모든 문제를 해결할 것이라고 생각했다. 그것이 우리의 큰 실수였다."[59]

　빠른 경제 성장에 초점을 두는 것은 식민주의 시기에 시작된 인간 삶과 자연의 상품화 과정을 가속화했다. 그리고 식민주의 시기 때도 그랬듯이 대부분의 경우에 '전통적인' 가치와 삶의 방식은 경제 성장과 사회 진보에 걸림돌로 여겨져 종종 의도적으로 제거되었다. 결국 발전주의는 서구의 모델이었다. 비용을 생각하지 않는 성장 지상주의 어젠다와 서구를 경제적 성취의 정점으로 보는 관점에서, 글로벌 남부 국가들은 대안적인 경로를 그릴 기회를 애초에 놓치고 말았다. 돌봄과 생태적 지속 가능성에 뿌리를 둔 경로, 원주민의 가치를 거부하기보다 거기에서 교훈을 얻는 경로, 진보를 GDP보다 더 유의미한 지표로 측정하는 경로를 그릴 기회 말이다. 그러한 대안을 찾는 대신에 그들은 오늘날 우리를 기후 변화와 생태 위기에 봉착하게 만든 바로 그 밴드왜건에 뛰어올랐다.

THE
DIVIDE

3부

새로운 식민주의

5장
부채, 그리고 계획된 비참함의 경제학

한 나라를 정복하고 노예화하는 데는 두 가지 방법이 있다.

하나는 칼로 하는 방법이고 다른 하나는 빚으로 하는 방법이다.

— 존 애덤스, 미국 건국 초기의 정치인

1950년대와 1960년대에 서구가 지원한 쿠데타로 많은 주요 국가에서 진보가 억눌렸고 개발도상국 세계의 가장 뛰어난 지도자들이 권좌에서 몰려났다. 하지만 이러한 어려움에도 글로벌 남부는 떠오르고 있었다. 글로벌 남부 전역에서 각국은 서구 열강이 필요로 하는 대부분의 천연자원을 자신들이 가지고 있으므로 서구가 제안하는 불리한 교역 조건을 받아들일 필요가 없다는 것을 깨달았다. 어떤 나라들은 서로 협력해서 원자재 수출품 가격을 올렸다. 예를 들어 1960년대에 석유수출국기구는 자신들이 세력을 강화해 유가를 밀어 올릴 수 있다는 것을 입증하면서 서구 열강을 절망에 빠트렸다. 구리, 바나나, 보크사이트 같은 원자재 주위로도 협력체가 결성되기 시작했다. 가능성은 무한해 보였다.

힘이 강해지면서 더 대담해진 G77 국가들은 글로벌 경제가 세계의 다수 인구에게 더 공정해지게 할 규칙을 만들기 위해 결집했다. 그들은 이것을 신국제경제질서NIEO라고 불렀고, 1973년에 유엔 총회에서 통과되게 하는 데 성공했다. 신국제경제질서는 개발도상국이 자국에서 다국적 기업을 규제할 권리, 필요할 경우 외국인 소유 자산을 국유화할 권리, 자국 경제를 관세로 보호할 권리, 천연자원의 합리적인 가격을 유지하기 위해 협력할 권리, 그리고 가장 중요하게는 이러한 정책을 서구 열강들의 보복이나 침공에 대한 두려움 없이 자유롭게 실행할 권리가 있음을 천명했다. 또한 이들은 서구의 채권자가 경제 정책을 좌지우지할 수 없도록 개발 자금에 대한 접근과 기술 이전이 조건을 달지 않은 채로 이뤄져야 한다고 주장했다.

유엔이 신국제경제질서를 채택했다는 것은 발전주의의 가장 높은 성취를 상징한다. 이것은 제3세계의 정치적 의식이 최고조로 발현된 것이라고 볼 수 있었다. 그들은 글로벌 불평등의 가장 근본적인 원인으로 곧바로 들어갔고 국제 경제 시스템이 서구 열강의 이익을 위해 조작되어서 다른 모두를 희생시키고 있었다는 점을 명백히 지적했다.[1]

서구 열강은 이러한 움직임에 분노했고 글로벌 남부가 유엔에서 성공적으로 세를 확산한 것을 우려했다. 그들은 글로벌 민주주의의 새로운 시대, 유엔 총회가 민주적으로 작동하는 시대에는 더 이상 자신들이 세계의 다수를 지배할 수 없다는 것을 깨달았다. 글로벌 남부의 부상을 쿠데타로 막는 전략은 한동안은 잘 작동했지만 그것은 그때그때의 임시적인 방편밖에 될 수 없었고 1970년대에 인권과 국가 주권에 사람들이 더 민감해지면서 서구 유권자들도 그러한 신식민주의적 폭력이 자신들의 이름으로 자행되는 것을 원하지 않았다.

서구 열강은 새로운 계획이 필요했다. 1975년에 미국, 영국, 프랑스, 이탈리아, 일본, 서독이 프랑스 북부의 랑부이예 성에 모였고, 나중에 캐나다도 합류해 G7이 되었다. 이들의 목적은 발전주의와 신국제경제 질서의 부상을 저지하고 글로벌 남부 국가들이 단합해 천연자원 가격을 올리지 못하게 막는 것이었다. 당시 미 국무장관이던 헨리 키신저가 새로운 지정학 전략의 개요를 잡았다. 그는 유엔에서 가장 중요한 의사결정이 내려지는 기구를 총회가 아니라 부유한 국가들이 통제하는 안전보장이사회로 옮겼다. 그리고 원조를 통제 도구로 사용해 G77 국가들을 분열시킨다는 계획을 내놓았다. 글로벌 남부 국가 중에서도 가장 가난하고 절박한 나라들을 일컫는 '최저개발국Least Developed Countries, LDC' 카테고리를 새로 만들어서 서구 대 석유수출국기구와의 대결, 서구 대 최저개발국이 아닌 G77 국가들과의 대결 구도를 만들고, 최저개발국 국가들이 서구의 편을 들어주는 대가로 그들에게 원조를 약속한다는 아이디어였다.[2] 즉 원조를 글로벌 남부의 단결을 흔드는 전략으로 사용한다는 계획이었다.

트루먼을 본받아 키신저도 글로벌 남부의 정치권력이 유엔에서 증대되는 추세에 물을 끼얹기 위해 원조의 **내러티브**를 사용하고자 했다. 그는 글로벌 불평등과 발전의 문제는 정치적 문제로 접근하면 안 되고 각 국가의 문제로 접근해야 한다고 주장했다. 그에 따르면 부유한 국가들은 글로벌 남부의 빈곤에 책임이 없었고, 오히려 부유한 국가들은 가난한 나라들이 발전하도록 기꺼이 원조를 제공할 준비가 되어 있었다. 권력과 자원이 '유의미하게' 재분배될 가능성은 어느 것이라도 피해야 했던 키신저는 최저개발국 국가들이 원조를 받는 것에 만족하고 글로벌 정치 개혁에 대한 요구는 포기하도록 하기 위해 불평등에 대한 내러티브를 바꾸고자 했다.

새 전략이 글로벌 남부에서 먹혔을까? 그랬을 수도 있지만, 비동맹운동이 강력한 힘이었으니만큼 키신저의 계획을 꿰뚫어보았을 수도 있다. 이 전략이 먹혔을지 아닐지는 앞으로도 알 수 없을 것이다. 랑부이예에서 G7이 모이고 몇 년 안 되어서 글로벌 역사의 경로를 영원히 바꾸게 될 사건이 벌어졌기 때문이다. 이 사건은 서구 열강에 결정적인 우위를 가져다주었고 글로벌 남부의 부상을 갑작스럽게 역전시켰다. 눈 깜짝할 사이에 미국과 유럽은 피 한 방울 흘리지 않고도 개도국의 경제를 재장악하고 또다시 그들을 정복했다. 말을 타고 돌진하는 콩키스타도르나 담배 연기 자욱한 방에서 음모를 짜는 비밀 요원이 아니라, 이번에는 회색 양복에 서류 가방을 든 사람들의 군단이 '부채 포트폴리오'라고 불리는 더 근사한 것을 가지고 이 일을 수행했다.

제3세계 부채 위기의 배경

갑작스러운 반전 같아 보이지만, 사실 이러한 변화는 배경에서 오랫동안 만들어지고 있었다. 시작은 중동에서 펼쳐진 일련의 사건이었다. 1967년에 이스라엘이 이집트를 기습 공격했고 이는 '6일 전쟁'

이라고 불리는 지역전으로 비화했다. 이스라엘은 그 후의 혼란을 아랍 국가들의 영토를 점령할 기회로 삼고, 이집트의 가자와 시나이 반도, 요르단의 동예루살렘과 서안, 시리아의 골란 고원을 이스라엘 영토로 병합했다. 이러한 군사 행동에 분노한 아랍 국가들은 영토 수복 계획을 세웠고, 6년 뒤인 1973년에 이스라엘을 대대적으로 공격했다. 하지만 일은 계획대로 풀리지 않았다. 미국이 중동에서 그들의 중요한 동맹국인 이스라엘에 막대한 무기를 지원하며 끼어든 것이다.[3] 아랍 국가들은 이스라엘에 뜻밖의 우위를 안겨준 미국의 움직임에 분노했고 '석유 무기'를 휘두르며 보복에 나섰다. 그들은 사우디아라비아를 비롯한 석유수출국기구와 협력해서 유가를 70%나 올렸다. 미국에 압력을 가해 물러서게 하려는 것이었는데, 미국은 꿈쩍하지 않았다. 오히려 사흘 뒤에 닉슨은 이스라엘에 대한 추가 군사 원조 22억 달러 지출안을 의회에 제출했다. 이에 대해 아랍의 연합 세력은 한층 더 극단적인 조치에 나섰다. 미국으로의 석유 수출을 전면 금지했고, 서유럽으로의 수출도 부분적으로 금지했다.[4] 1974년 3월, 금수 조치가 끝났을 무렵에 유가는 배럴당 3달러이던 데서 12달러 가까이로 올라 있었다.

석유 금수 조치는 미국 경제에 엄청난 충격을 주었고 1970년대를 특징지은 높은 인플레와 낮은 성장이라는 위기를 촉발했다. 빠른 해법이 절박하게 필요했던 닉슨 행정부는 중동을 공격해 유정을 장악하는 것까지 고려했지만,[5] 마지막 순간에 양쪽은 합의에 도달했다. 이스라엘은 시나이 반도에서 철수해 이집트를 달랬고 사우디아라비아는 미국이 감당할 수 있는 수준으로 유가를 유지하는 대신 미국으로부터 군사 원조를 받기로 했다. 이는 사우디의 사우드 왕조가 국내 정치에서 정적들을 다루는 데 도움이 될 것이었다. 하지만 이 협상에는 더 중요한 또 한 가지 측면이 있었다. 유가가 오르면서 석유수출국기구 국가들이 갑자기 4500억 달러에 달하는 어마어마한 현금을 추가로 갖게 되었는데,[6] 문제는 이 돈으로 무엇을 해야 할지를 모른다는 점이었다. 국내에는 투자할 곳이 없었으므로 석유수출국기구 국가들은 이 돈을 월가의 은행들에 다시 돌려 '리사이클'하기로 했다. 아마 어느 정도는 협상에서 미국의 압력이 작용한 것도 영향을 미쳤을 것이다.

아무튼 이렇게 해서 4500억 달러의 석유 달러가 아주 짧은 기간 안에 미국 은행들로 흘러 들어왔다. 하지만 미국 은행들도 이 돈으로 무엇을 해야 할지 모른다는 동일한 문제에 직면했다. 서구 경제는 정체되고 있었기 때문에 국내의 투자처는 수익성 있는 선택지가 아니었다. 다른 계획을 찾아 나선 미국 은행들은 이 돈을 글로벌 남부 국가들에 대출의 형태로 투자하기로 했다. 한때는 일각에서 나온 작은 아이디어였던 것이 금세 활황을 구가하는 비즈니스가 되었다. 불과 20년 전에 식민주의의 폐허에서 벗어나 이제 막 일어서는 중이었던 글로벌 남부의 많은 국가들은 국가 경제를 일으키고 수출 대체 산업화를 촉진하는 데 자본이 절실히 필요했다. 이에 더해, 1973년 이후로는 글로벌 남부 국가들도 높아진 유가 비용을 충당하기 위해 추가적인 자금이 필요했다. 이들은 돈을 빌리고 싶어 했다.

은행들은 이러한 대출이 안전한 투자라고 생각했다. 정부가 채무를 불이행하는 것은 매우 가능성이 낮은 일이라고 본 것이다. 시티뱅크의 CEO 월터 리스턴은 "국가는 도산하지 않는다"고 즐겨 말했는데, 당시에 이 말은 매우 합리적으로 들렸다. 특히 글로벌 남부 국가들에서 발전주의가 효과를 내면서 그들의 경제가 빠르게 성장하고 있었으니 더욱 그랬다. 누구도 그 국가들이 대출 상환에 어려움을 겪으리라고는 생각하지 않았다. 그래서 시티뱅크, 체이스, 도이체방크 등과 같은 은행들은 너도나도 글로벌 남부 전역에 사람을 보내 큰 규모의 대출을 판매했다. 이러한 대출을 '호황 은행업go-go banking' 또는 '적극적 대출 영업loan pushing'이라고 부른다. 물론 이 대출 중에는 합당하게 이루어진 것도 많았다. 하지만 흥분된 분위기 속에서 몇몇 은행은 선을 넘었다. 적극적 대출 영업을 하는 대출 행상인들은 이 대출이 얼마나 이득이 될 것인가에 대해 과장된 전망치를 발명하는 데 달인이었다.[7] 통계를 매만져서 해당국 정부가 온전한 정보를 가지고 있었더라면 상환이 불가능하리라는 것을 알았을 액수의 돈을 빌리게 만든 것이다. 대출 행상인들은 주로 민주적 책무성이 없는 독재 정부들에 집중했다. 그들이 위험한 대출을 받아들일 가능성이 훨씬 높을 것이었기 때문이다(이러한 대출은 쉽게 공공 계정에서 돈을 직접 훔치거나 돈이 정부를 거쳐 계약을 따낼, 그리고 자신과 연고가 있는 사업체 쪽으로 다시 돌아오게 해서 쉽게 자기 주머니에 챙길 수 있었다). 1950년대와 1960년대에 미국이 과테말라, 칠레, 콩고 등에 세웠던 독재 정부가 갑자기 새로운 방식으로 유용해졌다.

기본적으로 글로벌 버전의 서브프라임 대출이나 마찬가지였다. 대출을 팔러 다니는 브로커에게 중요한 것은 대출의 질이 아니라 양이었다. 그들은 판매하는 대출 한 건당 '참여 수수료' 명목으로 상당한 돈을 챙길 수 있었다. 가령 1억 달러어치 대출을 성사시키면 참여 수수료가 1.5%만 되어도 즉각 150만 달러를 벌 수 있었다. 이러한 '떼고 물'은 대출을 받는 쪽의 상환 능력을 고려하지 않고 가능한 한 많은 대출을 판매하려는 인센티브를 강화했다.[8] 잘 알려져 있듯이, 이런 종류의 인센티브는 약탈적 대출로 이어져 불이행 위험이 큰 악성 채무를 만들기 때문에 매우 문제가 크다.

글로벌 남부 국가들의 대외 부채가 치솟았고, 특히 대출 판매의 주된 타깃이었던 라틴아메리카에서 그랬다. 그리고 1979년에 이란 혁명으로 제2차 오일 쇼크가 발생하면서 대외 부채는 더 늘었다. 개도국들은 에너지 필요를 충족시키기 위해 자금을 더 빌려야 했다. 1970년과 12년 뒤인 1982년 사이에 전체 부채 규모가 4000억 달러에서 1.6조 달러로 4배나 증가했다.[9] 많은 국가에서 부채가 GDP의 절반을 훌쩍 넘었다. 이 부채가 생산적인 역량을 쌓는 데 쓰이고 있었다면 괜찮았을 것이다. 하지만 대체로는 상승하는 유가를 감당하기 위해 쓰였으므로 미래의 상환 전망은 몽상으로 보이기 시작했다. 설상가상으로 글로벌 남부 국가들과 서구 국가들 사이에 교역 조건이 악화되었다. 수출품인 천연자원의 가치가 수입품인 제조품의 가치에 비해 점점 더 낮아진 것이다. 이로 인해 부채 상환에 쓸 수 있는 소득이 빠르게 줄었다. 그리고 무엇보다도 서구의 불황은 애당초 개도국의 수출품에 대한 수요가 더 줄어들었다는 것을 의미했다. 이것은 닥칠 수밖에 없었던 위기였다.

그러는 동안, 은행들은 잔치를 벌였다. 은행들은 복리의 마법에 의해 막대한 이윤을 긁어모으면서 1980년이면 연간 1000억 달러가 넘는 돈을 벌고 있었다.[10] 유일한 문제는, 부채가 미국 달러로 표시되어 있고 변동 금리라는 점이었다. 미국 이자율이 크게 오르면 그 부채의 금리도 같이 오른다는 말이었고, 이는 가난한 나라들의 채무 불이행 위험을 높일 수 있었다. 1981년에 미 연준 의장 폴 볼커가 금리를 높게는 21%까지 올렸을 때 바로 그러한 일이 벌어졌다.[11] 그렇게 높은 금리에서는 가난한 나라들이 부채를 상환하는 것이 그저 불가능했다. 1982년에 멕시코가 불가피한 조치로서 800억 달러 규모의 부채 중 일부에 대해 디폴트[채무 불이행]를 선언했다.[12] 이는 브라질, 아르헨티나 등 부채가 많은 다른 나라들도 그렇게 하도록 자극했고, 이렇게 해서 '제3세계 부채 위기'라고 불리는 것이 터졌다.

보이지 않는 쿠데타

은행 입장에서 제3세계 부채 위기는 완전한 재앙이었다. 기본적인 자유시장 이론에 따르면, 빌려간 사람이 돈을 갚지 못할 때 손실은 빌려준 사람이 져야 한다. 이것은 빌려준 사람이 애초에 지기로 한 리스크다. 하지만 월가는 제3세계 부채에 너무나 많이 투자했기 때문에 자신들이 손실을 흡수할 수 없다는 것을 잘 알고 있었다. 그랬다가는 붕괴할 것이 거의 확실했다. 그래서 그런 일이 일어나게 두지 않기로 했고, 자신들이 무너지면 전체 금융 시스템이 무너질 것이고 신용 시장이 말라버릴 것이며 글로벌 경제가 불황의 나선을 타게 될 것이라고 주장하면서 자신들을 구제하라고 미국 정부를 설득하는 일에 착수했다.

그리고 그들은 정확히 원하는 것을 얻었다. 미국 정부가 개입해 멕시코 같은 나라들이 부채를 갚도록 압력을 가함으로써 은행을 구제한 것이다. 부채를 갚으라고 압력을 넣는 것은 국제통화기금의 목적을 바꾸어서 달성할 수 있었다. 원래 국제통화기금은 국제수지 불균형 문제를 겪고 있는 국가들에 국제통화기금 자체가 가진 자금으로 대출해주기 위해 세워진 기구였다. 그 나라들이 정부 지출을 지속할 수 있게 해서 또다시 대공황으로 치닫는 것을 막기 위한 것이었다. 이것은 산업화된 국가들이 어려운 시기에 가라앉지 않도록 부양해야 한다는 존 메이너드 케인스의 개념에 입각한 계획이었다. 하지만 이제 G7 국가들은 국제통화기금을 완전히 다른 목적으로 사용하고자 했다. 글로벌 남부 국가들이 국내 프로그램에 정부 지출을 **멈추고** 그 돈을 서구 은행에 부채를 상환하는 데 사용하게 한다는 것이었다. 다른 말로, 이제 국제통화기금은 빚 갚으라고 독촉하는 글로벌 빚쟁이 역할을 할 예정이었다. 당신의 자동차를 압류하는 집행관처럼 말이다. 차이점이라면, 국제통화기금이 훨씬 더 강력하다는 것뿐이었다.[13] 국제통화기금 임무의 근본적인 전환은 이 시기에 자크 드 라로지에르 총재를 비롯한 국제통화기금 고위층이 케인스주의적 철학을 지지하던 사람들을 체계적으로 몰아내고 그 자리를 신자유주의 이데올로기에 더 친화적인 사람들로 채운 덕분에 이루어질 수 있었다.

이 계획의 작동 원리는 다음과 같았다.[14] 국제통화기금은 개도국들이 일련의 구조조정 계획에 동의할 경우 그들이 부채를 더 조달해 자금을 얻을 수 있게 돕는다. 그 구조조정 계획은 기본적으로 두 가지의 부채 상환 메커니즘을 포함해야 한다. 첫째, 해당 개도국은 기존의 모든 현금 흐름과 자산을 부채 상환으로 돌려야 한다. 즉 의료, 교육, 농업, 식품 등에 들어가는 보조금과 유치산업 보조금 등을 줄여야 하고 통신이나 철도와 같은 공기업을 매각해 공공 자산을 민영화해야 한다. 한마디로, '발전'을 위해 진행하던 개혁을 되돌려야 한다. 이렇게 지출을 줄여서 마련한 돈과 민영화로 들어온 자금은 월가에 돈을 갚는 데 써야 한다. 공공 자산과 사회적 지출이 사후적으로 대외 부채의 담보물이 된 것이다. 물론 원래 대출을 받았을 당시에는 이러한 조건이 없었다. 글로벌 남부 국가들이 미국 은행들이 저지른 고위험 행위에 대한 손실을 자국민의 돈 수백억, 수천억, 심지어 수조 달러를 끌어다 메꿔주는 셈이었다. 즉 가난한 글로벌 남부 국가들이 금고를 탈탈 털어서 서구의 가장 부유한 은행들로 부를 이전하는 격이었다.

두 번째 메커니즘은 이보다는 약간 덜 직접적이었다. 구조조정 프로그램이 부과된 국가들은 급진적으로 규제를 완화하도록 압력을 받았다. 무역 장벽을 없애고 시장을 외국 경쟁자들에게 개방하고 자본 통제를 철폐하고 가격 통제를 없애고 노동 규제와 환경 규제를 없애서 경제가 '외국인 직접 투자에 매력적'이고 더 '효율적'이 되게 해야 했다. 이와 같은 자유시장적 개혁이 해당 국가의 경제 성장률을 높여서 빠르게 부채를 상환할 수 있게 해줄 것이라는 논리였다. 즉 이들 은행가들이 말하듯이 그 국가가 "부채에서 벗어나 성장"할 수 있으리라는 것이었다. 또한 구조조정 프로그램에 따르면 채무국은 부채 상환에 쓸 현금을 더 많이 확보하기 위해 경제를 수출 쪽으로 재구성해야 했다. 이는 발전주의 시기에 매우 효과를 보았던 수입 대체 프로그램을 포기해야 한다는 말이었다. 이에 더해 구조조정 프로그램은 채무국이 인플레를 낮게 유지하도록 강요했다. 일종의 화폐 긴축을 강요한 것인데, 이는 채무국이 인플레를 통해 부채의 가치를 절하할 수 있다는 미국 은행들의 우려 때문이었다. 이것은 글로벌 남부 국가들에 큰 타격이었다. 부채를 인플레로 줄이지 못하게 되었을 뿐 아니라 통화 팽창 정책으로 고용과 성장을 촉진하지도 못하게 되었기 때문이다.[15]

종합적으로, 구조조정 프로그램은 긴축, 민영화, 자유화라는 세 가지 요소가 혼합된 처방을 제시했다. 이 원칙들은 멕시코, 아르헨티나, 브라질, 인도를 필두로(그들이 구조조정의 첫 희생자들이었다) 국제통화기금의 통제하에 놓인 모든 국가에 일괄 적용되었다. 현지의 경제 조건이 어떻든, 현지 사람들의 구체적인 니즈가 무엇이든 상관없이 말이다. 이렇게 일괄 적용된 청사진은 워싱턴에 있는 관료들이 내려보낸 것이었다. 중앙 계획을 혐오한다고 주장하는 글로벌 경제 체제에 중앙 계획가들이 나타난 셈이다.

이러한 정책은 부채 위기를 완화하고 위기의 재발을 막아주겠다는 약속과 함께 도입되었다. 하지만 사실은 미묘한 술책이었고 계략이었다. 구조조정 개혁은 위기의 근원을 건드리는 것과는 상관이 없었다. 위기의 근원은 **외부**에 있었기 때문이다. 막대한 이자율과 교역 조건 악화라는 외생적 요인이 근원이었고, 이것은 글로벌 남부 국가들이 통제할 수 없는 것이었다. 하지만 국제통화기금은 이러한 근원을 다룰 생각이 없었다. 그것을 다루려면 서구 국가들과 서구 은행들의 이익에 도전해야 할 것이기 때문이다. 대신에, 국제통화기금은 그 문제가 그 나라 경제 내부의 **내생적인** 것인 양 취급했고, 그래서 실제로는 처방이 아닌데도 국내 경제의 개혁이 위기에 대한 처방인 **것처럼** 밀어붙였다. 부채 위기는 워싱턴이 오랫동안 강제하고 싶어 했던 경제 어젠다를 밀어붙이는 데 편리한 이유가 되어주었다.

*

1950년대부터 1970년대까지 서구 열강은 글로벌 남부에서 발전주의가 부상하지 못하게 하기 위해 고전했다. 그때는 이를 달성하려면 매번 건건이 쿠데타 지원과 은밀한 개입을 해야 했다. 그런데 부채 위기는 그러한 문제를 일거에 해결해주었다.

구조조정 프로그램은 시카고학파가 칠레에서 실험한 것과 거의 동일한 정책이었는데, 폭력을 통해서가 아니라 빚을 통해 강제되었다. 빚은 신자유주의를 전 세계에 밀어붙이는 강력한 메커니즘이었다. 또한 미국이 매우 위협적이라고 본 발전주의 어젠다를 되돌려 없애는 데도 강력한 메커니즘이었고 과거에 사용했던 쿠데타보다 더 강력한 수단이었다. 독재자나 고문실처럼 알려지면 당황스러울 불편한 요소도 없었다. 구조조정 프로그램의 획기적인 점은 글로벌 남부 국가들이 **자발적으로 수행하는** '것처럼 보인다'는 데 있었다. 그들 스스로 이 프로그램을 받아들여 부채 부담에서 벗어나기로 **선택한** 것처럼 보이는 것이다. 하지만 사실은 전혀 자발적이지 않았다.

이러한 합당성의 베일 뒤에서 서구 채권자들은 개발도상국의 경제 정책에 대한 통제력을 장악했고 국가 주권 위에 군림했다. 경제적 의사결정을 내리는 권한은 그 국가의 국민이 뽑은 의회와 대표자에게서 워싱턴의 관료들과 뉴욕, 런던의 은행가들에게로 넘어갔다. 이 것은 새로운 종류의 쿠데타였다. 하지만 이번 쿠데타는 눈에 보이지 않았고 글로벌 남부 국가들의 국민 대부분은 쿠데타가 벌어지고 있는 줄 몰랐다. 그들은 계속해서 자신들이 선출한 대표자가 권력을 가지고 있는 줄 알고 있었다. 적어도 특정한 핵심 부분들, 가령 거시경제 전략 같은 부분들에서는 이미 권력이 세계 체제 중심부로 넘어갔는데도 말이다. 이런 식으로, 서구의 채권국들은 정상적으로 작동하는 것처럼 보이는 글로벌 남부 국가 정부들의 장막으로 자신들의 권력을 가릴 수 있었다.

글로벌 남부 국가들은 식민지에서 독립한 지 20년도 되지 않은 시점에 구조조정 프로그램을 받아들이면서 유의미한 경제적 주권을 갖지 못하게 되었다. 경제적 독립은 글로벌 남부에서 대중 운동의 꿈이었지만 빠르게 물거품이 되었다.

*

국제통화기금만 여기에 나선 것이 아니었다. 1980년대부터 세계은행도 구조조정을 대출의 조건으로 걸기 시작했다. 국가들이 발전소나 관개 시스템을 짓는 개발 프로젝트에 자금이 필요해서 대출을 받으려 하면, 이제 그들은 과도한 부채가 없더라도 국제통화기금이 과도한 부채에 시달리는 국가들에 처방으로 제시했던 것과 동일한 조건을 받아들여야 했다. 자금을 빌릴 다른 선택지가 없는 개도국은 그 조건을 받아들이는 수밖에 없었다.

세계은행의 조건부 대출이 가진 기발한 점은 채권자에게 사실상 아무런 리스크를 부담시키지 않는다는 점이었다. 세계은행은 월가에 채권을 판매해 은행과 민간 투자자들이 글로벌 남부 국가들의 부채를 살 수 있게 한다. 이 '혁신적인 부채 상품innovative debt products'(세계은행은 이렇게 부른다)[16]은 안전하면서(보통 트리플A 등급이다) 동시에 15%에까지 달하는 큰 수익을 준다. 세계은행은 어떻게 해서 고수익을 확실하게 보장할 수 있었을까? 채무자에게 직접적으로 권력을 행사할 수 있었기 때문이다. 구조조정을 조건으로 달도록 강제함으로써 세계은행은 채무국이 확보할 수 있는 모든 원천에서 최대한 돈을 끌어모아 부채 상환에 최우선적으로 사용하도록 강요할 수 있다. 다른 지출을 줄이고 자산을 매각해서 그 돈으로 부채를 갚으라고 채무국에게 요구할 수 있는 것이다. 이것은 실패 가능성이 없는 전략이었다. 그리고 채무국의 시장을 외국 투자자에게 개방하는 추가적인 이득도 있었다.

정상적인 은행 영업의 세계에서라면 이러한 대출 모델은 절대로 성립될 수 없을 것이다. 당신이 사업을 시작하려고 바클레이 은행에 가서 돈을 빌리려 한다고 상상해보자. 그런데 그들이 당신의 가정 경제에 대해 완전한 통제력을 갖는다는 조건에서만 대출을 해준다고 해보자. 당신의 이자 상환이 충분히 빠르지 않으면 은행이 당신의 임금을 가져가고 당신의 집을 매각하고 당신의 아이들을 일터에 강제로 내보낼 수 있다는 조건이 붙는다고 해보자. 더 나아가 어떤 경우에도 당신이 파산 선언을 할 수 없고, 돈을 갚지 못하면 당신은 가진 것을 무엇이건 내다 팔고 아이들을 먹이는 것과 아이들의 건강에 필요한 약을 사는 것도 중단해야 하며, 그렇게 아낀 돈을 모두 은행으로 가져가야 한다고 상상해보자. 이런 조건이라면 계약은 절대로 이뤄지지 않을 것이다. 당신이 그런 것을 절대로 허용하지 않을 테니 말이다. 그런데 이와 마찬가지로 침투적인 조건들이 개발 차관에는 일상적으로 포함된다.[17]

구조조정 프로그램의 파괴적 영향

국제통화기금과 세계은행은 구조조정이 경제 성장을 향상시키고 빈곤을 줄일 것이라고 세상에 약속했다. 하지만 정반대의 결과가 나타났다. 가난한 나라들을 **돕기** 위해 고안되었다고 했지만 그렇게 되기는커녕 가난한 나라들을 파괴했고 그들이 발전주의 시기에 이룩한 모든 것을 도루묵으로 만들었다. 1960년대와 1970년대에 글로벌 남부 국가들의 1인당 평균 소득 성장률은 3.2%였지만 구조조정 기간이던 1980년대와 1990년대에는 소득 성장률이 0.7%로 급감했다.[18] 발전은 달리다가 트랙에서 갑자기 멈추었다. 자유화는 글로벌 남부 국가들이 부채에서 벗어나는 데 도움을 주지 않았다. 그보다는, 부채 상환을 위한 돈이 긴축과 민영화라는 더 직접적인 형태의 탈취를 통해 조달되었다.

라틴아메리카의 소득은 발전주의 시대인 1960년대와 1970년대에 빠르게 증가했다가 1980년 이후에 급락했다. 이 지역은 구조조정 시기에 오래도록 정체를 겪었고 위기 이전의 소득 수준으로 회복된 것은

1990년대 중반이 되어서였다. 사하라 이남 아프리카는 상황이 더 안 좋았다.[19] 1960년대와 1970년대에 1인당 소득 성장률은 1.6%였다. 빠른 속도는 아니었지만 산업혁명기 유럽보다 높은 성장률이었다. 하지만 1980년대와 1990년대에 구조조정이 강제로 적용되자 1인당 소득이 매년 0.7%의 속도로 **감소했다**. 아프리카 국가들은 평균적으로 GNP가 10% 정도 **수축되었다**.[20] 그리고 아프리카에서 극빈곤 인구는 2배 이상 늘었다.[21]

매사추세츠 대학 경제학자 로버트 폴린은 1980년대와 1990년대에 구조조정의 결과로 개도국이 매년 잃어버린 잠재적 GDP가 4800억 달러라고 추산했다. 같은 시기 연간 원조 지출이 1000억 달러가 채 되지 않았다는 것을 생각해보면 이것이 어느 정도 규모인지 감을 잡을 수 있을 것이다. 구조조정으로 인한 손실이 원조로 들어오는 이득보다 5배나 컸던 것이다. 이러한 숫자가 드러내는 인간의 고통의 규모는 과장하는 것이 불가능할 정도이고, 경제적 잠재력의 손실도 그렇다. 사실 구조조정은 20세기에 벌어진 궁핍화의 가장 큰 요인이었다. 구조조정 시기이던 1980년대와 1990년대에 하루 5달러 이하로 살아가는 사람이 10억 명이나 늘었다.

구조조정이 얼마나 파괴적이었는지는 특정한 지역, 국가, 도시에 초점을 맞추어 보면 더 잘 감을 잡을 수 있다.[22] 아프리카에서는 1980년대와 1990년대에 총 31건의 구조조정 프로그램이 진행되었는데, [탄자니아의] 다르에스살람에서는 1인당 공공 지출이 1980년대에 매년 10%씩 삭감되었고 [수단의] 하르툼에서는 110만 명이 추가로 빈곤 인구 대열에 들어왔다. 많은 수가 지출 삭감 기간 동안 공공 영역에서 일

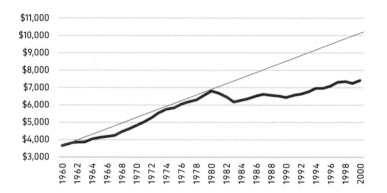

라틴아메리카의 1인당 GDP, 1960-2000년 (2010년 미국 고정달러 기준)

회색 선은 1960년에서 1980년의 추세가 지속되었다면 발생했을 가설적인 소득을 나타낸다.

출처: World Development Indicators

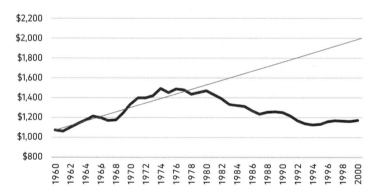

사하라 이남 아프리카의 1인당 GDP, 1960-2000년 (2010년 미국 고정달러 기준)

회색 선은 1960년에서 1980년의 추세가 지속되었다면 발생했을 가설적인 소득을 나타낸다.

출처: World Development Indicators

자리를 잃은 사람들이었다. [짐바브웨의] 하라레에서는 1981년에 구조조정이 도입되고 한 해 만에 생활비가 45% 올랐고 10만 명이 영양실조로 입원했다. 코트디부아르는 서아프리카의 호랑이라고 불리기도 한 나라지만 구조조정 프로그램의 결과 1987년에서 1988년 사이 한 해 동안 빈곤이 2배가 되었다. 나이지리아에서는 빈곤율이 1980년에 28%이던 데서 1996년에 무려 66%로 증가했다. 알제리아에서는 정부가 230개의 기업을 민영화하고 13만 명의 정부 노동자를 해고하면서 빈곤율이 1988년에 15%이던 데서 1995년에는 23%가 되었다.

라틴아메리카의 경우에는 1980년에서 1986년 사이 도시 빈곤율이 50% 증가했다. 수입 농산물이 소규모 농가를 낮은 가격으로 치고 들어오면서 농민들이 농촌의 집과 땅을 떠나 도시에서 불안정한 생활을 하게 되었기 때문이다. 유엔 통계에 따르면 전반적인 빈곤율이 1980년 40%에서 1993년 62%로 증가했다. 1990년대 말이 되면 라틴아메리카 국가 거의 모두에서 사람들 대부분의 생활 수준이 1970년대보다 낮아졌다.[23] 노동자의 임금이 줄어든 데서 이러한 궁핍화의 과정을 잘 볼 수 있다. 1985년에서 1995년 사이에 대부분의 국가에서 단위 시간당 평균 임금과 최저 임금 모두 가치가 40%나 떨어졌다. 브라질에서는 임금이 67% 낮아졌고 콜롬비아에서는 84% 낮아졌다.[24] 동시에 실업률은 치솟았다. 에콰도르에서는 1980년대에 실업률이 2배가 되었다. 페루에서는 1980년대에 3년 동안 이루어진 구조조정으로 인해 공식 노동 시장에 고용된 도시 노동력이 60%에서 11%로 급감했다. 공식 경제 영역이 위축되면서 많은 이들이 비공식 영역에서 생계를 꾸려가야 했다. 멕시코에서 비공식 고용은 1980년에서 1987년 사이에 거의 2배가 되었다.

임금과 고용이 붕괴하면서 국민소득에서 임금이 차지하는 몫이 감소했다(이는 국가 내 불평등이 커지고 있다는 징후다). 1980년에 라틴아메리카에서 임금은 국민소득의 40% 정도를 차지했는데 1996년에는 32%로 떨어졌다.[25] 몇몇 국가는 이보다도 더 악화되었다.

	1970	1980	1989
아르헨티나	40.9	31.5	24.9
칠레	47.7	43.4	19.0
에콰도르	34.4	34.8	16.0
멕시코	37.5	39.0	28.4
페루	40.0	32.8	25.5

국민소득 중 임금 비중

출처: 다음을 토대로 조정함. Petras and Veltemeyer, 'Age of reverse aid'

국민소득 중 임금 비중이 떨어진다는 말은 소득이 임금 소득자에게서 자본 소유자에게로 넘어갔다는 뜻이다. 부유한 사람들이 더 부유해지고 가난한 사람들이 더 가난해진 것이다. 이것을 도시 수준에서도 볼 수 있다. 1984년에 부에노스아이레스에서는 가장 부유한 10%의 인구가 가장 가난한 10% 인구보다 10배 부유했는데, 1980년대 말에는 이 숫자가 23배가 되었다. 리우에서는 지니계수로 볼 때 불평등이 1981년 0.58에서 1989년에 0.67로 증가했다.[26] 그 모든 일이 지나고서, 라틴아메리카는 세계에서 가장 불평등한 지역이 되었다.

이러한 상황은 사람들이 견딜 수 있는 한계를 넘어섰다. 증가하는 실업, 급등하는 식품 가격, 줄어드는 임금에 시달리던 사람들은 거리로 나왔다. '국제통화기금 폭동IMF riots'이라고 불리는 저항이 글로벌 남부에서 파도처럼 퍼졌다. 첫 파도는 1983~1985년이었고 두 번째 파도는 1989년에 시작되어 여러 해 동안 이어졌다. 가장 큰 폭동 중 하나는 1989년에 [베네수엘라의] 카라카스에서 일어났는데, 국제통화기금이 부과한 연료 가격과 교통 요금 인상에 대한 저항에서 촉발되어 곧 완전한 봉기로 이어졌다. 하지만 진압 과정에서 400명이 사망했다. 같은 해에 [나이지리아의] 라고스에서 일어난 국제통화기금 폭동에서도 사흘 사이에 50명의 학생이 목숨을 잃었다. 1992년에는 구조조정이 강요되었던 39개 국가에서 국제통화기금 폭동이 146건이나 일어났다.[27] 이게 다가 아니었다. 1993년에 인도에서 50만 명이 국제통화기금과 세계은행의 농업 정책에 반대해 시위를 벌였는데, 당시까지 역사상 가장 큰 대중 시위였다.

하지만 저항은 거의 소용이 없었다. 폭동을 일으킨 사람들의 불만이 향해야 할 궁극적인 대상은 미국 워싱턴에서 대출 서류를 작성하는 양복 입은 사람들이었다. 국제통화기금과 세계은행 본부는 워싱턴 D.C.의 펜실베이니아가街에 나란히 들어서 있다. 백악관과 의사당에서 걸어갈 수 있는 거리다. 이들은 저 멀리에서 땅을 잃고 쫓겨난 농민과 거리에 나온 노동자의 외침으로부터 안전하게 보호받고 있었으며 아래로부터의 어떤 정치적 압력에도 영향을 받지 않았다. 그리고 이 기관들은 바로 그렇게 작동하도록 되어 있었다.

구조조정 프로그램은 성장과 소득에 왜 그렇게 악영향을 미쳤을까? 되돌아보는 지금 시점에는 답을 내리기가 비교적 쉽다. 어마어마한 이자율로 부채를 상환하고 기존 부채를 감당하기 위해 신규 부채를 얻으라고 강요받으면서, 많은 나라가 예산의 상당 비중을 부채 상환에 지출하게 되었다. 사회 서비스 지출이 줄면서 병의원이 문을 닫았고 경제 발전에 필요한 숙련 인력을 생산할 수 없을 정도로 교육 투자가 감소했다. 보조금이 줄면서 농민들은 감당 가능한 가격대로 종자나 장비 같은 투입물을 구할 수 없게 되었다. 사람들은 가구소득 중 점점 더 많은 비중을 식품에 써야 했고 유치산업은 더 이상 글로벌 무대에서 경쟁하는 데 필요한 보조와 지원을 받을 수 없게 되었다. 민영화로 인해 핵심 공공 서비스들이 수익을 좇아 운영되었고, 이는 가난한 사람들이 닿을 수 없는 수준으로 가격이 올라가는 결과를 가져왔다. 무역 장벽을 낮추자 관세 수입이 줄었고 외국산 경쟁 제품이 낮은 가격으로 치고 들어와 현지 생산자들이 도산에 내몰렸다. 금융 자유화는 투자자들이 언제라도 돈을 빼 갈 수 있다는 의미였고 이는 금융이 위험할 정도로 불안정하고 예측 불가능해지게 만들었다.

간단히 말해서, 구조조정은 글로벌 남부 정부들이 발전과 빈곤 감소를 위해 필요로 하는 정책에 역행했다. 그리고 서구 자신이 과거에 매우 효과적으로 사용했던 정책에도 역행했다. 구조조정은 발전의 이름으로 탈발전을 강요했다.

구조조정이 이러한 결과를 가져온 것에 놀라지 말아야 한다. 여기에는 노골적인 이중 기준이 작동하고 있기 때문이다. 서구의 정책 결정자들은 개도국들이 성장하려면 경제를 자유화해야 한다고 말한다. 하지만 서구 국가들 자신은 경제력을 강화하던 동안에 **그렇게 하지 않았다.** 오늘날의 부유한 나라들은 모두 자신들의 경제를 보호주의적 조치로 성장시켰다. 매우 최근까지도 미국과 영국은 가장 공격적으로 보호주의를 추구하는 국가였고 정부 보조금, 무역 장벽, 제한적인 특허로 경제력을 키웠다. 오늘날 신자유주의 책략집에서 맹비난하는 모든 것을 한 것이다. 구조조정은 서구가 발전의 경로를 올라오는 데 사용했던 '사다리를 걷어차서' 다른 나라들은 따라 올라올 수 없게 만들었다.[28] 발전 내러티브는 틀렸다. 가난한 나라들은 능력이 없어서 발전 사다리를 올라가지 못한 것이 아니라 사다리를 올라가는 것이 봉쇄되어 있었다.

하지만 몇몇 글로벌 남부 국가들에는 자유시장 원칙이 일관적으로 적용되지 **않았고,** 놀랄 일도 아니지만 그들은 합리적으로 발전을 구가했다. 터키, 중국, 그리고 '동아시아의 호랑이' 국가들이 그러한 사례다.

*

국제통화기금과 세계은행은 어떻게 해서 효과가 없는 것이 분명할 뿐더러 심지어 실제로는 해를 끼치는 구조조정 프로그램을 강요하고도 아무런 문제에 봉착하지 않을 수 있었을까? 왜 아무도 이들을 막지 않았을까? 핵심적인 이유 하나는 세계은행과 국제통화기금이 특별한

'면책' 지위를 누리고 있기 때문이다. 이들은 미국에서 1945년에 만들어진 국제조직면책법International Organizations Immunity Act에 의거해 면책 지위를 주장한다.[29] 이 법은 외교관이나 적십자, 유엔 같은 국제기구가 그들이 활동하는 국가에서 소송에 걸리지 않도록 면책권을 줌으로써 방해 없이 필요한 활동을 수행할 수 있게 하려는 취지에서 도입되었다. 대부분의 국가가 비슷한 법을 가지고 있다. 국제통화기금과 세계은행은 여타 국제기구와 매우 다른데도 이 법으로 보호받으며, 그러한 보호 아래에서 글로벌 남부 국가들의 경제 정책에 적극적으로 개입한다. 이들이 부과하는 정책이 그 나라에 막대한 피해를 입혀도 아무도 이들을 상대로 소송을 제기할 수 없으므로, 이들은 다른 나라에 가서 그곳의 거시경제 정책을 주무를 때 조심해야 할 유인이 없다. 망쳐도 책임질 일이 없으니 말이다. 모든 리스크는 채무국이 떠맡게 된다. 채무국은 [외부에서 부과된 경제 정책으로 인해] 재앙이 발생했을 때 보상을 받거나 의지할 수 있는 수단이 차단되어 있다. 많은 나라가 국제통화기금과 세계은행을 상대로 그들이 일으킨 피해에 대해 소송을 시도했지만 다 실패했다.

하지만 구조조정 프로그램의 성과가 형편없는데도 국제통화기금과 세계은행이 계속해서 구조조정 프로그램으로 권력을 행사할 수 있는 또 다른 이유가 있다. 이것은 거버넌스 구조와 관련이 있는데, 두 기관 모두 기업처럼 투표권이 회원국의 재정적 기여도에 따라 분배된다. 주요 의사 결정에는 85%의 투표가 필요한데 두 기관 모두 미국이 16%의 의결권을 가지고 있어서 사실상 비토권을 행사할 수 있고, 물론 이것은 우연이 아니다. 그다음으로 지분이 큰 나라는 프랑스, 독일, 일본, 영국으로, 모두 G7 국가들이다. 중위소득국이나 저소득국은 세계 인구의 85%를 차지하지만 의결권의 40%밖에 차지하지 않는다.[30] 즉 글로벌 남부 국가 모두가 연합해서 국제통화기금이나 세계은행의 정책에 반대해도 그 정책을 막을 수 없다. 여기에 더해, 이 기관들의 수장이 선출직이 아니라 미국과 유럽이 임명하는 사람이라는 것도 도움이 되지 않는다. 암묵적인 합의에 의해 최근까지 세계은행 총재는 늘 미국인이었고 국제통화기금 총재는 늘 유럽인이었다.

소수가 (그리고 백인이) 세계은행과 국제통화기금을 통해서만이 아니라 유엔 안보리를 통해서도 글로벌 사안에 대해 의사결정권을 행사하면서 '글로벌 아파르트헤이트'가 형성된다.[31] 글로벌 남부 국가들은 오래도록 세계은행과 국제통화기금에 민주적 거버넌스가 필요하다고 주장해왔지만[32] 수십 년간 묵살되었다. 2010년에 마침내 개혁안이 제시되었지만 전시용에 불과했다. 이 개혁안에 따르면 투표권의 겨우 3%가 부유한 국가에서 가난한 국가로 넘어가게 되어 있었고(그중 절반은 중국으로 가게 되어 있었다) 미국의 비토권도 그대로 유지되었다.

세계은행과 국제통화기금에서 문제를 깨달은 많은 내부자들이 그곳을 나와서 문제를 폭로했다. 세계은행에서 1997년부터 2000년까지 수석 경제학자로 일했던 조지프 스티글리츠는 세계은행에 대해 매우 비판적인 책들을 썼다. 세계은행의 거시경제 및 성장국에서 선임 자문으로 일했던 윌리엄 이스털리도 사임 후에 구조조정의 강력한 비판자가 되었다. 하지만 가장 많은 관심을 받은 사람은 1980년대에 국제통화기금의 선임 경제학자로 라틴아메리카와 아프리카에서 구조조정 프로그램을 실행했던 데이비슨 부두일 것이다. 그레나다 원주민인 그는 1988년에 국제통화기금 총재 미셸 캉드쉬에게 긴 서신을 남기고 그곳을 그만두었다. 그 서신에서 부두는 이렇게 밝혔다.[33]

오늘 저는 12년을 일하고서, 그리고 1000일 동안 현장 담당자로서 라틴아메리카와 카리브해 연안, 그리고 아프리카의 정부와 사람들에게 당신의 약과 당신의 술책을 파는 일을 하고서, 국제통화기금에서 사임합니다. 제게 이 사임은 값을 매길 수 없는 해방입니다. 제 마음의 눈에 보이는 수백만 명의 가난하고 굶주린 사람들의 피를 제 손에서 씻어낼 수 있기를 희망해 볼 수 있는 장소로 큰 걸음을 뗀 것이기 때문입니다. 캉드쉬 총재님, 이 피는 너무나 많습니다. 강물이 되어 흐르고 있습니다. 마르고 있기도 합니다. 제 몸 전체에서 말라붙어 딱지가 되었습니다. 때로 저는 제가 당신과 당신의 전임자들의 이름으로 당신의 공식 인장 아래에서 한 일로부터 저를 씻어내기에 필요한 비누가 이 세상에 충분치 않을 것 같다고 생각합니다.

구조조정 프로그램의 실패가 무시하기에는 너무나 명백해지고 그에 맞서는 사회 운동이 거세게 일자 국제통화기금과 세계은행도 물러서는 듯 보였다. 1990년대에 이들은 구조조정 프로그램을 '빈곤감소전략보고서PRSP'로 대체했다. 여기에서는 구조조정에 대해 현지에서 더 많은 주도권을 갖도록 하고 해당국이 대출을 받는 조건으로 빈곤감소에 초점을 두도록 요구했다. 하지만 이것은 홍보용에 불과했다.[34] 기저의 정책이 그전과 거의 정확히 동일했기 때문이다. 내용상 유일하게 달라진 것이라면 사회적 지출에 약간 더 많은 여지를 허용한 정도뿐이었다.

자본의 강철 법칙

  워싱턴 D.C.에 있는 세계은행 본부 로비에는 "우리의 꿈은 빈곤이 없는 세상입니다."라는 글귀가 잘 보이게 붙어 있다. 이 슬로건은 세계은행이 펴내는 주요 출판물에도 늘 로고 옆에 찍혀 있다. 그리고 국제통화기금의 공식 임무는 경제적 불안정을 줄이는 것이다. 세계은행이 빈곤을 줄이는 일에, 국제통화기금이 경제적 불안정을 줄이는 일에 그렇게 헌신한다면, 그들이 빈곤과 경제적 불안정을 **증가시키는 것**처럼 보이는 정책을 계속 추구하는 것을 어떻게 설명할 수 있을까? 몇몇 비판자들은 이 기관들이 자유시장을 너무나 열렬히 믿는 나머지 자신들의 정책이 파괴적일 수 있다는 사실을 온전히 깨닫지 못해서라고 설명한다. 자신들의 정책이 일으키는 결과를 이해하기만 하면 경로를 바꿀 것이라고 말이다.[35] 하지만 **진짜 목적에서는 이 기관들이 실패하고 있는 것이 아니기 때문에** 그러한 정책을 고수하고 있을 가능성도 있다.

  1980년대 초에 G7 국가의 목적은 세계은행과 국제통화기금을 이용해 글로벌 남부에서 경제 혁명의 성과를 훼손하고 서구가 그곳의 자원과 시장에 접근할 수 있는 길을 새로이 탄탄하게 구축하는 것이었다. 이 목적에서 두 기관은 분명히 실패하지 않았다. 그런데 세계은행과 국제통화기금은 더 근원적인 또 하나의 목적이 있었다. 바로 서구 자본주의를 그 자신으로부터 구하는 것이었다. 자본주의는 때때로 새로운 수익을 창출하는 데서 한계에 직면한다. 소비자가 필요 이상으로 많은 것을 가지고 있으면 구매가 줄어들고 기업은 많은 제품을 판매하지 못하게 되어 시장 포화의 한계에 도달한다. 생태적 고갈의 한계도 있다. 자연 자원이 줄어들면 필수적인 투입물의 비용이 올라가기 시작한다. 계급 갈등의 한계도 있다. 노동자들이 더 높은 임금을 협상하려 하면 노동 비용이 올라가는데, 이러한 요구를 거부하거나 임금을 낮춰서 이윤을 올리려고 하면 사회적 불안정을 촉발할 위험이 있다. 이 모든 것이 기업들이 이윤을 뽑아내는 것을 점점 더 어렵게 만든다.

자본주의가 한계에 부닥치면 투자자들은 자본을 투자할 만한 곳이 줄어드는 상황에 봉착한다. 어떤 투자처도 투자자가 받아들일 수 있을 정도가 되는 수익을 주지 못하기 때문이다. 그렇다고 그냥 저축을 할 수도 없다. 금리가 일반적으로 인플레보다 낮기 때문에 그냥 저축을 하면 돈을 잃는 격이 된다. 경제학자들은 이러한 상황을 '과잉 축적'의 위기라고 부른다.[36] 이때 자본은 가치를 잃기 시작하는데, 자본주의의 작동 논리에 따르면 이것은 **일어나게 두어서는 안 될 일이**다. 자본주의가 계속 돌아가려면 과잉 축적의 위기는 **무조건** 해소되어야 한다. 누군가가 개입해서 과잉 자본을 치워주는 길을 제공해야 한다. 즉 무언가 과잉 축적된 자본을 수익성 있는 투자처로 보낼 통로를 마련해주어야 한다. 이것이 자본의 강철 법칙이다.

과잉 축적의 위기를 해소하는 데는 여러 가지 방법이 있다. 하나는 '시간적으로' 해소하는 방법이다. 자본을 인프라, 교육, 연구 같은 장기 프로젝트에 투자해서 자본의 미래 생산성을 높이는 것이다. 미국에서 뉴딜 시기와 2차 세계 대전 이후에 진행된 일이 이러한 시간적 해소였다. 정부는 과잉 축적된 막대한 자본을 가져다가 도로, 다리,

댐을 짓고 높은 임금을 지급하고 220만 명을 제대군인원호법을 통해 대학에 보내는 데 지출했다. 이 모두가 이후 10년을 거치면서 굉장히 좋은 수익을 냈다. 이런 종류의 시간적 해법은 효과가 있지만 부의 재분배가 필요하고 이득이 시차를 두고 발생하기 때문에 자본가 계급에게는 그리 인기가 없다.

더 빠르고 종종 더 가혹한 해결책도 존재한다. 한 가지는 유가를 끌어내려 생산 비용을 낮추는 것이다(이것은 미국의 지속적인 외교 정책 목표다). 또 다른 해법은 새로운 노동력을 노동 시장에 유입시키거나 기존 노동력의 비용을 낮추는 것이다. 20세기 후반에 여성 노동력이 편입된 것, 그리고 1980년대에 로널드 레이건 대통령이 노조의 힘을 성공적으로 약화시킨 것이 그런 사례다. 또 다른 방법은, 일반적으로는 시장 요인으로부터 보호받아야 할 영역들에서 새로운 시장을 창출하는 것이다. 영국의 철도 민영화라든가 국가의료서비스를 해체하려는 시도 등이 그런 사례다. 또 다른 방법은 투자할 수 있는 새로운 부채 시장을 창출하는 것이다. 미국에서 학자금 대출 시장을 확대한 것이나 소비자들이 신용카드를 자신의 여력보다 많이 쓰게 한 것 등이 그러한 사례다. 자본가들은 더 빠르게 수익을 얻을 수 있기 때문에 이러한 해법을 선호하는 경향이 있고, 특히 기업들이 주주 가치를 극대화해야 한다는 법적인 압력에 처해 있으면 더욱 그렇다.[37] 하지만 민영화, 임금 삭감, 석유 전쟁 등 이러한 해법 중 일부는 정치적 저항에 부닥칠 수 있어서 달성하기 어려울 수 있다. 2003년에 이라크 침공에 반대하는 시민들이 미국과 유럽 전역에서 시위를 벌인 것이나 영국에서 공적 의료 서비스인 국가의료서비스를 지키기 위해 시민들이 오랫동안 거리 시위를 해가며 운동을 벌인 데서 볼 수 있듯이 말이다.

국내에서 정치적으로 비용이 클 수 있는 저항에 직면하는 것을 피하기 위해 정책 결정자들은 과잉 축적의 위기를 '공간적으로' 해소하고자 한다. 해외에 소비자 시장, 노동 시장, 투자 시장을 새로이 여는 것이다.

바로 이것이 세계은행과 국제통화기금을 편리하게 이용할 수 있는 영역이다. 1970년대 말에 서구 경제가 정체되자 이 기관들은 외국의 국가 부채에 투자할 기회를 만들어서 공간적 해법을 제공했다. 이것은 기본적으로 높은 수익이 보장되는 투자처였다. 이 투자 기회의 규모가 어느 정도인지 감을 잡으려면 세계은행이 2015년에 트리플A등급 국부 채권을 580억 달러어치나 월가에 판매했다는 사실을 생각해보기 바란다.[38] 실로 상당한 규모의 시장이다. 이에 더해 세계은행의 차관으로 진행된 대규모 개발 프로젝트들은 수혜국이 미국 업체들에 사업을 발주해 프로젝트를 진행하고 장비와 물자도 현지 기업이 아니라 미국 기업에서 구매하도록 요구했다.[39] 미국 기업의 장비와 물자가 많게는 30%까지 더 비쌀 수 있었는데도 말이다. 이러한 '구속성 원조tied aid'를 통해 세계은행은 차관이 제공될 때마다 미국 제품에 대한 수요를 촉진했다.[40] 몇몇 연구에 따르면 미국 정부가 세계은행에 기여하는 돈 1달러당 미국 기업에 새로운 매출이 많게는 82센트나 발생한 것으로 추산된다.

새로운 투자 기회와 사업 기회에 더해 세계은행과 국제통화기금은 외국의 시장을 개방시킴으로써 서구의 다국적 기업이 더 싼 노동력에 접근해 이윤을 회복할 수 있게 했다. 과거에는 미국 제조업체들이 미국 내에서 통용되는 수준의 임금을 주어야 했을 뿐 아니라 노동자들과 단체 협상을 해야 했다. 노동자들은 보상이나 노동 조건에 만족하지 못하면 파업을 하고 더 나은 조건을 요구하며 압박했다. 고용주가 생산을 지속하고 싶으면 노동자들의 요구에 양보해야 했고, 적어도 성의 있게 협상에 나서야 했다. 하지만 1980년대와 1990년대에 구조조정이 글로벌 남부의 시장을 강제로 열었고(시장 개방은 컨테이너 선박 같은 새로운 교통 테크놀로지에 의해 가능해진 면도 있다), 갑자기 글로벌 북부의 기업인들에게 또 하나의 선택지가 생겼다. 짐을 싸서 방글라데시나 멕시코 등 노동 비용이 훨씬 더 싼 곳으로 옮겨갈 수 있게 된 것이다.

기업들은 단지 더 싼 노동력이 아니라 가장 싼 노동력을 찾아 전 지구를 훑을 수 있게 되었다. 개도국은 성공적으로 외국인 투자를 끌어들이려면 서로 더 낮은 임금으로 경쟁해야 했다. 이것은 점점 더 낮은 노동력과 점점 더 낮은 규제 기준을 제시하며 전 지구적인 '바닥으로의 경주'가 벌어지게 만들었다. 1960년대에 글로벌 남부를 특징지었던 '연대'는 갑자기 맹렬한 경쟁으로 바뀌었다. G7 국가들에서는 마침내 기업이 노동자보다 더 강한 힘을 갖게 되었다. 적어도 제조업처럼 오프쇼어링offshoring[경비를 절감하기 위해 경영 활동의 일부를 해외로 이관하는 것]이 가능한 산업에서는 그랬다. 노동자들의 요구가 너무 많다 싶으면 기업은 늘 다른 곳으로 간다고 협박할 수 있었다. 노동자들은 일자리를 지키려면 목소리를 내면서 위험을 감수하지 말고 조용히 있는 편이 낫다는 것을 깨달았다. 이 모든 것이 서구 국가에서만이 아니라 전 지구적으로 노동을 강력히 규율하는 효과를 가져왔다.

이러한 요인으로 인해 제3세계의 구조조정은 서구 기업들 입장에서 매우 수익성이 높았다. 미국의 해외 투자는 10조 달러 이상으로 증가했고 해외 투자에서 나오는 소득도 급증했다. 1970년대 말에 미국 기업들이 해외에서 얻는 수익이 국내에서 얻는 수익의 20% 정도였다면 1980년대 말에는 80%로 늘었다. 구조조정 기간 동안 해외 투자의 수익률도 1975년 5%이던 데서 1990년에는 11% 이상이 되었다.[41]

이러한 수익의 일부는 생산적인 과정에서, 즉 글로벌 남부 국가들에서 새로운 가치를 창출한 데서 나왔을 것이다. 하지만 구조조정이 성장률을 붕괴시켰다는 것을 생각해볼 때 더 큰 부분은 이미 존재하던 부를 탈취한 데서 나온 것이라고 봐야 합리적인 결론일 것이다. 채무국의 공공 자산을 민영화하도록 강요하면서 세계은행과 국제통화기금은 외국 기업들이 전화, 철도, 은행, 병원, 학교 등 상상 가능한 모든 공공 유틸리티를 대폭 할인된 가격에 살 수 있는 기회를 제공했다. 그러면 그 외국 기업들은 공공 유틸리티를 사적 이득을 위해 운영하거나 잘게 쪼개어 수익을 남기고 매각할 수 있었다. 공공 자산의 민영화는 그전까지 자본이 접근할 수 없었던 막대한 자산을 시장에 풀어놓았고 이로써 새로운 수익 기회를 창출했다. 세계은행만 봐도 1984년에서 2012년 사이에 개도국에서 2조 달러 이상의 자산을 민영화했는데,[42] 이는 매년 서구 투자자에게 연평균 720억 달러 규모의 투자 기회를 준 것이나 마찬가지다. 세계은행이 매년 월가에 판매하는 고수익 채권 580억 달러어치에 **더해서** 말이다.

민영화는 투자자들에게 굉장한 기회를 창출해주지만 가난한 사람들에게는 너무나 자주 재앙적인 결과를 초래한다. 공공 유틸리티가

공적으로 소유되어 있을 때는 대개 전체 인구에게 서비스를 제공하는 것을 책무로 삼는다. 그런데 민간이 소유한 공공 유틸리티는 이윤을 올리는 것을 책무로 삼으므로 돈을 낼 여력이 없는 사람들에게는 서비스를 제공할 이유가 없게 된다. 바로 이것이 1980년대와 1990년대에 세계은행이 부과한 민영화 기간 동안 벌어진 일이었다. 가장 잘 알려진 사례는 볼리비아다. 1990년대 중반에 세계은행은 볼리비아 정부가 코차밤바의 물 공급을 민영화하도록 압력을 넣었다. 이 계약은 미국 기업 벡텔이 따냈고 벡텔은 물값을 35%나 올렸다. 너무나 기본적인 자원인 물을 구매할 돈이 없어서 2000년에 코차밤바 사람들은 저항에 나섰고 이것은 민영화에 맞서는 저항의 세계적인 상징이 되었다. 하지만 세계은행은 이 정책을 계속 고수했다. 2008년 말에도, 세계은행의 한 고위 당국자는 수도 민영화가 가난한 사람들에게 피해를 준다는 증거가 쌓여가고 있는데도 왜 세계은행이 민영화를 지지하느냐는 질문에 이렇게 대답했다. "우리는 깨끗한 물과 위생 서비스를 제공하는 것이 진짜 비즈니스 기회라고 생각합니다."[43]

세계은행과 국제통화기금이 G7 국가들에게 얼마나 중요한지는 과장해서 말하는 것이 불가능할 것이다. 발전주의와 싸우는 데 가장 강력한 도구일 뿐 아니라 서구 자본주의의 위기를 '공간적 해법'으로 해소할 수 있는 길을 제공하기 때문이다. 서구 자본주의는 1970년대 말에 자신의 한계에 부닥쳐 위기를 맞았지만 가난한 나라들을 투자, 추출, 축적의 새로운 변경으로 삼으면서 자신의 한계를 넘고 자신의 내적 모순을 피해가며 지속될 수 있었다. 적어도 단기적으로는 말이다. 물론 이것은 위기를 타개하는 진정한 해법이 아니라 위기의 위치를 지리적으로 옮기는 것에 불과했다.[44] 하지만 이렇게 하지 않았다면 미국과 유럽의 자본주의는 시장 포화, 생태적 고갈, 계급 갈등의 한계에 부닥쳐 진즉에 부서졌을 것이다. 이것이 세계은행과 국제통화기금이 미국 정부와 월가에 그토록 소중한 이유다. 이 기구들은 서구 자본주의 시스템을 유지하는 데 꼭 필요하다.

이는 세계은행과 국제통화기금이 왜 계속해서 그들의 정책을 고수하는지 이해하는 데 도움을 준다. 빈곤 감소를 위해서가 아니다. 그들의 공식적인 슬로건과 마케팅 문건들이 우리로 하여금 그렇게 믿도록 만들려 하지만 말이다. 사실 '빈곤'이라는 단어는 세계은행의 설립 협정문에 한 번도 등장하지 않는다. 제1항에서 천명한 목적은 "민간 투자"와 "국제 교역의 성장을 촉진"하는 것이라고 되어 있다.[45] 이러한 기준에 따르면 세계은행은 실패가 아니라 굉장한 성공을 거두었다고 말할 수 있다. 그리고 여기에 놀라지 말아야 한다. 월가와 미국 정부의 통제를 받으며 수십억, 수백억 달러를 쓰는 기관을 '실패'하게 놔뒀을 리가 없지 않은가?

이러한 렌즈로 보면 역대 세계은행 총재가 모두 국제개발 전문가가 아니었다는 사실도 이해가 된다. 빈곤 감소와 개발에 헌신하는 조직이라면 국제개발 전문가여야 할 것 같은데, 미국의 군 출신이나 월가 경영인 출신이 이곳의 총재를 맡았다. 글로벌 경제 시스템에서 미국의 역할에 전략적인 이해관계가 있는 사람들이었던 것이다. 여기역임 순서대로 역대 세계은행 총재 명단이 있다.

유진 마이어, 연준 의장

존 매클로이, 미 전쟁부 차관

유진 블랙, 체이스 은행 경영자

조지 우즈, 퍼스트 보스턴 코퍼레이션 은행 경영자

로버트 맥나마라, 미 국장 장관, 포드 자동차 경영자

올던 클로센, 뱅크 오브 아메리카 경영자

바버 코너블, 미국 의원

루이스 프레스턴, JP모건 은행 경영자

제임스 울펀슨, 기업 변호사이자 은행가

폴 울포위츠, 미 국방부 차관

로버트 졸릭, 미 국무부 차관 및 미 무역 대표부 대표

미국 정부가 세계은행 최고위직으로 누구를 선택했는지는 세계은행의 진정한 목적이 무엇인지에 대해 명백한 실마리를 준다. 2012년이 되어서야 국제개발 전문가인 김용이 임명되었는데, 이는 버락 오바마 대통령이 세계은행의 평판을 되살리기 위한 시도로서 한 일이었다.

불평등 생성 기계

이 모든 것은 개발 원조에 대해 대부분의 사람들이 가지고 있는 고정 관념을 우리가 다시 생각해보는 데 도움을 준다. 조건부 차관의 형태로 나가는 공식적인 원조는 글로벌 남부 국가들의 발전을 촉진하기 위해 고안된 것이 아니었다. 많은 경우에 오히려 발전과 빈곤

근절에 필요한 정책을 막기 위해 고안되었다. 그러면서 부유한 나라의 투자자들에게 새로운 기회를 창출했다. 앞에서 보았듯이, 1980년대와 1990년대에 그 결과는 경제 성장 둔화, 임금 하락, 실업 증가, 공공 서비스 축소, 빈곤 증가로 나타났다. 이 시기에 부유한 나라들에서도 신자유주의적 정책이 도입되면서 소득 성장이 둔화된 것은 사실이다. 그래도 부유한 나라들은 성장률이 여전히 2% 근처를 유지했다. 대조적으로 글로벌 남부 국가들의 소득 성장률은 0.7%로 떨어졌다. 이에 따라 부유한 나라와 가난한 나라의 성장률 격차는 계속 벌어졌고, 그 결과로 글로벌 소득 격차도 계속 벌어졌다. 유엔《인간개발보고서》에 따르면 1960년에 전 세계 인구 중 부유한 20%가 가난한 20%의 37배를 벌고 있었는데 1995년에 이 숫자는 74배가 되었다.[46]

국가들의 1인당 GDP를 통해서도 불평등의 증가 추세를 볼 수 있는데, 다음의 그래프는 구조조정 기간 동안의 추세를 보여준다.

미국과 개도국 지역들 사이의 1인당 소득 격차는 발전주의 시기 동안 대부분 좁혀졌다가 1980년대와 1990년대에 상당히 벌어졌다. 1980년에 미국의 1인당 소득은 사하라 이남 아프리카보다 27배 많았는데 20년 뒤에 이 숫자는 52배가 되었다. 불평등 비율이 91%나 증가한 것이다. 여타의 개도국 지역들도 마찬가지다. 미국과 라틴아메리카 사이는 불평등 비율이 42% 증가했고 미국과 중동 및 북아프리카 사이는 38% 증가했다. 구조조정이 그만큼 강하게 강제되지 않았던 남아시아는 미국과의 불평등 비율이 이 시기에 15% 줄었다. 하지만 1인당 소득의 절대 액수는 계속해서 격차가 커졌다.[47]

이렇게 격차가 계속 벌어지게 만드는 주요 요인은 구조조정과 세

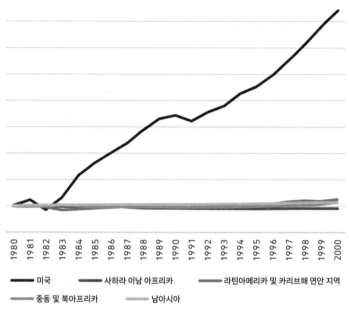

글로벌 불평등, 1980-2000년 (1인당 GDP 변화, 2005년 미국 고정달러 기준)

출처: World Development Indicators

계화가 촉발한 '바닥으로의 경주'다. 1960년대에 개도국은 '불평등 교환'으로 매년 1610억 달러를 잃고 있었다(2015년 달러 기준). 불평등 교환은 개도국이 수출하는 제품의 실제 가치와 그 제품에 대해 그들이 받는 시장 가치 사이의 차이를 말한다. 이것을 저평가된 노동을 나타내는 숫자라고 생각해볼 수 있다.[48] 1960년대에 개도국 노동자들이 서구 노동자들과 동일한 생산성에 대해 동일한 임금을 받았다면 매년 수출품에 대해 1610억 달러를 추가로 벌었을 것이라는 뜻이다. 이러한 불균등은 대체로 인위적으로 임금을 내리눌렀던 식민주의 정책의 결과였다. 하지만 구조조정은 이 시스템을 한층 더 불균등하게 만들었다. 독일 경제학자 게르노트 쾰러의 추산에 따르면, 구조조정이 맹렬히 진행되고 난 1995년에 저평가된 임금과 제품 가격으로 인한 연간 손실이 1960년대보다 16배 늘어난 2.66조 달러에 달했다(2015년 달러 기준). 개도국의 노동 가치가 국제 시장에서 공정하게 매겨졌다면 그들이 매년 2.66조 달러를 더 벌었으리라는 뜻이다. 이것은 글로벌 남부에서 북부로 넘어간 숨겨진 자금 이전이라고 볼 수 있다. 이렇게 이전된 금액은 1995년 원조 예산의 32배였고 OECD 국가들로부터 글로벌 남부로 들어간 총 자금의 13배였다.[49]

불평등 격차를 증가시키는 또 다른 주요 요인은 부채 시스템 자체다. 부채가 구조조정 프로그램이 강제될 수 있는 길을 만들었기 때문이기도 하지만, 부채 상환 자체도 불평등을 증가시킨다. 부채는 부의 강물이 세계 체제의 주변부에서 중심부로 흐르게 만든다. 구조조정의 첫 10년 동안 글로벌 남부는 평균적으로 매년 대외 부채에 대한 이자를 상환하기 위해 1250억 달러를 지불했다. 이 흐름은 이후 약 20년간 일정하다가 최근에 연평균 1750억 달러로 급증했다. 1980년 부채 위기가 시작된 이래 글로벌 남부는 총 4.2조 달러를 해외 채권자에게 이자로 지불했고 대부분은 글로벌 북부의 채권자에게 들어갔다.[50] 여기에 원금 상환까지 포함하면 1980년대에 개도국은 부채 상환으로 매년 2380억 달러를 썼고, 1990년대 동안 액수가 계속 증가해 2000년에는 연 4400억 달러를 썼으며, 2013년이면 연간 7320억 달러를 지불하고 있었다. 1980년 이후 전체 기간을 다 합하면 글로벌 남부는 총 13조 달러를 부채 갚는 데 사용했다. 다음의 그래프는 이 상환액의 규모를 보여준다.

빈곤을 근절하는 데 쓰일 수도 있었을 필수적인 자원이 밖으로 빠져나갔다는 점에서 이것은 큰 문제다. 일례로 레바논은 예산의 52%를 부채 상환에 쓰는데, 의료와 교육에 들어가는 예산을 합해도 23%에 불과하다.[51]

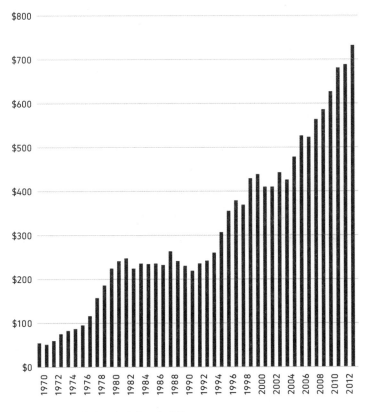

글로벌 남부의 대외 부채 상환 (10억 달러, 2013년 미국 고정달러 기준)

출처: World Bank, International Debt Statistics

사실 글로벌 남부는 유엔이 빈곤을 완전히 근절하는 데 필요하다고 말하는 금액 이상을 매년 부채 상환에 쓰고 있다. 정치적 의지만 있다면 부채 상환을 중단해서 글로벌 빈곤을 모두 없앨 수 있다.

부채 상환 부담이 증가하는 이유의 핵심은 복리의 속성과 관련이 있다. 다음의 경우를 생각해보자. 1조 달러의 부채를 복리로 연리 10%에 조달했다면 50년이면 117조 달러가 되고 100년이면 1경 3780조 달러가 된다. 복리는 상상을 초월할 정도로 강력하다. 1973년에서 1993년 사이에 글로벌 남부의 부채는 1000억 달러에서 1.5조 달러로 증가했는데, 1.5조 달러 중 4000억 달러만 실제로 빌린 돈이고 나머지는 복리 때문에 쌓인 액수였다.[52] 따라서 부채를 갚으려고 아무리 노력해도 점점 커지는 복리의 산에서 아주 일부만 덜어낼 수 있을 뿐이고 그 아래에 있는 원금 상환은 시작도 하지 못하게 된다. 이것은 영원히 사라지지 않을 위험을 드리운다.

마지막으로 기억해야 할 것이 하나 더 있다. 글로벌 남부 전역에 수십 건의 구조조정 프로그램이 부과되었지만(이 프로그램이 **부채 감소를 목적으로** 부과되었음을 기억하라) 부채의 양은 줄지 않았고 오히려 증가했다. 글로벌 남부의 국민총소득GNI 대비 대외 부채 비중은 부채 위기가 터졌던 1980년에 25%였는데 구조조정의 첫 10년이 지나자 이 숫자는 38%가 되었고 두 번째 10년이 끝나자 39%가 되었다.[53] 즉 구조조정은 스스로 내건 목적에 비추어보아도 실패했다. 1980년대에 부채 위기에 대한 '처방'으로 시도된 조치 때문에 병이 오히려 더 깊어진 것이다.

부채 뒤에 숨은 권력

강의나 수업에서 구조조정의 역사를 설명할 때면 항상 같은 질문을 받는다. 왜 글로벌 남부 국가들은 거기에 동의했는가? 왜 그들은 워싱턴의 원격 권력에 복종하기를 거부하고 부채에 디폴트를 선언해 버리지 않았는가?

이론상으로는 그렇게 할 수 있다. 부채에 디폴트를 선언하면 글로벌 남부 국가들은 외국 은행들의 올가미에서 해방될 것이고, 그 은행들은 위험을 감수하고 내어준 대출에서 발생한 손실을 떠안아야 할 것이다. 하지만 현실에서 이것은 선택지가 아니다. 늘 미국의 군사 공격이라는 위험이 따라오기 때문이다. 이란, 과테말라, 콩고, 칠레 등의 경험을 접한 글로벌 남부 국가들은 워싱턴의 경제적 이해관계를 위협할 경우, 혹은 강력한 미국 은행들의 이해관계만 위협해도, 미국이 지원하는 쿠데타의 가능성에 직면해야 한다는 것을 알고 있다. 이것은 엄연히 실재하는 위협이고 언제나 존재하는 위협이다. 개도국 세계는 워싱턴의 통치대로 움직이는 것 외에는 선택의 여지가 없다.

이 잔인한 사실은 토마 상카라의 사례가 더없이 명백하게 보여주었고, 그 사건은 일종의 경고로 기능했다. 따뜻한 미소와 트렌디한 베레모로 유명한 33세의 상카라가 1980년대에 부르키나파소의 대통령이 되었을 때, 그는 부채를 핵심 이슈로 제기했다. '아프리카의 체 게바라'라는 애정 어린 별명을 가지고 있었던 그는 1987년에 아디스아바바에서 한 연설로 영원히 기억되고 있다. 아프리카통일기구[1963년 아프리카 38개 독립국들이 '아프리카 문제는 아프리카에 의해서'를 기치로 결성한 국제기구] 본부에서 한 연설이었고, 회의장에는 아프리카 대륙 전역의 지도자들이 가득했다. 그들은 앞에 서 있는 용감한 젊은이의 말에 매료되었다. 상카라는 그들이 감히 말할 수 없는 것을 말하고 있었다. 못 믿겠다는 눈빛을 주고받는 사람들도 있었다. 연설 도중에 그가 암살당할지 모른다고 예상한 사람도 절반은 되었다. 그의 열정은 회의실 가득 파문을 일으켰고 연설을 마치자 우레와 같은 박수가 터져 나왔다. 거의 혁명이 선동되는 듯한 분위기였다.

상카라는 이전 식민 권력이었던 프랑스에 결투를 신청한 셈이었다. 그는 식민주의 이후의 경제 질서를 그 핵심을 찔러서 공격했다. 바로 부채였다. 그는 "부채는 그 기원을 보아야 한다"며 "부채의 기원에는 식민주의가 있다"고 주장했다. 그는 "우리의 채권자들은 전에 우리를 식민화했던 곳들"이라며 "그들은 그때도 우리를 관리했고 지금도 우리를 관리하는데, 우리는 이 부채를 요청한 적이 없다"고 말했다. 그리고 이렇게 선언했다. "따라서 우리는 그것을 상환하지 않을 것입니다. 부채는 신식민주의입니다. 그것은 영리하게 관리된, 아프리카에 대한 정복입니다. 우리 모두 재정적인 노예가 되었습니다. 우리가 그것을 상환해야 한다고들 합니다. 부채 상환은 도덕의 문제라고들 합니다. 하지만 그렇지 않습니다." 그리고 마지막으로 정곡을 찔렀다. "우리는 이 부채를 상환할 수 없습니다. 우리가 상환하지 않아도 빌려준 쪽은 죽지 않을 것입니다. 그것은 확실합니다. 하지만 상환하면 우리는 죽습니다. 이것도 확실합니다." 서구의 입장에서 상카라는 부르키나파소의 부채에 디폴트 위협을 제기한다는 점에서도 위험하다고 여겨졌지만 이 개념을 아프리카 대륙 전체에 퍼뜨리려 한다는 점에서도 위험하다고 여겨졌다. 그는 아프리카 전체 차원의 부채 저항 운동에 불을 지피고 있었고 서구 채권자들의 입장에서 이것은 저지되어야 했다. 그 연설을 하고 3개월 뒤에 상카라는 프랑스가 뒤를 댔다고 널리 의심되는 쿠데타에서 살해되었다. 이 쿠데타로 블레즈 콩파오레가 집권했고 그는 27년간 독재자로서 부르키나파소를 통치했다.

부채 상환을 강제하기 위해 글로벌 남부에 폭력을 사용하는 행위는 매우 긴 역사를 가지고 있다. 1902년에 베네수엘라가 대외 부채에 대해 상환 불능을 선언하자 영국, 독일, 프랑스는 포함을 보내 베네수엘라의 항구를 봉쇄하는 것으로 대응했다. 1916년에는 미국이 도미니카 공화국에 부채 상환을 강제하기 위해 도미니카 공화국을 침공해 세관을 장악했고 이 점거는 25년간 계속되었다. 상카라를 죽음으로 몬 쿠데타는 이러한 일련의 사례 중 최근 사례일 뿐이다.

물론 다수의 개도국이 연대해 동시에 디폴트를 선언한다면 더 나은 기회를 가질 수 있을 것이다. 하지만 그러려면 글로벌 남부 지도자들(정치적 지배층)이 연합해서 선제적으로 나서야 하는데, 이들 중 상당수에게는 눈을 감는 게 더 나은 이유가 있다. 임금을 낮추고 서구 권력과 가까운 관계를 유지하면서 부채를 새로 들여오면 개인적으로 이득을 얻을 수 있고 부채 위기가 발생해도 개인의 부를 해외에 안전하게 빼돌려놓았기 때문에 경제 위기의 영향을 피해 갈 수 있는 것이다. 그리고 어쨌거나 구조조정이 진행되면서 부채 디폴트는 실질적으로 더 이상 선택지가 아니게 되었다. 글로벌 남부 국가들은 이제 자신들의 생존을 외국의 투자에 전적으로 의존하고 있다. 이런 상황에서 디폴트는 글로벌 금융 시스템으로부터 배제된다는 의미이고 이는 즉각적인 경제 붕괴로 이어질 수 있다. 2015년의 그리스가 좋은 사례다. 좌파 성향의 시리자[급진좌파연합] 당이 집권해 국가 부채의 디폴트를 계획했지만 외국인 투자를 잃게 될지 모른다는 (그리고 그렇게 되면 불황이 닥치게 되리라는) 위협에 굴복했다.

*

토마 상카라와 달리 나는 부채에 반대했다고 암살되지 않았다. 나는 국가 지도자가 아니라 일개 연구자일 뿐이다. 하지만 나는 부채 이야기만 나오면 사람들이 매우 맹렬하게 입장을 피력하는 경향이 있다는 것을 발견했다. 학생들에게 글로벌 남부의 부채 역사에 대해 강의를 할 때면 진보 성향인 학생들조차 부채는 상환되어야 마땅하다고 주장한다. 애초에 빚을 진 게 맞지 않는가? 그러니 상환해야 할 **의무**가 있지 않은가? 나는 초기의 부채는 상당 부분이 선출되지 않은 독재자가 진 것임을 지적하거나, 원금은 이미 3-4배를 갚고도 남았다는 것을 지적하거나, 빌려준 쪽이 부과한 경제 정책이 실패했기 때문에 손실도 그들이 감당해야 한다고 보는 게 합리적이라고 지적한다.

하지만 이러한 설명 중 어느 것도 설득에 성공하는 것 같지는 않다. 부채는 반드시 상환되어야 한다는 생각은 우리 문화에 너무나 깊이 뿌리 내리고 있어서 없애기가 거의 불가능해 보인다. 이것은 단지 경제적인 주장이 아니다. 이것은 매우 **도덕적인** 주장이기도 하다. 마땅히 해야 하는 바가 무엇인지를 이야기하는 것이다. 이것은 져야 할 책임을 받아들이는가에 대한 것이고 져야 할 의무를 수행하는가에 대한 것이다. 부채 상환을 거부하는 것은 약속을 저버리는 것과 같고, **옳지 않은 일이다.** 그런데 사람들이 갖고 있는 바로 이러한 감각이 부채가 글로벌 북부 기업과 정부들에 그토록 강력한 수단이 되는 이유다. 인류학자 데이비드 그레이버는 이를 다음과 같이 유려하게 설명했다. "폭력적 관계를 정당화하고 그 관계를 심지어 도덕적으로 보이게 하는 데는 그 관계를 부채의 언어로 재프레이밍하는 것보다 더 유용한 게 없다. 즉각적으로 피해자가 무언가를 잘못하고 있는 것처럼 보이게 만들기 때문이다."[54] 물론 부채를 둘러싼 통념에 도전하고 부채의 실상을 있는 그대로 보려는 노력은 계속 있어왔다. 1990년대 초에 교회, NGO, 학자들이 연합해 '주빌리 2000 캠페인'을 시작했다. 나중에는 저명인사들도 참여했고 서구 정치인들로 하여금 가장 가난한 나라들이 진 빚 900억 달러를 탕감하게 만들 정도로 비중 있는 압력을 행사할 수 있었다. 이러한 대중의 압력에 반응해서 국제통화기금은 1996년에 '고부채 최빈국'에 부채 탕감 계획을 시도했고 채권국 그룹인 파리클럽과 런던클럽도 중위소득 국가들에 부채 탕감을 약속했다. 2005년에 국제통화기금은 한발 더 나아가 [스코틀랜드의] 글렌이글스에서 열린 G8 정상회담에서 '다자간 부채 탕감 이니셔티브MDRI'를 통해 부채 탕감 계획을 확대했다.

다 좋게 들린다. 하지만 여기에는 중요한 점이 있다. 이 모든 경우에 부채 탕감은 해당 국가가 자국 경제를 자유화하고 민영화하도록 요구하는 엄격한 조건과 연동되어 있었다.[55] 즉 부채 탕감은 구조조정을 더욱 밀어붙이는 메커니즘이었다. 경제학자 제프리 삭스가 언급했듯이 이것은 "허리띠를 살 돈도 없는 사람들의 허리띠를 졸라매는 격"이었다.

오늘날 글로벌 빈곤의 원인이 무엇인지 궁금해본 적이 있다면, 여기 답이 있다. 하지만 이 파괴를 이끈 기관들이 법적으로 면책 특권을 누리고 있기 때문에 그들은 결코 책무를 지지 않을 것이다.

하지만 신자유주의의 영향은 화폐의 흐름에서만 나타난 것이 아니었다. 그것은 권력의 흐름도 바꾸었다. 발전의 핵심 신조 중 하나는 발전이란 사람들이 자신의 삶과 운명에 대한 통제력을 더 잘 행사하게 하고 궁극적으로 인간의 자유를 촉진해야 한다는 것이다.[56] 세계은행 자체도 발전을 "경제적, 정치적 자유"와 "선택의 자유"를 촉진하는 것이라고 규정한다.[57] 우리에게 매우 익숙한 개념이다. 하지만 우리가 일별해본 역사는 이와 정반대를 암시하는 듯하다. 세계은행과 국제통화기금이 발전의 이름으로 행한 개입은 민주적으로 선출된 의사결정 기구들로부터 정치권력을 떼어내서 먼 곳에 있는 선출되지 않은 관료들의 손에 쥐어주었다. 아이러니하게도 경제적, 정치적 자유가 경제적, 정치적 자유의 이름으로 공격받았다. 구조조정은 이 역설을 강력하게 보여준다. 하지만 그 과정은 더 은밀하고 사악한 또 다른 방식으로도 자행되었다.

6장
자유무역과 가상 원로원의 부상

자유로운 사람만이 협상을 할 수 있다.

죄수는 계약 관계에 들어올 수 없다.

— 넬슨 만델라

구조조정이 강요되면서 시장이 개방되고 서구의 수출업체와 다국적 기업들이 진입할 길이 놓이던 것과 동시에, 글로벌 남부에는 또 다른 무언가가 뿌리를 내리고 있었다. 글로벌 남부가 직면해야 할 서구의 또 한 가지 전술이 있었으니, 글로벌 상거래를 규율하는 새로운 기관이 만들어지고 있었던 것이다. 얼핏 보기에는 제네바의 사무실에서 지루한 관료들이 컴퓨터 앞에서 눈이 빠지도록 일하는 밋밋한 기관 같았지만, 이 새로운 기관은 곧 세계에서 가장 강력한 기관이 되며 오늘날 이곳은 독립 국가의 주권마저 넘어서는 특권을 가지고 있다. 이 기관은 세계무역기구이며, 이 기관의 설계자들은 국제 무역의 규칙을 통제하는 사람은 지구상의 방대한 부와 자원을 통제할 수 있다는 사실을 잘 알고 있었다. 하지만 이 시스템의 진짜 비결은 이것이 전혀 압제적으로 보이지 않으리라는 데 있었다. 오히려 이곳은 압제의 반대인 '자유'라는 개념을 통해 정당성을 얻을 것이었다. 인간의 모든 활동 중 가장 인간 특유의 활동이라 할 수 있는 '거래와 교환'에 국가나 군주로부터의 제약 없이 누구든지 자유롭게 참여할 권리를 보장할 것이라고 말이다.

*

부를 뽑아내기 위한 전술로 불평등한 교역 규칙을 사용하는 것 자체는 새로운 일이 아니다. 사실, 현대 무역 시스템의 숨겨진 힘을 이해하려면 지금의 내러티브가 상정하는 시간 단위를 벗어나 시계를 한참 더 앞으로 돌려보아야 한다. 1770년대에 북아메리카 동부 연안의 저항적인 정착민들이 모국인 영국으로부터 독립을 하고자 했다. 그들은 교역 권력과 관련해 오늘날 대부분의 사람들이 잘 모르고 있는 것을 알고 있었고 그것은 북미 정착지 전역에서 분노를 촉발했다.

북미의 연합 식민지는 다른 모든 식민지처럼 영국과의 불공정한 교역 조건에 매여 있었고 사람들은 이것을 '불평등 조약'이라고 인식하고 있었다. 신대륙이 무역 장벽을 어떻게 설정할지는 런던이 결정했고 이 장벽은 영국의 수출업자들이 신대륙에 상품을 쉽게 판매할 수 있도록 낮게 유지되었다. 영국은 이것을 '자유무역'이라고 불렀고 거의 종교적 열정을 가지고 '자유무역'을 추구했다. 하지만 명백하게 이중 기준이 적용되었다. 영국은 북미를 비롯한 식민지들에는 낮은 관세를 강요했지만 본국의 산업을 발달시키는 데는 그와 반대되는 정책이 필요하다는 것을 알고 있었다. 14세기 이후로, 그리고 특히 18세기에, 영국은 자국의 산업을 일구기 위해 높은 관세로 외국 경쟁자들을 배제하고 국내 시장을 보호했다.[1]

북미 정착지 사람들은 시스템이 영국에만 유리하게 기울어져 있다는 것을 알고 있었고, 종종 이들은 '자유무역'을 영국이 아메리카 식민지 경제에 개입하기 위해 사용하는 '음모'라고 불렀다.[2] 신대륙 정착민들은 영국산 수입품으로부터 신대륙 시장을 보호하고 신대륙에 자신의 유치산업을 발달시키기 위해 자신의 관세에 대해 더 많은 통제력을 갖기를 원했다. 그리고 독립 전쟁 이후 이제 독립 국가가 된 미국은 바로 이 일에 착수했다. 1776년에 영국으로부터 독립한 미국은 교역에 대한 법을 스스로 만들 수 있게 되었다. 조지 워싱턴 행정부의 초대 재무장관으로 미국의 경제 정책을 관장하게 된 알렉산더 해밀턴은 영국 사례를 면밀히 연구하고서 자국 산업이 초기 단계에 있을 때는 외국과의 경쟁에서 보호될 필요가 있다는 것을 알게 되었고, 그렇게 했다. 미국은 빠르게 관세를 올리고 일종의 수입 대체 산업화 정책을 시작했다(훗날 미국은 라틴아메리카 국가들이 이렇게 하지 못하게 방해한다). 한발 더 나아가, 이번에도 영국의 선례를 따라서 [기업들의] 카르텔, 그리고 보조금과 같은 국가의 지원을 이용해 산업을 키웠다. 해밀턴은 애덤 스미스와 그 밖의 영국 자유무역주의자들의 이론을 일축했다. 그는 자유시장이 모두에게 좋기 때문이 아니라 영국이 자신들의 경제적 이익 때문에 자유시장을 촉진했다는 것을 알고 있었고 미국 같은 젊은 경제는 강력한 보호주의와 견고한 국가 지원이 산업을 발전시킬 수 있는 유일한 길이라고 생각했다.

1860년대부터 1930년대까지 미국 경제는 매우 강도 높게 보호되는 경제였다. 이 모델은 아주 효과가 있었고 미국은 빠르게 세계의 지배적인 산업 열강이 되었다. 한편, 영국은 미국 시장에서의 손실을 보충해야 했으므로 중국에는 아편 전쟁을 통해, 남아시아와 아프리카의 식민지에는 명령을 통해 자유시장을 강요했다. 미국이 경제적 독립을 달성하면서 글로벌 남부는 경제적 독립을 잃었다. 그러는 동안 다른 서구 국가들도 모두 소위 '아메리칸 시스템'이라고 불리는 모델의 모든 요소를 빠짐없이 따라 했다. 20세기의 첫 몇십 년 동안 산업화된 세계 전체에서 보호주의는 당연한 것으로 여겨졌다.

하지만 대공황이 닥쳤고 이어서 2차 세계 대전이 일어났다. 전쟁 후에 서구 열강은 이 같은 재앙이 또 벌어지는 것을 막기 위해 뉴햄프셔주의 브레턴우즈에 모였고, 여기에서 '관세와 무역에 관한 일반 협정GATT'이 체결되었다. 브레턴우즈 회의의 핵심 인물인 존 메이너드 케인스는 산업화된 국가들에서 보호주의가 부상함에 따라 총수요의 부족이 발생했다고 주장했다. 가격이 너무 높아서 사람들이 충분히 많은 물건을 사지 않았고, 그 때문에 경제가 멎게 되었다는 것이다. 즉 케인스는 과도한 보호주의가 대공황을 일으킨 주된 요인이었다고 생각했다. 비참한 경제 공황의 와중에 독일과 일본에서는 파시스트 정당이 부상해 전쟁까지 일으켰다. 케인스는 교역 장벽을 세심하게 완화해 수요를 되살려야 한다고 보았다. 그러면 가격이 낮아져 사람들이 다시 소비를 하게 될 것이고, 경제에 생명을 불어넣을 수 있을 것이었다. GATT의 목적은 산업화된 국가들이 집합적인 협상을 통해 전체적으로 관세를 줄이는 것이었다. 이 시스템은 모두에게 득이 되게 하자는 연대의 정신에서 설계되었다. 따라서 이 규칙은 유연성 없이 무조건적으로 적용되지는 않을 것이었다. 즉 회원국들은 자국 경제에 심각하게 해를 끼칠 것으로 예상되는 정책이라면 협상을 통해 피할 수 있을 것이었다.

다른 말로, 적어도 겉으로 표방된 바로 볼 때 GATT는 경제 안정과 평화 유지를 위한 선한 제도로 시작되었다. 같은 회의에서 탄생한 국제통화기금과 세계은행도 원래는 그랬듯이, GATT도 케인스의 원칙에 뿌리를 두고 있었고 일종의 공공선에 헌신하는 제도로서 기획되었다.

하지만 1980년대에 서구에서 신자유주의 이데올로기가 부상하면서 이 시스템은 극적으로 전환된다. 개도국 시장이 강제로 개방되고 있었으므로 GATT의 범위를 산업화된 국가를 넘어 글로벌 남부로까지 확대할 기회가 생겼다. 이 목적에서, GATT 회원국들은 새로운 제도의 얼개를 짜기 위해 우루과이의 도시 푼타델에스테에 모였다. 이전의 회담들과 달리 이번에는 케인스의 비전과는 매우 다른 비전을 가진 신자유주의 경제학자와 정책 결정자들이 의제를 이끌었다. 연대보다는 경제와 관련된 현실 정치적 측면에 더 초점을 둔 비전이었다. 1995년에 회담이 마무리되었을 때, 세계무역기구가 생겨났다. 세계무역기구는 GATT와는 완전히 다른 생명체였다. 경제 안정과 협력을 추구하기보다 전 세계를 부유한 국가들, 특히 미국, 서유럽, 일본의 자본 흐름에 개방하기 위해 고안된 체제였던 것이다. 또한 GATT가 허용했던 유연성 대신 '일괄 타결single undertaking'이라고 불리는

'모 아니면 도'식 협상 방식이 들어섰다. 국가들은 세계무역기구의 규칙 전체에 동의하거나 아니면 세계 경제 밖으로 나가야 했다.

이론상으로는 세계무역기구에 참여하는 것이 선택 사항이지만 개도국들은 선택의 여지가 많지 않았다. 15년간 구조조정을 거치고서 경제가 수출 쪽으로 재조직화된 터라 이제 서구 시장에 생존이 달려 있게 되었기 때문이다. 세계무역기구에 참여하면 세계 시장에 대한 접근은 촉진되겠지만, 그 대가로 관세를 낮추고, 자국 산업에 보조를 중단하고, 해외로부터의 자본 흐름에 대해 규제를 없애고, 외국 기업이 현지 기업과 차별 없이 사업을 할 수 있게 해야 했다. 즉 자국 산업의 유의미한 발달에 필요하다고 알려진 것과 정반대의 일들을 해야 했다. 구조조정이 자유시장 정책을 한 국가씩 개별적으로 강제했다면, 세계무역기구는 신자유주의적 시스템을 글로벌 남부 전체에 걸쳐 일거에 확대하고 표준화했다. 대부분의 국가는 따르는 것 외에 선택의 여지가 없었다.

빈약한 이론, 빈곤한 국가

자유무역이 가난한 나라들이 발전하는 데 필요한 것과 상충한다면, 왜 대부분의 주류 경제학자는 계속해서 자유무역을 주창하는 것일까?

한 가지 이유는 자유무역 이론이 상당히 설득력 있게 들린다는 점일 것이다. 현대 자유무역 이론의 주춧돌을 놓은 사람은 19세기 초의 영국 경제학자 데이비드 리카도다. 리카도는 각국의 기술적 조건이 주어져 있을 때 모든 국가가 타국 대비 비교 우위가 있는 영역에 특화하면 글로벌 경제의 생산성과 효율성이 최고 수준으로 달성된다고 주장했다. 포르투갈이 상대적으로 와인을 잘 생산하고 잉글랜드가 상대적으로 의복을 잘 생산한다면 잉글랜드가 와인 생산에 시간을 낭비하는 것은 합리적이지 않다. 의복 생산에 집중하고 와인은 포르투갈에서 수입하는 것이 더 낫다.[3] 이 이론보다 더 현대적인 버전은 헥셔-올린-새뮤얼슨 이론이라고 불리는 것인데, 여기서는 기술의 상대적 부존량에서 '생산 요소'의 상대적 부존량으로 비교 대상이 바뀌었다. 이 이론에 따르면, 글로벌 경제가 최대의 효율성을 달성하기 위해서는 값싼 노동력이 풍부한 국가는 노동 집약적 재화 생산에 특화하고, 자본이 풍부한 국가는 자본 집약적 재화 생산을 특화해야 한다. 그러려면 보조금이나 관세 같은 교역 시스템의 '왜곡'을 제거해야 한다. 시장 경쟁의 험한 현실에 노출되면 산업은 상대적 경쟁력에 따라 가라앉거나 떠오르거나 할 것이고 각 국가는 자연스럽게 그들이 상대적으로 더 잘하는 쪽으로 옮겨가게 될 것이다. 그러면 교역이 증가할 것이고 전체적으로 소득과 소비도 늘게 될 것이다.

헥셔-올린-새뮤얼슨 모델은 너무나 합리적으로 보인다. 아니, 자명하게 옳은 논리로 보인다. 하지만 이 이론은 글로벌 불평등을 자연스러운 것으로 만들어버림으로써 해로운 영향을 미친다. 이 모델은 각 국가가 생산 요소의 특정한 부존량을 **자연적으로** 가지고 있다고 가정한다. 우리가 부유한 나라들은 자연적으로 자본이 비교적 풍부하고 가난한 나라들은 자연적으로 싼 노동력이 비교적 풍부하다고, 마치 신이 별자리에 새겨놓은 운명처럼 원래부터 그렇게 되어 있었다고 생각하게 만드는 것이다. 하지만 생산 요소의 부존량은 별자리에 새겨져 있지 않으며, 우리는 다음과 같은 질문을 해봐야 한다. 애초에 왜 가난한 나라에서는 노동력이 그렇게 싸고 애초에 왜 부유한 나라에서는 자본이 그렇게 풍부한가?

독일 출신의 한 경제학자가 1848년의 유명한 연설에서 자유무역 이론과 유럽의 제국주의에 대해 다음과 같이 날카로운 비판을 가했다.

우리는 자유무역이 국제 분업을 발생시키고 그에 따라 각 국가가 자신의 자연적 우위와 가장 잘 조화되는 것을 생산하게 되리라는 설명을 자주 듣습니다. 여러분은 커피와 사탕수수 생산이 서인도제도의 자연적인 운명이라고 믿으실지도 모르겠습니다. 하지만 상업에 관심이 없는 자연은 두 세기 전에 사탕수수도, 커피나무도 그곳에 심어놓지 않았습니다.[4]

이 경제학자는 카를 마르크스다. 마르크스가 여기서 지적한 것은 자본과 노동의 상대적 부존량은 역사적, 정치적 과정의 산물이라는 점이다. 인간이 만든 것이지 자연적으로 주어진 것이 아니라는 뜻이다. 부유한 국가에서 노동력이 비싼 이유는 오랜 역사를 거치면서 강한 노조와 노동법이 형성되었기 때문이다. 부유한 국가에서 자본이 풍부한 이유는 오랫동안 관세로 보호해서 자국 산업을 발달시킬 수 있었기 때문이다. 가난한 나라에서 노동력이 싸고 자본이 부족한 이유는 식민주의 시기 동안의 박탈, 불평등 조약, 그리고 구조조정의 오랜 역사를 지나왔기 때문이다. 비교 우위는 주어진 것이 아니라 만들어진 것이다.[5] 글로벌 남부 국가들은 천연자원에 특화해야 하고 글로벌 북부 국가들은 자본 집약적 산업에 특화해야 한다는 말은 흑인은 **자연적으로** 면화 농장 노동에 더 뛰어나고 백인은 **자연적으로** 감독관 일에 더 뛰어나다거나 흑인을 육체노동자 이상으로 교육시키는 것은 그들의 **자연적인** 능력을 '왜곡'하는 것이라는 주장과 다를 바가 없다. 이러한 주장은 불평등한 사회적 관계에 자명한 '자연스러움'의 후광을 덮어씌워야만 성립한다.

헥셔-올린-새뮤얼슨 이론은 역사가 보여주는 증거에 정면으로 배치된다. 우리가 계속해서 보았듯이, 한 나라의 생산 요소 부존량은 정확한 정책이 도입되면 꽤 빠르게 달라질 수 있다. 가령, 글로벌 남부 국가들은 관세와 보조금을 전략적으로 사용해 국내 산업을 일굼으로써 부존 자본량을 늘릴 수도 있었다. 실제로, 독립을 하고 나서 구조조정이 강요되기 전이던 1950년대와 1960년대에 글로벌 남부 국가들은 바로 그러한 일을 시작했다. 하지만 이런 종류의 산업 전략에는 신중한 계획과 정부 개입이 필요한데, 계획과 개입은 자유무역주의자들이 '자연적인' 질서를 교란한다며 맹렬하게 반대하는 것이다.

*

자유무역을 주창하는 사람들은 비교 우위론을 근거로 들면서 무역 자유화가 궁극적으로 가난한 나라들의 경제 발전을 촉진할 것이라는 믿음을 확산시키려 한다.

추상적, 수학적인 의미에서는 자유무역이 효율성을 높일지도 모르고 단기적으로는 소비를 촉진할지도 모르지만, 장기적인 경제 발전 측면에서는 유의미한 전략이 아니다. 사실 비교 우위론 자체는 장기적인 경제 발전에 대해 아무런 결론도 내리고 있지 않다. 장기적 경제 발전 운운은 자유무역에서 이득을 얻는 사람들이 말하는 수사법에 불과하다. 진정한 경제 발전이 있으려면 가난한 나라들은 자본 집약적 산업 분야의 역량을 키워야 한다. 개방된 시장에서 경쟁할 준비가 될 때까지 의도적으로 자국 산업을 글로벌 경쟁으로부터 보호해야 한다는 뜻이다. 영국과 미국도 경제 발전 시기에 그렇게 했고 오늘날의 부유한 국가들 모두 마찬가지였다. 그렇다면, 부유한 국가들이 가난한 나라들에서 이러한 전략을 펼치지 못하도록 봉쇄하는 것은 놀라운 일이고 나아가 분노를 자아내는 일이다. 그들은 가난한 나라들이 가능한 한 빨리 경제를 자유화해서 경쟁에 노출되어야 한다고 말한다. 그래야만 생존을 위해 가장 경쟁력 있는 산업을 발달시키려 할 유인이 생긴다는 것이다. 그들은 산업을 보호하면 게으름과 안주를 유도할 뿐이라고 말한다.

경제학자 장하준은 이러한 논리의 문제점을 어린 아들 진규를 예로 들어 설명했다. 진규가 위대한 사람이 되고 성공하려면 자기 자신의 힘으로 세상에 나가기 전에 건강을 유지하고 좋은 학교에 가고 공부에 집중할 수 있도록 여러 해에 걸쳐 부모의 보호와 투자가 필요하다. 그런데 자유무역 논리를 적용하면 어떻게 될까? 우리는 어린 진규가 경제적 거품 속에 안주하고 있으며 그의 부모가 게으른 아들의 생활을 보조하며 가혹한 경쟁의 현실로부터 보호해주고 있다고 말해야 할 것이다. 진규에게 필요한 것은 보조금을 끊고 스스로 일자리를 구해 생계를 유지하게 하는 것이며, 그래야만 생산적이고 효율적인 존재가 된다고 말이다. 이러한 논리에 대해 장하준은 이렇게 설명한다. "내가 여섯 살 먹은 아이를 노동 시장으로 몰아넣는다면 아이는 요령 있는 구두닦이나 돈 잘 버는 행상은 될 수 있을지 몰라도 뇌수술 전문의나 핵물리학자는 결코 될 수 없을 것이다. 아이가 그런 직업을 가지려면, 내가 앞으로 적어도 10년 이상의 세월 동안 보호와 투자를 해야 할 것이다."[6]

이어서 장하준은 이렇게 설명한다. "마찬가지로 개발도상국의 산업 역시 너무 일찍부터 국제적인 경쟁에 노출되면 살아남지 못한다. 이들에게는 선진 기술을 익히고 효율적인 조직을 만드는 등의 능력을 키워갈 수 있는 시간이 필요하다. 이것이 바로 (…) 유치산업 이론의 핵심이다."[7] 적어도 일정 기간 유치산업을 보호하는 것은 가난한 나라들이 국가판 구두닦이 소년을 넘어서는 존재로 발전할 수 있는 유일한 방법이다.

*

세계무역기구가 표방하는 목적은 교역 당사자들 간에 평평한 운동장을 만들겠다는 것이다. 모든 회원국은 낮은 관세, 보조금 금지 등을 똑같이 적용받아서 동일한 규칙으로 경기해야 한다. 하지만 현실에서 평평한 운동장은 환상이다. 부유한 나라들은 어마어마하게 강력하고 경쟁력 있는 산업을 가지고 운동장에 올라오는데, 그것은 형성기 때 매우 강력한 보호를 통해 발달시킬 수 있었던 산업이다. 반면 가난한 나라들은 그러한 보호의 이득을 보지 못했던 산업을 가지고 운동장에 올라오며, 따라서 부유한 나라와의 경쟁에서 이길 수 있는 가망이 없다. 운동장이 아무리 평평해도 어린 학생 팀과 프리미어리그 팀이 붙는다면 무슨 소용인가? 규칙이 양측에 동일하게 적용된다고 해도 꼭 게임이 형평성 있게 치러진다는 의미는 아니다. 가난한 나라의 유치산업은 강력한 글로벌 북부 국가들의 경쟁자와 맞붙어 패배할 것이고, 부가가치를 많이 창출하지 않는 천연자원이나 농산품 수출로 다시 돌아가야 할 것이다. 이것은 발전의 레시피가 아니다.

설령 게임에 형평성이 있다고 쳐도 자세히 살펴보면 '평평한 운동장'이 그리 평평하지 않다는 것을 알 수 있다. 무역 규칙은 세계무역기구 자체의 기준으로 봐도 불공정하다. 이론상으로 세계무역기구는 모든 국가가 관세 장벽과 보조금을 같은 수준으로 줄이도록 요구하지만, 현실에서 이러한 규칙은 부유한 국가에 유리하게 선택적으로 적용된다. 세계무역기구의 요구에 따라야 하는 가난한 나라들은 자국의 제조품에 보조금 지급을 중단해야 한다. 그렇게 하지 않으면 부유한 나라의 수출품에 비해 '불공정하게' 유리한 상태로 경쟁하게 된다는 논리에서다. 그 결과, 많은 나라들이 산업화의 희망을 포기하고 농업에 집중해야 했다. 하지만 부유한 국가들은 미국 농업법과 유럽의 공동농업정책 등으로 자국 농산물에 매년 3740억 달러어치의 보조금을 지급한다. 이를 통해 생산 비용보다 낮은 가격으로 글로벌 남부의 생산자들을 치고 들어가 시장을 잠식한다.[8] 이렇게 해서, 이 뻔뻔한 이중 기준은 가난한 나라들이 **비교 우위를 가지고 있으리라고들 하는 바로 그 영역인** 농업에서마저 그들을 뒤흔든다. 세계무역기구 시스템은 부유한 나라에는 보조금을, 가난한 나라에는 자유무역을 부과하는 시스템이다.

요컨대, 세계무역기구의 규칙이 선택적으로 적용되는 바람에 많은 가난한 나라들은 그들이 발달시켜야 한다고 자유무역 이론이 말하는 바로 그 분야의 발달마저 가로막혀 있다. 따라서 가난한 나라들은 산업 발달을 시도하든 농업 발달을 시도하든 발달이 요원해진다. 그리고 세계무역기구의 농업 협정은 이러한 비대칭을 국제법으로 아예 못박아버렸다.

베냉, 부르키나파소, 말리, 차드는 모두 아프리카의 주요 면화 생산국이다. 이들 나라에서 면화 산업은 총 800만 명의 노동자가 고용되어 있는, 가장 큰 민간 고용 분야다. 1300만 명이 직접적으로 면화 산업에 소득을 의존한다. 하지만 미국 정부가 자국 면화 생산자들에게 보조금을 주어서 국제 면화 가격이 10%가량 낮게 형성되는 바람에 아프리카의 면화 생산국들은 커다란 문제에 봉착했다. 수출 시장에서 10%의 가격 손실을 보게 되었는데, 매우 가난한 이 나라들로서는 그 손실을 감당하기 어렵다. 이 나라들이 경제 발전의 어떤 기회라도 가질 수 있으려면 그들이 수출하는 면화에 대해 미국이 의도적으로 왜곡시킨 가격이 아니라 공정한 가격을 받아야 한다. 이들 '면화 4개국'은 미국의 보조금이 세계무역기구 규정 위반이라고 주장하며 세계무역기구에 제소했지만 미국은 꿈쩍도 하지 않았다.

세계무역기구에는 분쟁해결기구가 있어서 불공정 교역에 대해 문제 제기를 할 수 있다. 면화 4개국이 여기에 미국을 제소하면 유리한 결정을 얻어낼 수 있을지도 모른다. 하지만 그렇더라도 세계무역기구는 미국이 불공정 관행을 실제로 바꾸도록 집행을 '강제'하지는 못한다. 집행은 제소한 원고 쪽에 다시 맡겨진다. 즉 분쟁 절차에서 이기면 면화 4개국은 미국에 경제 제재를 부과할 권한을 갖게 된다. 하지만 가난한 나라들이 세계에서 가장 부유하고 강력한 국가를 상대로 경제 제재를 하는 게 무슨 소용이 있겠는가? 파리가 코끼리를 처벌하는 격이어서, 미국은 처벌이 있었는지 낌새도 알아채지 못할 것이다. 집행을 강제할 수 있는 권력이 시장 규모에 따라 비대칭적으로 존재하기 때문에 부유한 나라들은 세계무역기구의 분쟁 조정 결정을 따라야 할 이유가 없고 그냥 자기가 원하는 대로 하면 된다. 하지만 가난한 나라들은 그럴 수 없다. 가난한 나라들이 자신들에게 해가 되는 무역 규칙을 따르지 않고자 하면 부유한 국가들은 그들의 경제를 통째로 폐허로 만들 수도 있는 강력한 경제 제재를 부과할 수 있다.[9]

무역 분쟁에서 경제 제재를 사용하는 것이 너무 과하다고 생각할 수도 있다. 일반적으로 경제 제재는 직접적인 공격 행위의 일종으로서, 즉 경제 '전쟁'의 도구로서 사용되는 것이니 말이다. 그렇다면 위반이 있을 때 경제 제재를 가하기보다 보상을 요구하는 것이 더 합리적인 접근일 수 있다. 실제로 개도국은 여러 번 이 주장을 펴왔고 더 공정한 집행 메커니즘을 촉구했다. 하지만 부유한 국가들은 권력을 내려놓으려 하지 않았다. 부유한 국가들이 경제 제재 사용을 고수하는 것은 세계무역기구가 정말로 무엇을 위한 기구인지에 대해 시사하는 바가 있다. 오랫동안 세계무역기구 협상에 참여했던 야시 탠든이 자주 지적하듯이, "무역은 전쟁"이다. 그리고 이 전쟁은 글로벌 북부가 글로벌 남부를 상대로 벌인다.

하지만 가난한 나라들에서 자유무역이 실제로 일으키는 고통은 이 모든 것보다도 직접적이고 구체적이다. 이것을 알기 위해 자유무역에 대한 이론까지 생각해볼 필요도 없다. 무역 관세를 줄인다는 것은 관세 수입을 잃는다는 의미다. 그런데 일반적으로 관세 수입은 가난한 나라들에서 국가 수입의 중요한 원천이고 때로는 예산의 50%를 차지하기도 한다. 가난한 나라들은 상대적으로 징수하기 쉬운 관세 수입에 많이 의존한다. 개인소득세는 과세를 하기에 사람들의 소득이 너무 낮은 경우가 많고 자본이득세나 상속세 등 다른 종류의 과세는 정부의 징수 역량이 부족하다. 실제로 국제통화기금 자체가 수행한 한 연구에서도 무역 자유화 이후 25년간 국가들이 잃은 총 조세 수입의 70% 이상이 다른 형태의 조세로 메워지지 못한 것으로 나타났다.[10] 즉 무역 자유화는 가난한 나라들이 절실히 필요로 하는 사회 서비스에 지출할 돈과 빈곤을 줄이는 활동에 지출할 돈을 직접적으로 없애버렸다.

비자발적 성노동의 '효율성'

무역 자유화가 개도국에 미치는 부정적인 영향을 내가 처음 알게 된 것은 2004년에 스와질란드로 돌아갔을 때였다. 2005년 1월의 첫 며칠 동안 무언가 이상한 일이 벌어졌다. 직물 공장이 줄도산해 2만 5000명 이상의 노동자가 일거에 일자리를 잃었다. 대부분은 사전 고지도 없이 해고되었고 많은 이들이 이전 달 월급도 받지 못했다. 스와질란드처럼 작은 나라에서는 공식 노동 시장에서 일자리를 구하는 것이 하늘의 별 따기만큼 어렵다. 그런 상황에서 직물 공장의 대거 부도는 심각한 타격이었다. 어떻게 이런 일이 일어날 수 있었는가? 공장들은 어디로 갔는가? 스와질란드 사람들은 영문을 알 수 없었다. 자연재해도 없었고 경제 위기도 없었고 정부 정책의 변화도 없었는데 활발히 돌아가던 산업 단지가 갑자기 텅 비고 일자리가 사라져버린 것이다.

나도 영문을 몰랐고, 무슨 일이 벌어지고 있는 것인지 알아내기 위해 낡은 인터넷 카페에서 늦게까지 전화 모뎀으로 온라인에 연결해 기사와 자료를 읽으며 몇날 며칠 머리를 싸맸다. 점차로 이야기의 윤곽이 떠올랐다.

근현대 역사 대부분에서 서구 국가들은 생산 비용이 훨씬 낮은 국가에서 들어오는 수입품으로부터 국내 직물 산업을 보호했다. 한국, 홍콩 등 동아시아 국가들로부터의 수입품에 할당량을 두어서 값싼 의복이 너무 많이 밀려들어 오지 않게 한 것이다.[11] 동시에, 스와질란드처럼 매우 가난한 나라들의 경우에는 그들의 직물 산업이 성장하도록 돕고 다른 곳의 생산자들이 그쪽으로 이전하도록 촉진하기 위해 특례를 적용해서 서구 시장에 물량 제한 없이, 그리고 면세로 접근할 수 있게 허용했다.[12] 이러한 특례 조건은 극빈곤과 실업으로 고통을 겪는 국가들이 절실히 필요로 하는 일자리를 현지에서 창출하기 위해, 즉 교역 규칙을 통해 산업 발전이 가장 필요한 나라에서 산업 발전을 촉진하기 위해 세심하게 계획된 시스템의 일환이었다. 그리고 효과가 있었다. 스와질란드의 직물 산업은 빠르게 성장했고 아시아 기업들이 스와질란드가 갖는 교역 특례의 이득을 누리기 위해 스와질란드로 생산 기반을 옮겼다. 직물 산업은 스와질란드의 공식 고용 시장 중 가장 큰 분야가 되었고 2004년에 3만 5000명의 노동자가 직접적으로 직물 산업에 종사하고 있었다. 스와질란드에서는 경제적 기적이나 마찬가지였다.

하지만 세계무역기구가 생기고 나서 세계무역기구는 이 시스템을 정조준했다. 다국적 기업들은 할당량과 특례 규정이 직물 교역 시장을 '왜곡'해 기업이 노동력이 제일 싼 곳에서 운영되지 못하게 가로막는다고 주장했다. 아시아 국가들도 스와질란드 같은 나라들이 불공정한 이득을 누린다고 주장했다. 세계무역기구는 이들의 주장에 손을 들어주었고, 2005년 1월 1일에 서구 국가들은 동아시아로부터 들어오는 수입산 직물에 부과되던 할당량을 폐지했다.[13] 직물 교역의 풍경은 문자 그대로 하룻밤 사이에 달라졌다. 아시아에는 좋은 소식이었다. 전 세계의 직물 기업들이 값싼 노동력의 이점을 누리기 위해 재빠르게 아시아로 생산 기반을 옮겼다. 하지만 스와질란드처럼 노동력이 약간 더 비싼 나라는 위험한 상황에 내몰렸다. 스와질란드의 공장들은 비교 우위를 잃었고 문을 닫거나 동아시아로 옮겨가야 했다. 기록적인 수준의 직물 공장 부도가 이어졌고 수만 명의 노동자가 일자리를 잃었다.

곧 인도적 재앙이 펼쳐졌다. 일자리를 잃은 노동자 대다수는 여성이었는데, 이들 상당수가 생계를 유지하려면 성노동자가 되는 수밖에 없었다. 2005년에 만지니에서 수행된 성노동자 실태 조사에 따르면, 대부분 직물 공장이 문을 닫으면서 이쪽으로 유입된 경우였다. "우리는 우리가 하고 있는 일을 좋아하지 않습니다. 하지만 생계를 유지해야 하니까 어쩔 수 없지요." 보고서에 인용된 한 노동자는 이렇게 말했다. "이쪽에서 일하는 사람이 빠르게 증가하고 있습니다. 이는 사람들이 절박하게 돈이 필요하다는 의미이고 일자리가 없다는 의미입니다." 예상하다시피, 이것은 스와질란드에서 가뜩이나 심각하던 HIV/AIDS 위기를 악화시켰다. 사실 스와질란드가 현재 겪고 있는 에이즈 확산 위기의 상당 부분이 2005년 이후 여성 실업률이 급증한 것과 관련이 있다.[14]

내게 이것은 머리가 번쩍 뜨이는 계시이자 내 인생에서 가장 중요한 깨달음이었다. 그때 나는 국제 구호기관 월드비전에서 일하면서 에이즈 환자들에게 가정 내 치료와 소득 창출 프로그램을 진행하고 있었다. 나는 고국 스와질란드의 가난한 사람들이 고통을 덜 수 있도록 내가 할 수 있는 일에 최선을 다하고 있었다. 그런데 가난한 스와질란드 사람들의 운명이 제네바에서 기술 관료들이 내리는 결정에 달려 있었다는 사실을 깨닫고 충격을 받았다. 자유무역의 이름으로 새로운 규칙이 쓰였고, 그것이 가뜩이나 취약하던 내 고국 사람들의 삶을 부수어버렸다. 월드비전에서 일하던 우리 모두는 원격의 얼굴 없는 세력에 대해 완전한 무력감을 느꼈다.

*

자유무역 이론가들은 이러한 재앙을 어떻게 설명할까? 자유무역 이론가들은 무역 자유화를 하면 경쟁력 없는 산업에 묶여 있던 노동력과 자본이 '풀려나' 그 나라의 비교 우위에 더 부합하는 산업으로 빠르게 재배치될 것이라고 가정한다. 소위 '완벽한 요소 이동성'이라는 가정이다. 하지만 많은 경제적 가정이 그렇듯이 현실은 이론대로 돌아가지 않는다. 한 산업에서 일자리를 잃은 노동자들은 다른 산업에서 빠르게 일자리를 잡는 데 필요한 숙련 기술이 없는 경우가 많다. 그래서 오랫동안 실업 상태로 있게 되거나 저숙련, 저소득 일자리를 갖게 된다. 노동력이 생산적으로 재배치될 수 있으려면 실업 급여와 재교육 프로그램이 있어야 하는데, 가난한 나라는 여기에 들어가는 비용을 감당하기 어렵다. 게다가 구조조정 프로그램하에서 가난한 나라들은 이러한 사회적 지출을 할 수 있는 권리가 아예 부정당하는 경우가 많았다.

다음으로 자본의 이동성에 대해 말하자면, 이론상으로는 자본도 죽어가는 산업에서 경쟁력 있는 산업 쪽으로 자동적으로 이동해야 한다. 하지만 자본이 기계의 형태로 고정되어 있다면, 다른 산업에서 쓰이기에는 너무 특화되어 있어서 기계를 팔기 전까지는 그 기계를 놀리게 된다는 뜻이 된다. 문을 닫은 공장이 만지니 외곽에 텅 빈 채로 서 있었던 것처럼 말이다. 한편 유동성이 있는 자본은 쉽게 해외로 나갈 수 있으므로 국내에 계속 머물러 있으리라는 보장이 없다. 스와질란드에서 직물 분야 투자자들이 짐을 싸서 동아시아로 옮겨갔을 때 벌어진 일이 바로 그것이었다. 유동성 있는 자본의 이동성은 너무나 완벽했던 반면에 노동과 고정된 형태의 자본은 이동성이 그만큼 완벽하지 못했다.

그러니까, 이론은 실재와 일치하지 않는다. 이 이론이 말이 된다고 주장하려면 스와질란드의 직물 노동자 수천 명을 비자발적 성매매에 밀어 넣는 것이 국가의 비교 우위에 비추어볼 때 효율적이고 바람직한 결과라고 말해야 한다. 물론 스와질란드가 이 시나리오에서 고통을 겪는 동안 동아시아는 이득을 얻었다. 세계무역기구의 자유무역주의자들은 이 사실을 자유무역이 도움이 된다는 근거로 들곤 한다. 글로벌 남부의 역사에서 이것은 받아들이기 힘든 슬픈 진실이다. 1950년대와 1960년대에 글로벌 남부 국가들은 연대와 상호 부조의 정신으로 연합해 비동맹운동과 G77을 통해 공동의 이익을 달성하려 맹렬히 노력했다. 하지만 구조조정과 세계무역기구는 이러한 공동의 노력을 해체했고 가난한 나라들끼리 서로 싸우게 만들었다. 고전적인 식민주의만큼이나 오래된, '분열시켜 정복하라' 전략인 것이다.

감염병에서 이윤을 얻는 방법

개도국이 자유무역으로 겪는 고통 중에는 자유무역 자체와는 관련이 없는 것도 많다. 세계무역기구 협정 중에 저작권과 특허에 대한 규칙인 '무역 관련 지적재산권 협정'[이하 TRIPS]이라는 것이 있다. 특허 보호 기준을 낮추면 교역이 증진되리라고 쉽게 생각해볼 수 있을 것이다. 국가들 사이에 기술 공유가 더 쉽게 이뤄지게 하는 것은 기술 발전을 촉진하고 교역의 효율성을 높이는 데 효과적인 방법이 될 수 있다. 이는 생산성을 높이고 혁신과 교환을 증대시킬 수 있다. 하지만 TRIPS는 정확히 이와 반대되는 일을 하기 위해 고안되었다. TRIPS의 핵심은 특허 보호 기준을 높이고 그것을 국제법으로 명문화한 것이다. 그리고 아이러니하게도 이것은 무역 자유화의 기치 아래에서 이루어졌다. 형용 모순이 아닐 수 없다.

19세기 말에 전 세계의 평균적인 특허 보호 기간은 13년이었다. 무역 자유화 직전이던 1975년에는 17년으로 늘어 있었다. 이어서 TRIPS 체제에서 부유한 국가들은 20년이라는 새로운 기준을 성공적으로 강제해냈다. 특허 소유자에게는 좋은 소식이었다. 편히 물러나 앉아서 더 오랫동안 지대를 뽑아낼 수 있게 되었으니 말이다. 하지만 가난한 나라들에는 파괴적인 영향을 미칠 수 있었다. 특허 비용이 굉장히 비쌀 수 있기 때문에 많은 가난한 나라들이 컴퓨터 프로그램이나 농업 기술, 약품 등 기본적인 발전에 필요한 지식과 기술을 구할 수 없게 될지도 모르는 것이다. 실제로 TRIPS의 결과 개도국은 추가적으로 연 600억 달러의 라이선스 비용을 다국적 기업에 지불해야 했다.[15]

너무 전문적이고 기술적인 이슈처럼 들릴지 모르지만 이것은 인간의 삶과 후생에 파괴적인 영향을 끼칠 수 있는 문제다. 가장 강력한 사례를 꼽자면 단연 에이즈 위기다.

*

내가 어렸을 때 아버지는 스와질란드에서 HIV 초창기 케이스 중 하나를 진단한 의사였다. 1988년이었고, 아버지는 이 사례를 무심히 넘기지 않고 더 광범위하게 테스트를 진행하기로 했다. 그리고 이듬해에 아버지는 임산부 클리닉에 온 여성의 2%가 HIV 양성이라는 것을 발견했다. 놀랍도록 높은 숫자였다. 그런데 1년 뒤에는 2배가 되었고 그다음 해에는 또다시 2배가 되었다. 바이러스가 너무나 급속도로 퍼져서 1990년대 말이 되자 인구의 거의 25%가 감염되었다. 보건소에서 일하던 아버지와 어머니는 이 질병이 신체를 어떻게 갉아먹는지 직접 목격했다. 아버지는 당시를 이렇게 회상했다. "끔찍했지. 금세 병상이 부족해졌어. 환자들을 바닥에서 돌봐야 했단다. 총체적인 위기였어." 아버지가 늦은 밤에 녹초가 되어서 귀가하던 모습이 지금도 생각난다. 하지만 환자들에게 있어서 이 감염병의 가장 끔찍한 부분은 직접적인 신체적 고통만이 아니라 치료를 할 수가 없다는 점이었다. 약이 없어서가 아니었다. 약은 있었다. 최초의 항레트로바이러스 약이 미국에서 승인된 것은 아버지가 최초 사례를 진단하기 1년 전인 1987년이었다. 하지만 제약 회사는 약값을 1년에 1만 5000달러로 책정했다. 아주 부자가 아니면 감당할 수 없는 가격이었다.

가격이 이렇게 높을 수 있었던 이유는 TRIPS 협정으로 강력한 새특허 시스템이 적용되었기 때문이었다. 과거에는 제약 회사들이 약품의 구성 성분이 아니라 **제조법**에 대해서만 특허를 가질 수 있었다. 개도국이 수입 약품에 대해 새로운 제조법을 발견할 수만 있다면 복제약을 생산해 훨씬 낮은 가격으로 시장에 내놓을 수 있었다. 그런데 TRIPS는 기업이 특허를 가질 수 있는 영역을 분자 수준으로까지 확대함으로써 복제약 만드는 것을 불가능하게 만들었다. 에이즈 위기가 펼쳐지는 동안 인도의 복제약 제조업체는 항레트로바이러스 약을 낮게는 연 350달러 가격으로 수출할 수도 있었다. 수백 만 명의 환자를 살릴 수 있었을 가격대였다.[16] 하지만 제약 회사들의 압력으로 세계무역기구는 복제약 수출을 적극적으로 저지했다. 아버지는 이렇게 말했다. "이건 범죄야. 제약 회사들이 사람들이 불필요하게 죽도록 두려 한다는 사실에 나는 너무나 충격을 받았단다."

얼마 뒤, 에이즈 확산이 스와질란드 못지않게 심각했던 이웃 국가 남아프리카공화국이 공중 보건상의 위기 상황임을 근거로 세계무역기구 규칙을 따르지 않기로 하고 항레트로바이러스 복제약을 사용하기 시작했다. 남아프리카공화국은 어떤 특허도 그것을 존중하기 위해 수백만 명이 목숨을 잃어야 할 만큼 신성하지는 않다고 주장했다. 이에 대해 미국은 세계무역기구의 분쟁 조정 절차를 통해 경제 제재를 가하겠다고 위협했고 이 냉혹한 대응을 전 세계가 공포에 떨며 지켜보았다. 그런데 그때 미국에서 이 입장을 흔드는 사건이 일어났다. 2001년에 몇몇 미국인이 탄저병에 노출되어 숨지는 사고가 발생한 것이다. 미국 정부는 탄저병이 생물학적 무기로 쓰여서 급속히 확산될 가능성을 우려했고, 만약을 대비해 시프로Cipro[시프로플록사신]라는 항생제를 비축하기로 했다. 하지만 시프로는 [독일의 제약 회사] 바이엘이 특허를 가지고 있어서 매우 비쌌다. 미국 정부는 잠재적인 공중 보건상의 위기 상황임을 근거로 바이엘이 특허를 유예하도록 압력을 넣었고 복제약이 생산될 수 있었다.

특허란 신성불가침이 아니며 얼마든지 유예될 수 있다는 사실이 전 세계에 분명해진 것이다. 심지어 미국에서도 말이다. 그리고 미국인 몇 명이 병에 걸린 것으로 그러한 예외가 실행될 수 있다면, 아프리카에서 수백만 명이 죽어갈 때 동일한 예외가 실행되지 말아야 할 이유는 무엇인가?

그럼에도, 미국과 세계무역기구는 물러서지 않았다. 2년 동안 풀

뿌리 공동체들이 조직되고 시민사회 운동이 더 있고 나서야 마침내 물러섰다. 개도국이 에이즈 확산과 같은 공중 보건상의 위기에 대응하기 위해 생명을 살릴 수 있는 약품의 복제약을 제조하거나 수입할 수 있는 권리를 획득한 것은 2003년이 되어서였다.[17] 이러한 양보가 나왔을 때 감염세는 이미 수그러들어 있었고 1000만 명의 아프리카 사람들이 에이즈로 사망한 뒤였다. 저렴한 약에 접근할 수 있었다면 대부분은 목숨을 잃지 않았을 것이다.

에이즈 약만의 문제가 아니다. 말라리아, 결핵 등 글로벌 남부에서 사람들의 생명을 살리는 데 꼭 필요한 약 모두가 해당되는 이야기다. 매년 1800만 명이 예방 가능한 질병으로 목숨을 잃으며 많은 경우 구매 가능한 가격대의 약에 접근할 수 없는 것이 이유다. 약의 제조 원가 자체가 비싼 것은 아닌데, 제약 업계는 엄청나게 높은 약값을 어떻게 정당화하고 있을까?

특허가 논쟁이 될 때 그들이 단골로 들고 나오는 주장은 특허로 소득을 올릴 수 있으리라는 기대가 있어야 약을 개발하고자 할 동기 부여가 된다는 것이다. 여기에 더해, 그들은 특허로 얻은 이윤이 더 좋은 신약을 개발하기 위한 연구개발에 재투자된다고 주장한다. 하지만 제약 관련 연구 자금의 84%는 정부 및 그 밖의 공공 자금원에서 충당되었고 제약 업계가 자금을 댄 것은 12%에 불과하다.[18] 약을 개발하는 과학자 대부분은 이윤으로 추동되는 산업계의 과학자가 아니라 학계의 과학자들이다. 에이즈 약만 보더라도, 약의 핵심 성분 대부분은 공공 대학에서 개발되었고 그다음에 기업들이 그것을 구매해 특허를 받았다. 제약 회사들은 국가가 공중 보건상의 위기에 대응하기 위해 특허 보호에 예외를 선포할 수 있게 되어 있는 TRIPS의 예외 조항이 민간의 생산품을 징발할 수 있는 제도라며 불평을 제기해왔다. 하지만 사실은 그 반대가 맞다. 대부분의 경우 약은 공공에 의해 생산되었고 그다음에 민간이 특허를 통해 징발했다. 또한 수익을 연구개발에 재투자한다는 주장과 관련해서는, 제약 업계가 연구개발에 재투자하는 데보다 마케팅에 훨씬 더 많은 돈을 쓴다는 사실이면 반박하기에 충분할 것이다.[19] 이는 연구개발에 대한 그들의 헌신이 잘 봐줘도 미심쩍은 정도임을 보여준다.

공중 보건상의 위기 상황에서 TRIPS의 특허 보호가 유예될 수 있게 하는 데 성공한 것은 자유무역의 가장 가혹한 원칙과 싸워 이룬 큰 승리다. 하지만 이 승리도 안전하지는 않다. 거대 제약 회사들은 개도국의 복제약 시장이 제기하는 위협을 인식하고서 이 싸움을 다시 세계무역기구로 가지고 왔다. 이제 이들은 'TRIPS+'[트립스 플러스]라고 불리는 것을 밀어붙이고 있다. 골자는 미국 스타일의 특허법을 나머지 세계로도 확대해서 모든 국가의 생산자들이 마치 미국 내에서 운영하는 것처럼 미국 특허법에 복종하도록 만드는 것이다.

민주주의를 비웃는 '자유'

세계무역기구를 옹호하는 사람들은 국제통화기금이나 세계은행과 달리 세계무역기구는 자신의 의제를 일방적으로 부과하지는 않는다는 점을 자주 이야기한다. 세계무역기구가 하는 일은 집합적인 의

사결정의 장을 제공하고 정책이 잘 지켜질 수 있는 메커니즘을 촉진하는 것이라고 말이다. 기술적으로 말하자면 맞는 말이다. 세계무역기구의 결정은 이론상으로는 합의 기반이다. 하지만 이것은 현실을 너무 과하게 미화한 말이다. 합의 과정에서의 협상력이 시장 규모에 기반하기 때문이다. 가장 크고 가장 강력한 경제권인 미국, 영국, 독일, 일본 등은 거의 언제나 그들이 원하는 것을 얻는다.[20] 이것이 세계무역기구의 규칙 상당수가 비대칭적인 이유다.[21] 보조금 규칙이 부유한 나라들에 유리하고 가난한 나라들에는 피해를 주는 것처럼 말이다. 이뿐만이 아니다. 핵심 의사결정이 합의 과정이 시작되기도 전에 이미 내려져 있는 경우도 많다. G7 국가의 협상가들은 오랫동안 중요한 의제에 대해 입장을 미리 조율하는 '그린룸' 회의를 해왔다. 여기에는 주요국만 참여할 수 있고 대부분의 개도국은 배제된다. 가난한 나라에서 온 대표단이 이 배타적인 회의에 들어가서 협상에 참여할 정당한 자리를 요구하면 보안 요원들이 강제로 내쫓기 일쑤였다.

시장 규모에 기반한 협상력과 배타적인 그린룸 회의만으로도 세계무역기구에서 이득을 확보하기에 충분치 않다면, 부유한 국가들은 더 많은 인력을 동원할 수 있다는 이점도 있다. 부유한 국가들은 일군의 협상가를 협상 장소 근처에 상주시킨다. 그들은 세계무역기구 본부가 있는 제네바에 1년 내내 상주하면서 날마다 회의에 참여하고 수백 명씩 협상 세션에 들어가 자국의 이해관계를 옹호한다. 반면 고도로 숙련된 인력을 그처럼 많이 고용할 여력이 없는 가난한 나라들의 목소리는 무시된다. 많은 국가들이 자국에 직접적으로 영향을 미칠 의사결정이 내려지는 회의에 대표단을 보내는 비용조차 감당할 수 없었다. 그 결과 국제 교역 규칙은 부유한 국가들의 이득 쪽으로 크게 기울어지게 되었다.

국제 무역 시스템에 내재되어 있는 불공정은 글로벌 남부만 느낀 것이 아니었다. 글로벌 북부 사람들도 이 문제를 인식했다. 무역 부정의가 양쪽 모두에서 인식되면서 1999년에 시애틀에서 세계무역기구 제3차 각료회담이 열렸을 때 대대적인 저항이 일었다. 이것은 반세계화 운동의 상징이 되었고 그와 비슷한 저항의 물결이 이어졌다. 아래로부터의 압력이 거세지자 세계무역기구의 그다음 라운드 협상은 저항하는 사람들이 제기하는 몇몇 심각한 부정의를 해결하기로 했다. 하지만 도하개발라운드(이 라운드 협상의 이름으로, 나중에 도하개발어젠다로 정식 명칭이 변경되었다)에서 제시된 것은 겉치장일 뿐이었다. 서구 국가들은 농업 보조금도, TRIPS의 독소 조항들도, 대부분 포기하려 하지 않았다. 이들이 버티는 바람에 2008년 이래 협상은 교착 상태가 되었다.

세계무역기구가 교착 상태에 빠졌으므로 부유한 국가들은 우회로를 고안했다. 다자간 협상에 의존하기보다 양자간 협상을 확대하기로 한 것이다. 양자간 협상은 중앙화된 국제 시스템을 통하지 않고 당사국끼리 직접 협상하는 것을 말한다.

사실, 굵직한 첫 자유무역협정은 1994년에 미국, 캐나다, 멕시코가 체결해 발효된 북미자유무역협정NAFTA이었다. 이로써 관세 장벽 대부분이 없어져 세 나라 사이에 재화가 자유롭게 이동하게 되었다. 이 협정은 매우 큰 논란을 불러일으켰고 세 나라 유권자들 모두 대대적으로 저항했다. 멕시코에서는 보조금을 받아 재배되는 미국의 옥수수가 쏟아져 들어오면 경쟁을 할 수 없게 될 것을 우려한 수십만 명의 농민이 수도의 거리로 트랙터를 끌고 나와 시위를 벌였다. 이들의 우려가 맞았다. NAFTA가 발효되자 미국산 옥수수가 멕시코 시장을 낮은 가격으로 치고 들어왔다. 200만 명의 멕시코 농민이 농업을 지속할 수 없게 되어 자신의 땅을 떠나야 했다. 상처에 소금 뿌리는 격으로, 그 토지를 외국 기업이 매입해 대농장을 세웠다. 3장에서 묘사한 인클로저와 그리 다르지 않은 과정이었다. 모든 곳의 인클로저가 그렇듯이, 토지를 잃은 농민 상당수가 노동 착취 공장에서 저임금으로 일할 수밖에 없도록 내몰렸다. 저임금 노동 착취 공장이 미국-멕시코 접경 지역에 우후죽순 생겨날 수 있었던 이유는 NAFTA로 미국 기업이 더 값싼 노동력의 이득을 누리기 위해 생산 시설을 국경 남쪽으로 옮길 수 있었기 때문이었다.

보조금을 받아 재배된 미국산 옥수수가 들어왔으니 멕시코에서 주식인 토르티야 값이 낮아지지 않았겠느냐고, 그러면 멕시코의 가난한 사람들에게는 좋은 일이 아니었겠냐고 생각할 수 있을 것이다. 하지만 역설적이게도 그와 정반대의 일이 벌어졌다. NAFTA는 식품 소매가격을 정부가 규제하지 못하게 했다. 그래서 토르티야 가격이 첫 10년 사이에 279%나 올랐고 기아와 영양실조가 증가했다.[22]

미국 기업으로서는 꿈의 시나리오였다. 새로운 수출 시장을 얻었고 새로운 토지를 이용할 수 있게 되었으며 비싼 값을 받고 팔 수 있는 소매 유통 경로와 값싼 노동력도 확보할 수 있게 되었다. 멕시코의 거대 기업들도 이득을 얻었다. 이것이 애초에 멕시코 정부가 NAFTA에 서명한 이유였다. 하지만 평범한 사람들은 막대한 고통을 겪었다.

멕시코 농업 노동자의 소득은 이전 수준의 3분의 1로 떨어졌다. 여러 산업 분야에서 실질 임금이 크게 낮아졌고 공식 노동 시장에서의 고용이 감소했다. 10년이 지나자 NAFTA 체결 이전에 비해 1900만 명이 **추가로** 빈곤선 아래로 떨어졌다. 이제 멕시코 인구의 절반 이상이 빈곤선 아래에서 살아간다. 최근 《뉴욕 타임스》에 실린 한 기사에 따르면 "멕시코에서 인구의 25%가 기초식품에 접근하지 못하고 있으며 멕시코인의 5분의 1이 영양실조로 고통을 겪고 있다."[23] NAFTA 발효 이후 1인당 소득 성장률은 평균 1.2%에 불과했는데, NAFTA 이전 수십 년간의 평균에 비해 절반 이하로 떨어진 것이다.

미국 노동자들도 고통받았다. 2010년이면 NAFTA로 인해 직접적으로 미국에서 사라진 일자리가 68만 2900개에 달했다. 대부분은 노조가 있었던 고소득의 제조업 일자리였다.[24] NAFTA는 미국에 그나마 남아 있던 노조의 힘을 분쇄하는 데 강력한 효과를 발휘했고 미국에서 임금이 정체되는 데 직접적인 원인이 되었다.

*

NAFTA는 평범한 멕시코인과 미국인 대다수의 생활 수준에 악영향을 끼쳤다. 하지만 NAFTA의 영향은 두 나라를 훨씬 넘어선다. 전 세계에서 민주주의와 국가 주권의 원칙을 뒤흔들게 될 내용이 이 협정문 제11장의 복잡한 언어들 사이에 깊이 파묻힌 채 삽입되어 있었던 것이다.

투자자 입장에서 해외에 투자할 때 봉착할 수 있는 리스크 중 하나는 그 나라 정부가 내 자산을 국유화하는 것이다. 발전주의 시기에 글로벌 남부의 정부들은 외국이 장악한 부를 되찾기 위해 종종 이 전술을 사용해 토지를, 때로는 서구 기업이 소유한 사업체까지도 국유화했다. 이런 일이 미국 기업에 발생하면 미국 기업은 해당 국가에 쿠데타를 일으키거나 경제 봉쇄를 가하는 등의 방법을 통해 보복해달라고 미국 정부를 설득해야 했다. 실제로 많은 경우에 그런 일이 일어났지만 이것은 손을 더럽히는 일이었고 정치적으로 위험했다. 어느 정부도 기업의 이해관계를 위해 다른 나라를 공격하는 것을 기꺼이 하지는 않는다. 그래서 1965년에 이들은 이러한 분쟁을 법원과 유사하게 질서 있는 환경에서 해결할 방법을 추구했다. 바로 세계은행이 관장하는 국제투자분쟁해결센터ICSID다. 이는 민간의 자산을 국가가 징발해야 할 경우에는 그 자산의 투자자에게 공정한 가치대로 보상할 의무가 있다는 취지에서 나온 제도다. 분쟁 처리는 세 명의 조정인이 결정하는데, 양 당사자가 한 명씩 선정하고 나머지 한 명은 양측 모두가 동의한 사람으로 구성된다.

1980년대 말이면 전 세계 대부분의 국가가 이러한 조정 시스템에 들어와 있었다. 대부분의 라틴아메리카 국가들을 포함해 어떤 나라들에는 구조조정 프로그램의 일환으로 이 시스템이 강요되었다. 하지만 초기의 의구심에도 불구하고 이들 국가들 역시 이 시스템이 꽤 잘 작동한다는 것을 알게 되었다. 뭐니 뭐니 해도 서구가 은밀히 지원하는 쿠데타를 완화할 수 있었고, 이것은 지극히 환영할 만한 변화였다.[25]

하지만 NAFTA가 발효되자 투자자-국가 분쟁 조정ISDS 시스템에 우려스러운 반전이 벌어졌다. 투자자들이 자산 징발뿐 아니라 환경 규제와 사회적 규제까지도 자신들의 이윤을 훼손한다며, 아니 심지어는 '예상되는 미래 수익'을 훼손한다는 궤변까지 펼치면서 그러한 규제들에 대해 ISDS 절차를 사용하기 시작한 것이다. NAFTA 제11장에 의거해 이러한 분쟁이 제기된 사례를 여럿 찾아볼 수 있다. 초창기의 유명한 사례로, 멕시코에서 유해 폐기물 매립장을 운영하던 미국 기업 메탈클래드가 제기한 사건이 있다. 이 매립장이 인근의 수자원을 심하게 오염시켜서 주민의 건강을 심각하게 위협한다는 것이 명확해지자 도시 당국은 매립장을 폐쇄하고 주변 지역을 보호 구역으로 선포했다. 그러자 메탈클래드는 이 결정이 자사의 토지와 시설을 '징발'한 것이라며 분쟁 조정 절차에 이의를 제기했고, 멕시코는 메탈클래드가 입은 손실에 대해 1560만 달러를 지불해야 했다. 또 다른 사례로, 미국 기업 다우애그로사이언스가 자신들의 농약이 암을 유발할 수 있다는 이유로 캐나다에서 사용이 금지되자 캐나다 정부를 제소한 사건도 있다.

이러한 사건들 모두 동일한 패턴을 따른다. 어떤 국가가 자국 내에서 활동하는 외국 기업에 국내법을 적용하려 하면 그 기업이 자신들의 '미래 예상 수익'을 제약한다며 그 국가를 상대로 소를 제기하는 것이다. 그 국내법이 인권, 공중 보건, 환경을 보호하기 위해 적용되는 것일 때도 말이다.

이것의 함의를 조금 더 생각해볼 필요가 있다. 일반적으로 국가는 '주권자 면제sovereign immunity'라는 면책 특권을 누린다. 국가는 소송을 당할 수 없다는 말이다. 하지만 이 원칙이 투자자-국가 분쟁에서는 적용되지 않는다. '투자자 보호'는 기업이 국가의 사법 시스템을 피해 가고 주권 국가의 법을 없앨 수 있는 권한을 갖게 해준다. 다른 말로, 기업이 민주적 국가를 규제할 수 있는 권한을 부여받는다. 그 반대가 아니고 말이다. 이것은 국가 주권과 민주주의에 대한 정면 공격이다. 그리고 아이러니하게도 이번에도 이러한 공격은 '자유'의 이름으로 자행된다. 실제로 제소까지 가지 않는다 해도 외국 기업으로부터 제소당할 수 있다는 위협만으로도 국민에게 선출된 입법가들은 새로운 규제를 법으로 제정하기 전에 두 번 생각해야 한다.

새로운 투자자-국가 분쟁 조정 메커니즘에서 가장 우려스러운 것은 내재적인 불균형이다. 외국인 투자자는 국가를 상대로 소송을 걸 수 있다. 하지만 국가는 외국인 투자자를 상대로 소송을 걸 수 없다. 국가가 할 수 있는 최대한은 외국인 투자자가 소송을 철회하도록 합의를 이끌어내는 것이다. 국가는 외국 기업이 유발한 피해를 공식적인 분쟁 절차를 통해 주장할 수 없다. 다른 말로, 이 시스템은 민주적 책무성을 갖지 않는 기업에 특별한 권한과 자유를 주며, 그와 동시에 민주적 책무성을 갖는 주권 국가들의 권한과 자유를 잠식한다.

이러한 사건에서 주권자 면제 원칙이 어떻게 사용되었는지를 보면 놀라운 아이러니가 작동하는 것을 볼 수 있다. 세계은행과 국제통화기금은 주권자라고 주장할 수 없음에도 불구하고 그들에게 피해를 본 국가나 시민들이 소송을 걸지 못하게 스스로를 보호한다는 점은 앞에서 이미 언급했다. 오늘날까지 아무도 이러한 면책에 성공적으로 도전하지 못했다. 주권자에 한해 인정해주는 면책의 원칙이 민주적 책무성을 갖지 않는 민간 기관인 세계은행과 국제통화기금을 **공적** 기관으로부터 소송당하지 않게 **보호**한다니 실로 놀라운 일이다. 정작 주권을 합당하게 주장할 수 있는 민주적 국가는 주권자 면책이 **중지**되어서 **민간** 기관들로부터 소송당할 수 있게 해놓고 말이다. 이것은 단순한 모순이 아니라 법질서를 거꾸로 뒤집는 것이다.

설상가상으로, 분쟁 조정 절차 자체가 민주적이지 않다. 이 절차는 비공개로 진행되며 일반적인 법정이었다면 적용되었을 견제와 균형, 투명성의 원칙이 적용되지 않는다. 분쟁 조정 절차에서 판단을 내리는 조정자들은 공적으로 임명된 사람이 아니라 민간 로펌 변호사다.[26] 시민과 공동체는 외국 투자자들 때문에 해를 입어도 조정 절차에서 대표되지 않는다. 그런데도 조정 기구의 결정은 그 국가 의회의 입법과 법원의 판결을 압도하는 권력을 갖는다. 스페인의 한 조정인은 이 제도를 목격하고 받은 충격을 다음과 같이 섬찟하게 표현했다. "밤에 일어나서 조정 절차를 생각해보니, 주권 국가가 투자자와의 분쟁 조정 절차에 동의를 했다는 것 자체에 놀라움을 금할 수가 없다. (…) 세 명의 민간인이 사건을 심사하고 판단할 권력을 부여받는다. 권한의 제한이나 항소 절차도 없고 정부가 취할 수 있는 행동도 없으며 국가의 법원이 내렸던 과거의 모든 결정과 국가의 의회가 만들었던 모든 법과 규제도 여기에는 존재하지 않는다."[27]

NAFTA는 세계의 다른 곳에서 비슷한 자유무역협정이 체결되는 데 청사진 역할을 했다. 이제는 이러한 협정이 수십 개나 존재한다. 2005년에 체결된 중앙아메리카 자유무역협정CAFTA에도 투자자-국가 분쟁 조정 절차가 있고, 이에 의거해 제소가 이뤄진 사건이 벌써 상당수 존재한다. 최근에 엘살바도르 시민들이 강물 수계를 파괴할 수 있는 캐나다 기업 퍼시픽림의 금광 개발 계획을 금지하도록 투표를 했는데, 퍼시픽림은 현재 엘살바도르를 상대로 잠재적 이윤 손실 3억 1500달러에 대해 조정 절차를 진행 중이다. 미국-페루 자유무역협정도 미국 광산 기업 도런이 페루 정부를 상대로 이의를 제기하는 데 이용되었다. 라오로야 지역에 있는 도런의 제련소가 오염 정화 조치를 하지 않자 페루 정부가 영업 허가를 취소했는데, 이에 도런이 이의를 제기한 것이다. 이 조정 절차는 도런이 자사 제련소가 일으킨 오염으로 피해를 입은 사람들(아동도 포함해)이 소송을 제기하는 것을 피하기 위한 시도이기도 했다. 이 사건에서는 도런이 승리하지 못했지만, 전체적인 상황은 투자자-국가 분쟁 조정이 '이상한 나라의 앨리스'처럼 기이하기 짝이 없다는 것을 보여준다.

현재까지 국제투자분쟁해결센터에 제소된 사건은 500건이 넘으며 이 숫자는 빠르게 증가하고 있다. 1990년대에는 연간 10건이 안 되었는데 2012년에는 59건이 제소되어 이전 연도보다 51건이 증가했다. 지금까지 결정된 가장 큰 배상액은 23억 달러였는데,[28] 나중에 9억 8000만 달러로 감액되었다. 이는 에콰도르가 미국 석유 회사 옥시덴탈 페트롤리움의 석유 채굴 양허권을 적절한 동의가 이루어지지 않았다는 이유로 무효화한 데 따른 배상액이었다. 다행히도 마침내 이 시스템은 강도 높은 비판을 받고 있다. 최근에 알프레드 드 자야스 유엔 특별보고관은 투자자-국가 분쟁 조정 조항이 인권에 대한 위협이자 국제법 위반이라고 맹비난했다.[29] 또 미국에서 100명이 넘는 법학 교수들이 의회에 공개서한을 보내 이러한 조항이 국가 주권과 법치를 위협한다고 지적했다.

비판의 목소리가 높아지고 있지만 여전히 이것은 힘겨운 전투다. 이 글을 쓰고 있는 현재, 두 개의 새로운 자유무역협정 협상이 진행 중이다. 하나는 미국과 유럽연합의 교역을 관장할 범대서양 무역투자동반자협정TTIP이고 다른 하나는 NAFTA를 남아메리카와 태평양 넘어서까지 확대한 환태평양 경제동반자협정TPP이다. 이 협정들은 이전의 협정들보다도 훨씬 더 나아가려 한다. 이전의 협정들은 여기에 비하면 고릿적 것으로 보일 정도다. 예를 들어 TTIP의 주된 목적은 무역장벽을 낮추는 것이 아니라(무역 장벽은 이미 최소 수준이다) 기업의 이윤 극대화를 가로막는 어떤 '장벽'이라도 없애는 것이다. 노동법, 디지털 프라이버시법, 환경 보호, 식품 안전 기준, 금융 규제 등 무엇이든 말이다. [이 시점의 안대로 통과된다면] TTIP하에서는 어떤 정부가 상업 은행의 증권 거래를 금지하면 그 은행은 그것을 문제 삼을 수 있다. 상업 은행의 증권 거래가 2008년 금융 위기의 주된 이유였는데도 말이다. 또한 TTIP는 정부가 은행 규모를 제한하지 못하게 하고 금융 거래에 로빈후드세*도 도입하지 못하게 할 수 있는데, 이것들은 금융 위기의 재발을 막으려면 필수적이라고 여겨지는 조치들이다. 이에 더해, 아마도 가장 우려스러운 것으로, 이 협정은 정부들이 화석연료의 추출과 소비를 제한할 수 없게 만들지도 모른다. 이 협정이 통과되면 선출직 정치인들은 기후 변화와 경제 위기에 맞서 지구와

• 금융 기업이나 개인의 과다한 소득에 높은 세금을 매겨 저소득층을 지원하는 데 쓰도록 제안된 세금.

자국민을 방어할 수단이 없어지게 될 것이다.

또 하나 걱정스러운 점은 우리가 이러한 조항들을 알게 된 것이 내부고발자가 TTIP의 초안 일부를 공개해준 덕분이라는 데 있다. 조항의 나머지는 여전히 비밀에 싸여 있다. 기업에서 파견된 605명도 포함해서 협상에 참여하는 사람들만이 전체 내용을 알 수 있다. TPP도 마찬가지다. 초안의 몇몇 장이 유출되고서 2015년에 마침내 전체 문서가 공개되었는데 전체 문서의 내용은 많은 이들이 예상했던 것보다도 훨씬 더 나빴다. TPP 초안은 기업들이 식품 안전, 건강, 환경과 관련된 규제를 없애고 월가의 개혁을 되돌리며 인터넷의 자유를 심각하게 저해할 내용을 담고 있었다. 또한 여기에는 전에 미국 의회가 시민사회의 강력한 저항에 부닥쳐 거부한 바 있는, 논란 많은 온라인 저작권 침해 금지 법안SOPA의 내용도 상당 부분 포함되어 있었다. 그리고 생명을 살리는 의약품과 종자에 대해서까지도 특허 기간을 연장하게 되어 있었다.

이러한 조약들은 기업 쿠데타가 국제적인 규모로 행해지는 것과 비슷하다. 이는 국가의 의회와 모든 민주적 숙고 장치를 우회하는 역외 입법의 길을 열면서, '선출된 정부'라는 개념을 조롱한다. '자유'무역 이데올로기가 오버플레이를 하다가 스스로를 웃음거리로 만든 셈이다. 자유무역 협정들은 자유무역이 애초에 자유와 관련이 없었다는 사실을 명백하게 보여준다. 인간의 자유를 **실제로 촉진하는 것들**, 가령 노조를 조직할 권리, 공공 서비스에 평등하게 접근할 권리, 건강한 환경에 대한 보호 등은 반민주주의적이거나 전체주의적인 것이라고 치부되고, 이러한 자유는 '비효율적인 관료제'나 '장벽'으로 여겨진다. 이것들이야말로 민중의 풀뿌리 운동이 민주적 권리를 행사해 획득해온 것인데도 말이다. 유권자들에게 자기 삶에 영향을 미치는 경제 정책에 대한 통제력을 줄 경우, 민주주의가 반민주주의적이라고 비난받으면서 공격 대상이 된다.

국가를 줄 세우는 세계은행

자유무역의 기치 아래에서 세계는 재화의 빠른 흐름을 촉진하는 방향으로 재구성되어왔다. 우리는 이런 일이 벌어지는 것을 실시간으로 볼 수 있다. 항구가 커지고 점점 더 많은 화물선이 칫솔부터 석류까지 모든 것을 담은 컨테이너들을 가득 싣고서 바다를 누비고 있다. 지역에서 만든 것, 지역에서 재배된 것은 드물어져서 지역 물건이 오히려 희귀품으로 여겨질 정도다. 재화의 글로벌한 흐름은 우리 일상에서 아주 친숙한 부분이다. 하지만 자유화가 촉진한 또 하나의 흐름이 있는데, 눈으로 보는 것이 불가능하기 때문에 훨씬 덜 알려져 있다. 재화의 흐름이 전 세계에서 민주적 주권 국가의 주권을 침해하고 있다면, 돈의 흐름은 그 침해의 과정을 완전히 차원이 다르게 일으키고 있다.

케인스가 고안한 원래의 브레턴우즈 시스템은 국가들이 자국의 경계를 넘나드는 자본에 대해 통제력을 갖게 하려는 취지에서 고안되었다. 국가들은 어떤 외국 투자자가 국내에 자본을 들여와서 비즈니스를 할 수 있는지, 어떤 외국 투자자가 국내 회사의 지분을 살 수 있는지 등을 결정할 수 있었다. 외국 투자자들이 자신의 돈을 빼가고 싶으면 엄격한 신청 절차를 거쳐야 했다. 이것은 경제의 안정성을 위해 반드시 필요한 것으로 여겨졌다. 어떤 이유로 경제가 불황에 빠지면 투자자는 당장 돈을 빼서 더 안전한 곳으로 보내고 싶을 것이다. 이러한 일이 대규모로 벌어지면 그 나라에 꼭 필요한 자본이 빠져나가게 되고 불황은 더욱 악화된다. 투자자가 대거 빠져나가면 약간의 불황 조짐이었던 것이 대대적인 위기로 치달을 수 있다. 그래서 케인스가 고안한 시스템은 이런 일을 막기 위해 각 국가가 '자본 통제'를 할 수 있게 되어 있었다.

하지만 자유무역으로의 개혁은 점차적으로 자본 통제를 해체했고 외국 투자자와 대부자들이 방대한 규모의 자본을 전 세계를 가로질러 빛의 속도로 움직일 수 있게 했다. 원하는 때 원하는 곳 어디로든지 돈을 보내고 어디에서든지 돈을 빼낼 수 있게 된 것이다. 자본 기반이 두텁지 않은 가난한 나라 입장에서 이것은 심각한 위험을 초래할 수 있다. 예기치 못한 자본 이탈이 약간만 생겨도 경제가 위기에 빠질 수 있기 때문이다. 하지만 더 안 좋은 것이 있는데, 자본 통제를 폐지하면 막대한 권력이 국제 투자자들에게로 넘어가게 된다는 점이다. 다음과 같은 경우를 생각해보자. 당신이 투자자이고 오로지 수익만을 고려해 의사결정을 한다면 당신은 돈을 '기업 친화적'인 조치들을 취하고 있는 나라에 보내고 싶을 것이다. 미사여구로 '기업 친화적'이라고 불리는 조치들에는 저임금, 낮은 세율, 값싼 천연자원 등이 포함된다. 당신이 투자한 나라의 정부가 갑자기 노동자의 임금이나 조세를 올리기로 하거나 폐기물과 오염을 규제하기로 해서 당신의 이윤을 갉아먹는다면 당신은 빠르게 돈을 빼서 다른 곳으로 보내려 할 것이다. 과거에는 이렇게 하기가 쉽지 않았다. 그 나라 정부에 당신이 하려는 일을 설명해야 했고 돈을 빼가려면 수수료를 내야 했다. 하지만 오늘날에는 이러한 장벽이 거의 없다.

투자자들이 각국의 유권자와 정부가 내린 결정에 대해 시시각각 투표를 실시하고 있는 셈이다. 자신들의 이윤을 극대화해주는 나라의 손을 들어주고 적정 임금이나 건강한 환경 같은 것을 우선시하는 나라는 자금을 빼감으로써 처벌을 하는 것이다. 투자자들이 이렇게 처벌하기로 하면 그 나라는 심각한 피해를 겪게 된다. 가난한 나라들은 생존하기 위해서만으로도 외국의 투자자들에게 크게 의존하고 있기 때문에 자본이 빠르게 빠져나가는 것은 재앙이 될 수 있다. 이런 면에서 외국 투자자들은 '가상 원로원'처럼 기능한다.[30] 런던, 뉴욕, 프랑크푸르트, 홍콩 같은 곳의 마천루에 앉아 있는 이들이 궁극적으로 전 세계 국가들의 경제 정책을 결정하는 것이다. 각국의 유권자들은 여기에 감히 반기를 들지 못한다.

물론 투자자들이 전 세계 모든 나라에서 경제 정책이 어떻게 달라지고 있는지를 일일이 다 파악하기는 어렵다. 아무리 열심히 신문을 보더라도 《월스트리트 저널》이나 《파이낸셜 타임스》가 보도할 수 있는 국가의 수에는 한계가 있다. 투자자들로서는 무척 다행스럽게도, 정보를 얻을 수 있는 또 다른 방법이 있다. 바로 세계은행이 펴내는 《기업환경보고서Doing Business》다. 매우 논란이 많은 이 소책자는 매년 세계 각국을 '기업하기 좋은 환경' 척도에 따라 등수를 매기는데, 대개 규제가 적을수록 순위가 높아진다. 투자자들과 CEO들은 수익 극대화를 위해 자금과 본사를 어디로 옮길지 결정할 때 이 순위를 사용한다. 아이폰 앱도 있어서 비행기를 타고 출장을 다니느라 바쁜 자본가들이 비행 중에도 《기업환경보고서》 정보를 확인해 투자를 재조정할 수 있다. 아이티에서 새로운 최저 임금법이 막 통과되었는가? 그러면 그곳 공장을 캄보디아로 옮기자. 남아프리카공화국에서 부자들에게 더 높은 과세를 하는 법이 통과되었는가? 그러면 그곳의 주식을 팔고 아일랜드에 투자해야 할 시점이다. 《기업환경보고서》의 순위는 전 세계의 규제 정책을 한눈에 꿸 수 있는 '정보의 파놉티콘'을 제공함으로써 투자자들에게 엄청난 권력을 쥐어주었다. 각국은 이에 반응해서 글로벌 자본 귀족들에게 더 매력적으로 보이기 위해 규제를 없애야 한다. 온라인에서 해볼 수 있는 '규제 개혁 시뮬레이터'는 각국이 어떻게 하면 순위를 올릴 수 있을지 보여주는데, 가령 법인세를 낮추거나 토지 탈취를 합법화하면 순위를 올릴 수 있다. 《기업환경보고서》는 세계은행이 발간하는 간행물 중 가장 영향력 있는 간행물이라고 말하기에 손색이 없으며 2003년에서 2013년 사이에 500개의 정책 변화를 이끌어냈다.[31]

《기업환경보고서》는 열 가지 지표로 순위를 매기는데, 대부분 '규제는 나쁘고 탈규제는 좋다'는 희한한 흑백 논리를 따르고 있다. 가령, '노동자 고용' 지표를 보면 최저 임금, 유급 휴가, 초과 근로 수당 등을 법제화하는 나라는 순위가 낮아진다. 경비 절감을 위해 노동자를 해고할 때 해고 수당을 지급하도록 의무화하는 나라도 점수가 낮아진다. 《기업환경보고서》에 따르면 이것은 폐지되어야 할 비효율적인 '관료제'다.

이것이 유엔의 국제노동기구가 정한 기본적인 노동권 규약들에 위배된다는 비판이 일자 세계은행은 '노동자 고용' 지표를 순위 시스템에서 삭제했다. 하지만 그에 못지않게 문제적인 다른 지표들은 여전히 사용되고 있다. '조세' 지표는 법인세, 재산세, 배당세, 심지어는 금융 위기 재발을 막기 위해 꼭 필요한 자본거래세가 있는 나라를 처벌한다. 고용주들에게 도로 교통, 폐기물 수거 등의 서비스를 위해 세금을 내라고 하는 나라도 처벌한다. 《기업환경보고서》는 세금 없이 국가가 어떻게 이런 서비스를 제공할 수 있을지, 그리고 이런 서비스 없이 기업이 어떻게 돌아갈 수 있을지는 생각해보지 않는 것 같다.

'신용 획득' 지표도 문제가 있다. 기업은 신용에 접할 수 있어야 하므로 합당한 지표로 보일지 모른다. 하지만 이 지표의 이름은 오도의 소지가 있다. 이것은 신용 서비스에 접하기가 얼마나 쉬운지를 재는 지표가 아니라 돈을 빌려준 쪽이 부채를 회수하기가 얼마나 용이한지를 재는 지표다. 파산법을 가지고 있는 나라, 즉 가령 부채를 갚지 못할 학생이 디폴트를 선언할 수 있는 나라는 순위가 낮아진다. 채무자의 자산을 압류하는 것이 더 쉬운 나라는 순위가 올라간다. 이것이 대부자들에게서 리스크를 없애주어서 부채 시장에 거품을 일으킬 수 있는데도 말이다.[32] '투자자 보호' 지표는 주주 가치 극대화 원칙을 강화하는 법의 제정을 요구한다. 이러한 법은 기업이 노동자에게 임금을 올려주거나 사회에 수익을 환원하는 것처럼 단기 이윤을 훼손하는 일은 어떤 것도 하지 못하게 만든다. '재산 등록' 지표는 국가들이 토지 구매에 대한 규제를 없애도록 강요해서 가뜩이나 개도국에서 널리 퍼지고 있는 토지 탈취의 불길에 기름을 붓는다.[33]

이 지표들의 문제는 균형을 완전히 상실했다는 데 있다. 이 지표들은 단지 최저 임금을 낮추고 싶어 하는 것만이 아니라 국가들이 최저 임금을 아예 폐지하도록 하려 한다. 더 온건한 과세를 요구하는 게 아니라 제로 과세를 요구한다. 교역을 더 효율적으로 하라고 요구하는 게 아니라 모든 관세를 없애라고 요구한다. 토지 규제를 줄이라고 요구하는 게 아니라 완전히 자유로운 토지 매매를 요구한다. 이러한 극단을 추구하는 국가는 보상을 받는다. 어떤 규제는 공정한 사회나 안정적인 경제에 매우 필수적일 수 있다는 점은 고려되지 않는다. 그렇다고 이 지표들이 규제 자체를 반대하는 것은 아니다. 기업의 이해관계에 직접적으로 도움이 되지 않는 규제만 반대할 뿐, 채권자와 투자자를 보호하는 규제, 그들이 토지를 강탈하고 조세를 회피하도록 해주는 규제는 좋은 것으로 여겨진다.

《기업환경보고서》 순위는 경제 정책을 민간의 이득이라는 얄팍한 기준으로 환원한다. 공식적으로 빈곤 없는 세상을 만드는 데 헌신하는 기관이라고 되어 있는 세계은행의 대표 사업인 이 보고서에서 기업의 이윤이 아닌 것은 어느 것도 중요하지 않다. 사람들의 후생, 토지의 건강, 사회의 공정성 등은 자유무역의 멋진 신세계에서 중요하지 않다. 국가들은 글로벌 경제에서 기업 권력을 떠받치기 위해 자국민의 이해관계를 무시하라는 압력을 받는다. 그리고 여기에 가장 충격적인 점이 있는데, 이 순위는 투자자의 의사결정에만 정보를 주는 것이 아니라 개발 원조의 흐름에도 영향을 미친다. 몇몇 원조 기관들이 이 순위에서 진전을 보이는 국가들을 우선적으로 지원하기 때문이다. 건강, 행복, 민주주의 관련 지표는 잊어라. 임금과 고용율에서 노동자들이 얻는 이득도 잊어라. 오로지 중요한 것은 '기업하기 좋은 환경'이다.

《기업환경보고서》 순위를 매기는 방법론에 대해 말하자면, 그리 탄탄한 방법론이 쓰이고 있지 않다. 2013년 6월에 김용 세계은행 총재가 의뢰해 독립적으로 작성된 공식 평가 보고서에서도 《기업환경보고서》의 방법론이 동료 평가를 거치지 않았다는 점을 포함해 여러 가지 우려스러운 점이 있다고 지적받았다.[34] 사실 이 순위는 두 명의 경제학자가 쓴 논문에 전적으로 의존하고 있다. 시메온 잔코프와 안드레이 슐라이퍼로, 둘 다 잘 알려진 신자유주의 이념가다. 왜 우리가 그들의 말을 귀담아 들어야 하는가? 그리고 누가 《기업환경보고서》의 협소한 기준에 따라 국가들을 줄 세울 권한을 세계은행에 주었는가? 점점 더 많은 시민 사회 집단이 이러한 질문을 제기하고 있으며, 독립적인 패널이 작성한 공식적인 평가 보고서도 이 순위 시스템을 통째로 폐기하도록 권고하고 있다.

가상 원로원의 부상은 신자유주의 역사에서 중요한 혁신 하나를 보여준다. 과거에는 신자유주의가 외부 권력에 의해 전 세계에 강요되었다. 그런데 가상 원로원은 자본 흐름을 통제함으로써 각국이 **스스로 알아서** 신자유주의를 강제하게 만드는 권력을 갖고 있다. 어느 국가가 발전에 꼭 필요한 자본을 확보하고 싶다면, 아니 생존을 위해 꼭 필요한 자본을 확보하고 싶다면, 임금을 깎고 조세를 줄이고 규제를 없애면서 가상 원로원에 굽신거려야 한다. 외국 투자자라는 신들 앞에서 세계는 인질이 된다.

*

흔히 사람들은 자유무역이 완전히 자유로운 시장을 촉진하는 이데올로기라고 생각한다. 국가가 개입주의적 정책을 포기하고 물러나 있는 것처럼 말이다. 하지만 조금 떨어져서 보면 신자유주의의 확산은 새로운 형태의 강력한 국가 개입과 함께 이뤄져왔음을 알 수 있다. 글로벌 '자유시장'을 창출하는 데는 서구 정부의 지원으로 폭력적인 쿠데타와 독재 정권 수립이 필요했을 뿐 아니라 총체적인 글로벌 관료제(세계은행, 국제통화기금, 세계무역기구, 양자간 자유무역 협정 등)도 발명되어야 했다. 미국의 군사력을 배경으로 그와 관련된 법률이 수없이 제정되었다. 다른 말로, 세계 각국이 그들의 의지에 반해 시장을 자유화하도록 압력을 넣기 위해서는 국가 권력의 전례 없는 팽창이 필요했다. 중국의 무역 장벽을 부수기 위해 영국 함선이 중국을 침공한 1842년 아편 전쟁 이래 글로벌 남부 국가들이 너무나 잘 알고 있었듯이, 자유무역이 '자유'와 관련되었던 적은 한 번도 없었다. 그와는 정반대로, 우리가 살펴봤듯이, 자유무역은 국가 주권과 선거 민주주의가 훼손되는 추세를 가져왔다.

이 같은 자유무역이 논리적인 결론을 향해 간다면 세상은 어떤 모습이 될까? 상상력을 동원할 필요까지도 없다. 세계 곳곳에 이미 존재하는 자유무역 유토피아의 미니어처를 보면 된다. 소위 '자유무역지대free-trade zone'라고 불리는 것 말이다. 자유무역지대는 가시 철망과 장벽으로 둘러싸여 있고 종종 민간 보안업체가 경비를 서며 많은 경우 선출직 정치인과 국가의 법 집행 기관들은 안으로 들어가지 못한다.

이러한 고립 영토에서 노동법, 안전 기준, 관세, 조세, 심지어는 기본적인 헌법적 권리와 민권까지 일반적인 법은 적용되지 않는다. 이곳들은 자본이 어떤 형태의 규제에도 제약되지 않는 예외 구역이다. 이 개념은 1990년대 말에 도약했고 현재 150개 가까운 나라에 4300개 이상의 자유무역지대가 있다. 이를 옹호하는 논리는 꼭 필요한 외국인 투자를 끌어올 수 있고 꼭 필요한 고용을 창출할 수 있다는 것이다. 하지만 이곳에서의 투자는 악명 높게 불안정하고 이 구역 밖으로는 거의 어떤 향상도 가져다주지 않으며 세율이 제로에 가까워서 대중에게 거의 이득을 창출해주지 않는다. 자유무역지대가 제공하는 일자리로 말하자면, 노조 활동은 종종 불법이고, 임금은 국가의 최저 임금 수준보다 낮으며(아주 낮게는 시간당 10센트에 불과한 경우도 있다), 노동자들은 일반적으로 하루에 14시간씩 일하고 보상 없이 해고될 수 있다.[35]

자유무역지대는 고립 영토이지만 자유시장의 논리가 제약 없이 확장되면 세계가 어떤 모습이 될지를 엿보게 해준다. 그리고 그 모습은 끔찍하다.

7장
21세기의 약탈

쿠데타, 구조조정, 자유무역, 투자자-국가 분쟁 조정 절차 등은 모두 부유한 국가들과 강력한 기업들이 자신의 경제적 이해관계를 세계 무대에서 확실하게 보장하려는 시도였다. 크게 보면 이 전술들 각각은 그전에 있었던 것을 다소간 대체하거나 적어도 가리기 위해 생겨난 면이 있다. 하지만 꼭 그렇지는 않다.

가령, 쿠데타는 21세기인 오늘날에도 여전히 쓰이는 전술이며 특히 라틴아메리카에서 그렇다. 2002년에 미국은 베네수엘라에서 민주적으로 선출된 우고 차베스 정부에 대항하는 쿠데타를 은밀히 지원했다.[1] 2004년에는 아이티에서 진보적인 대통령 장 베르트랑 아리스티드 축출을 지원했다.[2] 2009년에는 온두라스에서 선출된 지도자 마누엘 셀라야가 미 국무부의 암묵적인 동의하에 군사 쿠데타로 축출되었다.[3] 더 명시적인 개입도 있었다. 미국이 이끈 2003년의 이라크 침공은 이라크가 달러 대신 유로로 석유를 판매하는 것을 막기 위한 것이기도 했고 국방 계약과 석유에 대한 접근을 확보하기 위한 것이기도 했다. 위키리크스에 유출된 외교 전문에 의하면 2011년에 북대서양조약기구NATO가 리비아를 공습한 것도 부분적으로는 리비아가 프랑스의 통제하에 있는 CFA프랑 대신 범아프리카 통화를 만들려 한 데 대한 프랑스의 불만과 관련이 있었다. 암살도 여전히 쓰이는 책략이다. 2016년, 온두라스의 원주민 활동가 베르타 카세레스는 괄카르케강에 댐을 지으려는 프로젝트에 저항하다 미국에서 훈련받은 세력에 의해 암살되었다.[4]

제3세계의 부채도 주요 이슈로 다시 떠오르고 있다. 글로벌 금융 위기 이후에 원자재 가격이 폭락하면서 글로벌 남부 국가들은 수출로 벌어들이는 돈이 급감했고 따라서 부채를 상환할 수 있는 여력도 급감했다. 대외 부채 상환액이 2013년에는 정부 수입의 6.1%이던 데서 2016년에 10.8%로 증가했다.[5] 세계은행과 국제통화기금의 구조조정 프로그램도 개도국이 부채를 확실히 상환하도록 하기 위해 여전히 널리 사용되고 있다.[6] 다만 이제는 '빈곤감소전략보고서'라는 새로운 형태로 이뤄진다. 때때로 채권자들은 이보다도 더 극단적인 조치를 취한다. 일례로, 2016년에 푸에르토리코가 디폴트를 선언할 상황이 되자 미국 의회는 푸에르토리코가 자치령인데도 이곳의 채무 재조정을 위해 프로메사PROMESA(푸에르토리코 감독, 관리, 경제 안정화 법)라는 새 법을 통과시켜 자치령 내부의 정책 결정에 개입하려 했다. 많은 이들이 프로메사 법이 식민주의에 다름 아니라고 비판했다.[7] 또한 환태평양 경제동반자협정처럼 투자자-국가 분쟁 조정 절차가 포함된 자유무역협정을 위한 협상도 여전히 진행되고 있다.

강력한 행위자들이 글로벌 경제에서 자신의 이익을 보장하기 위해 추구했던 옛 전략들은 지금도 여전히 활용되고 있다. 하지만 부유한 나라와 가난한 나라가 오늘날 어떤 관계인지를 생각할 때 세 가지의 새로운, 그리고 더 절박한 이슈가 있다.

1. 조세 회피자들

만일 당신이 가난한 나라들이 가난한 이유는 글로벌 경제가 그들에게 불리하기 때문이라고 말하려 하면 거의 틀림없이 누군가가 그 나라들의 부정부패를 이야기할 것이다. 가난한 나라들이 가난한 이유는 부패한 지도자와 공직자가 국정을 이끌기 때문이라고 말이다. 부패한 공직자들 때문에 기업들이 제대로 운영되지 못할 뿐 아니라 그러한 공직자들이 공공의 부와 자원을 훔치고 배고픈 사람들의 입에 들어가야 할 식량을 차지한다는 것이다. 그러니 그 나라들이 가난한 것은 이상한 일이 아니라고 그들은 생각한다.

이러한 주장이 너무나 자주 나오는 것은 놀랄 일이 아니다. 매년 국제투명성기구가 펴내는 매우 유명한 부패인식지수가 나올 때마다 부패 이슈가 대중의 의식에 큰 비중으로 밀고 들어온다. 개발기구들은 이 연간 보고서를 부패가 글로벌 남부 국가들이 저발전 상태에 있게 하는 핵심 요인이라고 주장하는 기회로 사용한다. 부패를 일소하고 거버넌스를 개선하기 전까지는 가난한 나라에서 결코 발전이 본격적으로 시작될 수 없을 거라고 말이다. 이 견해는 글로벌 의사결정의 최고위층에서도 지지받고 있다. 2003년에 유엔은 처음으로 부패방지협약UNCAC을 채택했다. 이 협약은 "이 사악한 현상"[부패]은 모든 국가에 존재하지만 글로벌 남부에서 "가장 파괴적"이며 이곳의 "경제 성과를 갉아먹는 핵심 요인이고 빈곤 타파와 경제 발전의 주된 장애물"이라고 선언했다.[8]

직관적으로 매우 그럴 법해 보인다. 국제투명성기구가 펴낸 부패 지도가 굉장히 설득력 있는 그림을 보여주고 있으니 말이다. 이 지도에서 대부분의 글로벌 남부 국가들은 낙인이 찍힌 듯한 붉은색으로 표시되어 있다. 붉은색은 높은 수준의 부패를 나타낸다. 대조적으로 미국, 영국 등 부유한 서구 국가들은 행복한 노란색으로 표시되어 있다. 노란색은 부패가 매우 적다는 것을 의미한다. 이러한 이원론적인 견해는 우리가 이미 가지고 있는 가정에 잘 부합한다. 아프리카의 독재자, 인도의 뇌물, 서구 이외의 나라들 대부분에 일반적으로 존재하는 부도덕하고 무원칙한 공무원과 같은 상투적인 이미지에 잘 들어맞는 것이다. 가난한 나라들에는 부패가 만연한 반면 부유한 나라들에는 부패가 없다면, 부패가 빈곤의 주된 요인이라는 결론을 논리적으로 내릴 수 있을 것 같아 보인다. 식민주의, 불균등 교역, 구조조정, 무역 규칙의 역사를 모르는 사람에게는 이것이 가장 설득력 있는 설명처럼 보일 수 있다.

하지만 글로벌 빈곤과 불평등의 구조적인 요인까지 가기 전에 부패 문제를 그 자체로 생각해보자. 부패가 나쁘다는 데는 물론 이견이 없다. 세계은행에 따르면 공무원이 저지르는 뇌물과 횡령 형태로 벌어지는 부패(이것이 유엔 부패방지협약의 핵심 타깃이다)는 개도국에 매년 200억–400억 달러의 비용을 일으킨다.[9] 많은 돈이다. 경제 발전의 장애물로서 우리의 관심을 끌기에 합당한 숫자로 보인다. 하지만 시야를 넓혀서 이 숫자를 더 큰 맥락에서 보면 매우 다른 이야기가 나타난다. 이러한 종류는 부패가 일으키는 전체 비용 중 지극히 작은 비중이다. 이것은 매년 개도국에서 불법적으로 빠져나가는 자금 전체에서 약 3% 정도를 차지한다. 워싱턴 D.C.에 소재한 국제금융청렴기구는 불법적인 자금 유출의 65%가 이와는 매우 다른 종류의 부패와 관련이 있다고 지적했다.[10] 그것은 바로 상업에서의 조세 회피다. 상업에서의 조세 회피를 고려하면 국제투명성기구가 제시하는 부패에 대한 깔끔한 내러티브는 무너진다.

*

'불법 유출illicit outflows'은 한 나라에서 다른 나라로 돈이 불법적으로 이동하는 것을 일컫는다. 부패한 관료가 공공 자금을 비밀성 관할 구역으로 옮기는 것일 수도 있고 다국적 기업이 세금을 안 내려고 자신의 돈을 해외로 보내는 것일 수도 있다. 국경 밖으로 돈을 이동시키는 데는 많은 이유가 있을 것이다. 국제금융청렴기구는 매년 많게는 1.1조 달러가 개도국에서 불법적으로 빠져나와 외국의 은행이나 조세 피난처로 들어간다고 추산했다.[11] 상상이 불가능한 액수다. 개도국으로 매년 들어오는 외국인 직접 투자(2013년에 8580억 달러였다) 전체보다 많고 개도국이 받는 공식적인 원조 액수(2013년에 993억 달러였다)[12]의 11배나 된다. 이러한 유출은 지난 10년간 연간 6.5% 증가율이라는 빠른 속도로 늘어왔다.[13] 2004년에서 2013년 사이에 개도국은 불법 유출로 총 7.8조 달러를 상실했다.[14] 어마어마한 문제다.

어떻게 이런 일이 이루어질 수 있었을까? 불법 유출은 크게 두 가지 채널로 이뤄진다. 하나는 핫머니이고 다른 하나는 교역 송장 조작이다.

핫머니는 금리나 환율의 차액에 투기하기 위해 한 국가에서 다른 국가로 빠르게 이동하는 단기 부동 자본을 뜻한다. 미국이 금리를 올릴 것으로 예상된다면 나이지리아에 투자한 누군가가 그 돈을 미국으로 옮겨 빠른 수익을 올리려 할 것이다. 이렇게 빠르고 투기적인 자본의 이동은 지난 몇십 년간 세계은행과 국제통화기금, 그리고 자유무역협정이 개발도상국 전역에서 금융 규제 완화를 촉진한 결과로 가능해졌다. 이것은 심각한 시장 불안정을 가져올 수 있고, 규모가 작은 경제에서는 더욱 그렇다. 또한 이것은 국경을 넘어 돈이 불법적으로 이동하는 통로가 되기도 한다. 2013년에 핫머니는 개도국으로부터 빠져나가는 불법 유출 전체 중 19.4%를 차지했고 금액으로는 2110억 달러에 달했다.[15]

교역 송장 조작은 교역 시스템에 사기를 쳐서 돈을 비밀리에 해외로 보내는 데 사용된다. 가령 남아프리카공화국의 한 기업이 철강 100만 달러어치를 영국 기업으로부터 구매하기로 했다고 가정해보자. 남아프리카공화국 기업은 100만 달러에 대한 송장을 조세 피난처로 보내 달라고 영국 기업에 요청한다. 그러면 조세 피난처는 남아프리카공화국에 처음 합의된 상품 거래 가격보다 높은 가격, 예를 들어 150만 달러로 **재송장**을 발행한다. 남아프리카공화국 기업은 조세 피난처로 150만 달러를 지불한다. 조세 피난처는 100만 달러를 영국 기업에 지불하고 나머지는 남아프리카공화국 기업의 해외 계좌로 빼돌린다. 남아프리카공화국 조세 당국이 보기에는 합법적인 거래로 보인다. 하지만 남아프리카공화국 기업은 50만 달러를 해외 계좌로 빼돌렸고 여기에는 조세가 부과되지 않는다. 조세 피난처는 이러한 '재송장' 서비스를 한다고 공개적으로 광고하면서 기업들이 돈 세탁과 조세 회피를 위해 유령 회사를 세울 수 있도록 지원한다. 구글에서 '재송장 서비스re-invoicing services'로 검색해보면 무역업체들의 범죄적 행위를 도울 준비가 되어 있는 수십 개의 기업이 [인도양에 있는 작은 섬나라] 세이셸이나 모리셔스 등지에서 활동하고 있는 것을 알 수 있다[재송장 서비스 자체는 불법이 아니지만 조세 회피성으로 이루어지는 것은 불법이다]. 2013년에 교역 송장 조작은 개도국에서 빠져나오는 불법 유출 중 80.6%를 차지했고 금액으로는 8790억 달러에 해당했다.[16]

교역 송장 조작은 일반적으로 조세 회피를 위해 이루어지지만 다른 여러 가지 목적으로도 사용된다. 범죄적인 행위와 관련된 돈 세탁을 하기 위해 이루어지기도 하고 자금 흐름을 안정화하고자 국가들이 부과하는 자본 통제를 회피하기 위해 이루어지기도 한다. 또 수출업자들에게 제공되는 세제 혜택의 자격 조건을 맞추기 위해 수출 실적을 부풀리려고 재송장 전략을 사용하기도 한다. 하지만 목적이 조세 회피가 아니더라도 그 **효과**는 마찬가지로 조세 회피다. 모든 형태의 교역 송장 조작은 정부가 부와 소득에 과세할 수 있는 기회를 없애기 때문이다.

국제금융청렴기구의 연구자들은 동일 품목의 거래에 대해 수출업자들이 세관에 신고한 송장과 수입업자들이 신고한 송장이 명백하게 차이를 보이는지를 확인해 송장 조작을 식별해낼 수 있었다. 하지만 송장 조작 중 추적이 가능한 것은 **이것뿐이고**, 다른 형태로 이뤄지는 조작 중에는 레이더에 전혀 잡히지 않는 것도 있다. 그중 하나가 이전가격 조작이라고 불리는 것이다.

이전가격 조작의 작동 방식을 알려면 정상적인 이전가격transfer pricing의 결정 방식을 알아야 한다. 이전가격 결정은 기업이 **자신의 기업 구조** 안에서, 가령 중국에 있는 자회사가 영국에 있는 또 다른 자회사로 물건을 판매하는 경우에 발생한다. 지난 몇십 년 사이에 기업들이 전 지구적으로 빠르게 거대화되면서 오늘날 60% 이상의 거래가 서로 다른 기업 사이에서보다 다국적 기업의 내부 구조 안에서 벌어진다.[17] 따라서 이전가격 결정은 예외적인 것이 아니라 일반적인 것이라고 보아야 한다. 자회사들이 **마치 외부 기업과의 거래인 것처럼** 해당 제품의 시장 가격을 정확하게 보고하는 한 이것은 전적으로 합법이다. 하지만 기업들은 꽤 자주 이전가격을 인위적으로 왜곡해 조세나 자본 통제를 회피하려 하는데, 이 경우에는 이전가격 **조작**이 된다.

이전가격 조작을 저지르기는 매우 쉽다. 품목의 비용을 허위로 기재한 송장을 쓰고 거래 상대방도 비슷하게 가짜 송장을 쓰도록 하면 된다. 이것을 '동일 송장 위조same-invoicing faking'라고 부른다. 연구자들이 눈에 띄는 몇몇 사례들을 보고한 바 있는데, 중국에서는 휴지 1킬로그램이 4121달러로 기록되었고 이스라엘에서는 사과주스 1리터가 2052달러로 기록되었으며 트리니다드에서는 볼펜이 1자루당 8500달러로 기록되어 있었다.[18] 기업들은 이전가격을 부풀려서 세율이 높은 국가에 있는 자회사에서 세율이 낮은 국가[종종 조세 피난처]에 있는 자회사로 돈을 마법처럼 옮길 수 있다. 이러한 기법은 추적이 매우 어렵기 때문에 전체적인 규모를 알기는 어렵지만 국제금융청렴기구는 적어도 송장 조작 규모 정도는 되리라고 본다. 이 말은 매년 **추가적으로** 8790억 달러가 개도국에서 빠져나간다는 의미다.[19] 어쩌면 송장 조작보다 규모가 더 클 수도 있다. 이전가격 조작이 안 들키기가 훨씬 더 쉽기 때문이다.

*

이 게임의 가장 큰 패자는 아프리카다. 안 그래도 세계에서 가장 가난한 지역인 사하라 이남 아프리카에서 GDP의 6.1%가 불법적으로 유출되고 있다.[20] 아프리카는 불법 유출이 너무 많아서 사실상 세계의 다른 지역에 대해 순채권국이나 마찬가지다. 투자, 해외 송금, 부채 상환, 천연자원 수출까지 포함해서 모든 유형의 합법적, 불법적 자금 흐름을 보면 아프리카가 세계의 나머지에 보내는 돈이 받는 돈보다 많다. 다음 페이지의 그래프는 아프리카의 '잘린 혈맥'에서 빠져나가는 자금의 규모를 보여준다.

전체적으로 개도국은 2013년에 핫머니와 송장 조작으로 최대 2조 달러를, 지난 10년 동안에는 총 14.3조 달러를 잃었을지 모른다.[21] 이 숫자들로도 충분히 놀랍지 않다면, 여기에서 드러난 송장 조작이 서비스 거래는 계산하지 않고 재화 거래만 계산한 것임을 기억해야 한다. 국제금융청렴기구는 서비스 거래와 관련한 송장 조작은 추적할 수 없었다. 그래서 서비스 거래의 송장 조작은 알 수 없지만, 서비스

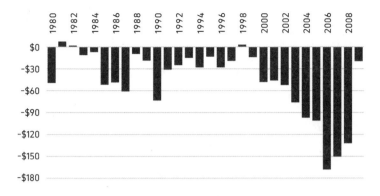

아프리카로의 순자금 이전 (10억 미국 달러)

출처: Global Financial Integrity

교역이 글로벌 교역 전체에서 25%를 차지하고 있으므로 이와 비슷한 비중을 더해볼 수 있을 것이다.

*

이러한 상황에 대해 누가 비난받아야 하는가? 송장을 조작한 기업은 불법 행위를 한 것이므로 잘못이 있다. 하지만 그러고도 무사히 넘어가는 것이 왜 이리도 쉬운가? '자본 이탈', '불법 유출' 같은 용어는 피해를 본 국가들에 잘못을 묻는 것처럼 보인다. 마치 그들이 돈을 잡아내는 능력이 없어서라는 듯이 말이다. 하지만 이 말은 오도의 소지가 있다. 과거에는 개도국의 세관원이 송장 조작을 막을 수 있는 권한을 가지고 있었다. 만약 송장에 보고된 가격이 그 재화의 정상적인 시장 가격과 의심스러울 정도로 다르면, 가령 브뤼셀 관세평가협약

Brussels Definition of Valuation•에 의한 가치 평가와 너무 다르면 거래를 중단시킬 수 있었다. 기업들은 교역에서 도둑질을 하면 그냥 넘어갈 수 없었다. 하지만 세계무역기구는 이것이 교역을 비효율적으로 만든다고 주장했다.[22] 그래서 적어도 1994년 이래로 세관 당국은 예외적인 상황이 아니면 송장 가격을 쓰여 있는 대로 받아들여야 하게 되었고, 그 결과 기업들은 들킬 위험이 거의 없는 채로 자유롭게 송장을 작성했다. 1990년대 중반 이래로 송장 조작이 그토록 빠르게 증가한 이유다.

그렇더라도, 조세 피난처가 없으면 이 중 어느 것도 가능하지 않을 것이다. 전부 합해서 세계에 50-60곳의 조세 피난처가 있다. 조세피난처는 세율이 제로이거나 매우 낮기 때문에 조세 피난처로 기능하기도 하지만, 금융 규제가 거의 없고 더 중요하게는 금융 정보가 베일에 가려져 있기 때문에도 조세 피난처로 기능한다. 사실 조세 피난처를 지칭하는 전문 용어는 '비밀성 관할구역'이다. 대부분의 경우에 이러한 지역에서 운영되는 은행과 기업들은 돈이 어디에서 나왔는지, 어디로 가는지 공개할 것을 요구받지 않는다. 어느 경우에는 오히려 정보를 공개하는 것이 불법이다. 이를 감안할 때, 비밀성 관할구역은 조세 회피를 가능하게 할 뿐 아니라 돈 세탁범, 무기 밀매범, 심지어는 테러리스트까지 모든 종류의 범죄자에게 탄탄한 보호를 제공한다.

세계의 조세 피난처에 얼마나 많은 돈이 은닉되어 있는지 알기는

• 동일 물품에는 동일한 과세 가격이 적용되어야 하며, 이때 과세 가격은 구매자와 판매자 사이에 공개 시장에서 이루어진 가격이라야 한다.

불가능하다. 하지만 2010년에 집계된 한 추산치는 적어도 21조 달러가 조세 피난처에 있다고 보았고 32조 달러에 가까울 것이라는 추산치도 있다. 그중 9조 달러는 가난한 나라에서 나오는 것으로 추산되었다. 조세 피난처에 쌓여 있는 돈의 액수는 전 세계 민간이 소유한 부의 6분의 1이 넘는다. 오늘날 적어도 30%의 외국인 직접 투자와 모든 교역 대금의 50%는 조세 피난처로 흘러 들어간다.[23]

조세 피난처는 크게 세 개의 범주로 나눌 수 있다.[24] 유럽의 조세 피난처로는 룩셈부르크, 스위스, 네덜란드 등이 가장 잘 알려져 있고 벨기에, 오스트리아, 모나코, 리히텐슈타인도 있다. 다음으로 맨해튼, 플로리다, 델라웨어 등 미국에도 조세 피난처가 있고 미국과 연결된 영토인 미국령 버진아일랜드, 마셜 제도, 라이베리아, 파나마도 있다. 하지만 뭐니 뭐니 해도 가장 크고 강력한 조세 피난처 네트워크는 영국을 중심으로 조직되어 있다. 한때 강력했던 대영제국이 만든 것이다. 우선 영국 왕실 영토인 세 곳의 조세 피난처 저지, 건지, 맨섬이 있다. 그리고 14개의 영국 해외 영토가 있는데, 케이먼 제도, 영국령 버진아일랜드, 지브롤터 등이 포함된다. 마지막으로 영국이 더 이상 공식적으로 통제하지는 않지만 대영제국에 속해 있었던 많은 영토가 있는데, 홍콩, 싱가포르, 바하마 제도, 두바이, 아일랜드, 바누아투, 가나 등이 이에 속한다.

글로벌 조세 피난처 시스템에서 가장 중요한 핵은 시티오브런던일 것이다. 헷갈리지만, 시티오브런던은 런던과 다르다. 시티오브런던은 런던 안에 있는 작은 지역으로, 금융기관이 밀집해 있는 금융 지구다. 시티오브런던이 조세 피난처로 기능할 수 있는 이유는 국가법의 많은 부분이 적용되지 않고 의회의 감독에서 벗어나 있으며, 무엇보다도 정보공개법에서 면제되기 때문이다. 또한 자체적인 민간 경찰력도 있다. 이러한 특별한 지위 덕분에 시티오브런던은 처음 세워졌던 중세로까지 거슬러 올라가는 과두 정치의 요소들을 가지고 있다. 선거 과정만 보더라도 일반적인 도시 당국과 달리 사람만 투표권을 행사하는 것이 아니다. 시티오브런던 거주 기업으로 등록되면 기업들도 주민들과 함께 투표를 할 수 있다. 지역 선거에서 표의 70% 이상이 사람이 아니라 기업이 행사하는 표다. 그 기업의 대부분은 은행 및 금융 기업이다. 그리고 규모가 큰 기업이 더 많은 투표권을 얻게 되어 있어서, 가장 큰 기업들은 각각 79표를 행사한다. 시티오브런던은 시장도 별도로 두고 있는데, 런던 시장경Lord Mayor of London이라고 불리며 런던 시장과 다르다. 런던 시장경은 군주의 권위만을 존중한다. 런던 시장경은 매년 일군의 기업에 의해 '선출'되며 그의(1189년부터 계속 남성이었다) 역할은 시티오브런던 은행들의 이해관계를 촉진하는 것이다.

시티오브런던 웹사이트에 따르면 런던 시장경의 일은 기업에 "가장 높은 수준으로 문호를 개방"하고 "자유화의 가치를 설명하는" 것이다. 이를 위해 그는 영국 정부와 전 세계 정부를 상대로 은행과 다국적 기업에 유리한 법을 만들게끔 로비를 하는 데 수십억 파운드를 쓸 수 있다. 런던 시장경은 한 사람으로 구성된 구조조정 팀과 같다. 이에 더해, 런던 시장경의 임무 중에는 조세 피난처 시스템을 관리하기 위한 해외 출장도 있다. 직전 임기의 런던 시장경은 1년에 100일을 해외에서 보내면서 20개국 이상을 방문했다. 이 책을 쓰고 있는 시점에 현임 런던 시장경은 케냐를 조세 피난처로 만들기 위해 로비 중이다.

조세 피난처는 자본을 훔치는 행위를 촉진하고 정부가 수입을 포착하지 못하게 한다는 데서만이 아니라 '조세 경쟁' 혹은 '조세 전쟁'을 촉발한다는 데서도 문제가 있다. 조세 피난처는 글로벌 수준에서 벌어지는 '바닥으로의 경주'다. 각국이 외국 투자자를 끌어들이기 위해 앞다퉈 낮은 세율을 제시하며 경쟁하는 것이다. 세금을 낮추라는 압력이 지속적으로 존재하면 의회나 정부가 조세 관련 입법에서 합리적인 결정을 하거나 미래를 위해 예산을 합리적으로 계획하기 어려워진다.

글로벌 조세 피난처 시스템이 신자유주의 이론으로 충분히 정당화된다고 생각하는 경제학자들도 있다. 그들은 화폐가 조세 조건이 가장 유리한 곳으로 자유롭게 갈 수 있어야 한다고 말한다. 하지만 조세 피난처 시스템의 많은 부분이 자유시장 원칙에 직접적으로 위배된다. 예를 들어, 이전가격 조작은 '시장 가격'이라는 개념을 조롱한다. 전 세계로 운송되는 많은 상품의 가격이 시장과는 전혀 관련이 없으며 단지 허공에서 만들어지는 것이다. 조세 피난처 시스템은 비교 우위론도 위배한다. 일단, 조세 피난처 서비스를 이용할 수 있을 만큼 부유한 기업들에 불공정한 보조금을 주는 것과 같다. 또한 더 중요하게, 기업들이 가장 효율적으로 영업할 수 있는 곳이 아니라 세금이 가장 낮거나 비밀을 가장 잘 확보할 수 있는 곳으로 이동한다는 의미이기도 하다. 인구가 2만 5000명밖에 안 되는 영국령의 작은 지역인 버진아일랜드가 85만 개의 기업을 가지고 있는 것을 생각해보면 비교 우위라는 개념이 고릿적 개념으로 보일 지경이다.

*

이런 면에서 보면 부패 문제는 으레 생각되는 것과는 다른 뉘앙스를 갖게 된다. 영국, 미국, 기타 유럽 국가들이 글로벌 조세 피난처 시스템을 만들고 유지하면서 불법 유출을 촉진하고 있으며 세계무역기구가 국가의 세관 직원이 송장 조작을 적발하지 못하게 하는 것을 생각할 때, 국제투명성기구의 지도에서 부유한 나라들이 부패가 없는 지역임을 뜻하는 노란색으로 표시된 것은 이상해 보인다.

국제투명성기구의 방법론이 가진 문제 중 하나는 부패 자체가 아니라 부패에 대한 사람들의 인식을 측정한다는 데 있다. 영국 사람들은 일반적으로 자신의 나라가 특별히 부패했다고 생각하지 않을 것이다. 하지만 이것은 그들이 부패를 부유한 세계가 아니라 개도국과 연결지어 생각하도록 학습되었기 때문일 수 있다. 이렇게 보면 국제투명성기구의 방법론은 자신들이 측정하려고 하는 바로 그 인식을 창출하는 데 일조하고 있는 것인지 모른다.

부패는 개도국이 발전하지 못한 주요 이유로 종종 언급된다. 물론 그렇게 볼 근거가 없는 것도 아니다. 하지만 우리는 모든 종류의 불법 유출, 익명의 페이퍼 컴퍼니, 비밀성 관할구역, 그 밖의 여러 의심스러운 활동까지 포함하는 것으로 부패의 개념을 확장해 생각해야 한다. 그래야 실제로 부패 문제가 얼마나 심각한지 알 수 있다. 이러한 활동이 글로벌 남부에서 자원을 빼간다는 것을 고려할 때 이는 글로벌 빈곤과 불평등에 중대하게 기여하고 있는 것이다. 그런데도 부패를 정의하는 일반적인 방식에서는 이것이 포함되지 않으며, 유엔의 부패방지협약에서도 이 부분은 언급되지 않았다. 부패 내러티브는 이러한 외부적인 문제로부터 우리의 관심이 멀어지게 하고 개도국 자체에 비난을 돌린다.

2. 토지 탈취자들

2007년 초에 예기치 못했던 일이 벌어졌다. 세계 전역에서 식품 가격 상승이 보고되기 시작하더니 몇 주 사이에 완전한 위기로 비화한 것이다. 글로벌 남부 전역에서 생존이 경각에 달린 사람들이 거리로 쏟아져 나왔다. 부르키나파소에서는 식품 가격이 65% 올랐고 많은 도시에서 저항과 폭동이 일어났다. 카메룬에서는 저항이 폭력 사태로 번져 24명이 사망했다. 방글라데시에서는 수만 명의 노동자가 수도에서 시위를 했다. 멕시코, 모로코, 모리타니, 세네갈, 코트디부아르 등 많은 나라에서도 비슷한 소요가 일어났다. 이집트에서는 식품 가격 위기가 사회적 불만을 대대적으로 자극해 호스니 무바라크 독재 정권이 무너졌다. 2008년에 국제통화기금은 1년 사이에 세계 식량 가격이 80% 상승했다고 발표했다.[25] 인구의 절반이 빈곤선 이하로 살아가는 세계에서, 식품 가격의 급등은 수억 명이 기아 상태로 떨어질지 모른다는 의미였다.

서구의 평범한 사람들은 그저 자연적인 현상이라고 쉽게 치부할 수 있었을지 모른다. 시장에서 수요와 공급의 등락이 일으킨 불가피한 결과였다고 말이다. 물론 그런 과정이 작동하지 않은 것은 아니다. 중국에서 소득이 늘면서 고기와 우유에 대한 수요가 증가했고, 세계 농업 산출의 상당량이 식용보다 가축 사료로 쓰였다. 또 미국에서 바이오 연료에 대한 수요가 높아져 미국 옥수수의 3분의 1이 에탄올 생산에 들어갔다. 많은 농민들이 바이오 연료 열풍에서 돈을 벌기 위해 식량 작물 생산을 줄였다. 그와 동시에 기후 변화가 몇몇 핵심적인 곡물 생산 지역에 가뭄을 일으켜 수출 물량이 줄어들었다. 전 세계적으로 보면 수확량은 계속 늘었지만 전처럼 빠르게 늘지는 않았다. 이 시기의 기록적인 유가 상승도 영향을 미쳤다.[26] 농업 투입 요소 비용과 식량 운송 비용을 높였기 때문이다. 하지만 그중 어느 것도 벌어지고 있는 일의 규모를 설명하기에는 충분하지 않았다.

1991년부터 골드만삭스는 금융 규제가 완화된 것을 적극 활용하면서 식량을 포함한 원자재 선물forward[파생 상품의 일종] 계약들을 묶어서 하나의 인덱스를 만들었다. 금융 거래인들은 이 인덱스에 투기할 수 있었고 투자 펀드들도 포트폴리오를 이 인덱스에 연동할 수 있었다. 이것은 새로운 종류의 파생 상품이었고 당시에 월가에서 판매되던 수많은 파생 상품 중 하나였다. 대부분의 경우 투자자들은 별로 신경 쓰지 않았고 원자재 인덱스는 오랫동안 금융계에서 후미진 곳에 있었다. 하지만 2005년에 서브프라임 모기지 위기의 첫 징후가 나타나기 시작하자 불안해진 투자자들이 모기지 파생 상품에서 돈을 빼서 원자재 파생 상품에 투자했다. 경제의 다른 부분들이 붕괴해도 원자재는 안정적이라고 여겨졌기 때문이다. 그 결과, 파생 상품인 원자재 선물에 투기가 일었고 이는 원자재 실물 가격에 영향을 미쳤다. 특히 식품 가격에 극적으로 영향을 미쳐서, 2007년에 식품 가격이 기록적인 수준으로 올랐다. 주택 버블이 터지기 전에 미리 주택 관련 금융 상품에서 돈을 빼낼 정도로 기민한 사람들이 식품 관련 금융 상품에서 또 다른 버블을 만들고 있었던 것이다.[27]

위기는 여기에서 멈추지 않았다. 세계 식품 가격은 계속해서 사정 없이 요동쳤다. 2009년에 위기 이전 수준으로 떨어졌다가 2010년에 또다시 급등해 기록을 깼다.[28] 2011년에는 2004년보다 가격이 2.5배 높았다. 이 추세는 기후 변화가 유발한 극단적인 기후 사건들로 인해 더 악화되었다. 러시아와 북미 곡창 지대의 산출에 영향을 미쳤기 때문이다. 유엔의 자료들에 따르면 2011년에 4000만 명가량이 추가로 심각한 기아 상태에 처했다.[29]

세계의 가난한 사람들에게 식품 가격 위기만으로도 아직 충분히 나쁜 일이 아니었다면, 아무도 예상하지 못했던 극적인 파급 효과가 하나 더 있었다. 세계 곳곳에서 투자자들이 농업 생산(식량 생산과 바이오 연료 생산)을 위해 수백만 에이커의 땅을 사들여 농산품 가격 급등에서 이득을 올릴 기회를 잡은 것이다. 많은 나라의 정부들도 이 게임에 뛰어들었다. 기후 변화로 인해 안정적인 식량 공급이 위협받는 상황에서 사회적 동요나 소요 사태가 발생할 것을 우려했기 때문이었다. 거대 식품 생산국들이 자국의 필요량을 확보하기 위해 수출을 줄이는 상황 속에서, 식량 자급도가 충분하지 않은 나라들이 다른 나라 농민의 땅을 탈취하는 데 특히 더 맹렬하게 나섰다.

토지에 대한 구매와 임차 거래의 상당 부분이 '토지 탈취'였다. 소규모 생산자들이 집합적으로 사용하고 있거나 생태 서비스를 제공하는 용도로 사용되던 땅 500에이커[약 2제곱킬로미터] 이상이 상업적인

용도로 넘어갈 경우, 이를 토지 탈취라고 부른다.[30] 토지 탈취는 추상적인 계산에서는 경제적 이득으로 잡힐 수도 있다. 가령, GDP가 증가한 것으로 잡힐 수도 있다. 하지만 환경과 인간에게 피해를 일으키기 십상이다. 취약한 사람들이 토지에서 밀려나게 되면 식량을 생산해 자립적으로 생계를 꾸릴 수단을 박탈당하기 때문이다.

정확히 얼마나 많은 토지가 이런 식으로 탈취되고 있는지는 알기 어렵다. 많은 거래가 비공개로 이루어지기 때문이다. 세계은행의 초기 추산치는 2000년 이후 10년간 약 1억 2000만 에이커가 이렇게 거래된 것으로 보고 있다.[31] 옥스팜은 그 기간 동안 많게는 5억 6000만 에이커가 탈취되었다고 보는데, 이는 대략 서유럽의 크기와 비슷하다. 이 숫자들이 얼마나 정확한지를 확증하기는 어렵지만 랜드매트릭스Land Matrix의 최근 데이터에 따르면 2000년 이래로 확인된 것만 보더라도 (거래가 완료된 것과 협상 중인 것을 모두 포함해서) 1500건, 면적으로는 1억 6200만 에이커가 토지 탈취에 해당한다.

탈취하는 쪽은 주로 부유한 나라의 투자자이고 그 대상은 주로 가난한 나라의 토지이지만, 토지 탈취를 단순히 글로벌 북부가 글로벌 남부를 약탈한다는 식으로만 이해할 수는 없다.[32] 거래 건수로 보면 영국이 가장 큰 탈취자이고 면적으로 보면 미국이 가장 큰 탈취자이지만 중국과 인도도 그리 뒤지지 않는다. 또한 탈취된 총 토지의 3분의 1 정도에 해당국의 현지 투자자들도 관여되어 있다. 즉 이 이야기는 계급 관점으로 보아야 더 잘 이해할 수 있다. 토지를 탈취하는 쪽은 어느 지역에 기반을 둔 사람이건 늘 부유한 쪽이다(결국 상위 1%는 '글로벌한' 계급이다). 그리고 토지에서 밀려나는 사람들은 늘 가난한

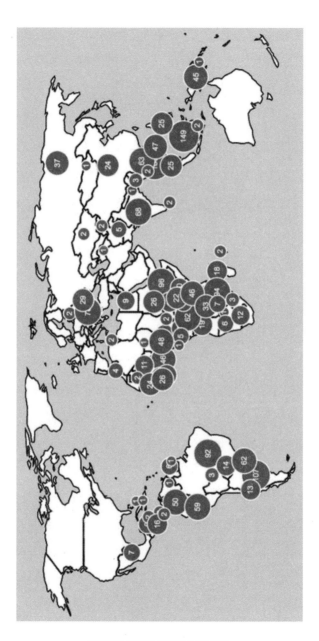

2000년 이후에 벌어진 토지 탈취

출처: Land Matrix[33]

사람들이다. 토지 탈취자들은 종종 사람들이 법적인 토지 소유권을 공식적으로 가지고 있지 않은 땅, 그리고 그 토지를 사용하는 사람들이 너무 가난해서 법정에서 제대로 싸워보지 못할 만한 땅을 타깃으로 삼는다. 또한 토지 탈취자들은 거버넌스 점수가 낮은 나라들을 타깃으로 삼는데, 현지에서의 부패가 이러한 거래를 빠르고 조용히 성사시킬 수 있게 해주기 때문이다. 이와 같은 경향은 좋은 거버넌스가 외국인 투자를 끌어들인다는 일반적인 가정에 배치된다. 예를 들어 남수단에서는 독립 직후에 가장 지저분하고 규모가 큰 토지 탈취 거래가 이루어졌는데, 정부가 제대로 수립되기도 전이었고 심지어 새 국가의 지도조차 아직 그려지지 않은 상태였는데도 이렇게 큰 규모의 거래가 이뤄질 수 있었다.

이러한 과정은 왜 2000년에서 2010년 사이에 탈취된 토지의 66%가 아프리카의 토지인지를 설명해준다. 이는 아프리카 대륙 전체 면적의 4%에 달한다.[34] 아프리카는 개개인이 공식적으로 토지 소유권을 가지기보다 공동체가 집합적으로 토지를 소유하는 경향이 많기 때문에 타깃으로 삼기에 이상적이다. 특정한 땅에 대한 소유권은 종종 관습적인 규범이나 구두로 전해오는 전통에 의해 인정되는데, 이러한 땅의 상당 부분이 공식적으로는 국가에 속해 있다. 식민지 시대에 국가로 넘어갔기 때문이다. 즉 이것은 유럽의 정부들이 법적인 술수를 통해 차지했던 방대한 땅이다. 그리고 이러한 소유권은 아프리카의 정치인과 관료들이 외국인 투자자에게 쉽게 헐값으로 매각하거나 장기 임대할 수 있다. 토지 탈취의 많은 사례는 양쪽 모두가 벌이는 부패의 잔치다. 진짜 비용을 부담하는 쪽은 그 땅에 실제로 거주하는 사람들이다. 그들은 집을 잃고 자원을 잃고 생계와 공동체를 잃는다.

많은 면에서 이 시나리오는 잉글랜드에서 있었던 인클로저 운동과 존 스타인벡이 《분노의 포도》에서 묘사한 토지 탈취와 비슷하다. 그리고 토지를 탈취당하는 나라들은 이미 심각한 문제를 겪고 있는 나라인 경우가 많다.[35] 일례로 라이베리아에서는 2012년에 75%의 토지가 거대 투자자들의 손에 들어갔는데, 라이베리아 어린이의 24%가 영양 부족 상태였다.[36]

모든 토지 탈취가 식량을 확보하고자 하는 의도에서 이뤄지는 것은 아니다. 놀랍게도 때로는 탈취당할 사람들의 어려움을 개선해주기 위해서라는 명목으로 행해진다. 식품 가격 급등으로 기아가 증가하면서 2012년에 G8 국가들과 전 세계 200개 이상의 대규모 농업 기업들(몬산토, 신젠타, 카길, 나중에는 코카콜라도)이 '식량 안보와 영양을 위한 새로운 동맹NAFSN'을 출범시켰다. 그들이 표방한 목적은 "향후 10년 안에 포용적이고 지속 가능한 농업의 성장을 통해 5000만 명을 빈곤에서 벗어나게" 하는 것이었다. 하지만 이 달콤한 인도주의적 수사는 토지가 기업에 집중되는 것을 정당화하기 위한 것일 뿐이었다. 이 프로젝트는 아프리카 국가 중 외국 기업의 토지 접근을 '촉진하도록' 법을 바꾸겠다고 동의하는 국가들에만 농업 보조와 민간 투자를 약속했다. 10개국이 여기에 서명해 기업의 법인세율을 낮추고 수출 규제를 완화하고 토지 임대 기간을 연장하고 좋은 농경지의 상당 부분을 농업 기업들에 개방하기로 했다. 코트디부아르에서는 이러한 협상으로 150만 에이커가 외국 기업으로 넘어갔다.[37] 2013년에 시민단체 그레인GRAIN이 펴낸 보고서에 따르면 이는 "쌀을 재배하는 소농민 수만 명을 몰아내고 소상인 수천 명의 생계를 파괴할" 수 있었다. 이들은 "G8 국가들이 '식량 안보와 영양을 위한 새로운 동맹'의 '주된 수혜자'가 될 것이라고 말한 바로 그 사람들"이다.

'식량 안보와 영양을 위한 새로운 동맹'이 인클로저를 통해 확보하고자 하는 공공재는 토지만이 아니다. 종자도 그들에게는 중요한 대상이다. 그들이 모잠비크와 맺은 협정은 "개량되지 않은 공짜 종자의 분배를 체계적으로 중단하도록" 요구하고 있다.[38] 탄자니아는 농생물학적 물질[종자를 포함한 유전자와 세포, 효모와 곰팡이, 바이러스 일체]에 대한 기업의 특허를 보호하기 위해 종자법을 새로 통과시켰다. 이와 비슷한 '개혁'이 아홉 개의 다른 참여국에서도 이루어졌다.

토지 탈취의 가장 큰 동인은 식량 생산과 바이오 연료 생산이었지만 다른 목적으로 이루어진 사례도 많다. 파푸아뉴기니에서는 10년 사이에 이 나라의 유명한 우림에서 나무를 베려 혈안이 된 외국 벌목 기업들에 의해 국토의 10분의 1 이상이 탈취되었다.[39] 캄보디아에서는 농경지의 절반인 500만 에이커 정도가 민간 기업에 넘어갔는데, 대체로는 설탕 생산을 위해서였다. 너무나 많은 캄보디아 농민들이 불법적으로 땅에서 쫓겨나서, 이렇게 생산된 설탕 수출품이 '피의 설탕blood sugar'이라고 불릴 정도다.[40] 동남아시아 전역에서도 농민이 소유했던 토지 약 100만 에이커가 중국 기업이 운영하는 고무 플랜테이션으로 바뀌었다. 중국 자동차 타이어 시장의 막대한 수요에 맞춰 고무를 공급하기 위해서였다.[41] 또한 랜드매트릭스 데이터베이스에 따르면 관광을 위해서도 수십 건의 토지 탈취가 이루어진 것으로 나타났다. 일례로 아부다비의 한 왕실 회사는 최근 남수단의 초원 550만 에이커를 확보했는데, 5성급 호텔들이 들어선 호화 사냥지로 개발할 계획이라고 한다.

하지만 가장 우려스러운 최근의 경향은 토지 탈취가 금세기 가장 진보적인 대의의 이름으로도 진행된다는 점이다. 바로 기후 변화 대응이다. 2005년에 유엔과 세계은행은 '삼림 파괴 방지를 통한 온실가스 감축사업REDD+'이라는 것을 시작했다. 부유한 나라의 기업들이 탄소 배출 허용치를 넘길 경우 탄소 배출권을 구매하게 하고, 그 돈을 개도국이 상업적 목적으로 삼림을 베지 않도록 하는 데 사용한다는 것이다. REDD+의 기본적인 혁신은 현재의 경제 모델이 삼림의 가치를 계산할 때 기후 변화로 삼림이 파괴되면서 발생하는 막대한 **비용**은 계산하지 않고 나무가 베어져 상품이 될 때만 가치를 부여한다는 점을 인정했다는 데 있다. 삼림은 중요한 탄소 저장고 기능을 하는데, 파괴되면 방대한 양의 탄소가 공기 중에 풀려 나오게 된다. 삼림 파괴는 전체 온실가스 배출의 20%를 차지한다. REDD+는 삼림 소유자들이 나무를 베지 **않는** 데서 이득을 얻을 수 있도록 함으로써 삼림 가치의 산정이 이렇게 왜곡되는 문제를 바로잡고자 한다. 삼림이 전 인류에게 중요한 '환경 서비스'를 제공하고 있으며 여기에 경제적 가치가 부여되어야 한다는 사실을 인정한 것이다.

이론상으로는 좋은 조치로 보인다. 하지만 현실에서는 재앙과 같은 결과를 일으켰다. REDD+ 시범 프로젝트를 보면, 원주민들의 농경 방식이 삼림을 파괴한다는 이유에서 원주민 공동체를 강제로 쫓아내는 경우가 많았다. 케냐에서는 정부가 세계은행이 이끄는 REDD+ 계획에 협조하면서 엠바부트 숲에서 1만 5000명의 셍그웨르족 원주민이 살던 집을 파괴했다. 또한 REDD+는 토지 탈취의 새로운 파도를 일으켰다. 기업과 국가들이 여기에서 나올 수 있는 수익을 노리고 개도국의 삼림을 사러 몰려든 것이다. 이것은 '탄소 식민주의'라고도 불린다. 어떤 경우에는 새로운 삼림이 조성되기만 한다면 그것이 플랜테이션일지라도 원래 있던 삼림을 벌채하도록 사실상 **허용해주는** REDD+의 허술한 조항에서 이득을 얻기도 한다. 즉 어떤 기업들은 토지 탈취를 통해 삼림을 파괴하면서 자신들이 초래한 환경 파괴를 상쇄한다는 명목으로 토지를 한층 더 탈취하고 있다. REDD+는 삼림을 시장 요인이 일으키는 파괴적인 힘으로부터 보호하기는커녕 **빠르게 삼림을 시장으로** 가져가고 있다. 그리고 결국에 탄소 배출을 원천에서는 전혀 줄이지 못할 것이다. 탄소 배출권이라는 개념 자체가 오염을 발생시키는 사람들이 돈으로 규칙을 에둘러 갈 수 있게 함으로써 배출 저감을 **회피하게** 해주기 때문이다.

*

현지의 지배층은 큰 이윤을 얻었을지 모르지만 개도국이 토지 탈취자들 때문에 겪는 환경 피해는 막대하다. 그뿐 아니라 금전적인 손실도 막대하다. 많은 경우에 이러한 협상에서 토지는 실제 가치보다 훨씬 낮은 급매 수준의 가격으로 거래된다. 에티오피아와 페루의 사례에서는 투자자들이 에이커당 연간 0.50달러에, 심지어는 0.30달러에 임대를 한 곳도 있다.[42] 적게 잡아도 국제 시장에서 이 토지들의 임대 가격은 에이커당 연 600달러는 되어야 한다.[43] 글로벌 남부 국가들이 자신의 토지를 빌려준 대가로 **받았어야** 하는 돈이 이 정도는 되어야 한다는 의미다. 이것을 기준으로 계산해보면 2000년 이래 글로벌 남부에서 탈취된 토지의 가치는 연 970억 달러에 달한다. 그나마 이것은 1년간의 임대 가치만 계산한 것이고 전체 가치를 따져보려면 총 햇수를 곱해야 한다. 게다가 이 숫자는 식량 수요가 급증하고 공급은 줄어들면서 식품 가격이 높아지게 될 시기에 이 토지에서 얼마나 많은 수익이 나올지는 포함하지 않은 수치다.

이러한 토지 거래 중 일부는 해당 국가의 정책 결정자들이 기업의 수입에 세금을 부과해 조세 수입을 올릴 수 있다는 점에서 정당화될 수 있을지도 모른다. 하지만 대부분의 투자자가 조세 시스템을 아예 회피할 수 있다는 점을 생각해볼 때, 이것으로 해당 국가에 상당한 이익이 실현될 가능성은 없어 보인다.

3. 기후 변화 유발자들

2013년 11월, 기상 기록이 존재한 이래 가장 강력한[상륙 순간 최대 풍속 기준] 태풍인 하이옌이 남아시아를 강타했다. 최대 시속 200마일 [시속 약 320킬로미터]의 강풍이 불었다. 강타당한 지역 대부분이 심각한 피해를 겪었지만 필리핀이 가장 심한 타격을 입었다. 뉴스에 익숙해진 냉담한 사람들도 당시에 전 세계에 돌아다니던 사진들, 어마어마한 규모의 파괴를 보여주는 사진들에 마음이 무너지지 않을 수 없었다. 도시와 마을 전체가 쓰레기가 되었다. 어느 곳에서는 구조물이 하나도 남아나지 못했다. 현대 필리핀 역사상 사망자가 가장 많은 태풍이었다. 6300명이 사망했고 3만 명이 부상을 입었다. 2015년까지도 잔해에서 시신이 발견되었고 1000명 이상이 여전히 실종 상태였다. 하지만 사망자 숫자는 빙산의 일각일 뿐이다. 태풍 이후에 막대한 인도적 재앙이 펼쳐졌다. 필리핀에서만도 600만 명 이상이 집을 잃었고 190만 명이 노숙인이 되었다. 막대한 국내 피난민 위기가 벌어졌고, 원조 기관들은 질병과 식품, 물, 의료 부족 사태를 우려했다.

가장 최근의 보고에 따르면 총 피해 비용은 20억 5000만 달러에 달한다. 하이옌은 필리핀 역사상 가장 큰 비용을 유발한 태풍이다. 두 번째로 피해 규모가 컸던 태풍 보파가 일으킨 비용의 2배가 넘었는데, 보파가 필리핀을 강타했던 것도 겨우 1년 전이었다. 이는 매우 걱정스러운 추세를 보여준다. 필리핀에서 가장 비용을 많이 일으킨 태풍 여덟 건이 모두 2008년 이후에 발생했고 총 비용은 약 60억 달러에 달했다.

태풍 하이옌이 필리핀을 강타했을 때 바르샤바에서는 유엔기후변화협약 당사국총회COP19가 열리고 있었다. 부드러운 목소리를 가진 필리핀 대표 예브 사노는 마음을 울리는 연설을 했고 소셜 미디어에서 빠르게 바이럴되었다. "슈퍼 태풍 하이옌이 저의 고향에 닥쳤고 파괴는 막대했습니다. 신문에 보도된 사진들을 묘사할 말조차 찾을 수가 없습니다. 이러한 재앙으로 우리가 겪는 피해와 상실을 묘사할 말을 저는 찾지 못하겠습니다. 저는 친족들의 운명을 표현할 말이 찾아지기를 기다리면서 고통받고 있습니다." 눈물로 목이 멘, 그와 동시에 분노로 격앙된 목소리로 그는 이렇게 말했다. "저희 나라가 극단적인 기후로 겪어야 하는 이와 같은 일은 미친 일입니다. 기후 위기는 미친 일입니다. 저는 저희 나라 사람들을 대표해서 말하는 것이지만, 그에 더해 이러한 폭풍으로 숨겨서 더 이상 자신의 목소리를 낼 수 없는 수많은 사람을 위해 말하는 것이기도 합니다. 우리는 이것을 자연 재해라고 부르지 말아야 합니다. 이 재난은 불평등의 결과이며, 수십 년에 걸친 저발전과 취약성 때문에 세계에서 가장 가난한 사람들이 가장 큰 위험을 지고 있습니다. 그리고 그것은 세계를 지배한 소위 '경제 성장'의 추구와 관련이 있다고 저는 말해야만 하겠습니다."

사노는 유의미한 기후 협상이 나올 때까지 단식 투쟁을 한다고 발표했고 많은 대표자와 '기후행동 네트워크' 활동가 60명이 동참했다.

*

사노의 연설은 부유한 국가들이 받아들이기 어려워하는 명백한 진실을 드러냈다. 역사적으로 대부분의 온실가스 배출에 책임이 있는 쪽은 서구이고 그것이 기후 변화를 야기하고 있지만, 또한 서구는 화석 연료 사용으로 산업화의 막대한 이득을 보았지만, 기후 변화의 비용 부담은 압도적으로 가난한 나라에 떨어지고 있다는 사실 말이다.

산업혁명 초기부터 지금까지 인간은 대기 중에 이산화탄소 5880억 톤을 뿜어냈다. 그중 부유한 국가들의 책임이 70% 정도다(산업 관련 배출만 보면 70%가 조금 넘고 삼림 파괴 등 비산업 배출까지 포함하면 70%가 조금 안 된다).[44] 그런데 기후 취약성 모니터에 따르면 선진국이 전체 기후 변화 비용 중 지고 있는 부분은 12%에 불과하며 개도국이 가

몸, 홍수, 산사태, 태풍, 산불 등을 포함한 전체 비용의 82%를 감당하고 있다.[45] 전체 비용은 2010년 기준 5710억 달러로 추산되었는데, 기후 취약성 모니터는 비용이 앞으로 더 증가할 것이며 개도국이 부담하는 비중도 2030년이면 92%로 증가할 것으로 내다봤다. 그때면 개도국은 매년 9540억 달러의 비용을 지게 된다.

기후 변화로 인한 사망자도 지리적으로 불균등하다. 태풍 하이옌은 6300여 명의 목숨을 앗아갔다. 엄청난 숫자이지만 매년 기후 변화로 사망하는 전체 사망자 중 일부에 불과하다. 2010년에 극단적인 기후 및 기후 변화가 유발한 기아와 감염병으로 사망한 사람은 40만 명이었고 그중 98%가 개도국 인구였다. 아이러니하게도 사망자의 무려 83%가 세계에서 탄소 배출이 가장 적은 나라들에서 발생했다. 그리고 상황은 더욱 악화되고 있다. 기후 취약성 모니터는 2030년경이면 기후 변화 관련 사망자가 매년 63만 2000명으로 증가할 것이라고 추산했다. 그리고 그중 99%가 개도국에서 발생할 것으로 예측됐다.

물론 온실가스 배출의 패턴은 달라지고 있다. 2005년에 개도국이 이산화탄소 배출량에서 선진국을 따라잡았다. 대부분은 석탄 의존도가 높은 중국에서 배출량이 크게 늘었기 때문이다. 중국은 최근에 미국을 밀어내고 최대 배출국 자리를 차지했고, 브라질, 인도네시아, 인도도 독일과 영국보다 배출량이 많다. 이러한 변화는 세계화로 인해 개도국, 특히 중국으로 생산 시설이 이전된 것과 관련이 크다.[46] 오염을 개도국으로 '아웃소싱'한 격이다. 그런데 인구 규모를 고려해 조정하면 매우 다른 그림이 나온다. 인구 규모를 반영하면 미국이 여전히 가장 큰 오염 유발국으로, 1인당 이산화탄소 배출량이 중국보다 3배

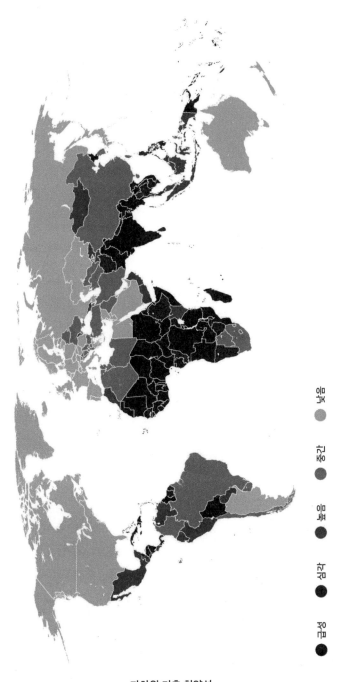

낮음 ● 중간 ● 높음 ● 심각 ● 극도 ●

다차원 기후 취약성

출처: Climate Vulnerability Monitor, 2012, DARA(Development Assistance Research Associates)

나 많다.[47] 독일은 중국의 거의 2배다. 인도는 세계 평균에 비해 훨씬 배출량이 적다. 평균적인 인도인은 이산화탄소 배출에 1.4톤의 책임이 있는데 세계 평균은 4.5톤이다. 아프리카는 1인당 배출량이 0.9톤에 불과하다. 그런데도 기후 변화의 비용은 아프리카와 인도에서 더 크게 지고 있으며, 그 비용이 각각 GDP의 4%와 5%에 해당한다.[48]

왜 기후 변화의 영향은 이토록 불균등할까? 우선, 기후 변화는 강우 패턴을 점진적으로 북쪽으로 이동시킨다. 그 결과, 글로벌 남부의 가뭄 빈발 지역에서 강우량이 더욱 적어진다. 개도국의 농업은 이미 취약하고 산업화되지 않은 소규모로 이루어지는데, 강우 패턴이 조금만 달라져도 막대한 피해를 입을 수 있다. 아이러니하게도, 1960년대의 녹색 혁명으로 도입된 고산출 종자들은 예전 품종보다 기후 저항력이 훨씬 약하다. 《이코노미스트》에 따르면 2040년까지 인도의 곡물 산출이 9%나 떨어질지도 모른다.[49] 아프리카에서는 작물 재배 기간이 20%가량 줄어들지도 모른다.[50] 식품 수요가 증가하고 있는 상황인데, 2080년이면 개도국 전반적으로 농업 산출이 많게는 21%나 떨어질 수도 있다.[51] 옥스팜에 따르면, 그 결과 세계의 기아가 더 악화될 것으로 보인다. 세계 각지에서 확보 가능한 칼로리원이 줄어들면서 2050년이면 기아 위험 인구가 20%나 증가할 수도 있다.[52]

질병도 중요한 고려 사항이다. 아프리카의 도시와 마을은 의도적으로 '말라리아 선' 위에 세워진 곳이 많다. 말라리아 선은 말라리아를 옮기는 모기가 닿을 수 없는 위도를 의미한다. 그런데 기온이 높아지면서 모기가 전에는 살지 못했던 지역보다 더 높은 위도로 이동할 수 있게 되었다. 현재의 추산대로라면, 2020년까지 추가로 9000만 명의 아프리카인이 말라리아에 노출될 것으로 보인다.[53] 마찬가지로 아프리카에서 뇌수막염 발생도 증가할 것으로 보인다. 뇌수막염이 가뭄과 밀접한 관련이 있기 때문이다. 최근에 뎅기열과 (2016년 올림 픽 기간 동안 브라질에서 발생한) 지카 바이러스가 증가한 것도 기후 변화와 관련이 있다.

이러한 패턴은 표준적인 발전 내러티브에 의문을 제기한다. 부유한 국가가 전 세계 가난한 사람들의 구원자라는데, 그들이 기후 변화에 끼친 영향을 생각해보면 이 주장은 말이 되지 않는다. 개도국이 기후 변화로 지출하는 비용은 부유한 국가로부터 받는 원조의 몇 배에 달한다.

글로벌 남부 국가의 연구자와 활동가들은 글로벌 북부가 글로벌 남부에 '기후 부채'를 지고 있다고 주장한다. 이와 관련해, 개도국들이 피해를 복구하고 탄소 배출 제로를 향해 가는 데 필요한 자금을 확보할 수 있도록 글로벌 북부가 기후 부채에 대한 배상을 해야 한다는 주장이 오래도록 제기되어왔다. 2014년에는 이러한 요구가 수학적 계산으로 뒷받침되기도 했다. '스톡홀름 환경연구소'와 '지구의 벗'은 기후 변화의 폭주를 피하는 데 필요한 전 지구적 배출량 감축의 책임을 공평하게 분배하고 피해를 입은 개발도상국에 적절한 배상 및 지원을 할 수 있는 방안을 제시했다. 각국의 역사적인 배출량, 경제적 역량, 빈곤 정도 등을 고려해 계산한 바에 따르면, 영국은 1990년 대비 75%가량 배출을 줄여야 하고 개도국에 490억 달러를 지원해야 한다. 미국은 65% 줄이고 6340억 달러를 지원해야 한다. 한편, 가령 내 고향인 스와질란드는 경제 성장과 빈곤 감소의 여지를 확보할 수 있도록 배

출량을 59% 늘리고 배상과 원조로 8000만 달러를 받아야 한다.[54]

*

기후 변화가 근미래에 야기할 수 있는 피해에 대한 예측은 실로 끔찍하다. 그렇지만 부유한 나라의 정부들이 진지하게 배출 저감에 나서도록 하기에는 아직 충분히 끔찍하지 않은 모양이다. 과학자들이 알려주는 바로, 재앙적인 기후 변화를 피하려면 지구 기온이 기준점보다 1.5도 이상 높아지면 안 된다. 2015년에 각국 정부가 제21차 유엔 기후변화협약 당사국총회COP21를 위해 파리에 모였을 때 합의한 목표치도 1.5도 이내 상승이었다. 하지만 협정문의 내용을 보면 실천 의지는 그에 훨씬 못 미쳐서, 목표치가 립 서비스에 불과했음을 보여준다. 파리 협정은 전적으로 각국의 자발적인 참여에 달려 있다. 각국이 '국가별 온실가스 감축 목표'를 제출하도록 되어 있는데, 이제까지 제출된 것이 다 이행된다 해도(이것도 있을 법하지 않은 일이다. 이 감축 목표에는 구속력이 없기 때문이다) 1.5도 이내라는 목표치에 한참 못 미친다. 아마 우리는 2.7도나 3.7도 정도의 상승을 향해 가게 될 것이다.

66%의 확률로 상승폭을 1.5도 이내가 되게 하려면 2015년부터 금세기 말까지 지구 대기에 205기가톤 이상의 이산화탄소를 배출하지 말아야 한다.[55] 이것을 '탄소 예산'이라고 부른다. 현재 매년 40기가톤을 배출하고 있으므로 1.5도 기준 탄소 예산은 2020년이면 바닥나게 된다.[56] 205기가톤 배출 이내로 우리의 활동을 제약하는 데는 막대한 노력이 들 것이다. 세계의 화석 연료 매장량이 이산화탄소 2600기가

톤을 배출할 수 있는 양에 해당하기 때문이다. 이것은 오늘날의 기술과 경제 조건에서 추출 가능한 양으로 알려진 것이다. 다른 말로, 현재 우리는 우리 지구의 한계를 13배나 넘겨서 화석 연료를 사용하겠다는 계획을 세우고 있다(축산, 산업적 농경, 시멘트 생산, 삼림 파괴 등 탄소 배출의 다른 주요 요인들 이야기는 아직 하지도 않았다). 1.5도 이내로 상승폭을 묶으려면 우리는 추출 가능한 화석 연료의 93%를 매장된 채로 그냥 두어야 한다.

그런데 파리 협정은 이 빨간 선에 대해서는 언급하지 않는다. 사실, 파리 협정은 화석 연료 사용에 대해서는 어떤 한계도 부과하고 있지 않다. 게다가 파리 협정은 2020년까지 실행되지 않는다. 즉 협정 체결 이후 5년간 각국은 계속해서 탄소를 배출할 수 있다. 그리고 그 시점이면 1.5도 상승폭은 달성할 수 없게 된다. 탄소 예산이 아무리 빠듯하다고 해도 5년의 이행 기간은 필요하지 않느냐고 생각할 수도 있을 것이다. 하지만 우리는 인류세의 기후 위기를 적어도 1960년대부터 알고 있었고, 국제 협상으로 탄소 배출을 줄이기로 한 것도 적어도 1990년부터다. 그런데도 지난 20년 사이에 연간 탄소 배출은 줄기는커녕 61% **증가했다.**[57] 국제통화기금의 가장 최근 추산에 따르면 정부들은 여전히 화석 연료 산업에 연 5.3조 달러에 달하는 보조금을 준다.[58] 그와 동시에, 어처구니없게도 세계무역기구의 법정을 이용해 태양광 패널 같은 대안적인 기술에 보조금을 주는 것을 막고 있다.

현재 경로대로 갈 경우에 예측되는 대로 상승폭이 3.7도나 4도 정도가 되면 지구는 어떤 모습일까? 보수적으로 추산치를 잡아도 지구에서 500만 년간 본 적 없는 폭염이 닥칠 것이다. 이탈리아, 스페인,

그리스 등의 남유럽 국가들은 사막이 될 것이다. 2100년이면 해수면이 1.24미터 올라가서 암스테르담부터 뉴욕까지 많은 도시가 물에 잠길 것이다. 40%의 생물종이 멸종 위기에 처할 것이고 삼림의 상당 부분이 시들어 없어질 것이다. 작물 산출은 35% 정도 떨어질 것이고 핵심 식량 작물인 인도 밀이나 미국 옥수수 생산은 60%나 급감할 것이다. 이는 특히 글로벌 남부 지역에서 광범위한 기근으로 이어질 것이다. 상승폭이 4도가 되면 그린란드의 빙하와 서남극 빙상이 완전히 녹는데, 이는 해수면을 6미터 더 상승시킬 것이고 전 세계에서 수억 명의 사람들이 터전을 잃고 피신해야 할 것이다.

기후 과학자들은 상승폭 4도의 공포를 경고하고 있다. 2012년에 세계은행이 펴낸 보고서에 따르면 상승폭 4도는 "극단적인 폭염, 글로벌 식량 재고의 감소, 생태계와 생물종 다양성의 파괴, 생명을 위협할 정도의 해수면 상승"을 일으킬 수 있다.[59] 매우 보수적인 주장이 아니면 잘 하지 않는 '기후 변화에 관한 정부 간 협의체IPCC'도 가까운 미래에 대한 예측치조차 암울하다고 언급했다. 이에 따르면 라틴 아메리카는 "아마존 동부가 열대 우림에서 사바나로 바뀔 것이고 인간 소비와 농경, 에너지 생산을 위한 수자원 가용량이 현저하게 바뀔 것"으로 예측된다. 아프리카에서는 "2020년까지 7500만 명에서 2억 5000만 명의 사람들이 물 부족 심화를 겪을 것으로 보이며 빗물 농경의 산출이 몇몇 지역에서는 50%까지도 줄어들 수 있고 식품 생산과 접근성이 심각하게 훼손될 것"으로 보인다. 아시아에서는 "중앙아시아, 남아시아, 동아시아, 동남아시아에서 2050년까지 가용 담수량이 줄어들고 몇몇 지역에서는 가뭄과 홍수와 관련된 질병으로 사망률이 증가할 것으로 보인다.”[60]

요컨대, 상승폭이 4도가 되면 우리가 알고 있는 인간 문명이 존재할 수 없다. 물리적으로 폭염을 견디고 연안 도시들에서 도망치는 것은 어떻게 할 수 있다 쳐도, 농업이 붕괴할 것이므로 먹을 것을 충분히 확보할 방법이 없어진다.

그리고 우리가 아직 완전히는 예측하지 못하고 있는 되먹임 고리가 있다. 몇 년 이내에 북극에서는 여름 동안 빙하가 없어질 것이다. 이미 북극 빙하의 소실은 막대한 메탄 배출을 야기하는 길로 가고 있다. 수백만 제곱마일에 걸쳐 과학자들이 예측한 것의 2배나 되는 메탄이 바다 표면 아래에서 부글거리고 있는 것이다. 국제에너지기구는 아직 우리가 완전히 알지 못하는 이러한 문제들까지 포함하면 기온 상승폭이 6도가 넘을지도 모른다고 추산한다.[61] 이 시나리오에서 다른 것은 몰라도 이것만큼은 확실하다. 이 정도로 급격한 기후 변화는 빈곤 타파에 쓰여야 할 모든 곡물을 쓸어 없애고 지난 반세기간 발전을 통해 이룩한 기대 수명의 증가를 다 무위로 되돌리고도 남을 것이다. 미래의 학자들은 오늘을 돌아보면서 발전이라는 개념을 기후가 충분히 안정적이어서 인류가 더 나은 미래를 상상하는 것이 말이 되던 마지막 시기인 홀로세의 진기한 몽상이었다고 말하게 될 것이다.

*

때때로 나는 왜 사람들이 계속해서 개발과 발전 이야기를 하는지 궁금해진다. 기후 변화에 맞서 우리가 가진 모든 것을 내던지지 않으면 전체 구조물이 무너질지도 모르는 이 순간에 말이다. 발전을 여전히 GDP 성장으로만 이야기하는 사람들은(그러면 이산화탄소 배출도 증가하게 된다) 기후 변화의 잔혹한 사실들을 아직 인정하지 못하는 것 같다.

오랫동안 개발기구들은 우리 경제 시스템의 가장자리를 땜질해서 글로벌 빈곤 문제를 해결하려 해왔다. 자본주의의 기본 논리인 기하급수적 성장 개념은 건드리지 않고 자본주의가 아주 약간만 덜 파괴적이게 만든 것이다. 하지만 기후 변화라는 위기는 우리가 이러한 접근 방식을 버리고 자본주의의 논리를 진지하게 다시 사고할 수밖에 없도록 강제하고 있다. 나오미 클라인이 《이것이 모든 것을 바꾼다》에서 언급했듯이 "우리의 경제 시스템은 지구 시스템과 전쟁을 벌이고 있다. 기후 붕괴를 피하기 위해서는 인류의 자원 사용이 축소되어야 한다. 경제 모델의 파멸을 피하기 위해서는 자원 사용이 제약 없이 확대되어야 한다. 둘 중 한 쪽의 규칙이 바뀌어야 한다면, 그게 자연 법칙 쪽이 될 수는 없는 노릇이다."[62]

하지만 자본주의 자체가 지구의 위기를 막아야 할 절박한 필요와 모순을 빚고 있는 것은 아니다. 문제는 **특정한** 종류의 자본주의다. 정부 예산을 가차 없이 잘라내고 국가가 경제를 규제할 수 있는 권한을 갉아먹는 종류의 자본주의가 문제인 것이다. 긴축과 민영화를 해야 하는데 어떻게 국가가 탄소 제로를 위한 인프라를 구축할 수 있겠는가? 조세와 규제라는 개념 자체가 사회주의적이라거나 전체주의적이라는 오명을 쓰고 심지어는 몇몇 국제 협정에 의해 불법이라고 규정되는 마당에, 어떻게 국가가 화석 연료 회사들을 규제할 수 있겠는가? (물론 미국의 농업 기업과 화석 연료에 대한 보조금은 예외적으로 허용하면서) 보조금을 '자유무역'의 원칙에 위배된다는 이유로 금지하는데 어떻게 재생 에너지 혁신에 투자할 수 있겠는가? 국가의 예산이 깎이고 공공 서비스가 줄었는데 어떻게 국가가 임박한 인도적 위기에 대응하기를 기대할 수 있겠는가?

우리가 지난 몇십 년간 일궈온 경제 시스템은 21세기의 가장 심각한 도전에 맞서는 것을 불가능하게 만들었는지도 모른다.

THE DIVIDE

4부

격차를 닫기

8장
자선에서 정의로

악의 뿌리를 공격하는 사람이 한 명 있다면, 가지만 잘라내는 사람은

천 명쯤 있다. 또한 가난한 사람들에게 가장 많은 돈을 주는 사람은

자신의 삶의 방식으로 인해 자신이 헛되이 완화하려는 바로 그

비참함을 산출하는 데 가장 큰 기여를 하고 있는지도 모른다.

— 헨리 데이비드 소로

공중 보건 분야 사람들이 이 분야의 핵심 원칙을 소개할 때 즐겨 쓰는 비유가 하나 있다. 당신이 가파른 둑이 있고 위험한 급류가 휘몰아치는 강가에 서 있다고 상상해보라. 요란하게 흐르는 물소리 가운데 구조를 요청하는 희미한 목소리가 들리고 물살에 몸부림치는 누군가의 모습이 보인다. 수영을 잘하는 당신은 용감하게 뛰어들어 적시에 그 사람을 안전한 곳으로 데려간다. 물가에서 한숨 돌리는데 또 다른 사람이 위험에 빠진 것을 알게 된다. 그가 죽는 것을 보고만 있지 않으려고 당신은 다시 뛰어든다. 하지만 몇 분 후에 또 한 사람, 그리고 다시 또 한 사람이 떠내려오는 것이 보인다. 혼자서 모두 구할 수는 없는 상황이므로 당신은 급히 도와줄 사람들을 찾아 팀을 꾸리고 강에

서 사람들을 구하는 데 매진한다. 하지만 몇 시간이 지나도 재난은 잦아들 기미를 보이지 않고, 이제 당신은 상류로 가서 왜 이렇게 많은 사람들이 강물에 빠지고 있는지 알아내는 데 노력을 들이는 것이 더 낫겠다고 생각하게 된다.

공중 보건 분야 종사자들에게 이 이야기의 요지는 간단하다. 예방이 치료보다 언제나 더 낫다. 그리고 예방이 효과적이려면 상류에서 위기를 발생시키는 원인을 타격해야 한다. 쉬운 이야기로 들릴지 모르지만 증상이 아니라 시스템에 관심을 기울이는 법을 배우는 데는 많은 노력이 필요하다. 고통을 겪는 사람을 접했을 때 그 고통을 가능한 한 빨리 멈추어주기 위해 자신이 당장 할 수 있는 일을 하려고 하는 것이 인간의 본성이다. 내게 이 두 접근법의 차이는 스와질란드에서 부모님이 일하셨던 진료소를 떠올리면 분명해진다. 그곳에는 늘 문밖으로 환자들의 줄이 끝없이 늘어서 있었다. 아버지는 어느 날 한 현명한 노인이 장난기 어린 눈으로 건넨 이야기를 종종 회상했다. 그 노인은 이렇게 말했다고 한다. "의사 선생님, 저는 선생님이 이 환자들을 돕기 위해 열심히 일하고 있다는 것을 잘 압니다. 하지만 줄의 엉뚱한 쪽 끝에서 일하고 계신 게 아닐까요?"

고통받는 사람에게서 되도록 즉각적으로 고통을 없애주고 싶다는 바로 그 본성이 우리를 그 사람의 불행에 대한 가장 뻔한 설명에 고착되게 만들기도 한다. 길에서 노숙인을 보면 그의 불행에 책임이 있는 사람은 그 사람 자신일 것이라고 가정하는 것이 가장 쉽다. 게으르고 의지가 약해서 학교에서 공부를 열심히 하지 않았거나 직장에서 충분히 노력하지 않았을 것이라고 말이다. 하지만 강 상류의 원인을 생각하려면 이와는 다른 수준의 분석이 필요하다. 그는 대형 은행들이 일으킨 무분별한 주택 시장 투기로 집을 잃었을지 모른다. 금융 위기로 연금이 증발해버렸을지도 모른다. 노동자 보호법이 없는 상황에서 부당한 해고의 희생자가 되었을지도 모른다. 그의 고용주가 더 싼 노동력을 이용하기 위해 생산 시설을 해외로 이전했을지도 모른다. 글로벌 빈곤에 대해서도 마찬가지다. 가난한 나라의 불행이 그 나라 탓이라고 말하는 것이 가장 쉬울 수도 있지만, 충분히 잘 생각해본다면 훨씬 더 많은 이야기가 있다는 것을 분명히 알게 된다.

*

오스카 와일드가 언급했듯이, 감정은 지성보다 더 빠르게 자극된다. "고통에 공감하는 것이 사상에 공감하는 것보다 쉽다"는 것이다. 그리고 빈곤에 대해 생각할 때, 우리는 이 위기가 우리에게 요구하는 바가 무엇인지를 더 진지하게 생각해볼 필요가 있다.

사람들은 주위에서 끔찍한 가난과 흉측한 추악함과 무시무시한 기아가 펼쳐지고 있는 것을 본다. 이 모든 것에 크게 마음이 움직이지 않기는 어려울 것이다. 그래서 존경할 만한 의도를 가지고 매우 진지하고 감상적으로 자신이 보고 있는 악을 고치기 위한 일에 나선다. 하지만 그들의 시도는 질병을 치료하지 못하며, 질병을 연장할 뿐이다. 사실, 그들의 치료는 질병의 일부라고 할 수 있다. 예를 들면, 그들은 빈곤 문제를 가난한 사람이 그저 생존해 있을 수 있게 도움으로써 해결하려 하지만, 이것은 해법이 아니고 오히려 어려움을 악화시킨다. 적합한 목표는 빈곤이 발생할 수 없도록 사회의 기반을 재조정하는 것이다. 그런데 이타적인 미덕은 이 목적의 수행을 가로막는다. 최악의 노예 소유주는 자신의 노예에게 친절한 소유주이듯이, 그래서 그 제도의 끔찍한 면을 그것 때문에 고통받는 사람들이 깨닫지 못하게 하고 그 제도에 대해 고찰하는 사람들도 그것을 파악하지 못하게 하듯이, 선한 일을 하려고 가장 열심히 노력하는 사람이 가장 크게 해를 끼치는 사람이다. 자선은 타락을 가져오고 의욕을 떨어뜨린다.[1]

와일드의 언급은 많은 통찰을 준다. 우선, 자선은 가난한 사람들의 삶을 즉각적이고 일시적인 의미에서 향상시킬 수는 있지만 애초에 그들을 가난하게 만든 환경으로 곧바로 그들을 되돌려보낸다. 결국, 아무것도 변하지 않는 것이다. 그리고 돕고자 하는 박애주의자로서의 충동이 일단 충족되고 나면 사람들은 그 문제를 고찰하거나 실제 원인과 씨름하는 데 더 이상의 노력을 쏟지 않을 것이다. 즉 자선은 변화에 대한 의욕을 떨어뜨린다.

하지만 와일드는 한 걸음 더 나아간다. 그는 자선이 빈곤의 궁극적인 원인, 즉 시스템의 중심에 있는 부패에서 우리의 관심을 돌려놓을 뿐 아니라 고통받는 당사자들마저도 문제의 본질을 잘 알지 못하게 만든다고 주장한다. 자선은 그들이 자기 자신을 비하하고 그들의 정치적 주체성을 박탈하는 세력에 직접적으로 도전할 수 있는 능력을 떨어뜨릴 수 있다. 심각한 결함이 있는 시스템의 모순을 약간만 완화함으로써 시스템이 더 오래 지속되게 하는 것이다. 물론 대부분의 경우 박애주의자들이 그런 의도를 가지고 있는 것은 아니다. 하지만 때로는 명시적으로 그런 의도에서 자선이 이루어지기도 한다. 일례로, 몇몇 연구자들은 서구가 제공하는 식량 원조가 최악의 기근을 막고 사람들이 딱 생존할 만큼의 칼로리를 얻게 하는 정도까지만으로 신중하게 계산되어 있다고 지적했다. 이 정도에도 미달해 기근이 발생하면 세계 경제 체제의 불공정함이 너무나 명백해져서 정당성이 무너지고 정치적 격변이 뒤따를 것이기 때문이다. 그러한 결과를 피하기 위해, 부자들 중 정치적으로 명민한 사람들은 딱 그만큼의 자선에 자신이 가진 잉여 재산의 일부를 기꺼이 투자한다.

이와 관련해, 와일드는 또 하나의 비판을 제기한다. "사유 재산 제도로 인한 끔찍한 폐해를 완화하기 위해 사유 재산을 사용하는 것은 부도덕하다"는 것이다. 그는 이것이 "부도덕하고 불공평하다"고 말하면서 자선 패러다임의 또 다른 문제로 우리를 이끈다. 자선이 잉여 재산의 축적으로 가능해진 것인 한 결코 유의미한 해결책이 될 수 없다는 것이다. 잉여 재산의 축적이 이루어지는 바로 그 과정이 애초에 가난을 생성하는 기제이기 때문이다.

대학을 졸업했을 때 고액 연봉을 받는 직장을 선택한 많은 친구들이 도덕적인 정당성을 들어 자신의 선택을 설명하곤 했다. 가령, 은행가가 되어 수백만 달러를 벌 수 있다면 사람들의 삶을 개선하기 위해 더 많은 돈을 기부할 수 있을 거라고 말이다. 얼핏 생각하면 완벽하게 합리적인 이야기다. 실제로, 조지 소로스나 록펠러 가문 같은 저명한 자선가들이 취하는 접근 방식이 낮에는 무지막지하게 돈을 벌고 저녁에는 가난한 사람들의 삶을 개선하기 위해 약간의 돈을 기부하는 것이다. 하지만 우리는 어려운 질문을 던져야 한다. 애초에 그들의 부는 어디에서 왔는가? 소로스의 재산 대부분은 1997년 아시아 금융 위기에 직접적인 원인이 된 통화 투기에서 나왔고, 이 위기는 수백만 명을 빈곤으로 몰아넣었다. 록펠러 재단은 화석 연료 산업을 독점함으로써 부를 일궜다. 거의 모든 경우에서 우리는 그들의 기부를 가능하게 한 부의 축적이 기부로 해결하고자 하는 바로 그 문제를 야기한 과정을 통해 이루어진 것임을 발견할 수 있다.

스타벅스는 에티오피아 커피 재배 지역 빈민들의 건강을 개선하기 위해 기부를 했지만 에티오피아 커피 재배자들에게 지극히 낮은 임금을 지불해 비난을 받았다.[2] 코카콜라는 과테말라의 가난한 지역을 돕기 위해 약간의 기부를 하고 있지만 과테말라 사탕수수 농장의 임금이 오르는 것을 막기 위해 노조 운동가들에 대한 폭력을 사주했다는 혐의를 받고 있다.[3] 공정이 자선보다 낫다. 공정이 없으면 자선은 사기가 된다. 똑같은 주장을 서구의 공식적인 원조 활동에 대해서도 할 수 있다. 세계의 빈곤을 줄이려면 미국 정부는 원조를 제공할 게 아니라 애초에 빈곤을 초래한 주 요인인 구조조정, 탈세, 불공정한 무역 규정 등을 없애야 한다.

*

나는 학교, 공개 강의, 컨퍼런스, 심지어 개발기구가 주최하는 행사에서도 이러한 주장을 여러 번 분명히 밝혔다. 그리고 가는 곳에서마다 사람들이 이러한 비판에 목말라하고 있었다는 것을 발견한다. 심지어 NGO 세계의 한복판에서도 말이다. 특히 2008년 경제 붕괴 이후 성인이 된 젊은 세대 사이에서 더욱 그렇다. 이러한 비판이 그들 자신도 가지고 있는 의구심, 공식적인 내러티브가 부정직한 것 같다고 마음 한편에서 생겨나기 시작한 인식과 공명하는 바가 있기 때문일 것이다. 그들은 자신의 나라를 보면서 빈곤이 단지 자연적인 현상이 아니라 정치적인 문제임을 알고 있다. 그들은 빈곤이 일부(부유한 국가, 다국적 기업, 권력 있는 사람들 등)에게만 이득을 주고 나머지 대부분의 사람들을 희생시키는 쪽으로 면밀하게 짜인 시스템에 의해 발생한다는 것을 알고 있다. 공식적인 내러티브는 이 사실을 가리려 하고 우리의 관심을 다른 데로 돌리려 한다. 공식적인 내러티브는 우리가 기저의 원인은 건드리지 않고 원조와 같은 비정치적인 해법에만 관심을 집중하도록 몰아간다. 공식적인 내러티브는 탈취하는 자를 베푸는 자로 보이게 만들어서 그들의 너그러움을 칭송하게 만든다. 그리고 공식적인 내러티브는 우리가 현 상태에 실질적인 변화를 전혀 일으키지 않고도 글로벌 빈곤을 해결할 수 있다고 믿게 만들려 한다.

오늘날[2010년 현재] 43억 명이 빈곤 속에 살고 있고 부유한 나라와 가난한 나라 사이의 격차는 점점 벌어지고 있다. 이제는 다른 접근법이 필요하다. 무엇을 할 수 있을까? 어떻게 경로를 바꿀 수 있을까? 한 가지 면에서는 해법이 비교적 명확해 보인다. 개발은 애초에 빈곤을 만들어낸 규칙을 바꾸기 시작할 때, 즉 현 세계 체제의 특징인 '상향 재분배' 구조를 해체하기 시작할 때만 유의미할 수 있다. 이와 관련해, 더 공정한 세계 경제로 가기 위해 시도해볼 수 있는 몇 가지 아이디어가 있다.

1. 부채 저항

가장 중요한 첫 조치는 개발도상국의 부채 부담을 없애는 것이다. 이 단계는 여러 면에서 중요하다. 부채를 없애면 부유한 나라들이 가난한 나라들에 행사하는 원격 권력을 철수시키고 가난한 나라들이 국가 차원의 경제 정책을 스스로 통제할 주권을 회복할 수 있다. 또한 개발도상국이 소득의 더 많은 부분을 대형 은행에 빚 갚는 데 쓰는 대신 의료, 교육, 빈곤 타파에 사용할 수 있게 된다. 물론 채권자들이 큰 손실을 볼 수 있기 때문에 어려운 싸움이 될 것이다. 부채가 많은 국가에 과도하게 노출된 일부 채권자는 파산할 수도 있다. 하지만 이것은 잠재적으로 수억 명을 해방시키기 위해 치러야 할 작은 대가다. 부채를 없애도 아무도 죽지 않을 것이다. 세계는 계속 돌아갈 것이다. 부채는 꼭 상환되어야 하는 것이 아니며, 더군다나 그것이 광범위한 인간의 고통을 야기할 때는 상환되지 말아야 한다.

몇몇 NGO는 '구제relief'라든가 '용서forgiveness'라는 표현을 쓰지만 이 단어들은 잘못된 메시지를 전달한다. 채무자가 무언가 죄를 지었다고 암시하고 채권자를 구원자로 설정함으로써 문제의 핵심인 권력 불균형을 되레 강화하는 것이다.[4] 채무가 죄라는 프레임은 채무를 '용서'해주면서 구조조정 프로그램을 복제한 가혹한 긴축 조치들을 강요하는 행위를 정당화하는 데 사용되어왔다(그러한 조치들이 애초에 위기를 일으키는 데 일조했는데도 말이다). "너의 죄를 용서해주겠지만 그 대가를 치르라"고 말하는 것과 다를 바 없다. 이제까지 부채 경감은 대체로 문제를 영속화하는 결과를 가져왔다. 부채 문제를 다루는 데 정말로 진지하게 임하고자 한다면 부채 자체만이 아니라 그것을 지탱하는 도덕적 프레임에 대해서도 문제를 제기해야 한다.

글로벌 남부 국가들의 부채 중 2008년 기준으로 약 9500만 달러어치가 어느 정도 완화될 예정이다. 많은 것처럼 보이지만, 신경제재단의 경제학자들은 부채 수준을 실질적으로 유지할 수 있는 정도가 되게 하려면, 그리고 국가들이 빈곤을 타파하기에 충분한 예산 공간을 가질 수 있으려면, 그보다 6배는 더 탕감되어야 한다고 본다.[5] 최근의 또 다른 보고서는 국가가 시민의 기본적인 필요를 충족시킬 수 있도록 충분한 자금을 보유하게 하려면 100개의 국가에서 적어도 4000억 달러의 부채가 탕감될 필요가 있다고 밝혔다. 두 연구 모두 부채 탕감 프로그램의 합리적인 출발점으로 삼을 수 있을 것이다.[6] 또 다른 접근법은 '독재자 부채dictator debt'라 불리는 것을 취소하는 것이다. 이는 민주적 권한이 없는 국가 지도자들이 쌓아올린 부채를 말한다. 독재자 부채는 현재 32개국에서 약 7350억 달러에 달하는데, 이것을 취소하면 애초에 국민이 동의하지 않았고 국민에게 도움이 되지도 않는 대출에 대해 국민들의 상환 부담을 없애줄 수 있을 것이다.

부채 탕감을 더 일반적인 관점에서 접근할 수도 있다. 많은 개도국이 지고 있는 막대한 부채 부담은 사실 순전히 이자 더미다. 가령, 어느 국가가 1980년에 50억 달러를 10% 이자로 대출받은 후 매년 5억 달러를 상환했다면 2000년까지 총 100억 달러를 상환했겠지만, 단지 복리의 무지막지한 힘 때문에 **여전히** 갚아야 할 돈이 더 많이 남아 있게 된다. 이에 비추어볼 때, 우리는 경제 발전 정도가 일정 선 이하인 국가가 채권자의 인플레 손실을 상쇄시킬 수 있을 정도의 이자율(가령 연 2-3%)로 원금을 이미 상환했다면 남은 부채를 탕감받을 자격이 있다고 말할 수 있을 것이다. 이것은 현재의 부채를 좀 더 감당할 수 있도록 소급적으로 금리 상한을 설정하는 것과 같다.

어떤 접근을 선택하든, 부채 탕감에 구조조정 조건을 달지 않는 것이 중요하다. 그러지 않으면 얼핏 보기에는 해롭지 않아 보이는 구조조정이 채권자들의 원격 권력 행사를 가능하게 하는 기제로 작동하게 될 것이다. 사실, 개발 차관에 대해서는 처음부터 구조조정 조건을 없애는 것이 현명할 것이다. 이는 개도국이 관세, 보조금, 자본 통제, 사회적 지출, 경제를 관리하고 빈곤을 줄이는 데 필수적인 여러 일들을 결정할 주권을 유지한 채로 자금을 이용할 수 있게 하려면 꼭 필요한 일이다.

물론 세계은행 등 현재의 채권자들이 이러한 방안을 따를 것 같지는 않다. 채무자에게 부채 상환을 강요할 수 있는 권한을 포기해야 하기 때문이다. 그렇다면 세계은행과 싸우기보다, 대안적인 기관을 세워볼 수 있을 것이다. 2015년에 브라질, 러시아, 인도, 중국, 남아프리카공화국이 세운 신개발은행이나 2016년에 중국이 설립한 아시아 인프라투자은행 등이 그러한 대안이 될 수 있다. 이러한 기관들이 개도국에 제로금리 혹은 저금리로 대출을 하고 구조조정 조건을 달지 않는다면, 글로벌 남부 국가들은 서구 채권자의 손아귀에서 벗어날 수 있을 것이다. 이것은 미국이 이러한 기관들이 부상하는 것을 반기지 않는 이유에 대해 실마리를 준다. 하지만 이 기관들이 도움만 되리라는 법은 없다는 점도 명심해야 한다. 세계은행이 서구의 제국주의를 촉진했듯이 이 기관들도 설립 국가의 지정학적, 경제적 이해관계를 타지역에 강요하는 준제국주의적 도구가 될 수 있기 때문이다.

하지만 우리는 얼마나 많은 사회 운동의 압력이 있든 간에 현실적으로 채권자가 부채를 유의미한 수준으로 탕감할 의사가 없으리라는 사실을 인정해야 한다. 그렇다면, 유일하게 남은 방법은 과도하게 채무를 진 국가들이 상환을 멈추는 것이다. 과거에는 채무 불이행을 선언하면 종종 침공이나 쿠데타로 채권국에게 보복을 당했고, 그 결과 이 방법은 채무국의 선택지에서 사실상 사라졌다. 글로벌 남부 국가들은 적어도 1970년대부터 군사적 보복을 우려하지 않고 채무 불이행을 선언할 수 있는 권리를 요구해왔다. 이러한 권리를 국제법으로 확실히 정한다면 그들을 부채의 족쇄에서 해방시킬 수 있을 것이다. 채무 불이행을 선언하면 분노한 채권자나 채권자의 연합 세력으로부터 추가적인 자금을 구하기는 어려울 수 있겠지만, 신개발은행이나 아시아인프라투자은행 등이 채무 불이행 국가들에 자금을 지원해 기회를 열어줄 수 있을 것이다.

2. 세계은행, 국제통화기금, 세계무역기구의 민주화

더 공정한 글로벌 경제를 위해 취해야 할 두 번째 핵심 조치는 주요 국제 거버넌스 기관인 세계은행, 국제통화기금, 세계무역기구를 민주화하는 것이다. 글로벌 남부 국가들이 세계 인구의 다수를 차지하고 있으니만큼 그들이 이 기관들에서 더 공정하고 평등하게 대표되어야 하고 그들에게 영향을 미치는 정책에 대해 실질적으로 발언권을 가질 수 있어야 한다.

세계은행과 국제통화기금의 경우에는, 미국의 비토권을 없애야 하고 투표권을 더 민주적인 방식에 따라 재배분해야 한다. 현재 투표권은 각국의 재정 지원 규모에 따라 정해지는데, 부유한 나라들이 60%를 가지고 있다. 이렇게 기울어진 분포를 고치려면 투표권은 각국의 인구 규모에 따라, 혹은 상대적인 발전의 필요에 따라 정해져야 한다. 세계은행과 국제통화기금의 총재는 미국과 유럽만이 아니라 능력에 기반해 더 다양한 후보 중에서 민주적으로 선출되어야 하고 모든 나라의 후보에게 열려 있어야 한다. 세계은행과 국제통화기금의 면책도 없애야 한다. 그래야 이들이 대출을 받는 국가들에 대해 책무성을 가질 수 있다. 이러한 조치는 자신의 결정이 유발할 피해는 고려하지 않은 채 마음껏 정책 처방을 내리고 있는 이들 기관에 만연한 도덕적 해이를 없애는 데 필수적이다.

세계무역기구는 지금도 각 회원국이 한 표씩 행사하므로 기술적으로는 민주적이다. 하지만 실제로는 부유한 국가들이 원하는 것을 얻는 데 늘 성공한다. 한 가지 이유는 시장 규모가 더 크면 협상력도 더 크기 때문이다. 또 한 가지 이유는 부유한 나라들이 뛰어난 협상가들을 더 많이 동원할 여력이 있기 때문이다. 이를 개혁하는 가장 좋은 방법은 제네바의 세계무역기구 본부에 일군의 협상가들을 상주시킬 만한 금전적 여력이 없는 가난한 나라들이 공동 기금에서 비용을 지출할 수 있게 하는 것이다. 그러면 모두의 목소리가 들릴 수 있을 것이다. 세계무역기구를 민주화하는 또 다른 방법은 소수의 강력한 국가들만 그린룸 회의(개도국은 들어가지 못하는 경우가 많다)에서 미리

의제를 정하거나 결정을 내리게 하지 말고, 모든 과정이 투명하고 관련 당사국 모두에게 접근 가능해지게 하는 것이다. 세계무역기구의 분쟁 조정 절차도 투명성이 필요하다. 현재는 교역 규칙을 위반했다는 고발이 들어온 국가의 운명을 비공개 법정에서 결정하는데, 이 법정이 공개되고 외부의 감시를 받게 되면 대중과 언론이 세계은행의 규칙과 처벌이 상식적인 공정성의 개념에 어긋나는지 아닌지 평가할 수 있을 것이다.

이상적으로는, 개도국에 시장 자유화를 더 요구하기 전에 이러한 기본적인 불평등이 시정되어야 한다. 하지만 이러한 변화도 그 기관들이 가지고 있는 더 깊은 문제 하나는 해결하지 못할 것이다. 대개 세계은행과 국제통화기금에는 각국의 재무장관이나 중앙은행 총재들이 참여하고 세계무역기구에는 무역 관련 장관들이 참여한다. 회원국 정부들이 뽑은 대표자일지는 모르지만 그들이 자국 국민의 이해관계에 진정으로 관심이 있으리라는 보장은 없다. 재무장관들은 금융업계의 이해관계에 밀착된 경우가 많고 무역 관련 장관들은 기업계의 이해관계에 밀착된 경우가 많다. 어느 쪽도 노동자, 농민, 환경의 당연한 우군이 아니며 그들이 노동자, 농민, 환경의 이름으로 정책을 내놓는 경우도 거의 없다. 이 기관들에서 활동할 자국의 대표자가 민주적으로 부과된 임무를 갖게 만들면 이 문제를 해결할 수 있다. 가령 각국의 국민이 세계은행에 파견될 대표자를 투표로 뽑는 것이 한 가지 방법이 될 것이다.

3. 기울어진 국제 교역 시스템 바로잡기

꼭 필요한 세 번째 조치는 교역 시스템을 더 공정하게 만드는 것이다. 앞에서 보았듯이 세계무역기구의 주된 문제 중 하나는 무역 자유화를 모든 회원국에 요구한다는 것이다. 소위 '운동장을 평평하게 한다'는 것인데, 이론적으로는 교역 흐름을 증가시키고 모든 이의 삶을 향상시킨다고 하지만 실제로는 거의 언제나 개도국의 이익을 희생시켜 부유한 국가들이 이득을 얻는 결과를 낳는다. 개도국은 교역에서 이득을 얻는 데 꼭 필요한 정책 공간에서의 통제력을 잃게 된다. 우리는 전체적으로 관세 장벽을 모두 줄이도록 요구하기보다, 의도적으로 가난한 나라들을 염두에 두고 교역의 규칙을 기울여서 그 나라들의 발전을 촉진할 수 있을 것이다.[7] 한 가지 방법은, 세계무역기구의 모든 회원국이 (GDP와 1인당 GDP 기준으로) 자국보다 작거나 가난한 국가의 모든 재화에 대해서는 관세 없이 시장을 개방하는 것이다. 그러면 개도국은 경제를 자유화하도록 강요받지 않고 부유한 국가의 시장에 진입할 수 있을 것이다. 이것은 새로운 제안이 아니다. 가난한 나라들에 대한 특례 제도가 이미 존재한다. 하지만 너무 미미하고, 그나마도 1994년 이래로 세계무역기구가 없애려 해왔다.

TRIPS 협정(엄밀하게 말하면 이것은 무역과 별로 상관이 없지만)도 긴급하게 개혁이 필요하다. 이 조항에서 특허 보호 기간은 20년인데 이전 어느 때보다도 길다. 연구개발을 위한 유인을 줄이지 않고도 이 기간을 절반까지는 충분히 줄일 수 있을 것이다. 특허 규칙을 완화하면 가난한 나라들이 산업 테크놀로지뿐 아니라 교재나 소프트웨어 등까지 발전에 필요한 기술에 접근하는 데 도움이 될 것이다. 또한 공중 보건을 위한 의약품처럼 가장 본질적인 기술은 특허 보호 대상에서 아예 제외되어야 한다. 개도국이 주요 의약품의 복제약을 생산하거나 수입할 수 있도록 법적으로 권리를 보장하면 생명을 구할 수 있고 에이즈 위기 때 펼쳐졌던 것 같은 불필요한 재앙을 피할 수 있을 것이다.

특허 보호 기간을 줄이고 필수 재화에 특허 유예를 보장하는 것에 더해, 종자, 식물, 약품, 유전 물질 등 이미 자연적으로 존재하는 것이나 수천 년 동안의 집합적인 노력과 전통적인 지식으로 알려져 있었던 것들을 기업이 가져다가 특허를 내지 못하도록 특허의 '독창성' 기준을 강화해야 한다. 특히 현재 토착 종자를 사용, 저장하지 못하게 가로막혀 있어서 거대 농업 기업들의 종자를 구매해야만 하는 글로벌 남부의 많은 소농민들에게 이것은 매우 중요하다. 생명의 풍성함과 인간이 집합적으로 축적해온 지식에 평등하게 접근할 수 있으려면 자연의 물질과 공공의 지식은 계속해서 공공재의 영역에 있어야 한다.

농업 보조금 체계는 국제 교역 시스템에서 가장 열띤 논쟁이 벌어지는 주제인데, 글로벌 남부 국가들이 더 공정하게 발전할 기회를 가질 수 있으려면 여기에도 긴급히 관심을 기울일 필요가 있다. 개혁의 첫 단계는 부유한 나라가 자국 농민에게 지급하고 있는 보조금을 줄여서 글로벌 남부의 경쟁자들을 가격 우위로 압도하지 못하게 하고, 사실은 더 경쟁력이 있었을지 모를 가난한 나라의 작은 농가를 값싼 곡물로 치고 들어가 시장 점유율을 빼앗지 못하게 하는 것이다. OECD 국가들의 농업 보조금을 절반만 줄여도, 이를테면 가장 큰 수출업자들에게 가는 보조금만 없애도, 운동장을 평평하게 해 글로벌 남부의 농민들에게 꼭 필요한 운신의 여지를 제공할 수 있을 것이다. 하지만 부유한 국가들에서 보조금을 없애는 것만으로 그치지 말고 가난한 나라 정부들이 자국 농민에게 보조금을 줄 수 있는 자유도 허용해야 한다. 유치산업 단계의 농업이 세계 무대에서 경쟁하기에 충분할 만큼 성장하게 하려면, 그리고 소농민들이 자신의 생계를 유지하고 동료 시민들에게 식품을 공급할 역량을 가질 수 있게 하려면 꼭 필요한 일이다. 사실 글로벌 남부의 소농민에게 보조금을 주는 것은 글로벌 기아를 타파하는 데 필수적이다.

또한 균형이 매우 어긋나 있는 세계무역기구의 분쟁 조정 체계에 대해서도 무언가를 해야 한다. 가난한 나라들이 세계무역기구의 규칙 중 자국에 해가 되는 것을 무시하려 하면 부유한 나라들은 자신들의 시장에 접근하지 못하게 막는 파괴적인 경제 제재로 보복한다. 반면, 가난한 나라들이 부유한 나라들에 부과하는 경제 제재는 효과가 미미하다. 따라서 부유한 나라들은 무역 규칙을 아무런 피해 없이 어길 수 있다. 우리는 더 공정한 집행 메커니즘이 필요하다. 한 가지 해법은 경제 제재 시스템을 배상 시스템으로 바꾸어서 해당 국가의 시장 규모에 비례해 손실을 배상하게 하는 것이다. 그러면 가난한 나라들이 훨씬 더 공정하게 교역을 할 수 있게 될 것이다.

그리고 자유무역협정 문제가 있다. 자유무역협정들이 그렇게 문제가 많아진 한 가지 이유는 협상이 비밀리에 이루어졌다는 데 있다. 협상을 공개적으로 진행해 진정한 민주적 감시하에 놓이게 하면 최종 결과가 더 공정해질 수 있을 것이다. 위키리크스에 누출되는 부분적인 정보에만 계속 의존할 수는 없다. 협상안의 초안부터 완전히 접근할 수 있다면 가난한 나라와 부유한 나라 모두에서 취약한 집단과 그들을 옹호하는 단체들이 사람과 환경에 해로운 무역 조항들에 대해 문제를 제기할 수 있을 것이다. 이상적으로는, 기존의 모든 협정도 효력을 중지시키고 투명하고 민주적인 조건에서 재협상해야 한다.

투자자-국가 분쟁 조정 절차에 대해서도 비판의 목소리가 높아지고 있다. 대부분의 자유무역협정에는 이 제도가 포함되어 있어서 외국 기업들은 자신의 이익을 훼손시키는 규제에 대해 주권 국가를 상대로 제소할 수 있다. 하지만 이러한 제도는 정당성이 거의 없으므로 앞으로의 모든 사건을 중단하고 원고들이 공정하고 투명하게 공개된 각 국가의 사법 시스템을 통해 문제를 해결하도록 하는 것이 합리적일 것이다. 개도국이, 아니, 모든 주권 국가가 **설령 외국 투자자의 잠재적 수익을 훼손하더라도** 노동자, 환경, 공중 보건 등의 이익에 부합하는 규제를 만들고 실행할 역량을 회복할 수 있으려면 꼭 필요한 일이다.

4. 글로벌 최저 임금제 도입

기업들이 가장 싼 노동력을 찾아 지구 전역을 훑을 수 있는 글로벌 노동 시장을 가지려면 노동 기준에도 글로벌 시스템이 필요하다는 주장을 펼 수 있을 것이다. 여기에서 네 번째 개입 가능성이 나온다. 인간으로서 적어도 이 정도는 보장받아야 한다고 여겨지는 정당한 노동 기준의 하한선을 글로벌 수준에서 설정함으로써 임금을 아래로 내리누르는 경쟁을 막는 것이다. 여기에 포함되어야 할 가장 중요한 요소는 글로벌 최저 임금이다. 언뜻 들으면 문제 있는 주장으로 들릴지 모른다. 탄자니아의 노동자가 영국의 노동자와 동일한 임금을 받는 것은 생활비 차이를 고려할 때 말이 되지 않으니 말이다. 또한 노동력이 싼 나라가 임금을 올리면 그 나라의 경쟁 우위가 사라져 기업이 빠져나가고 실업과 빈곤이 증가할 수도 있다.

하지만 가장 널리 지지받고 있는 형태의 글로벌 최저 임금제는 각 국가 임금 중앙값의 50%로 최저 임금을 설정하는 것이다. 그러면 위와 같은 문제를 해결할 수 있고 현지의 경제 상황과 생계비, 구매력 등에 부합할 수 있다. 전체적으로 임금이 오르면 최저 임금도 자동으로 오른다. 그 나라의 임금이 너무 낮아서 중앙값의 50%가 여전히 빈곤 상태에 해당한다면 두 번째 안전판이 필요한데, 각 국가의 최저 임금이 국가별 빈곤선은 넘기도록 하면 된다.[8]

이렇게 설계된다면 글로벌 최저 임금제를 받아들여도 현재 싼 노동력으로 비교 우위를 가지고 있는 국가들이 그 우위를 유지할 수 있으므로 경제에 크게 교란이 생기지 않을 것이다. 이 시스템은 적어도 노동 대중의 빈곤을 줄일 수 있을 것이고 국가 내에서뿐 아니라 국가 간에도 불평등을 줄일 수 있을 것이다. 또 저소득 노동자들의 임금을 올리면 경제도 나아질 수 있다. 평범한 노동자들이 더 많은 돈을 받으면 수요가 진작되어서 경제 성장이 촉진될 수 있기 때문이다. 부채에 의존하지 않고서도 말이다.

물론 가난한 나라에서 임금을 올리면 그 나라의 수출품 가격이 올라서 해외에서의 수요가 줄고 따라서 결국에는 그 나라에 실업을 발생시키게 될 거라며 임금 인상에 반대하는 사람들도 있다. 하지만 이 우려는 실증 근거로 뒷받침되지 않는다. 연구 결과들을 보면 최저 임금을 올려도 고용에 부정적인 영향을 주지는 않는 것으로 보인다.[9] 최근의 한 연구는 멕시코의 노동 착취 공장에서 임금을 2배로 올릴 때 미국에서 옷 가격이 상승하는 정도는 겨우 1.8센트라고 추산했다. 부유한 나라 소비자들 대부분이 알아차리지도 못할 만큼의 작은 변화다. 노동 착취 공장의 임금을 10배로 올려도 소비자들은 괜찮다고 생각할 것이다. 전미경제연구소NBER에 따르면 사람들은 '좋은 노동 조건'에서 생산된다면, 100달러짜리 물건에 대해 15%까지(10달러짜리 물건에 대해서는 28%까지) 돈을 더 낼 용의가 있는 것으로 나타났다.[10] 수요 위축 같은 경제적 악영향이 현실화되기 전까지 노동자의 임금을 올릴 수 있는 여지는 아주 많다.

행정 업무 면에서 악몽이 되지 않을까 싶을 수도 있지만, 유엔의 국제노동기구는 글로벌 최저 임금 제도를 관장할 의지도 있고 역량도 있다고 이미 밝힌 바 있다.[11] 글로벌 최저 임금은 서구 소비자들 사이에 유행했던 '공정 무역'보다 훨씬 더 멀리 나아갈 수 있다. 가게에 가서 '공정 무역' 라벨이 붙은 제품을 볼 때마다 나는 이것이 의미하는 바에 놀라곤 한다. 나머지 일반적인 제품들은 **공정하지 않다**는 것 아닌가? 우리는 공정한 제품과 공정하지 않은 제품 사이에서 선택해야 할 필요가 없어야 한다. 우리가 우리의 삶을 누리고 지탱하기 위해 무언가를 살 때, 우리는 그것이 다른 인간을 착취하는 데 공모하는 게 아니라고 확신할 수 있어야 한다.

5. 보편 기본소득

정당한 임금도 중요하지만, 전 세계적으로 고용 구조가 극적으로 달라질지 모른다는 현실도 간과하지 말아야 한다. 유엔의 한 보고서는 앞으로 몇십 년간 글로벌 남부에서 자동화로 60%의 일자리가 사라질 것이라고 내다봤다.[12] 자동화가 쉬운 직물 공장과 소형 가전 공장이 특히 타격을 받을 것으로 보인다. 이러한 산업이 로봇으로 넘어가면 (지금도 높지 않은) 글로벌 남부의 생활 수준이 심각하게 붕괴할지 모르고 어쩌면 막대한 인도적 위기를 초래할 수도 있다.

빈곤 타파를 공식 고용 시장에만 의존해 이루려 하는 것은 더 이상 말이 되지 않는다. 우리는 대안적인 생계 수단이 필요하다. 대중의 상상을 사로잡고 있는 급진적인 아이디어가 하나 있는데, 바로 보편 기본소득이다. 정부가 소득 수준이나 고용 상태에 상관없이 모든 사람에게 조건 없는 현금 이전을 하는 것이다. 케냐, 우간다, 인도, 브라질, 멕시코, 남아프리카공화국, 나미비아 등 글로벌 남부의 많은 나라들이 소규모로 현금 이전 프로그램을 실험하고 있다. 아직 범위가 제한적이긴 하지만 이러한 현금 이전 실험은 영양 개선, 건강 개선, 학교 출석률 향상 등에서 이미 놀라운 결과를 보여주고 있다.[13] 마이크로파이낸스가 전체적으로 빈곤율을 줄이는 데는 그리 효과가 없고 개인의 부채 부담을 늘리는 경향이 있는 것과 달리,[14] 직접적인 현금 이전은 여러 연구에서 효과성이 밝혀지고 있다. 놀랄 일도 아니지만, 가난한 사람에게 돈을 주는 것은 빈곤을 줄이는 가장 효과적인 방법이다.[15] 이 실험들이 '보편' 프로그램은 아니지만, 그러한 보조가 없다면 기본적인 제품과 서비스를 구매하는 데서마저 어려움을 겪었을 많은 가난한 사람들에게는 현금 이전이 물질적인 여건에 큰 차이를 가져다줄 수 있음을 보여준다.

재원은 어떻게 마련할 것인가? 가장 자연스러운 방법은 공공재에 연동하는 것이다. 알래스카주는 자연 자원을 모든 주민이 소유한 공공재로 여긴다. 따라서 모든 주민은 (이미 존재하는 교육이나 의료와 같은 공공재에 더해) 알래스카주의 석유 매장고에서 나오는 연간 수입을 분배받을 권리가 있다. 알래스카 모델은 호응도 얻고 있고 효과도 거둘 수 있다. 또한 삼림 자원이나 수산 자원 같은 여타의 자연 자원에도 적용될 수 있다.

또 다른 선택지는 토지다. 토머스 페인, 헨리 조지 등이 주창한 토지 가치세Land Value Tax는 사유 토지의 가치 중 일정 부분을 재분배함으로써 수세대에 걸쳐 이뤄져온 인클로저를 되돌리는 효과를 발휘할 수 있을 것이다. 대기에도 비슷한 모델을 적용해볼 수 있다. 가령 탄소세로 재원을 마련해 모두를 위한 기본소득에 사용할 수 있을 것이다.

지금까지 대부분의 기본소득은 국가 수준에서 제안되었다. 하지만 글로벌 수준에서 생각해야 한다는 주장에도 호응이 커지고 있다. 우리는 자원과 자본이 국경을 넘나드는 글로벌 경제에 살고 있으며 바다와 하늘에는 국경을 그을 수 없다. 공공재에 국경이 없다면, 왜 공공재에 연계된 기본소득에는 국경이 있어야 하는가? 그리고 자원이 풍부한 나라에 사는 사람들이 운 좋게 그 나라에 산다는 이유만으로 왜 다른 나라 사람들보다 많은 것을 받아야 하는가? 세계 곳곳에서 이뤄지는 자원 추출과 탄소 배출에 과세를 해서 이것이 글로벌 펀드로 들어가게 하면 전 세계 모든 사람을 위해 사용할 재원이 될 수 있을 것이다. 이에 더해, 토지에 대한 세금, 오염에 대한 세금, 지적 재산권 판매에 대한 세금, 외환 거래와 금융 거래에 대한 세금(노벨상을 수상한 경제학자인 제임스 토빈이 주장한 바를 바탕으로 한 일종의 로빈후드세) 등으로 글로벌 펀드를 확충할 수 있을 것이다.

런던에 소재한 단체인 세계기본소득은 이러한 수입원을 다 합하면 연간 3조 달러 이상이 될 것이라고 추산했다. 지구상의 모든 이에게 하루 1달러씩 줄 수 있는 액수이며 가난한 나라에서, 특히 사하라 이남 아프리카와 남아시아에서 수억 명의 삶을 즉시 바꿀 수 있다. 휴대전화로 송금하는 것이 점점 더 가능해지고 있으니만큼, 기술적으로 이러한 제도는 당장 실행할 수도 있다. 하지만 이것을 '자선'으로 프레이밍하지 않는 것이 매우 중요하다. 이것은 자선이 아니라 지구의 풍성한 공공재를 공정하게 공유할 모두의 권리라고 보아야 한다. 글로벌 기본소득은 기본적으로 글로벌 정의와 관련이 있다.

6. 조세 정의

공공재 이야기가 나왔으니 말인데, 매년 조세 회피로 마땅히 공공에 속해야 하는 돈 수천억 달러가 개도국에서 새어나간다. 이러한 강도짓을 끝내려면 글로벌 조세 체계를 반드시 고쳐야 하며, 그러면 빈곤 타파와 발전을 위해 쓸 재원을 상당히 확보할 수 있게 된다. 이 목표는 유엔의 지속가능발전목표에서도 다음과 같이 선포되었다. "과세 및 징수 능력 향상을 위한 국제적 지원을 통해 개발도상국의 국내 재원 동원을 강화한다"(SDG 17.1). 하지만 개도국의 조세 징수 역량을 강화하는 것이 중요하기는 해도 이 접근은 가난한 나라의 불행은 가난한 나라 자신에게 책임이 있다는 말로 들린다. 진짜 범인들, 즉 자신의 소득을 역외로 빼돌리는 다국적 기업과 부유한 개인들, 그들을 지원하는 은행, 그리고 이 모든 것을 가능하게 하는 부유한 국가의 정부와 국제기구들은 문제 삼지 않고 말이다.

국내에서 조세 징수를 가장 효과적으로 강화하려면 글로벌 수준에서 출발해야 한다. 세계무역기구의 세관 송장 기준을 변경하는 것이다. 현재는 기업들이 송장 조작과 이전가격 조작을 통해 돈을 빼돌리기가 너무 쉽게 되어 있다. 가격이 의심스럽게 표준에서 벗어난 경우 세관이 거래를 중단시킬 수 있다면 이 문제는 해결될 것이다.[16] 또 다른 방법은 애초부터 조세 피난처로 기능하는 비밀성 관할구역을 닫는 것이다. 전 지구적으로 금융 투명성을 강제하는 것도 페이퍼 컴퍼니와 익명 계좌를 없애는 데 도움이 될 것이고, 모든 회사와 재단이 실소유자를 드러내게 하면 그들의 소득과 부에 본국이 과세를 할 수 있을 것이다.[17]

호응을 얻고 있는 또 다른 안은 다국적 기업이 실제로 경제 활동을 벌이는 곳에서 수익을 신고하도록 하는 것이다. 이것을 '국가별 신고'라고 부른다. 이와 달리 현재는 모든 것을 하나의 대차대조표에 기록해서 세금이 낮은 또 다른 국가에 신고한다. 이 시스템을 더 강화하기 위해 다국적 기업의 자회사들에 따로따로 과세하기보다 전체를 하나의 기업으로 간주해 과세함으로써 이전가격 조작을 막고 조세 회피를 방지할 수 있을 것이다. 또 다른 흥미로운 선택지는 기업이 적어도 일정 수준 이상 세금을 내게 하는 '글로벌 최저 세금'을 도입하는 것이다. 그렇게 하면 국가의 조세 시스템을 회피하게 만드는 유인을 없앨 수 있다. 또한 국가들이 외국인 투자를 유치하기 위해 세금을 낮춰가며 경쟁하는 것에도 하한이 생기게 된다. 은행과 회계 법인이 조세 회피나 그 밖의 부정한 자금 흐름을 촉진했을 경우 중대 범죄로 처벌하면 이 모든 것이 확실히 집행되게 하는 데 도움이 될 것이다.

7. 토지 안정성

그리고 토지 탈취 문제가 있다. 이는 소농민의 소유였거나 공유지였던 토지가 기업의 손으로 대거 넘어가는 것을 말한다. 토지 탈취를 없애려면 소농민의 소유였거나 집합적으로 사용되던 토지, 또 중요한 생태적 서비스를 제공하던 토지가 상업적인 사용으로 넘어간 모든 거래에 대해 관련 당사자들이 모두 참여한 상태로 투명하게 거래가 진행될 때까지 이행 중지를 선언하는 것이 합리적인 해법이 될 수 있을 것이다. 많은 토지 탈취가 식품 가격 상승에서 이익을 얻기 위해 이뤄지고 있으므로, 이 문제의 뿌리를 건드리려면 금융 회사와 투자자들이 식품에 무분별하게 투기하는 것을 막아야 한다. 그러면 가장 해로운 종류의 토지 탈취를 촉진하는 유인을 없앨 수 있을 뿐 아니라 식품 가격을 구매 가능한 수준으로 유지해 불필요한 기아를 막는 데도 도움이 될 것이다.

'식량 안보와 영양을 위한 새로운 동맹'도 문제다. 그들의 활동은 식량을 기업이 더 효율적으로 생산할 수 있다고 가정하고 기아를 줄인다는 명목으로 토지 탈취를 부추겨왔다. 하지만 이는 소농민의 토지를 박탈함으로써 역설적으로 기아를 증가시킬 위험이 있다. 실증 근거들을 보면 기아를 줄이는 가장 좋은 전략은 이와 반대다.[18] 즉 소농민들(이들은 이미 세계 인구의 다수를 먹일 수 있을 만큼을 생산하고 있다)에게 유리한 방향으로 토지 개혁을 하는 것이다. 실제로 중국이 1990년대에 기아를 상당히 많이 줄일 수 있었던 것은 이 전략을 통해서였다. 2014년에 유엔 식량권 특별 보고관도 이 점을 재확인하면서 농업 기업들의 토지 탈취에 맞서 농민과 거주자를 강하게 보호하고 소농민들이 종자를 사용, 저장, 교환할 권리를 갖도록 보장하는 법을 제정해야 한다고 촉구했다.

유엔의 REDD+ 프로그램 및 여타의 탄소 거래 제도가 개도국 토지 탈취의 또 다른 요인이 되고 있으므로(그래서 '탄소 식민주의'라는 말도 나왔다) 기후 변화에 대응한다는 명목으로 사람들이 강제로 토지에서 내몰리지 않도록 그러한 거래 제도 모두를 재검토할 필요가 있다. 삼림 지역에 거주하는 원주민들이 탄소 거래 제도로 인한 박탈에 특히 취약하므로, 토지와 삼림 자원에 대한 그들의 권리를 침해하지 않고 존중하기 위해 특별한 관심이 필요하다. 그리고 이것은 그들에게 공식적인 토지 소유권 증서를 부여하는 방식이 아니어야 한다. 그러한 증서는 역설적으로 그들을 박탈에 더 취약해지게 만드는 경우가 많다.

8. 기후행동

기후 변화에 대해서는 해법이 더 자명하다. 2015년에 유엔기후변화협약 당사국총회에서 나온 파리 협정은 산업화 이전 대비 기온 상승폭을 1.5도 이내로 제한하는 것을 목표로 세웠다. 하지만 불행히도 파리 협정은 이를 달성할 수 있는 경로로 가고 있지 않다. 파리 협정은 협정 당사국 각국이 자발적으로 선언하는 배출 저감 목표치에 의존하고 있는데, 각국이 제출한 감축 선언이 다 이루어진다 해도 산업화 이전 대비 3도나 4도 상승하는 것을 막을 수 없다. 이 정도의 상승은 재앙을 가져올 것이다. 이마저도 [2016년 대선 이후] 미국의 트럼프 행정부가 기존의 약속을 철회할 가능성은 감안하지 않은 것이다. 또한 1.5도 이내 상승 목표를 위한 탄소 예산은 2020년이면 다 쓸 판인데, 국가들이 약속을 이행하는지에 대한 검토는 2023년에야 이뤄질 예정이다.

1.5도 목표는 이미 선택지를 벗어났는지도 모른다. 하지만 매우 적극적으로 접근한다면 2도 이내로 막는 것은 아직 가능성이 있다. 이 가능성을 기대할 수 있으려면 부유한 국가들은 2035년, 가난한 나라들은 2050년까지 탄소 배출 제로에 도달해야 한다. 에너지 효율성에 엄격한 기준을 적용하고 매년 점점 더 강화하면 부유한 국가들은 10년 안에 에너지 수요를 많게는 40-70%까지 줄일 수 있을지 모른다. 그리고 탄소 발자국이 가장 큰 상위 10%의 사람들이 배출량을 평균적인 유럽인 수준으로만 줄여도 부유한 국가들은 탄소 배출을 33%가량 저감할 수 있을 것으로 추산된다.[19] 이론적으로 이것은 1년 만에도

달성될 수 있다. 기후 변화가 폭주하는 것을 막으려면 적어도 이 정도 수준의 저감이 필수적이다.

이상하게도 파리 협정은 화석 연료와 화석 연료 회사들에 대해서는 언급하지 않았는데, 이것은 치명적인 빈틈이다. 가장 강력한 기후 변화 저감 조치 중 하나가 화석 연료 회사에 대한 보조금을 없애는 것이기 때문이다. 현재 연간 5.3조 달러에 달하는 지원을 없애면 화석 연료가 재생 에너지에 비해 경쟁력을 잃게 만들 수 있을 것이다. 나아가 그 5.3조 달러를 조류, 풍력, 태양열 등 재생 에너지에 투자해야 한다. 하지만 바이오 연료는 피해야 한다. 바이오 연료 생산에는 토지가 필요한데, 이것이 토치 탈취를 일으키기 때문이다. 또한 토지가 식량 생산에서 에너지 생산으로 용도 전환되면 식량 안보에도 문제가 생긴다. 기후 변화와 관련해 진정한 진전을 이루려면 전 지구적으로 정책 결정에 막대한 영향력을 행사하는 화석 연료 산업을 타격하는 것이 꼭 필요하다. 보조금을 줄이는 것에 더해, 대학, 재단, 도시 등이 화석 연료에 기금을 투자하지 말아야 하는데, 이러한 운동은 이미 상당히 세를 얻고 있다.

동시에, 개도국들은 기후 변화로 인한 피해에 대해 정당한 보상을 받아야 하고 재생 가능한 에너지 시스템으로 전환하는 데 필요한 기술적, 재정적 지원도 받아야 한다. 이와 관련해, 각국의 과거 배출량과 현재의 역량을 바탕으로 책임을 분담할 수 있는 구체적인 방법을 조사한 연구 결과가 이미 여럿 나와 있다. 현재까지 제시된 가장 좋은 방안으로는 '스톡홀름 환경연구소'와 '지구의 벗'이 '기후 공정 분담Climate Fair Shares' 프로젝트에서 제시한 것을 들 수 있을 것이다.

글로벌 빈곤과 불평등의 구조적 원인을 타격 목표로 삼아서 국제 경제 시스템을 더 공정하고 합리적이고 민주적으로 만든다면 이러한 개입은 큰 효과를 발휘할 수 있을 것이다. 무엇보다 좋은 점은, 이 **접근이 외국의 원조를 1달러도 필요로 하지 않는다는 점이다.** 자선이라는 치장에 의존하지 않으면서 전 지구적 문제의 뿌리를 타격하는 데 권력과 자원을 집중하는 접근이기 때문이다. 하지만 이를 실행하려면 강력한 행위자들의 이해관계에 맞서는 정치적 용기가 필요하다. 그들은 현재의 시스템에서 물질적 이득을 아주 많이 뽑아내고 있으므로 자발적으로 양보하지는 않을 것이다. 어려운 싸움이 되겠지만 불가능한 싸움은 아니다. 실제로 이 싸움은 이미 벌어지고 있고 성공 사례 또한 없지 않다.

주빌리 운동과 부채 타파 운동은 글로벌 남부 국가들에 대한 부채 탕감을 촉구하는 강력한 세력으로 부상했다. 글로벌 남부 국가의 정부들 사이에서, 그리고 시민 단체들 사이에서 각각 연대를 구축하고 있는 사우스센터와 제3세계 네트워크도 마찬가지다. 이들은 부채만이 아니라 구조조정, 불공정한 교역 규칙, 지적 재산권, 글로벌 거버넌스 기관의 권력 불균형 등의 문제도 다룬다. 브레턴우즈 프로젝트는 세계은행과 국제통화기금의 민주성과 투명성을 높이기 위한 활동을 전개하고 있다. '미주 대륙을 위한 볼리바르 동맹ALBA'은 신자유주의적인 워싱턴 컨센서스에 맞서 라틴아메리카에서 지역적인 경제 통합을 이루어내고 교역에 쓰이는 대안적인 통화를 만들면서, 기업의 이익만이 아니라 사회적 후생 증진을 목적으로 경쟁보다 협업에 집중해 현장에서 실질적인 대안을 만들어가고 있다. 글로벌 최저 임금을 위한 싸움은 아직 시작 단계이지만 여기에서도 인상적인 운동들이 벌어지고 있다. 예를 들어 '아시아 최저 임금 운동'은 세계적으로 가장 취약한 노동력 중 하나인 의류 노동자들을 대상으로 아시아 차원의 초국가적 최저 임금을 설정하고자 노력하고 있다.

조세 피난처와 불법적인 자금 흐름에 맞서는 운동으로는 조세 정의 네트워크의 활동을 꼽을 수 있다. 이들은 이미 몇몇 개혁안을 여러 국가에서 입법화하는 성공을 거두기도 했다. 토지 문제와 관련해서는 소농민들의 글로벌 네트워크인 '라 비아 캄페시나La Via Campesina'가 토지 탈취, 거대 농업 기업의 독점, 종자 특허 등에 맞서서 활동하고 있으며 인도의 '엑타 파리샤드Ekta Parishad'나 '그레인' 같은 NGO들과도 연대하고 있다. '원주민 환경 네트워크'는 REDD+ 등 원주민의 소유를 박탈하는 방식으로 이루어지는 탄소 거래 제도에 맞서서 강력한 싸움을 전개하고 있다. 기후 변화에 대응해서도 예기치 못했던 방식으로 진정한 도약이 이루어지고 있다. 아메리카 원주민이 영토에 대한 권리를 주장하며 화석 연료 개발 프로젝트를 막아낸 것이다. 스탠딩 록 수Standing Rock Sioux 부족의 운동과 '더 이상 가만히 있을 수 없다Idle No More' 운동 등이 그런 사례다. 또한 시민들도 정부에 더 강한 행동을 촉구하면서 거리로 나오고 있으며, 학생들은 대학이 화석 연료 투자를 줄이도록 압력을 넣고 있다. 이 글을 쓰고 있는 지금까지, 전 세계의 대학, 종교 조직, 재단, 연금 기금, 정부 등을 포함해 690여 개의 기관이 총 5.44조 달러어치의 투자를 화석 연료에서 철회해 더욱 재생 가능한 에너지 쪽으로 돌렸다.

이러한 활동을 전개하는 사람 중 자선과 원조를 더 늘려달라고 요구하는 사람은 없다. 그들은 서로 연대하고 권력자의 이해관계에 도전하며 문제의 근원을 타격하면서 문제를 자기 손으로 해결해나간다. 그 과정에서 자신의 삶과 생명을 걸기도 한다. 우리가 더 나은 세계가 가능하다고 희망을 가질 수 있다면, 그들의 힘겨운 노력과 용기 덕분일 것이다.

9장
상상력을 발휘하려면 조금은 미쳐야 한다

어느 정도 미치지 않고서는 근본적인 변화를 수행할 수 없습니다.

그러한 광기는 순응하지 않을 용기, 옛 공식에 등을 돌릴 용기,

미래를 발명할 용기에서 나옵니다.

— 토마 상카라

우리가 성공한다고 상상해보자. 가난한 나라들이 구조조정의 족쇄에서 벗어나 글로벌 거버넌스 기관들에서 동등한 목소리를 내고, 교역 규칙이 더 공정하게 조정되어 외부의 강압이나 군사 공격의 위협을 느끼지 않으면서 자국의 경제 정책을 결정할 수 있게 되었다고 해보자. 그래서 1960년대와 1970년대에 잘 작동했던 발전주의 의제들을 추진해 석유와 광산을 국유화하고 통신과 수자원 인프라에 대한 통제력을 되찾는다고 해보자. 또 국내 산업을 강한 관세로 보호해 자국 기업들을 세계 무대에서 효과적으로 경쟁할 수 있을 때까지 육성한다고 해보자. 거대 외국 농업 기업을 해체하고, 소농민이 안정적으로 토지에 접근할 수 있게 보장하며, 식량 안보를 촉진할 수 있도록

자국 농민들에게 보조금을 지급한다고 생각해보자. 국내 산업이 성장해 더 많은 일자리가 생기고 노조가 노동자의 임금 인상을 위해 노력하며 중산층의 규모가 커지기 시작한다고 상상해보자. 소득이 증대되면서 빈곤율이 낮아지고 기아는 이제 옛일이 되었다고 해보자. 조세 피난처를 닫아 정부 수입이 증가하고, 부채 상환 부담이 없어져 사회적 지출을 늘리고 보편 의료와 보편 교육을 실행할 수 있는 정부의 역량이 커졌다고 상상해보자. 대학 진학률도 높아지고, 더 나은 공공 의료 시스템과 복제 의약품에 대한 접근성 확대로 열대의 질병도 마침내 통제되었다고 해보자.

매우 마음이 끌리는 비전이다. 그리고 더 공정한 글로벌 경제 시스템에서라면 이 모든 것이 적어도 이론상으로는 가능한 일이기도 하다. 하지만 아직 해결되지 못한 문제 하나가 남아 있다. 발전주의의 표준 모델은 가난한 나라들이 부유한 나라를 따라잡을 수 있을 만큼 산업 경제를 (그리고 소득을) 성장시킬 수 있다고 전제한다. 이렇게 성장하려면 자원 소비를 늘려야 하고, 그에 따라 폐기물, 오염, 탄소 배출도 증가하게 된다. 이것은 정상적이고 어느 정도는 불가피한 과정이기도 하다. 하지만 불행히도 우리의 지구는 자원 측면에서도, 온실가스를 흡수할 수 있는 역량 측면에서도, 그러기에 충분한 생태적 역량을 가지고 있지 않다. 과학자들의 추산에 따르면[1] 현재의 전 세계 소비 수준에서도 이미 우리는 지구의 생태 역량을 매년 60%가량씩 초과하고 있다.

이는 전적으로 부유한 국가의 과다 소비 때문이다. 오클랜드에 있는 '글로벌 생태 발자국 네트워크'의 데이터에 따르면 지구는 우리 각자가 연간 1.8글로벌헥타르를 소비할 수 있는 생태 용량을 가지고 있다. 글로벌헥타르는 인간의 자원 사용, 폐기물 배출, 오염, 탄소 배출 등을 모두 고려한 생태 발자국의 표준 단위다. 우리의 소비가 1.8글로벌헥타르 수준을 넘어서면 자원 소비분이 다시 채워질 수 없거나 폐기물이 흡수될 수 없다. 즉 생태가 점점 더 악화되는 경로에 고착된다. 1.8글로벌헥타르는 가나와 과테말라의 평균 소비 수준과 비슷하다. 대조적으로 유럽은 1인당 4.7글로벌헥타르, 미국과 캐나다는 평균 8글로벌헥타르를 소비한다. 공정한 정도보다 몇 배나 많이 소비하고 있는 것이다. 전 세계 인구 모두가 고소득 국가의 평균 시민처럼 살 경우 지구 3.4개만큼의 생태 용량이 필요하다는 점을 생각해보면, 선진국의 과다 소비가 얼마나 극단적인지 감이 잡힐 것이다.

우리 대부분은 이러한 생태 용량의 초과가 현실에서 의미하는 바를 체감하기가 쉽지 않을 것이다. 하지만 그것의 의미를 말해주는 과학자들의 데이터가 점점 많이 쌓이고 있다. 일례로, 삼림 파괴를 생각해보자. 불과 60년 전만 해도 지구에는 16억 헥타르의 성숙한 열대 우림이 있었는데 그 이후로 절반이 인간의 산업 때문에 파괴되었다. 다음으로 토양을 생각해보자. 지구의 전체 농경지 중 40%가 심각한 토질 저하 상태인데, 대부분은 집약적인 산업 농경과 화학 비료가 토양의 비옥도를 갉아먹었기 때문이다. 그리 멀지 않은 미래에 농업 산출량이 급감할 수 있다는 뜻이다.[2] 어류도 생각해보자. 전 세계 어류 자원량의 85%가 과도하게 남획되거나 고갈되고 있다. 영국에서 해덕 대구는 19세기 생체 질량의 1%로 떨어졌고 넙치는 0.2%로 떨어졌다.[3] 대부분은 남획 때문이지만 대기 중 이산화탄소 농도가 높아지면서 대양이 빠르게 산성화된 결과이기도 하다.[4] 어류만의 문제가 아니다. 과학자들은 인간이 지구 생태계를 너무나 과도하게 착취한 결과 매년 14만 종의 동식물이 사라지고 있다고 추산하는데,[5] 이 정도의 멸종 속도는 산업혁명 이전에 비해 100-1000배가량 빠른 것이다. 멸종 속도가 오죽 빠르면, 과학자들은 현재를 지구 역사상의 '여섯 번째 대멸종'이라고 부른다. 직전의 대멸종인 '다섯 번째 대멸종'은 6600만 년 전에 있었다.

그마나 이 숫자들은 모두 현재 수준의 경제 활동, 즉 부유한 나라와 가난한 나라의 소비 수준이 현재와 같은 경우를 상정한 것인데, 가난한 나라들이 빈곤을 타파할 수 있을 정도로 소비를 늘리면 재앙으로 가는 속도는 더 빨라질 것이다. 그러니까, 부유한 나라들이 소비를 줄이지 않는다면 말이다.

성장의 딜레마

부유한 나라들이 소비를 줄이게 하는 것이 간단한 일처럼 보일 수도 있다. 또한 그것은 공정하고 합리적인 일이기도 하다. 하지만 현재의 경제 구조에서는 상상할 수 없는 일이다. 거의 모든 경제 전문가와 거의 모든 정치인이 정확히 그와 정반대, 즉 GDP의 더 많은 성장을 추구한다. GDP 성장률을 높인다는 말은 생산과 소비를 매년 더 증가시킨다는 말이다. 아마도 이것은 오늘날 모든 경제학 개념을 통틀어 가장 강력한 개념일 것이다. 너무나 일반적으로 받아들여지고 있어서 아무도 여기에 의문을 제기할 생각조차 하지 않을 정도다.

우리는 GDP라는 지표를 마치 늘 존재했던 것처럼 당연히 여기는 경향이 있다. 대부분의 사람들은 GDP가 실은 매우 최근에야 발명된 것인 줄 모른다. GDP 지표는 태고부터 존재한 것이 아니라 역사를 가진 산물이다. 1930년대에 경제학자 사이먼 쿠즈네츠와 존 메이너드 케인스가 정책 결정자들이 대공황에서 벗어날 방법을 알아내는 데 도움이 되도록 경제적 총계를 내는 방식을 고안하는 일에 착수했다. 그 목적은, 한 국가에서 생산되는 재화와 서비스 전체의 금전 가치를 계산해서 어디에서 무엇이 잘못되고 있고 무엇을 고쳐야 할지를 더 구체적으로 파악할 수 있게 하는 것이었다. 쿠즈네츠는 사회가 후생 극대화를 추구하는 데 지침으로 삼을 수 있고 인간 후생의 개선을 시간에 따라 추적할 수 있게 해줄 지표가 되려면 GDP 계산에서 광고, 긴 통근 시간, 치안 운영과 같은 부정적인 것들을 제외해야 한다고 보았다. 그런 것들이 증가하면 정부가 실제로는 그렇지 않은데도 국민의 삶이 나아지고 있다고 말할 수 없을 것이기 때문이다. 하지만 2차 세계 대전이 닥치고서 케인스는 쿠즈네츠의 의견 대신 부정적인 것까지 포함해 화폐 기반의 모든 활동을 측정하자고 주장했다. 그래야 전쟁 수행 노력에 동원될 수 있는 생산력을 모두 포함할 수 있을 것이기 때문이다. 케인스가 이겼고, 그가 제시한 버전의 GDP 지표가 쓰이게 되었다.

GDP는 전쟁 시의 지표로서 개발되었다. 그래서 너무나 일방향적이고 심지어는 폭력적이다. GDP는 인간에게 유용한 것인지 파괴적인 것인지를 구별하지 않고 화폐 기반의 모든 활동을 계산에 넣는다. 삼림을 베어 목재를 팔면 GDP가 올라간다. 탄광을 열기 위해 산을 뚫으면 GDP가 올라간다. 노동 시간을 늘리고 은퇴 연령을 늦춰도 GDP가 올라간다. 그런데 비용은 차감하지 않는다. 이산화탄소를 포집하는 숲을 잃는 비용도, 멸종 위기 종의 보금자리인 산맥을 잃는 비용도, 과도한 업무가 사람들의 신체와 정신과 인간관계에 미치는 악영향의 비용도 잡지 않는다. 나쁜 것을 계산에 넣지 않는 것도 문제지만, 유용하고 좋은 활동을 금전화되지 않는다는 이유로 감안하지 않는 것도 문제다. 먹을 것을 직접 만들고 집을 직접 청소하고 노인을 직접 돌보는 활동에 대해 GDP는 아무것도 말하지 않는다. 화폐 거래가 개입되지 않았기 때문이다. 돈을 주고 구매할 때만 이러한 활동들이 GDP에 들어간다.

물론 어떤 것은 측정에 넣고 어떤 것은 빼는 것 자체가 잘못된 것은 아니다. GDP 지표 자체는 실물 경제에 영향을 주지 않는다. 하지만 GDP **성장** 지표는 영향을 준다. GDP 성장에 초점을 맞추기 시작하는 순간, 우리는 GDP가 계산에 넣는 것들을 촉진하게 될 뿐 아니라 그러한 것들을 무한히 증가시키려 하게 된다. 바로 이것이 1960년대 이래로 우리가 내내 해온 일이다. GDP는 냉전 시기 서구와 소련 사이에 경합이 벌어지던 와중에 널리 사용되기 시작했고, 양 진영 모두의 정치인들이 GDP 성장을 촉진하는 데 맹렬히 나섰다. 쿠즈네츠는 너무나 많은 파괴에 경제적 인센티브를 일으킬 수 있으므로 GDP를 경제적 성공을 재는 일반적 지표로 사용하면 안 된다고 경고한 바 있다. 하지만 우리는 정확히 그가 우려한 대로 했고, 그다음에는 이것이 세계은행과 국제통화기금에 의해 세계의 다른 지역에도 빠르게 강요되었다. 오늘날에는 부유하든 가난하든 거의 모든 나라가 GDP 성장이라는 하나의 목표에만 강박적으로 초점을 맞추고 있다.

표준적인 내러티브에 따르면 GDP 성장률이 적어도 연 2-3%는 되어야 건전하고 잘 돌아가는 글로벌 경제를 유지할 수 있다고 한다. 경제학자들은 이것보다 낮으면 위기라고 말하며 성장률이 제로로 떨어지면 전체 경제 시스템이 무너질 것이라고 말한다. 그렇다면, 2-3% 수준의 성장은 어떤 모습일까? 2015년에 글로벌 GDP는 73조 달러였다. 연 3% 성장이라는 말은 여기에 2조 달러 이상을 더해야 한다는 의미다. 단지 가라앉지 않고 떠 있기 위해서만 전 세계의 생산을 이듬해에 2조 달러 넘게 추가해야 하는 것이다. 2조 달러는 대략 영국의 GDP 총액과 비슷하다. 영국이 연간 생산하는 자동차, 텔레비전, 주택, 공장, 석유, 그 밖의 모든 것을 생각해보라. 그 어마어마한 만큼을 전 세계가 이미 생산하고 있는 것에 **더해** 다음 해에 **추가해야** 하는 것이다. 그리고 성장은 선형이 아니라 기하급수형이므로 그다음 해에는 이보다도 더 많이 추가해야 하고 그다음 해에는 다시 그보다도 더 많이 추가해야 한다.

복리식 성장은 엄청나게 강력하다. 연간 4.5% 성장률(대략 전 세계 정부들이 달성하고 싶어 하는 성장률의 평균을 내면 이 정도가 된다)이라면 물건이 16년마다 2배가 되고 32년마다 4배가 된다는 말이다. 고대 이집트가 1세제곱미터 부피만큼의 소유물로 시작해 연간 4.5%씩 성장했다면, 3000년에 걸친 문명이 끝났을 때 그들의 모든 소유물을 저장하려면 25억 개의 태양계가 필요했을 것이다. 기하급수적 성장을 무한히 할 수 있다는 개념이 말 그대로 말도 안 된다는 건 과학자가 아니어도 알 수 있다. 이 경로를 무한히 갈 수 있으리라고 생각하는 것은 지구의 물리적 한계에 대한 가장 명백한 진리를 부정하는 것이다. [동물학자] 데이비드 애튼버러의 말을 빌리면, "유한한 지구에서 무한하게 성장할 수 있다고 생각하는 사람은 미친 사람이거나 경제학자일 것"이다.

현재의 소비가 지구의 생태 용량을 크게 초과하고 있다는 사실에 기하급수적 성장이라는 요소를 더해보면 어떻게 될까? 가까운 미래조차 전망이 암울하다. 과학자들은 2050년이면 성숙한 열대 삼림이 사라질 것이라고 말한다. 생물종 다양성은 10%가 추가로 감소할 것이다.[6] 현재 우리가 채취하고 있는 해산물은 1950년 수준에 비해 평균 90% 이상 급감할 것이다.[7] 금, 구리, 은, 아연 등 주요 금속 대부분도 매장량이 고갈될 것이다. 납, 인듐, 안티몬 등 재생 에너지 기술에 사용되는 핵심 금속들도 그렇다.[8] 일론 머스크 같은 실리콘밸리 기업가들은 달이나 또 다른 행성에서 이러한 금속들을 찾을 수 있으리라고 말하지만, 우주에서 자원을 추출한다 해도 우리의 삼림이나 어류 위기에 대응하는 데 그리 도움이 되지는 않을 것이다. 토양 위기도 마찬가지다. 현재의 표토 고갈 속도대로라면 전 세계 농경지의 표토는 2050년이면 거의 사용할 수 없게 될 것이고 2075년이면 아예 사라질 것이다.[9]

이렇게 명백한 문제에도 불구하고 어떤 이유에선지 우리는 GDP 성장을 인간의 진보와 동일한 것으로 등치시키곤 한다. GDP가 올라가면 우리 삶이 나아질 것이라고 가정한다. GDP가 올라가면 소득을 올려줄 일자리가 창출되고 학교와 병원이 더 좋아질 것이라고 생각한다. 전 세계 인구가 비교적 적었고 지구의 풍성함에 비해 인간의 생태 발자국도 비교적 작았던 과거에는 그랬을지 모르지만 불행히도 더 이상은 그렇지 않다.[10] 지난 반세기 동안 미국에서 GDP는 꾸준히 증가했지만, 소득 중앙값은 정체 상태였고 빈곤율은 높아졌으며 불평등도 증가했다. 전 세계적으로도 마찬가지다. 1980년대 이래 전 세계 실질 GDP는 3배 가까이 늘었지만 하루 5달러 이하로 살아가는 사람은 11억 명이 늘었다. 왜 그럴까? 어느 정도 지점을 넘어서면 GDP 성장은 부보다 '병폐'를 더 많이 만들기 때문이다. 긍정적인 것보다 부정적인 것을 더 많이 생성하기 시작하는 것이다.[11] 토지에 울타리를 치고 토양을 고갈시키고 물을 오염시키고 인간을 착취하고 기후를 변화시켜서 다른 이들에게 피해를 입히지 않고서도 자본을 축적할 수 있는 변경이 더 이상 존재하지 않기 때문이다. 우리는 GDP 성장이 빈곤을 없애기는커녕 만들어내고 있는 지점에 도달했다.

전 세계의 주요 정치 주체들이 GDP 성장이라는 목적에 경도되어 있으면 인간과 자연의 시스템은 막대한 압력을 받게 된다. 이 압력이 인도에서는 가령 토지 탈취의 형태로 나타나고, 영국에서는 공공 서비스의 민영화라는 형태로 나타나며, 브라질에서는 아마존의 삼림 파괴로 나타나고, 미국과 캐나다에서는 타르샌드[원유 성분과 모래, 점토 등이 섞여 있는 자원]와 수압 파쇄 공법으로 나타날 것이다. 세계 곳곳에서 이것은 더 긴 노동 시간, 더 비싼 주거 비용, 고갈되는 토양, 오염되는 도시, 버려지는 대양, 그리고 무엇보다 기후 변화를 의미한다. 이것이 다 GDP 성장을 위해 벌어지는 일이다. 이러한 파괴적인 경로를 밀어붙이는 것에 반대하는 사람들은 정부의 무관심에 무력감을 느낀다. 정부가 무관심한 이유는, 그들이 가장 중요시하는 진보의 척도에 따르면 파괴가 좋은 것으로 계산되기 때문이다. 따라서 그들은 그 모든 비용에도 불구하고 파괴적인 경로를 지속해야 한다. 이것은 인간이 내재적으로 파괴적인 속성을 가지고 있어서가 아니다. 우리가 파괴적인 방식으로 행동하도록 촉진하는 규칙을 만들었기 때문이다. 조지프 스티글리츠가 언급했듯이 "우리가 무엇을 측정하는가는 우리가 어떻게 행동할 것인가에 지침을 준다. 엉뚱한 것을 측정한다면 우리는 엉뚱한 행동을 하게 될 것이다."

GDP 성장이 글로벌 경제의 주요 목적인 한, 8장에서 우리가 알아본 해법은 달성이 불가능하다. GDP를 성장시켜야 한다는 압력은 더 많은 금전화와 축적이 가능한 새 변경을 찾으려는 절박한 몸부림에서 더 많은 부채, 더 많은 구조조정, 그리고 '자유무역'에 대한 더 많은 압력으로 이어지기 때문이다. 이것은 철의 법칙 같아 보인다. 우리 경제의 존재 자체를 유지하려면, 그러니까 현재의 방식대로 유지하려면, 꼭 필요한 일인 것처럼 말이다.

가짜 약속

생태학자들과 기후 과학자들이 우리가 현재대로 GDP 성장을 지속할 경우 어떻게 될지를 경고하면, 기술 혁신과 효율성 증가로 경제 성장과 물질 소비를 '탈동조화decouple'할 수 있으리라고 주장하는 경제학자들이 그 경고를 일축하곤 한다. 지구를 황폐화하지 않으면서도 GDP를 무한히 성장시킬 수 있으니 걱정 말라는 것이다.

한 가지 점에서는 맞는 말처럼 보인다. 적어도 1990년 이래로 영국, 일본 등 많은 부유한 나라에서 적어도 1990년부터 '국내 물질 소비 Domestic Material Consumption, DMC'가 감소했고 미국에서도 [증가하지 않고] 평탄한 모습을 보이고 있는 것이다. 국내 물질 소비는 해외에서 들어오는 수입품을 포함해서 그 국가가 추출, 생산, 소비하는 모든 물질을 계상하는 표준 지표다. 이 수치가 줄었다는 것이 더 적은 제품을 소비한다는 말은 아니다. 그 나라들의 소비는 줄지 않았다. 국내 물질 소비가 줄었다는 것은 그들의 소비가 발생시키는 물질적 '발자국'이 줄었다는 것이고, GDP는 계속 증가하는 와중에도 지구에 미치는 부정적인 영향이 감소했다는 의미다. 즉 성장과 물질적 처리량이 탈동조화되었다는 것이다. 아주 좋은 소식으로 들린다. 실제로 이것은 경제학자들이 미래에 더 가벼운 경제가 되리라는 기망적인 비전을 제시할 때 즐겨 의존하는 데이터다.

하지만 부유한 국가들의 국내 물질 소비가 줄어든 이유는 표준적인 측정 방법이 중요한 조각 하나를 고려하지 않았기 때문이다. 국내 물질 소비는 그 나라가 소비하는 수입품은 계산하지만 그 수입품을 생산하고 운송하는 데서 발생하는 발자국은 계산하지 않는다. 물질 소비 중 이 부분은 다른 나라들(대체로 글로벌 남부 국가들)로 아웃소싱되어서 편리하게도 대차대조표를 벗어나 있다. 이것을 다시 포함시키면, 부유한 나라의 물질 소비가 사실은 지난 몇십 년간 극적으로 증가해왔으며, 심지어는 GDP 성장률을 넘어서는 속도로 증가해왔음을 알 수 있다.[12] 이것을 살펴보는 또 다른 방법은 글로벌 경제 전체적으로 물질 처리량을 보는 것이다. 이는 지구상의 어디에서 발생했는지와 상관없이 전체적인 추출량과 소비량을 알 수 있게 해준다. 전 세계의 물질 추출과 소비는 1980년에서 2010년까지 94% 증가했고, 마지막 10년 사이에 가속되어서 많게는 연간 700억 톤에 달하기도 했다.[13] 그리고 그 이후로도 계속 증가해 2030년이면 물질 추출 및 소비량이 매년 1000억 톤에 이를 것으로 보인다.[14]

현실에서 이것은 어떤 모습을 띠게 될까? 길을 달리는 자동차 수가 2030년까지 2배가 될 것이다. 하늘을 나는 상업용 비행기는 2035년까지 2배가 될 것이다. 바다를 통해 전 세계에 수송하는 물건의 양은 2040년까지 2배가 될 것이다. 매립장으로 보내야 하는 고형 폐기물의 양은 2100년이면 3배가 되어 매일 1100만 톤씩 생성될 것이다. 도시 생활 쓰레기만으로도 날마다 트럭을 5000킬로미터나 줄 세울 수 있을 만큼 어마어마한 양이다. 로스앤젤레스부터 뉴욕까지 미국 동서를 가로질러 쓰레기 트럭을 날마다 줄 세울 수 있다고 생각해보라.

게다가 여기까지는 경제 성장이 지구의 물리적 자원에 미칠 영향만 이야기한 것일 뿐이다. 기후 변화와 관련해서 어떤 일이 벌어질지에 대한 이야기는 아직 시작도 하지 않았다. 과학자들은 대기 중 이산화탄소 농도의 안전한 한계가 350ppm이라고 보는데, 그 한계를 우리는 이미 넘어섰다. 사실 최근에는 400ppm도 넘어섰다. 이는 기온 상승폭을 1.5도 이내로 막는 것이 불가능하다는 뜻이다. 그런데 현재의 성장 추세가 지속된다면 설령 각국이 파리 협정에서 제시한 배출 저감 목표를 이행한다 해도 상승폭이 4도에 달할 것이다. 8장에서 보았듯이, 4도 상승은 가장 냉철한 과학적 분석으로 보아도 해수면이 높아져 도시들이 물에 잠기고 대규모 기아와 이재민이 발생하리라는 것을 의미한다. 매우 끔찍한 일로 들린다. 경제 성장을 위해 이 정도의 지구 온난화를 일으키면, 아이러니하게도 경제 성장은 무너지질 것이고 언제까지일지 알 수 없는 무한한 기간 동안 매년 글로벌 GDP의 적어도 5%씩, 많게는 아마도 20%씩까지도 비용이 발생할 것이다.[15]

이 문제도 걱정할 필요 없다고 말하는 사람들이 있다. 빠르게 재생에너지로 전환하고 탄소 포집 기술을 이용해 대기 중의 탄소를 회수할 수 있다면, 지금처럼 성장도 계속하고 부유한 국가의 생활 수준도 계속 유지하면서 기후 변화로부터 우리를 안전하게 보호할 수 있을 것이라고 말이다.

이와 관련해서 현재 지배적으로 거론되고 있는 방안은 '바이오 에너지 탄소 포집 및 저장BECCS'이라고 불리는 것이다. BECCS는 기본적으로 거대한 삼림 플랜테이션을 만들어서 탄소를 대기로부터 흡수한다는 계획이다. 그곳에서 벤 나무로 목재 펠릿을 만들어 전 세계의 발전소로 보내고, 발전소에서 목재 펠릿을 태워 에너지를 얻는 한편 연소 시에 발생하는 탄소를 포집해 지하 깊은 곳에 저장할 수 있다는 것이다. 이론상으로는 좋게 들리지만, 한 가지 문제가 있다. 아직 그 기술이 없다는 것이다. 가장 낙관적인 공학자들조차 기후 변화로부터 우리를 구하기에 충분한 시간 내에 개발하기는 어렵다고 예측한다. 이에 더해, BECCS를 내일 당장 가동시킬 수 있는 기술이 있다 해도 그러기에 충분한 땅이 없다. 계속해서 목재를 수확하려면 인도 면적의 3배나 되는 삼림 플랜테이션을, 그것도 전 세계 인구의 식량을

생산하는 데 필요한 농경지를 없애지 않으면서 만들어야 하기 때문이다.[16]

BECCS나 그와 비슷한 계획은 차치하더라도, 주목해야 할 또 다른 문제가 있다. 기후 변화와 관련해서 에너지 사용은 문제의 일부에 불과하다. 화석 연료가 현재 온실가스 배출의 70%를 차지하므로, 내일 당장 화석 연료를 청정하고 재생 가능한 에너지로 완전하게 전환한다고 해도 여전히 30%가 남는다.

화석 연료가 배출원이 아닌 이산화탄소는 어디에서 나오는가? 주된 원인 중 하나는 삼림 파괴다. 삼림 파괴는 대기 중으로 탄소를 배출할 뿐 아니라 배출된 탄소를 흡수하는 데 필요한 저장고도 없애버린다.[17] 설상가상으로, 삼림 파괴는 대개 그 땅을 산업적 농경에 쓸 때 이루어지는데, 이때 화학 비료가 집약적으로 사용되어 토질이 고갈된다. 그러면 토양이 탄소를 저장할 수 있는 능력을 잃고, 따라서 이산화탄소가 대기 중으로 배출된다.[18] 산업적 축산도 생각해야 한다. 이것은 연간 9000만 톤의 메탄을 배출하며 전 세계에서 인간이 만드는 산화질소의 대부분을 배출한다. 둘 다 이산화탄소보다 강력한 온실가스다. 축산만으로도 전 세계의 모든 자동차, 비행기, 선박을 합한 것보다 더 많은 양의 온실가스가 배출된다.[19] 이에 더해, 기후 변화에 크게 영향을 미치는 산업 공정도 많다. 이를테면, 시멘트, 철강, 철, 플라스틱 등의 생산에는 화학 반응이 필요한데, 이 과정에서 온실가스가 나온다. 매립장도 빼놓을 수 없다. 매립장은 전 세계 메탄 배출의 16%를 차지한다.

즉 문제는 우리가 사용하는 에너지의 유형에만 국한되지 않는다는 것이다. 그 에너지로 무엇을 하는가도 문제다. 100% 청정에너지로 전환한다 해도 우리는 지금 화석 연료로 하고 있는 동일한 일을 할 것이다. 삼림을 파괴하고 더 많은 육류 산업 농장을 짓고 산업 농경을 확대하고 더 많은 시멘트를 생산하고 우리가 추가적으로 생산하고 소비하는 데서 나오는 폐기물을 처리하기 위해 더 많은 매립장을 지을 것이다. 그리고 이 모든 것이 대기 중에 온실가스를 치명적인 수준으로 뿜어낼 것이다. 우리의 경제 시스템이 기하급수적인 성장을 무한히 지속할 것을 요구하기 때문에 우리는 그렇게 해야 한다. 청정에너지로 전환하는 것은 이러한 것들을 늦추는 데는 아무 기여도 하지 못한다.

탈성장의 지상 과제

탈물질 경제와 탄소 포집이라는 가짜 약속을 걷어내고 나면, 대부분의 사람들이 기꺼이 받아들일 수 있는 것보다 문제가 더 깊다는 것을 알게 된다. 기하급수적인 GDP 성장을 추구하는 현재의 경제 모델은 더 이상 현실적이지 않다. 우리는 이 사실을 직시해야 한다. 이는 발전과 빈곤 타파와 관련해 매우 어려운 질문을 던진다. 어떻게 빈곤을 없애면서 동시에 이미 도달한 생태적 한계에 대처할 수 있을까?

다행히도, 역사상 처음으로 우리는 이 문제를 생각하는 데 필요한 데이터를 가지고 있다. 지구 온난화 추세를 제한하기 위한 국제 협정들에서 시작해보자. 우선 우리는 전前산업 사회 대비 기온 상승폭을 섭씨 1.5도 이내로 막을 수 있는 가능성이 매우 낮다는 것을 알고 있다. 하지만 2도 이내로 막을 수 있는 가능성은 여전히 존재하며, 이것이 2015년 파리 협정이 정한 절대적인 한계선이다. 2도 상승폭 이내에 있으려면 이산화탄소를 추가로 805기가톤 이상 배출해서는 안 된다. 다음으로, 가난한 나라들이 이 탄소 예산의 일정 부분을 사용해 성장함으로써 빈곤을 없애야 한다는 점을 인정하자. 가난한 나라들에서 인간 개발 지표들을 향상시키려면 비교적 낮은 수준으로나마 탄소 배출을 증가시켜야 한다는 사실을 우리는 알고 있다.[20] 이 사실은 적어도 이론상으로는 국제 협상에서 이미 널리 받아들여지고 있다. 이 말은 배출 저감에 대해 모든 국가가 '공동으로, 하지만 차등적인' 책임을 갖는다는 의미다. 가난한 나라들은 역사적으로 탄소 배출에 그리 기여한 바가 없으므로 부유한 나라들보다 탄소 예산을 더 많이 쓸 수 있고, 적어도 기본적인 발전 목표를 달성할 만큼은 쓸 수 있다. 그다음으로 할 일은, 남은 탄소 예산으로 부유한 나라들이 어떻게 해야 할지 알아내는 것이다.

영국의 저명한 기후과학자 케빈 앤더슨과 앨리스 라킨은 이와 관련해 시나리오를 고안하는 연구를 해왔다. 50%의 확률로 섭씨 2도 이내 상승폭을 달성하고 싶다면 (BECCS는 진정한 선택지가 될 수 없다는 전제하에서) 현실적으로 방법은 하나뿐이다.[21] 이 시나리오에서 가난한 나라들은 지구의 탄소 예산을 인구 비례 수준보다 많이 사용해서 2025년까지 현재의 속도로 자신의 경제를 성장시킬 수 있다.[22] 하지만 그것은 그리 긴 기간이 아니기 때문에 겨우 빈곤만 없앨 수 있는 정도의 성장일 것이고, 그것도 성장의 이득을 가난한 사람들 쪽으로 강하게 돌리는 노력이 있을 경우에만 가능할 것이다. 그러는 동안 부유한 나라들이 나머지 탄소 예산을 지킬 수 있는 유일한 방법은 적극적으로 탄소 배출을 줄이는 것이다. 연간 10% 정도씩은 줄여야 한다. 효율성을 높이고 청정에너지 기술을 사용하면 연간 탄소 배출을 최대 4% 정도 줄일 수 있을 것이다. 상당한 저감이지만 나머지를 줄이려면 생산과 소비를 매년 6%씩 줄여야 한다. 그리고 2025년 이후로는 가난한 나라들도 연간 약 3%씩 경제 활동을 줄여야 한다.[23]

무서운 이야기로 들릴지 모르지만 그렇지 않다. 생산과 소비를 줄이면서도 인간 개발 지표들, 즉 행복, 교육, 건강, 수명을 **높이는** 것이 가능하다는 사실을 우리는 이미 데이터로 알고 있다.[24] 예를 들어 유럽은 거의 모든 항목에서 인간 개발 지표가 미국보다 높지만 1인당 GDP는 40% 적고 1인당 온실가스 배출은 60% 적다. 미국의 과잉은 정작 중요한 어느 것에서도 미국에 우위를 가져다주지 못했다.

오래 살고 행복하게 살려면 정말로 얼마나 필요한가? 이 질문은 실증적으로 답해볼 수 있다. 미국의 기대수명은 79세이고 1인당 소득은 5만 3000달러다. 하지만 많은 국가가 그와 비슷한 기대수명을 훨씬 적은 소득으로 달성했다. 코스타리카는 기대수명이 미국보다 높은데 1인당 소득은 1만 달러다. 물론 우리는 부유한 국가들의 높은 소득과 소비가 기대수명 외에 또 다른 삶의 질에 기여하리라고 생각해볼 수도 있을 것이다. 하지만 더 전반적인 후생과 행복 지표로 보아도 저소득국과 중위소득국 중 순위가 더 높은 곳이 적지 않다. 유엔이 펴내는 《세계 행복 보고서》에서 코스타리카는 미국을 앞질렀고, 브라질은 영국을 앞질렀다. 브라질의 소득이 영국의 4분의 1인데도 말이다. 이러한 결과는 '행복 경제학' 분야 연구에서 점점 더 많이 발견되고 있는 실증 근거들과도 일치한다. 행복 경제학 연구들은 행복이 소득의 증가와 나란히 가는 것이 어느 지점까지만 적용되는 이야기임을 보여준다. 그리고 부유한 나라들은 그 지점을 넘은 지 오래다. 예를 들어 미국을 보면, 행복도는 1950년대에 가장 높았는데 그때 1인당 GDP는 겨우 1만 5000달러였다(2010년 달러 가치 기준). 그 후로 행복도는 증가하지 않았다. 그 이후에 우리를 더 행복하게 해준 것은 더 많은 소득이 아니라 더 높은 수준의 평등, 더 좋은 인간관계, 그리고 더 강한 사회적 안정성이었다.[25]

이런 면에서, 코스타리카 같은 나라는 저발전 국가가 아니라 적정한 정도로 발전된 국가라고 볼 수 있을 것이다. 우리는 소득과 소비가 낮지만 사람들이 더 오래 살고 더 행복하게 사는 나라들을 서구 모델에 따라 발전해야 할 후진적인 국가로 볼 게 아니라 효율적인 삶을 사는 모범 국가로 보아야 하고,[26] 부유한 나라들이 과도한 소비를 줄이도록 촉구해야 한다.

글로벌 남부에서는 사람들의 호응을 얻을 수 있겠지만 서구 사람들을 설득하기는 어려울 것이다. 그렇지만, 어렵긴 해도 불가능하지는 않다. 최근의 소비자 연구에 따르면 중위소득 및 고소득 국가 사람들 중 70%는 과잉 소비가 지구와 사회를 위험에 빠트리고 있다고 생각한다. 또한 그만큼의 사람들이 우리가 덜 사고 덜 소유하기 위해 노력해야 한다고 생각하며, 그렇게 하더라도 행복이 희생되지 않을 것이라고 생각한다.[27] 사람들은 다른 세상을 위한 준비가 되어 있다.

미래를 발명하자

기하급수적인 GDP 성장을 추구하는 모델이 우리가 처한 위기의 핵심이라는 과학자들의 분석이 옳다면, 대안적인 미래를 생각할 때 출발점으로 삼아야 할 지점도 바로 여기다. 꼭 필요한 첫 단계는 경제적 진보와 후생의 척도로 GDP를 사용하지 말고 다른 것으로 대체하는 것이다. 대체할 만한 지표는 이미 여러 가지가 존재한다. 이를테면, '참진보지수Genuine Progress Index, GPI'는 GDP에서 시작하지만 가사 노동, 자원봉사 활동 등 긍정적인 것들을 더하고 오염, 자원 고갈, 범죄, 불평등 비용 등을 제외한다. 메릴랜드, 버몬트 등 미국의 몇몇 주들은 GDP를 위주로 하면서도 보조적으로 GPI를 함께 사용하고 있다. 국가 단위에서는 코스타리카가 그렇게 하는 첫 번째 국가가 되려 하고 있고 스코틀랜드와 스웨덴도 곧 그렇게 할 것으로 보인다.

GPI로 진보를 측정하면 GDP를 사용할 때와는 완전히 다른 그림을 보게 된다. GPI를 GDP와 함께 그래프(다음 쪽)에 나타내보면 1970년대 중반까지는 GPI의 증가가 GDP의 증가와 나란히 가지만, 그 이후에는 GDP가 계속 증가하는데도 GPI는 평평하거나 심지어는 줄어들기 시작하는 것을 볼 수 있다.

이는 GDP 증가가 더 이상 더 나은 사회로 이어지지 않는다는 것을 보여준다. GPI 같은 지표로 바꾸면 매우 근본적인 변화를 가져올 수 있다. 우리의 정부들이 GPI를 극대화하기 위해 움직인다면 안 좋은 경제적 결과를 줄이고 좋은 경제적 결과를 촉진하기 위한 정책을 펼 유인을 갖게 될 것이다. 새로운 지표가 꼭 GPI일 필요는 없다. 가

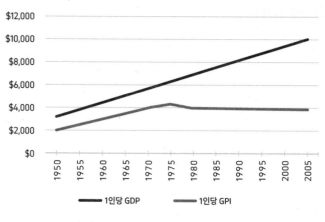

글로벌 GDP 대 글로벌 GPI (2005년 미국 고정달러)

령, 신경제재단이 고안한 '행복한 지구 지수Happy Planet Index' 같은
것도 있을 수 있다. 이것은 기대수명, 행복, 생태 발자국을 고려한 지
표다. 또 OECD의 '더 나은 삶 지표Better Life Index'도 있다. 이것은
사회적, 환경적 후생의 11가지 차원을 고려한다. 그 밖에도 아직 우리
가 생각하지 못한 지표가 많이 있을 수 있다. GDP의 압제를 벗어버
리고 나면 우리가 정말로 가치를 두는 것이 무엇이며, 무엇으로 진보
를 측정하고 싶은지에 대해 열린 논의를 할 수 있을 것이다. 어찌 보
면 이것은 궁극적으로 민주적인 행동이다. 그리고 분명히 그 결과는
GDP에 초점을 두었을 때와는 매우 다를 것이다. 여기에는 영속적인
성장이 전혀 필요하지 않을 수도 있다. 무언가를 영속적으로 성장시
킨다는 것은, **그게 무엇이든**, 설령 그 무언가가 좋은 것이라 해도, 철
학적으로는 불합리하기 때문이다.

  그런데 경제의 지속적인 팽창을 밀어붙이는 지상 명령이 GDP 성

장만 있는 것은 아니다. GDP 성장은 가장 중요한 **공적** 명령일 수 있지만, 기업의 주주 수익 극대화라는 사적 명령도 있다. GDP와 마찬가지로 주주 수익 극대화도 늘 존재했던 것은 아니다. 시초를 따지자면 미국 대법원이 '닷지 대 포드 자동차' 사건에서 결정적인 판결을 내린 1919년으로 거슬러 올라갈 수 있다. 당시에 포드 자동차는 상당한 잉여 자본이 있었고 헨리 포드는 그중 일부를 노동자의 임금을 올리는 데 쓰기로 했다. 이미 포드의 임금은 상당히 높은 수준으로 알려져 있었는데 여기에서 더 올리기로 한 것이다. 이에 회사의 최대 주주였던 닷지 형제가 포드의 임금 인상 결정에 반대해 소송을 걸면서 포드의 자본은 주주들에게 속하며 포드가 불필요하게 임금을 올림으로써 주주의 돈을 훔친 것이나 다름없다고 주장했다. 법원은 그들의 손을 들어주었고 판례가 성립되었다. 이제 기업의 의사결정은 주주의 수익을 최우선으로 고려해서 내려져야 했다. CEO들이 주주에게 돌아가는 몫을 줄이고 임금을 올리거나 환경을 보호하는 데 지출을 늘리고 싶어도 이제 그것은 가능하지 않다. 그렇게 하는 것이 사실상 불법이기 때문이다. 오늘날 기업들은 대체로 이 지상 명령에 지배되며, 따라서 이러한 지상 명령이 없었을 경우보다 더 탐욕스러워져야 한다. 기업들이 다른 우선순위들을 고려할 여지를 갖게 하려면, 주주 가치 극대화 원칙을 버리는 것은 꼭 필요한 일일 것이다.

*

GDP 지표와 주주 가치 최우선의 원칙을 버리는 것은 중요한 단계이지만 그 자체로 충분하지 않을 수 있다. 우리가 초점을 두어야 할 곳을 다시 조준하는 데는 도움이 되겠지만 성장 압력을 추동하는 기저의 주된 동인을 건드리지는 않기 때문이다. 그 원인은 너무 깊어서 보기가 더 어려운데, 바로 부채다. 부채는 오늘날 우리의 경제가 계속 **성장해야만 하는** 한 가지 이유다. 부채에는 이자가 붙고, 이자는 부채가 기하급수적으로 증가하게 만든다. 어느 국가가 장기간에 걸쳐 부채를 갚으려면 부채가 증가하는 속도를 따라갈 수 있는 빠르기로 경제가 성장해야 한다. 기업도 마찬가지다. 당신이 사업을 시작하려 한다면 아마도 대출을 받아서 시작하게 될 것이다. 이제 당신은 빚이 있으므로 직원 월급을 주고 당신의 식구들이 먹을 것을 버는 수준만으로 만족해서는 안 된다. 부채를 복리로 상환할 수 있을 만큼의 돈도 벌어야 한다. 국가든 기업이든 개인이든, 성장이 없다면 부채가 계속 쌓이게 되고 재정적 위기를 맞게 된다. 성장하지 않으면 붕괴한다.

이 압력을 줄이는 하나의 방법은 부채를 탕감하는 것이다. 앞에서 보았듯이 국가 채무를 탕감하면 주권 국가가 부채 상환을 위한 수입을 확보하기 위해 자신의 자원을 약탈하고 자신의 시민을 착취해야만 하는 부담을 줄일 수 있다. 개인 채무를 탕감하면 그는 노동을 줄일 수 있다. 부채 탕감은 부채를 많이 소유한 월가의 은행 같은 채권자들의 손실을 의미하지만, 우리는 이것이 합리적인 희생이라고 말할 수 있을 것이다.

하지만 부채 탕감도 단기적인 해법밖에 되지 못하며 문제의 뿌리를 다루지는 못한다. 문제의 뿌리는 그 자체가 부채인 화폐에 의해 글로벌 경제 시스템이 돌아가고 있다는 데 있다. 당신은 은행에 돈을 빌리러 갈 때 은행이 보유하고 있는 돈, 가령 은행이 다른 사람들의 예금으로 확보한 실제 돈을 다 금고에 넣어두었다가 당신에게 빌려준다고 상상하기 쉬울 것이다. 하지만 실제로 은행은 이렇게 작동하지 않는다. 은행들은 예금액의 약 10%만 보유하면 된다. 이를 '부분지급준비제도'라고 부른다. 다른 말로, 은행은 실제 보유하고 있는 금액의 10배까지 대출할 수 있다. 그렇다면, 실제로 존재하지 않는 이 추가적인 돈은 어디에서 오는 것일까? 은행은 그 돈을 허공에서 창출해낸다. **대출을 일으켜 돈을 창출하는 것이다.** 영국의 경우 경제에서 유통되는 돈의 90%가 이런 방식으로 만들어진 돈이다. 당신의 눈에 보이는 거의 모든 돈이 누군가의 대출이라는 뜻이다. 그리고 대출은 모두 **이자와 함께 상환되어야 한다.** 그러려면 더 많이 일해야 하고 이를 위해 더 많이 생산하고 추출해야 한다.

우리의 경제가 부채 기반 통화에 의해 움직인다는 사실은 지속적인 성장이 필요한 커다란 이유 중 하나다. 규제를 통해 은행이 보유금 비중을 늘리도록 강제하면 경제의 부채 규모를 줄이고 성장에 대한 압력을 줄이는 데 효과가 있을 것이다. 한 가지 쉬운 방법은 은행들이 발행한 부채 대비 의무적으로 보유해야 하는 자기 자본을 늘리게 하는 것이다. 하지만 더 흥미로운 접근도 있다. 가령, [부분지급준비제도를 폐지하고 전액준비제도full reserve banking를 도입해] 부채 기반 통화를 아예 폐지할 수도 있을 것이다. 상업 은행이 돈을 창출하게 하지 말고 국가가 부채 발행 없이 화폐를 창출한 다음 그것을 대출에 쓰기보다는 경제에 직접적으로 사용하는 것이다. 화폐 창출은 민주적으로 선출되고 책무성과 투명성의 의무를 지는 독립적인 기구가 맡게 할 수 있을 것이다. 은행들은 여전히 대출을 할 수 있겠지만, 대출을 위해서는 [예금이 아닌] 별도의 자본을 확보하도록 의무화할 수 있을 것이다.

이것은 구석에서 제기되는 변방의 주장이 아니다. 2012년에 국제통화기금의 두 진보적인 경제학자가 제안해 화제가 되기도 했다. 이들은 이러한 시스템이 공공 부채와 민간 부채 둘 다를 극적으로 줄일 수 있고 글로벌 경제를 더 안정시킬 수 있을 것이라고 주장했다.[28] 영국에서도 '긍정적인 화폐Positive Money'라는 단체가 이 개념으로 대중에게 상당한 반향을 일으켰다.

*

이와 같은 변화는 성장의 압력에서 우리를 상당히 자유롭게 해줄 수 있다. 하지만 우리의 목적이 단지 경제의 팽창을 멈추는 데서만 그치는 것이 아님을 기억해야 한다. 우리는 소비의 전체 규모가 지속가능한 수준 안으로 들어올 수 있도록 **소비를 적극적으로 줄여야 하고** 특히 부유한 나라에서 그렇게 해야 한다. 그러려면 창조적인 사고가 필요하다.

이 문제를 다루기 위한 첫 번째 단계는 광고업계를 진지하게 들여다보는 것이다. 광고는 불필요한 소비를 촉진하는 주요 기제다. 광고가 늘 문제였던 것은 아니다. 20세기 초까지만 해도 소비는 대체로 꼭 필요해서 하는 행위였고 기본적으로 사람들은 꼭 필요한 것을 구매했으며 광고는 어떤 물건의 유용한 특성에 대해 정보를 조금 더 주는 정도의 역할을 했다. 하지만 유통 회사들은 사람들이 꼭 필요한 것만 산다면 매출을 무한히 팽창시킬 수 없으리라는 것을 깨달았다. 소비자 욕구에 한계가 있다는 것은 업체의 수익에도 한계가 있다는 의미였다. 업체들은 이러한 장애물을 '고칠' 필요가 있었다. 즉 시장 포화를 극복할 방법이 필요했다. 그리고 에드워드 버네이스가 개진한 새로운 광고 이론에서 답을 발견했다. 버네이스는 심리학자 지그문트 프로이트의 조카로, 소비자들의 감정을 조작해 필요하지 않은 물건을 사게 만드는 방법을 유통업체들에 가르쳤다. 가령, 사람들의 마음속에 걱정을 심어주고서 당신의 상품을 그 걱정에 대한 해법으로 제시할 수 있다. 혹은 사회적 승인이나 계급적 구별을 해준다는 약속으로 상품을 판매할 수도 있다. 이런 종류의 광고는 영구적으로 수요를 높게 유지해야 하는 미국의 소매 업계에서 금세 필수가 되었다.

오늘날 광고는 우리 경제에서 막대한 부분을 차지하고 있다. 최근의 한 보고에 따르면 미국은 2007년 한 해에만 광고로 3210억 달러를 지출했고(2015년 달러 가치 기준) 이 숫자는 그 이래로 매년 5%씩 증가하고 있다.[29] 경제 성장률보다 훨씬 빠른 속도다. 이러한 광고 열풍은 소비 수준을 어지러울 정도로 끌어올렸고 이제 평균적인 미국인은 1950년대에 비해 2배나 많이 소비한다.[30]

이를 생각할 때, 과다 소비에 대한 쉬운 해법 하나는 사람들이 볼 수밖에 없는 공공장소에 광고를 금지하는 것이다. 불가능할 것 같은가? 2000만 인구가 사는 상파울루에서는 이미 그렇게 하고 있다.[31] 그 결과는? 사람들이 더 행복해졌다. 사람들은 소비를 덜 하게 된 것뿐 아니라 자기 삶에 더 안정감을 느끼고 더 만족하게 된 것으로 나타났다. 파리도 최근에 이러한 방향으로 움직여서 외부 광고를 줄였고 학교 주변에서는 아예 금지했다. 더 공격적인 방법은 상업 광고를 소비 저감을 촉진하는 공익 메시지로 대체하는 것이다. 중국은 육류 소비를 2030년까지 절반으로 줄이려는 새로운 캠페인에서 이를 주요 접근 방법으로 채택했다. 이것은 온실가스 배출을 줄이기 위한 전략으로도 널리 각광받고 있다. 유독 불필요하고 환경 파괴적인 제품은 아예 금지할 수도 있다. 병에 든 생수가 대표적인 사례인데, 호주와 미국의 몇몇 도시가 그렇게 하고 있다. 소비를 줄이기 위한 그 밖의 간단한 방법으로는 신용카드 규제, 사치품에 대한 세금 인상, 제조사들의 '계획적 구식화'(제품의 수명을 의도적으로 줄여서 교체 주기를 앞당기는 전략) 금지 등을 생각해볼 수 있다.

하지만 일자리는 어떻게 해야 하는가? 생산과 소비를 줄이면 실업 위기가 오지 않을까? 좋은 질문이고 당연히 이 문제를 진지하게 생각해야 한다. 결국 우리의 정치인들은 고용 지표가 올라가기를 원하기 때문에 더 많은 경제 성장을 촉구하게 된다. 이는 그들의 득표와도 직결될 것이다. 하지만 경제 활동의 규모를 줄이면서 **동시**에 모든 이가 유의미한 일을 하게 할 수 있는 창조적인 방법들이 존재한다. 나와 있는 것 중 핵심적인 제안 하나는 노동 시간을 줄이는 것이다. 현재 미국 평균 노동 시간인 주당 47시간에서 13시간으로, 더 적게는 12시간 정도로 줄이는 것이다. 불필요하거나 해로운 산업을 없애고 (이 산업들은 우리가 GDP 대신 GPI 같은 것을 경제 진보의 지표로 삼는다면 어차피 마이너스로 계상될 것이다) 남은 일자리들은 일자리 나누기를 촉진해 재분배함으로써 달성할 수 있다. 런던에 소재한 신경제재단의 한 연구에 따르면, 노동 시간을 줄이면 과로로 인한 신체적, 정신적 피해도 줄일 수 있지만 소비와 온실가스 배출도 줄일 수 있는 것으로 나타났다.[32] 노동을 덜 한다는 말은 육아와 노인 돌봄을 기업에 아웃소싱하지 않고 직접 하는 데 더 많은 시간을 쓴다는 말이고, 먹을 것을 직접 재배한다는 말이고, 조리, 청소, 정원 가꾸기 등을 직접 한다는 말이다. 이웃과 관계를 맺을 기회도 생기는데, 그럼으로써 각자의 기술과 소유물을 나누고 공유할 수 있는 가능성도 창출된다.

하지만 우리는 이런 질문을 해보아야 한다. 애초에 왜 우리의 정치인들은 그렇게 열렬히 성장을 추구하게 되었을까? 하나의 이유는 분배라는 어려운 문제를 피해 갈 수 있게 해주었기 때문일 것이다. 파이가 커지기만 한다면 기존의 조각들을 어떻게 분배할지 정해야 하는 압력은 덜 받을 수 있으니 말이다. 전 연준 위원 헨리 월리치는 이렇게 언급한 바 있다. "성장은 소득 평등의 대체재다." 맞는 말이다. 대부분의 정치인들은 부유한 사람의 세금을 올려서 소득을 재분배하기보다는 GDP를 올린 다음 어찌어찌 그 혜택이 아래로 내려가기를 바랄 것이다. 하지만 우리는 월리치의 논리를 뒤집어서 말할 수도 있다. 성장이 평등의 대체재라면, 평등이 성장의 대체재일 수도 있는 것이다.[33]

우리는 풍요로운 행성에 살고 있고 우리의 경제는 모두를 위해 충분한 것보다 더 많이 생산한다. 우리는 우리가 이미 가지고 있는 것들을 더 공정하게 나눌 방법을 찾아야 한다. 그렇게 한다면 지구를 더 약탈할 필요가 없어질 것이다. 즉 평등은 더욱 생태적인 경제를 일구기 위한 핵심 열쇠다.

이를 달성하는 빠른 방법 하나는 노동이 아니라 자본 및 축적된 부, 그리고 토지나 자원과 같은 공공재 사용에 과세해서 마련한 재원으로 보편 기본소득을 운영하는 것이다. 대개 기본소득은 자동화로 인한 기술적 실업으로부터 사람들의 생계를 보호하고 빈곤을 줄이는 전략의 하나로 이해하는 경향이 있지만, 불평등을 줄여 성장 압력을 완화하는 데도 핵심적인 전략이 될 수 있다. 이에 더해, 단순히 생계를 유지하기 위해 사회적으로 의미 없는 일을 매주 40시간, 60시간씩 해야 할 필요에서 벗어나게 해줌으로써 우리가 불필요한 것들을 덜 생산하고 지구 자원에 가해지는 압력을 줄일 수 있게 해줄 것이다.

글로벌 수준에서도 마찬가지다. 현재 가난한 나라들은 소득을 높이고 빈곤을 타파하기 위해 성장해야만 한다는 막대한 압력을 받고 있다. 글로벌 소득을 글로벌 북부에서 글로벌 남부로 재분배하면 이 압력은 상당히 완화될 수 있다. 여기에는 두 가지 길이 있다. 하나는 8장에서 설명한 글로벌 기본소득 유형의 해법이고, 다른 하나는 글로벌 경제의 규칙을 가난한 나라들에 더 공정해지도록 바꾸어서 간접적으로 소득 분배를 달성하는 것이다. 부채 탕감, 글로벌 민주주의, 공정한 교역, 정당한 임금, 조세 정의, 토지 안보, 기후행동 등은 글로벌 북부에서 소비를 줄이고 글로벌 남부에서 빈곤 타파에 쓰일 소득을 창출할 수 있다. 지구의 풍요를 더 평등하게 나눈다면 가난한 나라들이 가차 없는 성장에의 압력에서 벗어날 수 있을 것이다.

희망을 재생하기

불행하게도, 탈성장이 우리에게 필요한 정도만큼 빠르게 이루어지지는 않을 것이다. 사회 변화는 느릴 수 있다. 탈성장 개념이 지지를 얻어가고 있긴 해도 우리의 집합적인 의식을 움직이려면 적게 잡아도 족히 한 세대는 걸릴 텐데, 우리에게는 그럴 만한 시간이 없다. 이를 염두에 두더라도 우리가 출구를 찾을 가능성이 없는 것은 아니다. 그리고 이것은 토양과 관련이 있다.

토양은 대양에 이어 지구에서 두 번째로 큰 탄소 저장고다. 토양은 식물이 저장할 수 있는 탄소량의 4배를 저장할 수 있다. 하지만 삼림 파괴와 산업적 농경 같은 인간 활동이 집약적으로 땅을 갈아엎고 단일 경작을 하고 화학 비료와 농약을 과도하게 사용하면서 토질을 엄청난 속도로 떨어뜨려왔고 그 과정에서 토양이 저장하고 있는 유기 물질들을 죽여버렸다. 현재 농경지의 40%가 질이 '저하된', 혹은 '심각하게 저하된' 상태로 분류된다.[34] 아닌 게 아니라, 산업적 농경이 우리의 토양을 너무나 많이 훼손해서 지난 40년간 세계 농경지의 3분의 1이 파괴되었다.[35] 토질이 저하되면서 토양은 탄소를 담아둘 수 있는 역량을 잃고 있으며 막대한 이산화탄소를 대기 중으로 배출하고 있다.

다행히 해법이 나타나고 있다. 전 세계에서 과학자들과 농민들이 집약적인 산업 농경을 더 생태적인 방식으로 전환함으로써 토양을 재생시킬 수 있음을 보여주고 있다. 유기농 비료를 사용하는 것을 포함해, 땅을 갈아엎지 않는 무경운 농업, 퇴비화, 작물 순환 같은 방식을 사용할 수 있다. 정말 좋은 점은, 토양이 재생되면 이산화탄소를 저장해둘 수 있는 역량을 회복할 뿐 아니라 대기에서 추가적으로 이산화탄소를 적극적으로 포집할 수도 있다는 점이다. 미국 국립과학원의 최근 연구에 따르면 재생 농경은 연간 글로벌 탄소 배출량 중 3%가량을 포집해 상쇄할 수 있는 것으로 나타났다.[36]《사이언스》에 실린 한 논문은 그 숫자를 최대 15%로까지 추산하기도 했다.[37] 또한 펜실베이니아의 로데일 연구소가 수행한 새로운 연구(아직 동료 평가를 거치지는 않았다)에 따르면 탄소 포집율은 40%까지 높아질 수 있고, 재생 농경 기술을 목초지에까지 적용할 경우 전 지구적으로 연간 탄소 배출량의 100% 이상을 포집할 수 있을 것으로 추산되었다.[38]

말하자면, 재생 농경은 지구를 실제로 식히기에 가장 좋은 방법일 수 있다. 또한 매우 유용한 부수 효과도 가져다준다.[39] 재생 농경 방식은 산업적 농경 방식보다 장기적으로 산출량이 높다. 토양 비옥도를 높여주고 가뭄과 홍수에 대한 회복력도 향상시켜주기 때문이다. 따라서 기후 변화가 농업에 점점 더 큰 난관을 불러오는 상황에서, 재생 농경은 식량 안보에도 최선의 방법이 될 것이다. 물론 재생 농경이 기후 변화에 영구적인 해법을 가져다주는 것은 아니다. 토양이 저장할 수 있는 탄소량에는 한계가 있기 때문이다. 따라서 우리는 여전히 화석 연료에서 가능한 한 빠르게 멀어져야 하고, 가장 중요하게는, 기하급수적 성장을 끝없이 이루어야 한다는 집착을 버리고 우리의 물질 경제를 생태 순환에 맞는 수준으로 다시 끌어내려야 한다. 재생 농경 자체가 영구적 해법은 아니지만, 그렇더라도 시간을 벌어줄 수는 있을 것이다.

재생 농경의 사례를 든 이유는 그것이 여타의 배출 저감 및 지질 공학적 기후 대응 방안 대부분과 근본적으로 다르기 때문이다. 이제까지의 계획은 애초에 우리를 이 엉망진창의 어려움으로 끌고 온 바로그 논리를 동일하게 체현하고 있는 것들이었다. 지구를 우리가 지배하고 복속시켜야 할 대상으로 보는 것이다. 하지만 기후 변화에 대한해법은 살아 있는 지구를 인간의 의지에 맞게 구부려 끼워 맞추는 방식의 최첨단 버전을 통해 찾을 수 있는 종류가 아니다. 해법은 현실에 더 천착하는 데서 찾을 수 있을 것이고, 우리의 존재 자체가 의존하고 있는 토양에서 시작되는 돌봄과 치유의 윤리에서 찾을 수 있을것이다. 재생 농경은 휘황찬란한 새 테크놀로지를 필요로 하지 않는첫 번째 해법을 제시한다. 이를 위해서는 20만 년에 걸쳐 인간 종이이어온 고대의 지혜를 기억하는 것이 필요하며, 앞으로 인간 종이 20만 년 더 지속될 수 있으리라는 희망도 여기에서 찾을 수 있다. 그 고대의 지혜란 인간 존재가 물고기부터, 나무, 벌, 종자까지, 그리고 우리가 의존하고 있는 토양을 이루는 미생물까지, 다른 모든 살아 있는존재와 연결되어 있다는 깨달음이다. 그리고 바로 이와 관련해 우리는 세계 체제의 주변부 지역, 즉 우리 정부들이 그렇게 오랫동안 '저발전' 또는 '저개발' 지역이라고 불렀던 곳에서 아주 많은 것을 배울수 있다.

*

부유한 국가들이 그들 삶의 질을 유지하기 위해, 아니 개선하기 위해 물질 경제를 체계적으로 축소해나간다면 이는 가난한 나라들이 기본적인 후생 기준을 충족시키는 데 필요한 생태적 여지를 확보하게 해줄 것이다. 하지만 그렇게 하더라도 글로벌 남부는 여전히 직면해야 할 중요한 결단이 있다. 서구가 깔아놓은 발전 모델, 즉 추출, 소비, 성장에 초점을 두는 모델을 따를 것인가? 아니면 완전히 다른 경로로 나아갈 기회로 삼을 것인가?

식민주의 프로젝트가 막 붕괴하고 있었던 1960년대 초에 마르티니크 출신의 혁명적인 지식인 프란츠 파농이 쓴 글은 그 당시보다 오히려 오늘날 더 새롭고 강력한 울림을 준다.

> 그러니 동지들, 유럽의 게임은 마침내 끝났다. 우리는 무언가 다른 것을 찾아야 한다. 유럽을 모방하지 않는 한, 유럽을 따라잡겠다는 야망에 집착하지 않는 한, 우리는 모든 것을 할 수 있다. 이제 유럽은 무모하리만큼 미친 듯한 속도로 살다가 모든 지침과 모든 이성을 상실한 채 심연을 향해 질주하고 있다. 우리는 되도록 빨리 그것을 피하는 게 좋을 것이다. 오늘날 제3세계가 보기에 유럽은 답을 발견하지 못한 문제들을 해결해야 할 거대한 덩어리로 보인다. 하지만 분명히 하자. 중요한 것은 노동의 산출, 강도, 속도 이야기를 멈추는 것이다. 우리는 누구도 따라잡고자 하지 않는다. 우리가 원하는 것은 인간과 함께, 그러니까 다른 모든 사람들과 함께, 그저 꾸준히 나아가는 것이다. 그러니 동지들, 국가와 제도와 사회를 유럽을 모방해 만들면서 그들을 기리는 일을 하지 말자. 인류는 우리에게 그러한 모방이 아니라 무언가 다른 것을 기대하고 있다.[40]

그 "무언가 다른 것"이 콘크리트 틈새에서 솟아나는 새싹처럼 글로벌 남부 곳곳에서 이미 벌어지고 있다. 부탄이 GDP 성장을 거부하고 '국민총행복Gross National Happiness, GNH'을 사회 진보의 지표로서 측정하기로 한 것은 유명하다. 하지만 이것은 빙산의 일각일 뿐이다. 진기한 것을 본 호기심으로 언론에 소개되는 이러한 사례 외에도 훨씬 더 많은 사례가 있다. 라틴아메리카 전역에서 원주민 활동가들은 '수막 카우사이sumak kawsay'라는 개념을 주창하고 있다. 케추아족의 말로, '조화롭고 균형 있게 사는 것'[충만한 삶]을 의미한다. 수막 카우사이는 서구 발전 모델처럼 주체와 객체, 자아와 타자, 인류와 자연 세계 사이를 이분법적으로 구분하기보다 우리가 서로 연결되어 있고 전체의 일부이며 우리의 후생이 우리의 생태 시스템과 뗄 수 없게 연결되어 있음을 인식하도록 촉구한다. 이 철학은 산업 발전 모델의 핵심인 선형적 사고를 거부하고 더 '관계성'에 천착해 사고하도록 요구한다. 이 개념은 에콰도르에서 세를 얻어 2008년에 개헌으로까지 이어졌으며, 2009년에는 볼리비아도 비슷한 취지의 법을 도입했다. 이러한 법들은 생태계 자체가 생존과 번성에 대한 '양도 불가능한 권리'를 갖는 주체라고 인정한다. 물론 이 실험 둘 다 완벽하지는 않으며, 두 나라 모두에서 정치인들이 수막 카우사이를 자원 추출이라는 의제를 가리기 위한 정치적 수단으로 활용하기도 했다. 하지만 수막 카우사이라는 개념 자체는 계속해서 퍼져나가고 있다.

라틴아메리카만의 이야기가 아니다. 인도에서도 가난한 농촌 공동체들이 '생태적 스와라지' 원칙을 주창하고 있다. 이들은 먼 수도에서 중앙 정부가 내려보낸 계획을 따르기보다 주변 생태 환경의 재생, 환경과의 조화를 추구하면서 직접 민주주의를 통해 스스로 자원과 환경에 대한 결정을 내리고 있다. 중동에서도 이라크 북부 산악 지역과 시리아 로자바 지역 공동체들이 이와 비슷한 개념을 시도하고 있다. 지역에서 패권을 장악하려 하는 이라크 시리아 이슬람 국가ISIS나 그 밖의 세력들과 맞서는 쪽으로 중앙 정부가 군사적 자원을 돌리게 되면서, [중앙 정부로부터 자율성을 획득하기 위해 싸워온] 이곳 사람들은 직접 민주주의, 젠더 평등, 재생 농경 등을 특징으로 하는 일종의 사회-생태적 혁명을 조직할 기회를 가질 수 있게 되었고, 이러한 특징은 서구 발전 모델과의 결정적인 단절을 나타낸다.

이러한 노력 모두가 우리를 전에 알지 못했던 곳으로 이끌어줄지 모른다. 일단 우리가 발전에 대해 [현재 지배적인] 하나의 이야기를 거부하고 나면, 미래는 풍성한 가능성을 품고 있는 비옥한 토양이 된다. 우리는 그것을 발견할 용기만 가지면 된다.

감사의 글

전해지는 이야기에 따르면, 에두아르도 갈레아노는 《수탈된 대지》[원제는 '라틴아메리카의 잘린 혈맥Las venas abiertas de America Latina']를 3개월 만에 썼다고 한다. 그것도 낮에는 편집자로 일하고 밤에만 집필을 했는데 말이다. 이사벨 아옌데가 그 책의 서문에서 언급한 뒷이야기를 처음 읽었을 때 나는 크게 고무되었다. 라틴아메리카에 대한 갈레아노의 설명은 그 이후로 내 마음에 내내 남아 있었다. 나는 그가 수집한 데이터에 깊은 인상을 받았고 그가 라틴아메리카를 넘어서 글로벌 남부의 다른 곳들도 연구하고 글로 다루어주기를 고대했다. 이책 작업을 시작했을 때 내가 염두에 둔 목표도 비슷했다. 물론 나는 문학적, 학문적 역량에서 전혀 그에게 필적할 바가 되지 못한다. 집필속도도 그렇다. 나도 낮에는 런던정경대학에서 강의와 연구를 하면서 짬짬이 집필을 했는데, 이 책을 쓰는 데는 당연히 3개월보다 훨씬 오래 걸렸다. 그렇더라도, 내가 이처럼 무모한 용기를 내어볼 수 있었던 것은 갈레아노 덕분이다.

　다른 많은 분들께도 큰 빚을 졌다. 지금도 에메 세제르의《식민주의에 관한 담론》을 읽을 때면 내가 이 책에서 이야기하려 했던 모든 것, 너무나 오랫동안 내 마음속에서 끓어오르고 있었던 모든 것을 이미 그가 1950년에 나보다 훨씬 훌륭하게 다 이야기했다는 것을 떠올리게 된다. 프란츠 파농, 마하트마 간디, 월터 로드니, 줄리어스 니에레레 등 다른 많은 분들도 마찬가지다.

　글보다는 삶으로 이야기를 보여준 분들도 있다. 파트리스 루뭄바부터 살바도르 아옌데까지, 또 베르타 카세레스까지, 더 공정한 세상을 위한 싸움에 모든 것을 걸고 나선, 그리고 목숨을 잃기도 했던 분들이 그렇다. 나는 이분들 역시 나의 선조라고 생각한다. 그들은 지금도 계속해서 내게 길잡이가 되어주고 희망과 영감을 준다.

　이 책의 내용은 나보다 훨씬 더 훌륭한 수많은 학자와 저자들이 이미 수행했던 연구를 토대로 하고 있다. 다음 분들과 본문 지면에서 인용한 또 다른 많은 분들께 감사드린다. 라울 프레비시, 안드레 군더 프랭크, 게르노트 쾰러, 사미르 아민, 산제이 레디, 프랜시스 무어라페, 토마스 포기, 피터 에드워드, 데이비드 우드워드, 랜트 프리체트, 마이크 데이비스, 이매뉴얼 월러스틴, 엘렌 우드, 데이비드 하비, 나오미 클라인, 수전 조지, 윌리엄 이스털리, 조지프 스티글리츠, 장하준, 니컬러스 색슨, 프레드 피어스, 빌 매키번, 데이비드 그레이버, 허먼 데일리, 반다나 시바. 미처 여기에 언급하지 못한 분들께는 양해를 구한다. 이분들의 연구를 내가 손상 없이 공정하게 인용했기를 바랄 뿐이다.

이 책을 쓰는 과정 전체에서 수많은 친구와 동료의 도움을 받았다. 여러 차례 나와 연구하고 집필한 적이 있는 마틴 커크는 초고를 읽고 여러 국면에서 유용한 조언을 해주었다. 알누르 라다와 '/더룰스/The Rules' 프로젝트는 이 책에 등장한 많은 아이디어들을 탐구하고 발전시킬 수 있는 풍성하고 도전적인 학문 공동체가 되어주었다. 레베카 레이드는 프로젝트 초기에 연구와 자료 조사를 도와주었다. 앨리스 피어슨과 나눈 대화는 전체 과정에 큰 도움을 주었다. 《가디언》의 비비 반 데르 지와 《알자지라》 영어판에서 내 기고문을 담당한 편집자들 덕분에 이 책에서 제시한 내용 중 일부를 칼럼으로 게재하면서 생각을 다듬을 수 있었다. 장하준은 이 책의 아이디어를 처음 떠올리기 시작했을 때 나를 믿어주고 귀한 조언을 너그럽게 해주었다. 최고의 에이전트 조에 로스와 일할 수 있어서 행운이었고, 편집자 톰 애버리는 예리한 언어 감각과 스토리 감각으로 원고를 꼼꼼하게 살펴주었다. 그들이 없었으면 지금보다 어수선하고 읽기 어려운 글이 되었을 것이다. 펭귄랜덤하우스 팀에도 감사를 전한다. 캐롤라인 존슨, 니키 네빈, 조애나 테일러와 함께 일하게 되어 즐거웠으며, 나타샤 넬은 아름다운 표지 디자인을 해주었다.

이 책을 위한 연구와 집필에 레버흄 트러스트Leverhulme Trust로부터 '신진 학자 펠로우십'을 받았다. 지원에 감사드린다. 책의 내용에 오류가 있다면 전적으로 나의 잘못이다. 오류와 미진한 점이 많이 있을 것이다. 내용을 간결하게 만들기 위해 중요한 이야기들을 너무 많이 뺀 것도 이 책의 미진한 점 중 하나다. 예를 들어, 영국 동인도회사의 이익을 위해 1000만 명의 인도인이 희생되었던 1770년의 벵골 대

기근, 유럽이 중동을 서로 나눠 먹은 사이크스-피코 협정, 프랑스의 인도차이나 식민화, 토지 개혁을 요구하는 베트남 농민들의 반란을 진압하기 위해 미국이 군을 투입한 사건, 지난 20년간 중동에서 수도 없이 진행된 해외 군사 개입 등을 다루지 못했다. 이것들 모두(그리고 수많은 다른 일들도) 이 책이 말하고자 하는 이야기의 일부다.

부모님의 한결같은 지지와 지원에도 감사드린다. 책이 어떻게 되어가고 있는지 친절하게 물어봐주시고, 그다음에는 내가 컴퓨터 앞에서 종일 이 단어 저 단어 옮기고 뒤집느라 골머리를 앓는다고 하소연하는 것을 참을성 있게 들어주셨다. 글쓰기는 혼자 하는 외로운 작업이지만, 나는 애인 구디가 내내 곁에 있어주는 행운을 가질 수 있었다. 부엌의 작은 나무 식탁에서 찻잔을 놓고 나눈 긴 대화들은 이 책에 담긴 주장과 이야기의 모양을 잡아나가는 데 큰 도움을 주었다. 또한 그런 게 있었다는 사실이 부끄러울 지경으로 투박하고 엉망이던 초고를 처음부터 끝까지 읽어주는 수고도 베풀어주었다. 나보다 훨씬 더 중요하고 어려운 직장 생활을 하면서도 인내심으로 나의 지적 동반자 역할을 해주고 지칠 줄 모르는 지지를 베풀어준 구디에게 무한한 감사를 전한다. 구디가 없었다면 나는 그저 한심한 한 인간에 불과했을 것이다.

이 책은 2017년에 처음 출간되었습니다. 그 후 많은 분들이 편지로, 또는 강연이 끝나고 저에게 다가와서 이 책이 자신의 삶에 어떤 변화를 가져다주었는지 이야기해주었습니다. 이에 대해 늘 더없이 감사하게 생각합니다. 그분들의 말이 저에게 용기를 주었고 계속 제 일을 해나갈 수 있게 해주었습니다. 동시에, 연구자로서 이 책을 다시 읽어보니 출간 이후 7년 사이에 더 알게 된 것들도 책에 담을 수 있었다면 얼마나 좋았을까 하는 생각이 들었습니다. 지식은 빠르게 움직이며, 저는 새로운 지식도 여러분에게 전해드리고 싶습니다. 이 책을 썼을 때의 목적은 누구나 읽을 수 있는 입문용 책을 쓰는 것이었습니다. 여전히 이 책이 독자분들께 입문용 도서로서의 역할을 하기를 바랍니다. 하지만 이에 더해 독자 여러분이 새로운 지식과 정보를 한층 더 탐구해나가기를 바라며 2024년 현재 기준 최신 자료들을 몇 가지 소개하고자 합니다.

1. 식민주의와 자본주의적 포섭의 영향

이 책에서 저는 아시아, 아프리카, 아메리카 대륙에 살던 사람들이 식민화되고 자본주의 세계 경제에 강제로 포섭되면서 겪은 고난을 묘사했습니다. 최근에 《세계 개발World Development》에 게재된 논문에서 공저자인 딜런 설리번과 저는 식민화와 자본주의적 포섭의 역사에 대해 16세기부터의 실질 임금, 신장, 사망률 데이터를 수집해 더 종합적인 실증 연구를 수행했습니다. 우리는 식민화 및 자본주의적 포섭과 함께 사회적 지표들이 급감했다는 사실을 발견했습니다. 실질 임금은 종종 생계 수준으로까지 추락했고 대규모 사망자가 생긴 위기 상황도 여러 지역에서 발생했습니다. 글로벌 남부의 회복은 20세기가 되어서야 시작될 수 있었는데, 이것은 진보적이고 급진적인 반식민주의 운동이 일어나 이들이 국가의 자원과 생산에 대한 통제력을 되찾아가던 시기와 일치합니다.[1]

이와 같은 역사는 자본주의가 사람들을 광범위한 극빈곤에서 구제해주었다고 주장하는 지배적인 내러티브에 대해 중요한 반론을 제공합니다. 오히려 정반대가 진실이기 때문입니다. 자본주의는 광범위한 극빈곤을 **야기했고**, 인간 발달에서의 진보는 식민주의 시기가 끝난 뒤 진보적인 정부와 사회 운동에 의해 이루어졌습니다.

2. 신식민주의의 백래시

이 책은 20세기 중반에 글로벌 남부에서 진보적이고 급진적인 정부들이 떠오르는 것을 막기 위해 미국, 영국, 프랑스 등 제국주의 열강이 폭력적으로 개입한 역사도 묘사하고 있습니다. 그들은 글로벌 남부의 진보적인 지도자를 쿠데타로 암살하거나 축출했고, 진보적인 경제 개혁을 되돌리기 위해 구조조정 프로그램을 강제했습니다. 이 책이 출간된 뒤에 그와 관련된 역사를 더 상세히 다룬 몇몇 훌륭한 저술들이 출간되었습니다. 빈센트 베빈스Vincent Bevins의 《자카르타 방식The Jakarta Method》(2020)은 미국 및 미국의 연합 세력에 의해 글로벌 남부 전역에서 지속적으로 자행된 반좌파 십자군 운동을 다루고 있으며, 우트사 파트나크Utsa Patnaik와 프라바트 파트나크Prabhat Patnaik의 《자본과 제국주의Capital and Imperialism》(2021)는 과거와 현재의 제국주의적 세계 경제의 메커니즘을 설명합니다. 존 스미스John Smith의 《21세기의 제국주의Imperialism in the 21st Century》(2016), 인탄 수완디Intan Suwandi의 《가치사슬: 신경제 제국주의Value Chains: The New Economic Imperialism》(2019)도 추천합니다.

3. 글로벌 남부로부터의 자원 유출

이 책에서 저는 글로벌 북부의 부유한 경제권들이 글로벌 남부에 제공하는 원조보다 훨씬 더 많은 자원을 그들에게서 뽑아가고 있음을 설명했습니다. 최근에 몇몇 연구자들이 '불평등 교환'에 대한 초창기 이론가들의 방법론을 정교화해서 이러한 유출을 더 종합적으로 수량화했습니다. 저도 동료들과 공저한 몇 편의 최근 논문으로 여기에 일조했습니다. 그중 한 논문에서 우리는 글로벌 북부의 성장이 국제 교역을 통해 글로벌 남부의 노동, 토지, 에너지, 물질 자원을 막대하게 순유출시키는 데 의존하고 있음을 밝혔습니다. 이 규모는 글로벌 북부의 가격으로 표시했을 때 연간 10조 달러어치가 넘는 것으로 나타났습니다. 전 세계의 극빈곤을 70번은 없앨 수 있는 금액입니다.[2] 이는 글로벌 남부의 발전에 필요한 자원을 없애고, 빈곤을 영속화하며, 글로벌 북부의 성장이 유발하는 사회적, 생태적 비용의 압도적인 부분을 글로벌 남부가 부담하게 만듭니다.

4. 생태 붕괴의 식민주의적 차원

이 책을 출간하고 나서 저의 연구는 점점 더 기후 변화와 생태 붕괴의 위기에 초점을 맞추게 되었습니다. 최근의 몇몇 논문에서 동료들과 저는 글로벌 북부의 부유한 국가들이 이러한 위기를 일으킨 데 압도적으로 큰 책임이 있지만, 그 위기의 결과(사회적, 생태적 피해)는 글로벌 남부에서 가장 심하게 나타나고 있음을 밝혔습니다. 우리는 탄소 배출 데이터를 통해 이것을 분명히 파악할 수 있었습니다. 글로벌 북부는 지구를 안전하게 유지할 수 있는 한계를 넘어선 초과 배출(즉 기후 위기를 야기한 배출) 총량의 92%에 책임이 있습니다.[3] 또한 고소득 국가들은 1970년 이래 물질 자원의 누적 초과 사용량의 74%를 차지하고 있습니다. 물질 자원의 초과 사용은 생물 다양성 소실을 비롯해 여러 형태의 생태 붕괴를 일으킵니다.[4] 이는 대기와 생태의 식민화를 나타내며 그 피해는 식민주의적 관계의 선을 따라 펼쳐지고 있습니다.

5. 탈식민주의를 위한 전략

이 책의 8장에서 저는 더 공정한 세계 경제를 만들고 글로벌 남부 국가들이 주권 국가로서 실질적인 발전을 이룰 수 있는 경로를 마련할 수 있게 하기 위해 우리가 싸워서 이끌어내야 할 구조적 변화들을 몇 가지 설명했습니다. 저는 여전히 그 원칙들이 옳다고 생각하며 글로벌 북부의 진보적인 정치 운동이 그 원칙들을 핵심 요구 사항으로 삼아야 한다고 생각합니다. 그와 동시에, 저는 제국주의적 열강이 이러한 변화에 자발적으로 동의하리라고 가정하는 것은 너무 순진한 생각이라는 것도 잘 알고 있습니다. 글로벌 남부 국가들은 탈식민화를 기다리고만 있어서는 안 됩니다. 그들은 탈식민화와 경제적 주권 획득을 위한 적극적인 조치들을 일방적으로 취할 수 있습니다. 이에 대해 저도 최근에 글을 쓴 바 있지만,[5] 사미르 아민[이집트 태생의 프랑스 경제학자], 은동고 삼바 실라[세네갈의 경제학자], 파델 카붑[미국 데니슨 대학의 경제학자] 등 훌륭한 사상가들에게서 많은 영감을 받기도 했습니다. 글로벌 북부의 진보적인 사회 운동은 글로벌 남부의 해방과 자기 결정권을 위한 투쟁과 부합해야 하고 그 투쟁을 지원해야 합니다.

6. '탈성장'과 글로벌 정의

이 책의 9장에서 저는 책을 쓰던 마지막 몇 주 사이에 접하기 시작한 개념 하나를 간단히 소개했습니다. 바로 '탈성장degrowth'이라는 개념입니다. 탈성장은 글로벌 북부의 부유한 경제권이 지구 자원의 소비를 줄여야 생태 붕괴와 글로벌 남부에 대한 제국주의적 수탈을 막을 수 있다고 설명합니다. 또한 이러한 탈성장이 더 나은 사회적 결과를 달성하고 사람들의 삶을 **향상시키면서도** 이루어질 수 있다는 점도 설명합니다. 당시에 탈성장 개념은 저에게도 새로운 개념이었고 책을 쓸 당시에 그 이론을 충분히 발전시키지는 못하고 있었습니다. 이책이 출간되고 나서 저는 여러 과학 연구, 국제 보고서, 새로운 저술 등을 통해 탈성장에 대한 이론을 발전시켜나갔습니다. 탈성장이라는 개념이 너무 생소하거나 혼란스럽거나 어렵다면 제가 최근에 쓴《적을수록 풍요롭다: 지구를 구하는 탈성장》(창비, 2021)을 참고하기 바랍니다. 그 외에 실증 연구로 탈성장 개념을 뒷받침한 몇몇 논문도 있습니다.[6] 궁극적으로 저는 탈성장이 생태의 문제만은 아니라고 생각합니다. 이것은 경제적 정의의 문제이고 탈식민화의 문제이며,[7] 긴급히 탈자본주의로 전환해야 할 절박한 필요성에 대한 문제입니다.[8]

우리가 만들어내야 할 변화는 개혁적인 것이 아니라 혁명적인 것입니다. 혁명에 가장 먼저 필요한 것은 우리의 상상력을 해방시키는 것입니다. 현 상태의 경제가 부과하는 제약과 이데올로기를 넘어서서 생각해야 하고 자본주의 이후의 세계를 그려볼 수 있어야 합니다. 하지만 혁명에는 조직화와 투쟁의 힘든 노력 또한 반드시 필요합니다.

자본주의의 민낯과 불평등의 메커니즘을
관통하는 표준적인 저작

— 홍기빈[*]

1.

내가 제이슨 히켈의 저작과 작업에 대해서 알게 된 계기는 대중적으로 선풍적인 인기를 몰고 왔던 한스 로슬링의 책 《팩트풀니스》였다. 그 책은 제목이 주는 인상과 달리 '팩트에 충실하자'는 자명한 이야기를 주장하는 책이 아니다. "팩트에 입각해서 볼 때, 인류 사회는 그리고 지구적 자본주의 시스템은 갈수록 더 좋아지고 있다"는 주장을 펴면서 '과도한 비관주의'를 논박하는 이념적인 프로파간다를 담고 있는 책이다. 내가 특히 놀랐던 것은, 보건 통계학자인 저자가 어떻게 온갖 문제들을 사통팔달 종횡무진으로 뛰어다니면서 그것도 "객관

---

[*] 글로벌정치경제연구소 소장. 서울대학교 경제학과를 졸업하고 같은 대학원 외교학과 석사과정을 마쳤으며 캐나다 요크대학교에서 정치학과 박사과정을 수료했다. 금융경제연구소 연구위원, 칼폴라니사회경제연구소 소장을 역임했다. 《어나더 경제사》(전2권), 《위기 이후의 경제철학》 등을 썼고, 케이트 레이워스의 《도넛 경제학》, 칼 폴라니의 《거대한 전환》 등을 우리말로 옮겼다. 유튜브 채널 '홍기빈 클럽'을 운영하고 있다.

적인 데이터"를 가지고 남들이 말하지 않은 "팩트"를 찾아냈다고 말할 수 있는가였다. 데이터란 그 자체로 의미 있는 '팩트'를 전해주는 법이 많지 않다. 전자에 기반하여 유의미한 후자를 추출해내기 위해서는 해당 문제를 둘러싼 숱한 사회적, 역사적, 문화적 맥락을 고려하여 데이터를 음미 및 가공해야 하고, 이를 위해서는 해당 문제에 대해 오래 축적된 지식이 있어야만 하는 것은 당연한 사실이다. 내가 특히 대경실색했던 것은 "전 세계의 빈곤선 이하의 인구가 19세기 초 이후로 계속 감소하였으며, 최근 들어 급격히 감소해왔다"는 주장이었다. 그가 활용하는 '1.9달러' 이하라는 기준이 얼마나 황당한 것인지, 게다가 그 숫자를 20년이 아니라 지난 200년간의 추세로 확장하여 그대로 사용하는 것이 얼마나 큰 문제가 있는지에 대한 고민은 전혀 찾아볼 수가 없었다. 그리하여 "세상은 좋아지고 있다"는 일방적인 주장만 되풀이되고 있었다.

당혹스러운 나머지 이를 반박하는 글과 주장이 있는지를 찾아보다가, 제이슨 히켈이 자신의 블로그에 쓴 글*과 마주치게 되었다. 짧고 명징한 글과 강력한 두 개의 인포그래픽으로 로슬링의 주장이 얼마나 현실과 동떨어진 것인지를 여지없이 보여주는 글이었고, 내가 생각하는 이 분야의 진짜 전문가의 글이었다. 그의 글이 담고 있는 것은 "프로파간다와 싸운다"는 로슬링의 주장이 실제로는 그야말로 프로파간다에 불과하다는 것을 보여주는 정치적 입장뿐만이 아니었다.

• Jason Hikel, "Global Inequality: Do We Really Live in a One-hump World?", March 17, 2019.
  https://www.jasonhickel.org/blog/2019/3/17/two-hump-world/

앙상하게 입맛에 맞는 데이터 일부만 달랑 들고 와서 강변해대는 것이 아니라, 데이터를 어떻게 이해해야 하고 활용해야 하는지에 대해 역사적, 사회적, 지리적 맥락까지 풍부히 깔고서 논리를 전개하는 가히 대가다운 모습이 더욱 인상적이었다. 그래, 데이터는 이렇게 사용하는 것이지. 이렇게 하는 게 진짜 '팩트풀니스'이지. 우리의 직관적인 인상과 달리 "중심부 국가들과 주변부 국가들 사이의 불평등이 해소되고 있다"는 지배적 서사를 극복할 수 있는 믿을 수 있는 저자로서 제이슨 히켈이라는 이름이 각인되었다.

비단 정치경제학뿐만 아니라 사회과학 일반은 표피적인 데이터 물신주의와 허황된 이론주의라는 양쪽의 극단을 모두 피해 가야만 한다. 지난 반세기 동안 사회과학은 뻔히 나와 있는 수치들을 정리해서 내놓고서 그것을 사회 현실에서의 진정한 인과 관계의 '분석'이라고 우기는 경향이나, 난해하고 황당한 개념과 이론만 나열하면서 하나 마나 한 사회 논평commentary에 불과한 이야기들을 '이론'이라고 내미는 두 가지 경향으로 심하게 오염되어 있다. 이를 넘어서기 위해서는 단단한 역사적, 지리적 맥락에 대한 인식을 기초로 삼아 그 위에서 주어진 데이터와 여러 담론들을 비판적으로 성찰하고 벼려내는 작업이 당연하지만, 이는 연구자에게 너무나 많은 열정과 헌신을 요구할 정도로 품과 시간이 드는 과정이다. 몇 년 안에 학위를 마치고 논문을 출간하여 직장을 구하는 데에 주로 생각이 가 있는 범상한 연구자들에게 쉽게 기대할 수 없는 일이다. 감히 말하건대, 제이슨 히켈은 예외적인 연구자이며, 이 저서는 그러한 열정과 헌신이 없이는 결코 나올 수 없는 성과물이다.

2.

'제3세계의 정치경제학'은 지난 반세기 동안 심한 반전을 계속해왔다. 1970년대까지만 해도 학문적으로나 실천적으로나 미국과 서방 세계가 선전하는 '발전주의'에 대한 반론과 비판이 더 거세었다. 자유 무역과 시장 개방보다는 수입대체산업과 자발적, 내재적 발전을 꾀하는 발전주의 전략은 물론, 종속이론 및 세계체제론과 같은 역사적, 지리적 분석이 주종을 이루었으며, 주변부의 후발 국가들이 강력한 산업화와 건강한 경제 시스템을 이루기 위해서는 시장주의 경제학에 매몰될 것이 아니라 국가가 나서서 정치경제 시스템 전체를 관리하고 움직여야 한다는 사고방식('구조주의')이 오히려 주류를 이루던 시절이었다. 하지만 이러한 분위기는 1980년대의 '제3세계 외채 위기'를 겪으면서 그리고 1990년대의 동구권 몰락과 세계화globalization의 거센 바람이 몰려오면서 반대로 역전된다. 기존의 비판적 정치경제학의 논의들은 모두 철 지난 또는 그릇된 이데올로기에 불과한 것으로 폄하되고, 서방 세계가 주도하는 무역과 금융의 세계화에 동참하여 그 방향으로 전력 질주하는 것이 새로운 '시대정신'으로 자리 잡는다.

하지만 21세기에 들어온 이후 이러한 새로운 (사실은 오래된) 신자유주의의 '주류 담론'은 다시 그 설득력과 정당성이 도전받고 침식당하게 된다. 전 세계가 시장주의적 시스템을 채택했건만, 일부를 제외하고는 사회적, 경제적 상태가 극적으로 개선되는 현상이 나타나는 국가가 많지 않았기 때문이다. 이 책에서 잘 보여주고 있듯이, 상대적인 차원에서 보더라도 중심부의 선진 자본주의 국가들과의 격차는 갈수록 더 벌어졌을 뿐만 아니라 구조적으로 고착되었고, 심지어 절대적인 차원에서의 극적인 소득 향상이나 사회적, 정치적 안정과 번영이 찾아왔는지도 의문스러웠던 것이다. 세계화에 동참하면서 치러야 했던 그 엄청난 사회적, 경제적, 정치적 비용에 비추어보았을 때 이러한 결과는 당혹스러운 것일 수밖에 없었다. 그리하여 갈수록 벌어져만 가는 전 지구적인 격차의 구조적 원인과 메커니즘에 대해 대안적인 설명의 요구가 높아져갔다.

2017년에 출간된 히켈의 이 책은 그러한 요구에 응하기 위한 중요하고도 표준적인 저작이다. 그는 신자유주의 정치경제학에 의해 "이데올로기적 프로파간다"로 폄훼되었던 이전 세대의 발전주의 정치경제학과 종속이론 등의 관점을 이어받으면서도 이를 풍부한 데이터와 사례들로 21세기의 현실에 맞게 업데이트하여 보여주고 있다. 뿐만 아니라 1980년대 이후 지금까지 파상적으로 진행되었던 '신식민주의', 즉 무역과 금융을 앞세운 지구화라는 새로운 방식의 지배와 복속과 약탈의 현실을 가차 없이 까발린다. 선한 동기를 앞세우고는 있지만 큰 도움이 되지 않을 뿐만 아니라 어떤 면에서는 상황을 더 악화시키고 있는 서방 세계의 원조와 민간 자선 기구들도 그의 비판의 화살을 피해 가지 못한다. 이러한 것들은 이면에서 자행되고 있는 비교할 수도 없는 규모의 착취와 약탈을 은폐하면서 마치 무언가 '진보'와 '개발/발전'이 이루어지고 있는 듯한 환상을 불러일으키고 너무나 분명한 시스템 자체의 비도덕성을 정당화하는 역할을 톡톡히 하고 있다는 것이다.

3.

　자본주의는 권력 양식이며, 그것이 작동하는 총체적인 사회적 관계는 어디까지나 위계제에 기초한 권력 관계의 성격을 본질로 삼는다. 모든 것이 잘 다듬어지고 아름답게 미화되어 있는 '이상한WEIRD' (서구의, 교육받은, 산업화된, 부유한, 민주주의) 사회의 사람들에게는 그렇게 보이지 않는다. 자본주의란 사람들의 생산 활동과 소비 활동을 화폐와 시장으로 매개하고 조직하는 '경제생활'의 한 양식으로 보일 뿐이다. 따라서 그 작동 논리는 '보이지 않는 손'의 재가를 받은 합리적인 법칙을 따르게 되어 있다고 여겨지게 된다. 그리하여 장기적으로는 모든 이들에게 각자가 생산에 기여한 바에 따라 정의로운 분배를 받을 수 있도록 보장하며, 모두에게 부와 번영을 가져다주며, 나아가 평화와 우애까지 이를 수 있는 '진보'의 담지자가 바로 자본주의라고 여기게 된다.

　하지만 그러한 '이상한' 사회의 밖으로 한 걸음만 나가보면 자본주의는 야수적인 권력 관계의 민낯을 그대로 드러낸다. 이 책에서 펼쳐지는 이야기들을 멀리 산 너머 바다 건너의 나라들에서만 벌어지는 이야기라고 생각해서는 안 된다. 겉으로 이성적이고 합리적이고 평화로워 보이는 이른바 '잘사는 나라들'에서도 권력 관계로서의 자본주의의 야수성은 그대로 관철되고 있다. 그래서 나는 이 책을 대한민국의 우리들 모두에게도 읽기를 권하고 싶다. '못사는 나라들' 이야기에 관심 없는 사람들도 읽어야 한다. 자본주의라는 게 적나라한 권력 관계요, 무자비한 수탈의 성격을 갖고 있다는 것을 밝혀내기 위해 19세기의 카를 마르크스가 16세기의 영국 농촌으로 돌아가야 했듯이, 21세기의 우리들 또한 '못사는 나라들'이 왜 못살 수밖에 없는지, 거기에서 도대체 무슨 일이 벌어지고 있는지를 알아야만 지금 여기에서 작동하고 있는 자본주의의 제대로 된 모습을 발견할 수 있기 때문이다.

4.

우리 모두가 이 책을 읽어야 할 이유가 하나 더 있다. 중심부와 주변부를 가리지 않고 21세기 전 지구상의 인류에게 다가오고 있는 생태 위기와 '성장의 한계' 앞에서 우리가 어떠한 미래를 모색해야 하는가에 대해 근본적이고도 절박한 질문들을 던지고 있기 때문이다. 1949년 미국의 트루먼 대통령이 옛 식민지 지역의 경제 '개발/발전'이라는 화두를 던진 이후 인류는 경제가 무한히 성장할 수 있으며 이를 통해 인간 사회에서 일어나는 대부분의 문제를 해결할 수 있다는 터무니없는 낙관론에 중독되어왔다.

2차 세계 대전이 끝난 후 지난 80년 동안 지구적 자본주의는 기하급수적인 경제 성장과 자본 축적을 조직 원리로 삼아 지구 전체를 재편해왔다. 그리고 그 결과 지금과 같은 괴이할 정도의 불평등 그리고 인간뿐만 아니라 생명 영역 전체를 위협하는 생태 위기까지 불러일으켰다. 이러한 형태의 자본주의는 과연 얼마나 더 지속 가능한가?

생태 위기의 문제와 불평등의 문제는 동전의 양면이다. 무한한 경제 성장과 자본 축적을 향해 미친 듯이 폭주하는 지구적 자본주의라는 동일한 뿌리에서 생겨난 문제들이기 때문이다. 따라서 두 가지 문제 중 어느 한 쪽만을 보고 다른 쪽을 무시하는 이들은 그러한 동일한 뿌리를 간과하게 되어 있으므로 결코 근본적인 문제의 설정과 해법 제시에 다가갈 수 없게 된다. 이 책은 우리에게 그러한 어리석음을 더 이상 범하지 않고 문제를 종합적으로 근본적으로 바라볼 수 있는 시각을 가져다준다.

5.

책을 읽다가 저자가 전 지구적인 기본소득을 논의하는 부분에서는 가슴속으로부터 무언가가 울컥 치미는 느낌이었다. 나 또한 똑같은 생각을 오랫동안 품고 있었지만, 실제로 이런 일이 과연 현실성이 있을지가 두려워 소심하게 마음에만 묻어두고 있었기 때문이다. 과연 저자의 말대로 새로운 세계의 상상력을 위해서는 우리 모두 "조금은 미칠" 필요가 있다. 앞에서 말한 대로, 지구적 자본주의는 서방과 아프리카 대륙 사이에서도 작동하지만 그 서방 세계 안에서도 또 우리나라 안에서도 똑같은 논리로 작동한다. 그렇다면 '저들이' 겪고 있는 불평등과 '우리가' 겪고 있는 불평등 또한 동일한 본질과 메커니즘을 가지고 있을 터이다. 따라서 '우리나라 안의 불평등도 해결하지 못하면서 무슨 전 지구적 불평등 해결 타령인가'라는 생각은 그만두어야 한다. 반대로 '전 지구적인 저 극심한 불평등을 해결하지 못한다면 우리 사회 안에서의 불평등 또한 해결의 실마리를 찾을 수 없다'로 생각을 바꿀 필요가 있다.

오래전 대학 시절 안드레 군더 프랑크Andre Gunder Frank의《저발전의 발전The Development of Underdevelopment》을 읽고서 느꼈던 뜨거운 분노와 열정을 다시 내게 되찾아준 이 책이 너무나 고맙다. 이 책을 읽는 다른 모든 이들도 나와 같은 체험을 하기를 원하며, 또 그렇게 될 것이라고 믿는다.

주

한국어판 서문

1 Hickel, J., Dorninger, C., Wieland, H., & Suwandi, I., 'Imperialist appropriation in the world economy: Drain from the global South through unequal exchange, 1990-2015', *Global Environmental Change* Volume 73, March 2022.

2 Millward-Hopkins, J., Steinberger, J. K., Rao, N. D., & Oswald, Y., 'Providing decent living with minimum energy: A global scenario', *Global Environmental Change* Volume 65, November 2020; Vélez-Henao, J. A., & Pauliuk, S., 'Material Requirements of Decent Living Standards', *Environmental Science & Technology* 57(38), September 2023.

1장 개발이라는 이름의 속임수

1 '포인트 포'의 구상에 벤저민 하디가 어떤 역할을 했는지는 다음을 참고하라. Robert Schlesinger, *White House Ghosts: Presidents and their Speechwriters*, New York: Simon & Schuster, 2008.

2 OECD 데이터에 따르면 2013년 공식 순개발원조는 1350억 달러였으며, 이는 그해 미국 은행들의 총순소득과 대략 비슷하다.

3 이 기간 동안에 아동사망률과 모성사망률이 감소한 것은 분명히 중요한 성과다. 하지만 우리는 1990년 이전의 수십 년간 무슨 일이 벌어졌기에 1990년 시점에 사망률이 그렇게 높았던 것인지 질문해야 한다. 또한 1990년 이후의 사망률 감소가 정말로 서구의 원조 덕분인지에 대해서도 질문해야 한다.

4 *The State of Food Insecurity in the World 2012*, Rome: The Food and Agriculture

Organization of the UN, 2012.

5   E. Holt-Gimenez et al., 'We already grow enough for 10 billion people ... and still can't end hunger', *Journal of Sustainable Agriculture* 36(6), 2012, pp. 595-8.

6   하루 1.25달러(2008년 PPP)를 빈곤선으로 삼았을 때의 숫자다. 출처: 세계은행 빈곤 데이터베이스PovcalNet.

7   이와 관련된 연구는 2장에서 더 자세히 다루었다. 다음을 참고하라. P. Edward, 'The ethical poverty line: a moral quantification of absolute poverty', *Third World Quarterly* 37(2), 2006, pp. 377-93; R. Lahoti, and S. Reddy, '$1.90 per day: what does it say?' Institute for New Economic thinking, 6 October 2015, https://www.ineteconomics. org/perspectives/blog/1-90-per-day-what-does-it-say; David Woodward, *How Poor Is 'Poor'? Toward a Rights-Based Poverty Line*, London: New Economics Foundation, 2010.

8   여기에 인용된 숫자들은 모두 세계은행의 빈곤 데이터베이스에서 가져온 것이다.

9   1인당 GDP(1990년 Int.$ 기준)로 계산한 것이다. 출처: Maddison Project database.

10   1인당 GDP(2005년 US$ 기준)로 계산한 것이다. 출처: World Development Indicators.

11   재레드 다이아몬드도 《총, 균, 쇠》(New York: W.W. Norton, 1997)에서 저개발이 기후 및 지리적 요인과 관련된다는 주장을 편 바 있다.

12   부유한 나라와 가난한 나라의 격차가 궁극적으로 제도의 질 차이로 설명된다는 주장을 펼친 가장 유명한 저서는 대런 아세모글루와 제임스 로빈슨의 《국가는 왜 실패하는가》(New York: Crown Business, 2012)일 것이다. 이들의 주장은 지정학을 고려하지 않았다는 비판을 받았다.

13   Kenneth Pomeranz, *The Great Divergence: China, Europe, and the Making of the Modern World Economy*, Princeton, NJ: Princeton University Press, 2009. (케네스 포메란츠, 《대분기》)

14   Ha-Joon Chang, *Bad Samaritans*, New York: Bloomsbury Press, 2008, p. 25. (장하준, 《나쁜 사마리아인들》)

15   Robert Pollin, *Contours of Descent*, New York: Verso, 2005, p. 133.

16   이 추산치는 1999년 유엔 무역개발보고서에 나온다(pp. ix, 143). 이 보고서는 세계무역기구의 우루과이라운드가 더 공정하게 이루어졌다면(가령, 부유한 국가들이 가난한 국가들의 수출품에 부과하는 관세를 줄이는 식으로) 가난한 나라들이 로우테크low-tech 산

업과 천연자원 기반 산업만 보더라도 수출로 7000억 달러를 더 벌 수 있었을 것이고 농산품 수출을 추가하면 이 수치는 더 커질 것이라고 추산했다.

17 월터 로드니가 1972년에《유럽은 어떻게 아프리카를 저개발시켰는가How Europe Underdeveloped Africa》라는 제목의 책을 냈듯이 말이다.

18 OECD 데이터에 따르면 2012년에 OECD 개발원조위원회 목록에 있는 공여국에서 개발도상국으로 들어간 공식적인 개발 원조 금액이 총 1280억 달러였다.

19 Global Financial Integrity, *Financial Flows and Tax Havens: Combining to Limit the Lives of Billions of People*, Washington, DC: Global Financial Integrity, 2016. 국제금융청렴기구의 연구는 1980년부터 2012년까지 글로벌 남부에서 빠져나간 자금의 순유출에 대해, 공식적으로 신고된 해외 이전이 2.97조 달러(대부분은 중국처럼 큰 경상수지 흑자를 기록하고 있는 나라들로부터의 자금 이전이다), 국제수지상의 누출을 통한 자본 이탈이 6.6조 달러, 재화에 대한 교역 송장 조작을 통한 자본 이탈이 6.8조 달러라고 추산했다. 이에 더해, 추가로 6.8조 달러가 재화에 대한 '동일 송장 위조', 즉 '이전가격 조작'에 의해 유출되었다고 추산했다. 서비스 교역까지 포함하면 교역 송장 조작과 이전가격 조작 모두 각각 8.5조 달러로 증가한다. 전부 합하면 1980년 이래 총 26.5조 달러가 유출되었다는 추산치가 나온다. 국제금융청렴기구의 방법론에 대한 상세한 내용은 이 책의 7장 및 7장의 주석을 참고하라. 국제금융청렴기구의 계산은 개도국으로 들어오는 자본 이탈은 포함하지 않은 것이다. 국제금융청렴기구는 개도국으로 유입되는 자본 이탈은 개발에 기여하지 않으므로 개발을 저해하는 외부로의 자본 이탈을 상쇄할 수 없으며, 자본 이탈에 대해 양방향 모두를 감안해 '순자본이탈'이라는 것을 계산하는 것은 '순범죄'를 이야기하는 것만큼이나 불합리하다고 설명했다.

20 2015년에 개도국이 대외 채무에 대해 상환한 이자 금액은 총 2110억 달러였다(Int.$, 현행 US$ 기준). 출처: 세계은행 국제부채통계International Debt Statistics.

21 2012년에 외국 투자자들이 본국으로 가져간 이윤은 4860억 달러였다. Jesse Griffiths, 'The State of Finance for Developing Countries, 2014', Eurodad, 2014.

22 Meena Raman, 'WIPO Seminar Debates Intellectual Property and Development', Our World is Not For Sale network, 10 May 2005.

23 23.6조 달러는 재화와 서비스에 대한 국제수지상의 누출, 교역 송장 조작, 이전가격 조작을 합한 것이다. Global Financial Integrity, *Financial Flows and Tax Havens:*

Combining to Limit the Lives of Billions of People, Washington, DC: Global Financial Integrity, 2015.

24   여기에 제시된 교역 송장 조작과 이전가격 조작 숫자는 재화에 대한 추산치와 서비스에 대한 추산치를 모두 포함한 것이다. Global Financial Integrity, *Financial Flows and Tax Havens: Combining to Limit the Lives of Billions of People*, Washington, DC: Global Financial Integrity, 2015.

25   Gernot Köhler, 'Unequal Exchange 1965-1995: World Trend and World Tables', 1998, wsarch.ucr.edu/archive/papers/kohler/kohler3.htm. 다음도 참고하라. Gernot Köhler and Arno Tausch, *Global Keynesianism: Unequal Exchange and Global Exploitation*, New York: Nova Science Publishers, 2002. 쾰러는 1995년의 불평등 교환 규모가 1.752조 달러(현행달러 기준)라고 추산했다. 그는 교역되는 재화에 대해 명목 환율과 실질 환율(구매력 평가로 보정한 것)의 차이를 계산했다. 예를 들어, 미국 달러화와 인도 루피화의 명목 환율이 1대 50이라고 할 때, 인도가 1000루피어치의 재화를 미국으로 보내고 20달러어치의 재화를 받았다면 완벽하게 동등한 교환일 것이다. 적어도 그렇게 보일 것이다. 문제는, 명목 환율이 엄밀히 정확하지는 않다는 데 있다. 인도에서 50루피는 미국에서 1달러어치보다 많은 재화를 구매할 수 있다. 가령, 2달러어치 가까운 재화를 구매할 수 있다고 해보자. 그러면 구매력을 기준으로 한 실질 환율은 1대 25가 된다. 인도가 1000루피 어치의 재화를 미국에 보낼 때 인도에서의 실구매력을 바탕으로 계산하면 이것의 가치가 사실 40달러라는 뜻이다. 그런데도 교역에서 인도가 받는 것은 20달러어치이므로 사실상 500루피만 받은 것과 마찬가지다. 실질 환율과 명목 환율이 왜곡되어서 인도는 자신이 받는 것보다 20달러(500루피)를 더 보내고 있는 것이다. 이것을 생각하는 한 가지 방식은 인도의 수출품이 세계 시장에서 받는 가격보다 실제로는 가치가 더 나간다고 보는 것이고, 또 다른 방식은 인도의 노동력이 자신이 생산하는 가치에 비해 임금을 적게 받고 있다고 보는 것이다. 이 방법론은 부정확할 수 있는 구매력 평가 계산에 의존한다는 데서 한계를 갖는다. 더 최근에 다른 연구자들도 불평등 교환의 규모를 추산했는데, 일례로 잭 코프는 2009년의 불평등 교환 규모가 방법론에 따라 2.8조에서 4.9조 달러 사이로 추산될 수 있다고 밝혔다. 다음을 참고하라. Zak Cope, *Divided World Divided Class: Global Political Economy and the Stratification of Labour Under Capitalism*,

Montreal: Kersplebedeb, 2012.

26 Luke Balleny, 'Corporate tax breaks cost poor nations $138 billion a year–report', Reuters, 4 July 2013.

27 2015년에 이주 노동자가 본국으로 송금한 돈은 총 4320억 달러였고 수수료가 평균 7.68%였다.

28 H. Kharas, *Measuring the Cost of Aid Volatility*, Wolfensohn Center for Develop-ment working paper no. 3, Washington, DC: Brookings Institution, 2008. 카라스는 원조 지출의 변동성이 커서 발생하는 손실이 전체 원조 금액의 20%라고 추산했다.

29 Land Matrix database(www.landmatrix.org). 2017년 1월 데이터 기준.

30 기후취약성모니터Climate Vulnerability Monitor의 2012년 보고서에 제시된 숫자다.

31 몇몇 NGO가 이와 같은 구조적인 이슈들에 대해 캠페인을 시도했다. 옥스팜은 '무역을 공정하게Make Trade Fair' 캠페인을 진행했고 부채 탕감을 요구하는 '주빌리' 캠페인도 있다. '빈곤을 과거의 일로 만들자Make Poverty History' 캠페인은 교역과 부채 문제를 다루고 있으며 크리스천에이드와 액션에이드는 수년간 조세 회피에 맞서는 운동을 벌여서 더 보수적인 NGO들도 적어도 이 문제를 인식하게 하는 데 성공했다. 하지만 이러한 노력은 그 동일한 NGO들이 촉진하고 있는 자선과 원조의 지배적인 담론에 의해 거의 완전히 압도되고 있다.

32 이 그래프에 제시된 숫자의 출처는 모두 본문에 인용되어 있다. 단, 각기 다른 연도의 자료임에 주의하라. 원조는 2012년, 이자 상환은 2013년, 교역 송장 조작과 이전가격 조작, 국제수지상의 누출을 통한 자본 이탈은 2012년, 조세 휴일은 2013년, TRIPS는 2015년, 기후변화는 2010년 숫자이며, 구조조정은 1980년대와 1990년대 20년간의 연평균을 현행달러 기준으로 환산한 것이다. 세계무역기구 우루과이라운드는 2005년, 저평가된 노동력의 가치는 1996년 자료를 2013년 달러로 환산한 것이다.

2장 빈곤의 종식은… 연기되었다

1 모성사망률 감소는 목표치에 한참 못 미쳤으며, 모성사망률은 측정이 매우 어렵기 때문에 유엔이 주장하는 미미한 개선에 대해서조차 타당성에 의구심이 제기되기

도 한다. 다음을 참고하라. Amir Attaran, 'An immeasurable crisis: a criticism of the Millennium Development Goals and why they cannot be measured', *PLoS Medicine* 2(10), 2005. 이 논문은 모성사망률에 대해 이렇게 지적했다. "현재의 추산 기법은 너무나 근본적인 한계가 있어서, 유니세프와 세계보건기구 과학자들은 '2000년 추산치와 1990년 추산치를 비교하는 것과 (…) 이를 통해 추세에 대한 결론을 도출하는 것이 부적절하다고 경고하고 있다." 모성사망률과 달리 아동사망률은 측정이 훨씬 쉽다.

2 새천년선언 제19조. 강조 표시는 내가 덧붙인 것이다.

3 1.08달러(1993년 PPP)를 빈곤선으로 잡았을 때는 1억 6500만 명, 1.25달러(2005년 PPP)를 빈곤선으로 잡았을 때는 4억 명이 해당한다.

4 토마스 포기는 MDG 캠페인의 교묘한 술책을 드러내는 데 크게 일조했다. 예를 들어, 다음을 참고하라. 'Millions Killed by Clever Dilution of Our Promise', CROP Poverty Brief, August 2010; 'How World Poverty is Measured and Tracked.' 다음에 수록됨. Elcke Mack, Michael Schramm, Stephan Klasen and Thomas Pogge(eds), *Absolute Poverty and Global Justice*, Aldershot: Ashgate, 2009, pp. 51-68; 'The First United Nations Millennium Development Goal: A cause for celebration?', *Journal of Human Development* 5(3), 2004, pp. 377-97.

5 이러한 점을 짚어준 토마스 포기에게 감사를 전한다.

6 산제이 레디와 토마스 포기가 다음 저서에서 이 문제를 효과적으로 제기했다. Thomas Pogge and Sanjay G. Reddy, *How Not to Count the Poor*(mimeo), Columbia University Academic Commons, 2005.

7 M. Ravallion et al., 'Quantifying absolute poverty in the developing world', *Review of Income and Wealth* 37(4), 1991, pp. 345-61.

8 World Bank, *World Development Report 1999/2000*, New York: Oxford University Press, 1999, p. 25. 강조 표시는 내가 덧붙인 것이다.

9 다음을 참고하라. William Easterly, 'The lost decades: developing countries' stagnation in spite of policy reform 1980-1998', *Journal of Economic Growth* 6, 2001, pp. 135-57.

10 울펀슨이 다음에서 한 연설. G20 finance ministers and central governors, Ottawa, 17 November 2001.

11 Shohua Chen and Martin Ravallion, *How Have the World's Poorest Fared since the Early*

1980s?, World Bank Policy Research Working Paper 3341, June 2004.

12   Reddy and Pogge, *How Not to Count the Poor*. 다음을 참고하라. Ravallion's Response: 'How Not to Count the Poor? A Reply to Reddy and Pogge.' 다음에 수록됨. Sudhir Anand et al.(eds), *Debates on the Measurement of Poverty*, Oxford: Oxford University Press, 2008.

13   Robert Wade, *Economic Theory and the Role of Government in East Asian Industrialization*, Princeton, NJ: Princeton University Press, 1990.

14   FAO, *The State of Food Insecurity in the World 2008*, Rome: The Food and Agriculture Organization of the UN, 2008, p. 8.

15   United Nations, *Millennium Development Goals Report 2013*, p. 10.

16   FAO, 'Food Security Methodology', FAO, 2012. 변화의 이 두 번째 국면은 2012년 보고서에 반영되었다.

17   또한 식량농업기구는 각국 인구의 평균 신장에 대해서도 수정된 데이터를 사용했다. 평균 신장은 기아의 기준값인 '최소 에너지 섭취 요구량'을 계산하는 데 사용된다. 이 변화로 인해, 새로운 최소 칼로리 기준값이 전반적으로도 상당히 하향 조정되었지만 대상 시기의 초기보다 나중 시기에 더 크게 하향 조정되었다. 따라서 다른 조건이 동일하다면 기존의 기준값으로 측정했을 때보다 기아 인구의 감소 추세가 더 가팔라 보이게 된다.

18   FAO, *The State of Food Insecurity in the World 2012*, Rome: The Food and Agriculture Organization of the UN, 2012, p. 12.

19   'A Recovery with a Human Face', UNICEF e-discussion. 토마스 포기가 2015년 6월에 올린 글들을 참고하라. http://www.recoveryhumanface.org/.

20   FAO, *State of Food Insecurity 2012*, p. 12.

21   다음도 참고하라. F. Moore Lappé, J. Clapp, M. Anderson, R. Broad, E. Messer, T. Pogge and T. Wise, 'How we count hunger matters', *Ethics and International Affairs* 27(3), 2013, pp. 251-9.

22   FAO, *State of Food Insecurity 2012*, p. 23.

23   FAO, *State of Food Insecurity 2012*, p. 50.

24   이 이슈에 관심을 갖게 해준 토마스 포기에게 감사를 전한다(우리는 개인적으로 서신

을 주고받았다).

25   'World Hunger and Poverty Facts and Statistics 2015', World Hunger Education Service, Washington DC.

26   Rebecca Smithers, 'Almost half of the world's food thrown away, report finds', *Guardian*, 10 January 2013.

27   Kate Lyon, 'Cutting food waste by a quarter would mean enough for everyone, says UN', *Guardian*, 12 August 2015.

28   T. Pogge, 'The end of poverty?', *Mark News*, 29 May 2014.

29   World Bank, *World Development Report 1999/2000*, p. 237.

30   'Poverty in India 2.5 times the official figure: study', NDTV India, 20 February 2014.

31   Vijay Prashad, 'Making poverty history', *Jacobin*, 10 November 2014, https://www.jacobinmag.com/2014/11/making-poverty-history/.

32   Adam Wagstaff, 'Child health on a dollar a day: some tentative cross-country comparisons', *Social Science and Medicine* 57(9), 2003, pp. 1529-38.

33   'Asians poorer than official data suggest, says ADB', *Financial Times*, 20 August 2014.

34   USDA, *Thrifty Food Plan 2005*, Washington DC: United States Department of Agriculture, 2005.

35   David Woodward, 'How poor is too poor?', *New Internationalist*, 1 July 2010.

36   P. Edward, 'The Ethical Poverty Line: a moral quantification of absolute poverty', *Third World Quarterly* 27(2), 2006, pp. 377-93.

37   R. Lahoti and S. Reddy, '$1.90 per day: what does it say?', Institute for New Economic Thinking, 2015. 라호티와 레디는 식품 빈곤선을 2011년 PPP 기준 5.04달러로 잡았다. 비교 가능하게 만들기 위해 나는 2005년 PPP 기준으로 수정했다.

38   David Woodward, *How Poor Is 'Poor'? Toward a Rights-Based Poverty Line*, London: New Economics Foundation, 2010.

39   Andrew Sumner, 'Did global poverty just fall a lot, quite a bit, or not at all?', *Global Policy Journal*.

40   'There are multiple international poverty lines. Which one should I use?', World Bank.

41   L. Pritchett, 'Monitoring progress on poverty: the case for a high global poverty line', 2013.

42   세계은행은 국제 빈곤선을 2.50달러(2005년 PPP)로 하고 중국을 제외할 경우 1981년 에서 2005년 사이 빈곤 인구가 8억 5200만 명 늘었다고 밝혔다.

43   World Bank Development Indicators 2008.

44   B. Milanović, *Global Inequality: A New Approach for the Age of Globalization*, Cambridge, Mass.: Belknap Press, 2016. (브랑코 밀라노비치, 《왜 우리는 불평등해졌는가》)

45   S. Anand and P. Segal, 'The global distribution of income.' 다음에 수록됨. Anthony B. Atkinson and Francois Bourguignon(eds), *Handbook of Income Distribution*, Amsterdam: Elsevier, 2014.

46   Robert Wade, *Economic Theory and the Role of Government in East Asian Industrialization*, Princeton, NJ: Princeton University Press, 1990.

47   'The global distribution of income.'

48   David Woodward, 'Incrementum ad absurdum: global growth, inequality and poverty eradication in a carbon-constrained world', *World Economic Review* 4, 2015, World Economic Association.

49   David Woodward, 'How progressive is the push to eradicate extreme poverty?', *Guardian*, 7 June 2013.

3장 빈곤은 어디에서 시작되었는가

1   Richard Steckel and Jerome Rose(eds), *The Backbone of History: Health and Nutrition in the Western Hemisphere*, Cambridge: Cambridge University Press, 2002. 수렵채집 인은 영아사망률이 높아서 기대수명이 정주 인구에 비해 더 낮게 추산되는 경향이 있다. 몇몇 연구자들은 이것을 보정했을 때 수렵채집인의 기대수명이 70대에 달했 을 것이라고 본다. 다음을 참고하라. M. Gurven and H. Kaplan, 'Longevity among hunter-gatherers: a cross-cultural examination', *Population and Development Review* 33, 2007, pp. 321-65. 또한 마셜 살린스는 다양한 역사적, 민속지적 자료를 종합해 수렵 채집 공동체 사람들이 정주 농경 국가를 이루고 산 사람들보다 현저하게 긴 수명을

누렸다고 주장했다. 다음을 참고하라. 'The original affluent society.' 다음에 수록됨. *Stone Age Economics*, Chicago: Aldine-Atherton, 1972. (마셜 살린스, 《석기시대 경제학》)

2   Steckel and Rose(eds), *The Backbone of History*. 다음도 참고하라. Karl Widerquist and Grant McCall, *Prehistoric Myths in Modern Political Philosophy*, Edinburgh: Edinburgh University Press, 2017; Jared Diamond, *Guns, Germs and Steel: The Fates of Human Societies*, New York: W. W. Norton, 1997; Yuval Noah Harari, *Sapiens: A Brief History of Humankind*, London: Random House, 2014. (유발 하라리, 《사피엔스》)

3   조지 머독의 《민속지 아틀라스Ethnographic Atlas》(1500년에서 1960년까지의 데이터를 담고 있으며 대부분은 19세기의 자료다)를 보면 파나마 지협 북쪽 아메리카 사회의 20%만이 조밀하고 영구적인 정착 생활을 하면서 생계의 대부분을 농경에 의존했고, 이들 사회의 1%만 '복잡한' 국가를 이루고 있는 것으로 분류되어 있다.

4   여기 제시된 숫자들은 케네스 포메란츠가 현재 입수 가능한 주요 자료들을 모은 것이다. 그가 쓴 다음 저서를 참고하라. Kenneth Pomeranz, *The Great Divergence*, Princeton, NJ: Princeton University Press, 2000, p. 36ff. (케네스 포메란츠, 《대분기》) 잉글랜드 통계에서는 영아사망률도 볼 수 있다. 인도의 당시 기대수명 자료는 확실히 결론을 낼 수 있을 만큼 충분히 양질이 아니었다. 잉글랜드 노동자 계급의 기대수명은 에드윈 채드윅Edwin Chadwick의 《영국 노동 인구의 위생 상태에 대한 보고서The Sanitary Condition of the Labouring Population》에 나온 내용을 프리드리히 엥겔스가 다음에서 인용한 것이다. Friedrich Engels, *The Condition of the Working Class in England in 1844*.

5   Immanuel Wallerstein, *The Modern World System*, New York: Academic Press, 1974. (이매뉴얼 월러스틴, 《근대세계체제》)

6   다음에 인용됨. Howard Zinn, *A People's History of the United States*, New York: HarperCollins, 2003, 3. (하워드 진, 《미국민중사》)

7   다음에 인용됨. Zinn, *A People's History*, p. 1.

8   다음에 인용됨. Zinn, *A People's History*, p. 1.

9   다음에 인용됨. Eduardo Galeano, 'Open Veins of Latin America', *Monthly Review Press*, 1973, pp. 18-19.

10   Galeano, 'Open Veins', p. 22.

11 Galeano, 'Open Veins', p. 23.

12 Timothy Walton, *The Spanish Treasure Fleets*, Florida: Pineapple Press, 1994.

13 은은 무보수 노예 노동력으로 채굴했으므로 '공짜'였다. 또한 스페인 왕국은 운 송되는 모든 은의 27.5-40%를 가져갔다. 다음을 참고하라. Pomeranz, *The Great Divergence*, p. 269.

14 Pomeranz, *The Great Divergence*, p. 269ff.

15 1492년 인구 추산치 중 높게 잡은 숫자는 약 1억 1200만 명이지만 당시 라틴아메 리카 인구수에 대한 '합의된 숫자'는 약 5400만 명이다. William Denevan (ed.), *The Native Population of the Americas in 1492*, Madison, Wis.: University of Wisconsin Press, 1992.

16 갈레아노는 350만 명이라고 보았지만 400만 명이라는 추산치도 있다. 다음을 참고 하라. Jorge Brea, 'Population Dynamics in Latin America', *Population Bulletin* 58(1), 2003.

17 Galeano, 'Open Veins', p. 52.

18 이 숫자들은 1870년까지 불법적으로 대서양을 가로질러 밀수된 노예는 포함하지 않 은 숫자일 것이다.

19 이 추산치는 1993년에 《하퍼스 매거진》에 실린 기사에서 가져온 것이다. 최저 임금 이 1993년 숫자이며 이자도 1993년까지만 계산되었고 전체 금액도 1993년 달러로 표시되어 있음에 주의하라. 지금의 가치로 다시 계산하면 금액은 이것보다 훨씬 더 높을 것이다.

20 '14 Caribbean nations sue Britain, Holland and France for slavery reparations', *Daily Mail*, 10 October 2013.

21 Pomeranz, *The Great Divergence*, p. 275.

22 Ibid., p. 276.

23 유럽만 아프리카에서 인신을 약탈한 것은 아니었다. 엘리키아 음보콜로Elikia M'Bokolo 는 〈노예 교역이 아프리카에 미친 영향The Impact of the Slave Trade on Africa〉(*Le Monde Diplomatique*, April 1998)이라는 글에서 이렇게 언급했다. "아프리카 대륙은 인신 자원을 모든 가능한 경로로 유출당했다. 사하라부터 홍해, 인도양의 항구들, 그리고 대서양을 건너 인신이 탈취되었다. 9세기부터 19세기까지 적어도 10세기에 걸쳐 무 슬림 국가들의 이득을 위해 노예가 거래되었다. (…) 400만 명의 노예가 홍해를 통해

수출되었고 추가적으로 400만 명이 인도양의 스와힐리항을 통해 수출되었으며 많게는 900만 명이 사하라의 카라반 경로를 통해 수출되었다."

24 Karl Marx, *Capital*, vol. 1 (1867), chapter 31. (카를 마르크스, 《자본론》)

25 《자본론》 1권 27장에서 마르크스는 인클로저 운동 이전에는 목초지 1에이커당 경작지 3에이커가 있었는데 인클로저 운동 이후 이 비율이 역전되었다고 밝혔다.

26 Ellen Meiksins Wood, *The Origin of Capitalism: A Longer View*, London: Verso, 2002.

27 다음을 참고하라. Karl Polanyi, *The Great Transformation*, New York: Farrar & Rinehart, 1944. (칼 폴라니, 《거대한 전환》)

28 이 농민 반란들에 대해서는 다음을 참고하라. Simon Fairlie, 'A Short History of Enclosure in Britain', *The Land* 7, 2009. 이 저술의 저자인 페어라이는 이 당시까지는 아직 인클로저가 주된 이슈는 아니었지만 1381년의 농민 대반란도 인클로저에 대한 초창기의 저항으로 볼 수 있다고 설명했다.

29 Fairlie, 'A Short History of Enclosure in Britain'. 의회를 통한 인클로저는 모직물 교역보다는 농업용 토지를 '향상'시키는 데 더 초점을 두었다.

30 구글 엔그램을 사용해 '빈곤poverty'이라는 단어를 '부랑인vagabond'과 '빈민pauper', 그 밖에 당시에 널리 쓰이던 유의어와 함께 매핑해서 도출한 결론이다.

31 잉글랜드와 웨일스의 농촌 인구 비중은 1801년 65%에서 1901년 23%로 떨어졌는데, 프랑스에서는 1901년에도 높게는 59% 수준을 유지했다. Fairlie, 'A Short History of Enclosure in Britain'.

32 물론 강압도 이 시스템의 핵심 요소였지만 주로 '배경 요인'으로서 작용했다. 즉 [직접적인 강탈의 수단으로서보다는] 시스템을 흔들림 없이 지속시키고 저항을 사전에 봉쇄하는 역할을 했다.

33 이 대조는 칼 폴라니가 《거대한 전환》의 한 챕터인 〈삶의 터전이냐 경제 개발[향상]이냐Habitation versus Improvement〉에서 제시한 바를 빌려온 것이다.

34 Seamus P. Metress and Richard A. Rajner, *The Great Starvation: An Irish Holocaust*, New York: American Ireland Education Foundation, 1996.

35 이러한 논리는 윌리엄 페티William Petty와 존 데이비스John Davis에 의해서도 개진되었다. 이들도 새로운 식민주의를 정당화하는 데 중요한 역할을 했다.

36 1700년대에 벌어졌던 대량 학살 중 가장 큰 두 건만 예를 들면, 1704년 애팔래치아

대학살 때 1000명의 원주민이 살해되었고 1713년 포트 네오헤로카에서도 1200명 정도가 목숨을 잃었다.

37 Mike Davis, *Late Victorian Holocausts*, London: Verso, 2000, p. 290. (마이크 데이비스, 《엘니뇨와 제국주의로 본 빈곤의 역사》)

38 Ibid., pp. 327-31.

39 Ibid., p. 299.

40 Ibid., p. 9.

41 Ibid., p. 298.

42 Angus Maddison, *The World Economy*, OECD, 2006.

43 E. Backhouse and J. O. P. Bland, *Annals and Memoirs of the Court of Peking*, Boston: Houghton Mifflin, 1914, pp. 322-331.

44 Davis, *Late Victorian Holocausts*.

45 Paul Bairoch, *Economics and World History*, Chicago: University of Chicago Press, 1995.

46 Paul Bairoch, 'The Main Trends in National Economic Disparities since the Industrial Revolution.' 다음에 수록됨. Paul Bairoch and Maurice Levy-Leboyer(eds), *Disparities in Economic Development since the Industrial Revolution*, New York: St Martin's Press, 1975, pp. 3-17.

47 Davis, *Late Victorian Holocausts*, pp. 292-3.

48 다음에 인용된 숫자를 따른 것이다. Davis, *Late Victorian Holocausts*, pp. 311-12.

49 Adam Hochschild, *King Leopold's Ghost: A Story of Greed, Terror, and Heroism in Colonial Africa*, London: Pan Books, 2006, pp. 225-33. (애덤 혹실드, 《레오폴드 왕의 유령》)

50 Harold Wolpe, 'Capitalism and cheap labor power in South Africa: from segregation to apartheid', *Economy and Society* 1(4), 1972, pp. 425-56; J. S. Crush et al., *South Africa's Labor Empire: A History of Black Migrancy to the Gold Mines*, Boulder, CO: Westview Press, 1991.

51 '희생 지대'라는 개념을 알려준 나오미 클라인에게 감사를 전한다.

52 Ha-Joon Chang, *Bad Samaritans*, New York: Bloomsbury Press, 2008, p. 25.

53 Thomas Piketty, *Capital in the 21st Century*, Cambridge, MA: Harvard University Press, 2014, p. 69.

54   원래 루스벨트 계론은 1902년 영국, 독일, 이탈리아가 채무 상환을 요구하며 베네수엘라를 봉쇄했을 때처럼 유럽이 라틴아메리카를 침공할 경우에 미국이 군사적으로 대응할 수 있게 하기 위해 수립되었다.

55   이것의 한 가지 이유는 제조품이 '소득에 대한 수요 탄력성'이 더 크기 때문이다. 즉 소득이 증가하면 [수요가 증가해서] 가격이 오른다. 또 다른 이유는 기술 혁신이 제조품보다 1차 산품의 가격을 더 빠르게 낮추기 때문이다.

56   경제학자 라울 프레비시와 한스 싱어가 1950년에 이러한 효과를 설명한 바 있다. 이는 오늘날 '프레비시-싱어 가설'이라고 불리며 최근의 실증 근거로도 확인되었다. 다른 품목들은 교역 조건이 평평하게 유지된 반면 원자재들은 대부분 교역 조건이 시간이 지나면서 악화된 것으로 나타났다. 예를 들어 다음을 참고하라. David Harvey et al., 'The Prebisch-Singer hypothesis: four centuries of evidence', *Review of Economics and Statistics* 92(3), 2010, pp. 367-77; Rabah Arezki et al., 'Testing the Prebisch-Singer Hypothesis since 1650', IMF Working Paper, 2013. 프레비시-싱어 가설은 1980년대에 시작된 세계화 시기 동안 사용되지 않았다. 그때 아프리카 국가들을 제외한 글로벌 남부 국가들이 원자재보다 단순 제조품을 수출하기 시작했기 때문이다. 물론, 이 가설의 원리는 여전히 적용되지만, 오늘날의 불공정 교역은 글로벌 남부의 단순 제조품과 서구의 복잡한 제조품 사이에서 발생한다.

57   '불평등 교환'이라는 용어는 아르기리 에마뉘엘Arghiri Emmanuel이 만들었으며 사미르 아민Samir Amin에 의해 널리 알려졌다.

58   Samir Amin, *Unequal Development*, New York: Monthly Review Press, 1976, p. 144.

59   United Nations Development Programme, *Human Development Report 1999: Globalization with a Human Face*, New York: Oxford University Press, 1999, p. 38. 매디슨 프로젝트의 데이터를 사용하면 숫자가 약간 다르다. 이에 따르면, 1800년에 6.3 대 1, 1960년에는 31.8 대 1이었다.

4장 식민주의에서 쿠데타로

1   Thomas Piketty, *Capital in the 21st Century*, Cambridge, MA: Harvard University

Press, 2014, p. 349. 이 시기(1870-1910년)에 유럽에서 민간이 소유한 총 자산은 국민 소득 6-7년어치에 맞먹었다(Piketty, p. 26). 미국에서는 존 록펠러, 앤드루 멜론, 앤드루 카네기, 코르넬리우스 밴더빌트, JP 모건 등 강력한 기업가와 금융가들이 등장한 시기다. 이들은 사회적 불평등의 상징이 되었고 그들의 부가 때로는 독점 권력을 잔혹하게 행사해 일구어졌기 때문에 비판자들에게 '강도 기업'이라고 불리기도 했다.

2 부유한 사람들이 소득과 부를 이렇게 축적할 수 있었던 것은 조세 감면이 부유층에게 더 유리한 방식으로 적용되어서였기도 했다. 캘빈 쿨리지 행정부는 1924년, 1926년, 1928년의 세입법Revenue Act으로 상속세를 낮추었고 최고한계세율도 25%로 낮추었다. 이러한 조세 감면은 재무장관이자 미국에서 가장 부유한 사람 중 한 명이었던 앤드루 멜론의 정책을 따른 것이었는데, (1980년대에 로널드 레이건 행정부도 그랬듯이) 부자들의 세금을 깎아주면 조세 수입이 늘어날 것이라는 논리에서였다. 어떤 맥락에서는 필요한 일이기도 했다. 최초로 연방 소득세가 도입된 1913년에는 최고한계세율이 겨우 7%였지만 1916년이면 전쟁 비용을 대기 위해 77%까지로 높아져 있었던 것이다. 쿨리지의 세금 감면은 대대적이었지만, 이는 그 이전의 전쟁 시기 때 세율이 매우 높았다는 맥락에서 이루어진 일이었다.

3 라틴아메리카는 시몬 볼리바르 같은 지도자들의 독립 운동에 힘입어 글로벌 남부의 다른 지역들보다 훨씬 이른 19세기 초에 탈식민화되었다. 하지만 대부분의 라틴아메리카 국가들은 식민지에서 탈피한 이후에 독재 정권 치하에 들어갔고 20세기 초에는 미국이 라틴아메리카에 강력한 영향력을 행사하기 시작했다.

4 케인스는 1933년에 이러한 이론의 개요를《번영의 수단》(이 책은 영국과 미국 정부에도 보내졌다)에서 제시했고 1936년의 유명한 저서《고용, 이자, 화폐에 관한 일반이론》에서 더 본격적으로 개진했다.

5 1939년에 공공 고용 프로젝트에 실업자를 고용하기 위해 공공사업진흥국Works Progress Administration이 설립되었다.

6 루스벨트 행정부는 최고한계세율을 1939년에 75%로, 이어서 1944년에 94%로 올렸고, 1960년대 중반까지 최고한계세율은 계속 90% 이상이었다.

7 미국에서 이와 관련된 핵심 입법은 노조 결성과 단체 협상을 활성화한 1935년의 전국노동관계법National Labor Relations Act이었다.

8 예를 들어, 베티 프리단이 1963년 저서《여성성이라는 신화》에서 여성의 사회적 종

속 상태에 대해 개진한 비판을 참고하라.

9 예를 들어, 다음을 참고하라. Frederick Cooper, *Decolonization and African Society*, Cambridge: Cambridge University Press, 1996.

10 1933년에 미국은 '국가의 권리와 의무에 관한 협약'에 서명했는데, 이 협약의 제8조는 "어떤 국가도 다른 국가의 내부적, 외부적 사안에 개입할 권리가 없다"고 천명하고 있다. 한두 해 뒤에 미국은 파나마와 쿠바에 대한 점령을 포기했다.

11 프레비시는 1950-1963년에 이 위원회를 이끌었다. 그가 불평등 교환 이론을 개진했던 것과 같은 시기에 케인스의 제자인 한스 싱어Hans Singer도 비슷한 이론을 개진했다. 그래서 이 이론은 '프레비시-싱어 가설'이라고 불린다. 이와 관련된 프레비시의 핵심 연구는 다음을 참고하라. *The Economic Development of Latin America and its Principal Problems*, New York: United Nations, 1950.

12 프레비시는 이 주장을 여러 논문에서뿐 아니라 아바나 선언Havana Manifesto에서도 개진했다.

13 경제적 독립을 달성한다는 목표는 페론과 프레비시가 같았지만 프레비시는 페론의 수입 대체 정책에 늘 동의하지는 않았다. 그는 수입 대체 정책을 과도하게 추구하느라 수출이 희생되고 있다고 보았다. 다음을 참고하라. 'Raul Prebisch: Latin America's Keynes', *The Economist*, 5 March 2009.

14 Ha-Joon Chang, 'Kicking away the ladder', *Post-Autistic Economics Review* 15, 2002.

15 Robert Pollin, *Contours of Descent*, New York: Verso, 2005, p. 133. 여기에서 3.2% 성장률은 중국을 제외한 것이다.

16 UN, *Human Development Report 1999/2000*, p. 39.

17 다음을 참고하라. United Nations Population Division.

18 Leandro Prados de le Escosura, 'World Human Development 1870-2007', *Review of Income and Wealth* 61(2), 2015, pp. 220-47.

19 미국과 라틴아메리카의 1인당 소득 비율은 4.7대 1에서 4.2대 1로 줄었고, 미국과 중동 및 북아프리카의 비율은 7대 1에서 5.4대 1로 줄었으며, 미국과 동아시아의 비율은 13.6대 1에서 10대 1로 줄었다. 다만 미국과 남아시아 사이의 1인당 소득 비율은 꾸준히 증가했다(1인당 GDP. 2010년 미국 고정달러 기준. 출처: World Development Indicators).

20 서구 국가 중 소비재를 수출하는 작은 규모의 국가들은 글로벌 남부의 수입 대체 산업화로 피해를 보았다. 높은 관세로 제품 수출이 가로막혔기 때문이다. 하지만 중장비를 수출하는 큰 경제권들에는 이득이 되었다. 수입 대체 산업화를 시행하는 국가들이 중장비를 필요로 했기 때문이다. 외국인 직접 투자도 증가했다. 그러한 투자가 허용되는 국가일 경우, 장벽으로 닫힌 시장 안에서 운영되는 이득을 누릴 수 있었기 때문이다. 사실 미국 정부는 1940년대와 1950년대에 글로벌 남부의 수입 대체 산업화를 촉진했다. 2차 세계 대전 이후 중공업 역량의 잉여를 흡수할 곳을 찾기 위해서이기도 했고, 미국의 해외 투자자들을 위해서이기도 했다. 당시에 선호되었던 계획은 점차로 글로벌 남부 국가들을 수입 대체 산업화에서 자유시장 모델에 따라 수출 주도 산업화로 바꾸는 것이었다. 이것이 몇몇 미국 기업의 경쟁력을 저해하겠지만 글로벌 남부 국가들이 대외 부채를 상환하는 데는 더 도움이 되리라고 보았기 때문이다. 하지만 당시에 미국에서 보호주의가 너무 강해서 관세를 낮출 수 없었으므로 이 선택지는 배제되었고, 대신 수입 대체 산업화를 심화시키면서 최대한 좋은 조건을 협상하는 쪽이 선택되었다. 다음을 참고하라. Sylvia Maxfield and James Nolt, 'Protectionism and the Internationalization of Capital', *International Studies Quarterly* 34(1), 1990, pp. 49-81.

21 내가 이 이야기를 알게 된 것은 많은 부분 다음 저술 덕분이다. Naomi Klein, *The Shock Doctrine*, London: Allen Lane, 2007 (나오미 클라인, 《쇼크 독트린》); Noel Maurer, *The Empire Trap: The Rise and Fall of US Intervention to Protect American Property Overseas, 1893-2013*, Princeton, NJ: Princeton University Press, 2013.

22 미국이 해외 정부 전복을 성공적으로 시도한 실제 첫 사례는 이보다 이른 1933년 쿠바다. 이때 미국이 지원한 풀헨시오 바티스타가 쿠데타를 일으켜 헤라르도 마차도 혁명 정부를 무너뜨렸다. 하지만 2차 세계 대전 이후 CIA가 창설되기 전까지는 일반적으로 쓰인 전략은 아니었다.

23 John Perkins, *Confessions of an Economic Hit Man*, San Francisco: Berrett-Koehler Publishers, 2004, p. 73. (존 퍼킨스, 《경제 저격수의 고백》)

24 Perkins, *Confessions*, p. 73.

25 이에 대해서는 저명한 원주민 지도자이자 노벨 평화상 수상자인 리고베르타 멘추의 자서전을 참고하라. Rigoberta Menchú and Elisabeth Burgos, *I, Rigoberta Menchú*,

New York: Verso, 1984. 20만 명이라는 숫자는 다음에 나온다. Billy Briggs, 'Secrets of the dead', *Guardian*, 2 February 2007.

26 다음을 참고하라. Phyllis Parker, *Brazil and the Quiet Intervention, 1964*, Austin, TX: University of Texas Press, 1979.

27 1970년대 중반이면 라틴아메리카는 우파 독재자들이 확고히 장악하게 된다. 아르헨티나, 칠레, 파라과이, 우루과이, 브라질, 볼리비아의 독재 정부들은 좌파 활동가들을 암살하기 위한 비밀 작전인 '콘도르' 작전에서 협업했다. 콘도르 작전은 헨리 키신저의 지휘하에 기술적, 금전적 지원도 포함해 많은 지원을 미국 정부로부터 노골적으로 받았다. 여기에서 약 6만 건의 암살이 실행된 것으로 추산된다. 다음을 참고하라. Larry Rohter, 'Exposing the legacy of Operation Condor', *New York Times*, 24 January 2014.

28 예를 들어, 에콰도르의 군부 독재자 기예르모 로드리게스는 1972년에서 1976년까지 '아메리카 스쿨'에서 훈련을 받았다.

29 수카르노 대통령은 인도네시아 공산당이 노동자와 농민을 민병대로 무장시키는 계획을 승인했는데, 수하르토 장군은 이것이 군부의 위치에 직접적으로 위협이 된다고 생각했다.

30 1962~1991년에 미국은 모부투 정권에 개발 원조로 10억 3000만 달러를, 군사 원조로 22억 7400만 달러를 제공했다. Carole Collins, 'Zaire/Democratic Republic of the Congo', *Foreign Policy in Focus*, 1 July 1997.

31 Leonce Ndikumana and James K. Boyce, 'Congo's odious debt: external borrowing and capital fight in Zaire', *Development and Change* 29, 1998, pp. 195-217.

32 본문에 제시된 부분은 민중 헌장 전체가 아니라 일부를 발췌, 편집한 것이다.

33 지배층이 케인스주의를 무력화할 해법을 구하고 있었다는 주장은 다음에서 설득력 있게 개진되었다. David Harvey, *A Brief History of Neoliberalism*. (데이비드 하비, 《신자유주의》)

34 Klein, *The Shock Doctrine*, p. 53.

35 Klein, *The Shock Doctrine*, p. 56.

36 Juan Gabriel Valdés, *Pinochet's Economists: The Chicago School in Chile*, Cambridge: Cambridge University Press, 1995, p. 13. 산티아고 가톨릭 대학에서도 시카고 대학

과의 파트너십으로 신자유주의 경제학에 대한 강의가 열렸다.

37 ITT 코퍼레이션은 호르헤 알레산드리에게 70만 달러를 제공했고 선거 조작을 돕기 위해 추가적으로 CIA에 100만 달러를 지원했다. ITT는 아옌데가 나중에 국유화하게 되는 전화회사 칠테코Chilteco의 70%를 소유하고 있었다(이것은 2억 달러 규모의 투자였다). Daniel Brandt, 'US responsibility for the coup in Chile', 28 November 1998. 다음도 참고하라. 'Covert Action in Chile 1963-73: Staff Report of the Select Committee to Study Governmental Operations With Respect to Intelligence Activities, United States Senate'.

38 Brandt, 'US responsibility for the coup.'

39 Klein, *The Shock Doctrine*, p. 64.

40 이 일은 워싱턴에 기반을 둔 '칠레에 관한 임시 위원회Ad Hoc Committee on Chile'가 맡았다. 이 위원회에는 ITT를 포함해 칠레에서 운영되는 미국의 주요 광산 기업들도 포함되어 있었다.

41 Klein, *The Shock Doctrine*, pp. 76, 107.

42 이 집단은 세르히오 데 카스트로와 세르히오 운두라가가 이끌었다. 이들은 새 독재자 피노체트가 시행할 500쪽짜리 경제 계획을 내놓았는데, 열 명의 주 저자 중 여덟 명이 시카고 대학에서 공부했고 이 연구의 자금 중 75%를 CIA가 직접 지원했다. 세르히오 데 카스트로는 피노체트의 새 정권에서 고위 경제 자문이 되었다. Klein, *The Shock Doctrine*, p. 77ff.

43 1973-1983년에 칠레에서 산업 분야 일자리 17만 7000개가 사라졌다.

44 다음에 인용됨. Klein, *The Shock Doctrine*, p. 77ff.

45 예를 들어, 피노체트는 시카고 보이즈의 핵심 인물이자 당시 재무장관이던 세르히오 데 카스트로를 쫓아냈다.

46 안드레 군더 프랑크는 이러한 일들에 크게 분노했다(아이러니하게도 그가 1950년대에 시카고 대학에서 박사 학위를 받았을 때 지도 교수 중 한 명이 프리드먼이었다). 그는 칠레 프로젝트의 주요 경제학자 중 한 명인 아놀드 하버거와 밀턴 프리드먼에게 공개서한을 써서, 프리드먼 버전의 '생활 임금'에서는 칠레 가구가 소득의 74%를 빵에 써야 한다고 지적했다. 아옌데 시절에는 가구 예산에서 빵, 우유, 버스 요금 같은 기본적인 지출이 차지하는 비중이 17%에 불과했었다. 군더 프랑크는 남미의 저명한 종속

이론가 중 한 명이 된다.

47 여기에 인용된 숫자들은 다음에 나온다. James Petras, Fernando Ignacio Leiva and Henry Veltmeyer, *Democracy and Poverty in Chile: The Limits to Electoral Politics*, Boulder, CO: Westview Press, 1994; Alvaro Díaz, *El Capitalismo Chileno en Los 90: Creimiento Economico y Disigualdad Social*, Santiago: Ediciones PAS, 1991.

48 Klein, *The Shock Doctrine*, p. 96.

49 UCLA 교수진 소개에 게시된 하버거의 상세 이력서에 나오는 내용이다.

50 필립스 곡선은 단기적으로 인플레와 고용 사이에 양의 관계가 있음을 보여준다.

51 예를 들어, 다음을 참고하라. Paul Krugman, 'The stagflation myth', *New York Times*, 3 June 2009.

52 노벨 경제학상은 1968년에 '알프레드 노벨을 기리는 스웨덴 국립 은행의 경제 과학 상'으로 시작되었다. 이 상은 동일한 행사에서 수여되기는 하지만 알프레드 노벨 본인이 1895년에 시작한 원래의 노벨상과는 관련이 없다.

53 위에서 언급했듯이 국민소득 중 상위 1% 소득자에게 가는 비중은 전후 수십 년 동안 크게 낮아졌지만 경제가 계속해서 강한 성장세를 유지하는 한 이것은 이들에게 그리 해가 되지 않았다. 빠르게 성장하는 파이에서 큰 조각을 여전히 가져가고 있었기 때문이다. 하지만 성장이 둔화되고 인플레가 폭발적으로 증가한 1970년대에는 그들의 부가 훨씬 더 심각한 방식으로 훼손되기 시작했다.

54 글래스-스티걸 법은 1999년 금융 서비스 현대화법Financial Services Modernization Act 이 통과되면서 폐지되었다.

55 *Executive Excess 2006*, the 13th annual CEO compensation survey from the Institute for Policy Studies and United for a Fair Economy.

56 US Census Bureau, Historical Income Tables: Families.

57 장하준이 매우 유려하게 지적한 바 있다.

58 Robert Pollin, *Contours of Descent*, New York: Verso, 2005, p. 133.

59 Prebisch, 1980, pp. 15, 18. 다음에 인용됨. Kevan Harris and Ben Scully, 'A hidden counter-movement? Precarity, politics, and social protection before and beyond the neoliberal era', *Theory and Society* 44(5), 2015, pp. 415-44.

5장 부채, 그리고 계획된 비참함의 경제학

1   신국제경제질서 운동에 대한 더 자세한 내용은 다음을 참고하라. Vijay Prashad's excellent book, *The Darker Nations: A People's History of the Third World*, New York: The New Press, 2007.

2   Vijay Prashad, *The Poorer Nations: A Possible History of the Global South*, London: Verso Books, 2013.

3   이 무기 공수 작전은 '니켈 그라스 작전Operation Nickel Grass'이라고 불린다.

4   이집트의 안와르 사다트가 사우디아라비아 국왕 파이살을 설득해 진행한 조치였다.

5   Lizette Alvarez, 'Britain says US Planned to seize oil in '73 crisis', *New York Times*, 2 January 2004.

6   4500억 달러라는 숫자는 1981년 당시 OPEC로 들어온 석유 달러를 말한다.

7   그 시기에 브로커 회사에서 '적극적 대출 영업'을 했던 존 퍼킨스는 당시 상황에 대한 충격적인 내용을 베스트셀러가 된 그의 다음 저서에서 상세히 밝혔다. 다음을 참고하라. *Confessions of an Economic Hit Man*.

8   Perkins, *Economic Hit Man*.

9   2013년 달러 기준. World Development Indicators (DataBank).

10   2013년 달러 기준. World Development Indicators (DataBank).

11   글로벌 남부로 나간 신규 대출의 평균 금리는 1970년 5%에서 1981년 10% 이상으로 급등했다.

12   현행달러 기준.

13   이 비교에 대해 나의 동료인 데이비드 그레이버에게 감사를 전한다.

14   국제통화기금은 1952년 이래 조건부 대출을 해왔지만 이 권한을 전 세계에 특정한 경제 이데올로기를 강제하는 데 사용한 것은 1970년대 말부터였다. 이 아이디어는 1979년에 발전주의를 해체하고 채무국들이 다시 수출에 초점을 맞추도록 하기 위해 세계은행 총재 로버트 맥나마라(전직 포드 자동차 회장이었고 그다음에는 미 국방장관도 지냈다)가 처음 고안했다. 그리고 1980년에 2억 달러 규모로 터키에 세계은행의 첫 구조조정 대출('대출 1818')이 승인되었다. 이 아이디어는 이후 1980년대에 로널드 레이건에 의해서도 강하게 지지되고 활용되었다.

15 필립스 커브가 나타내듯이, 단기적으로, 높은 인플레는 높은 고용과 상관관계가 있다.

16 다음을 참고하라. World Bank Treasury, List of Selected Recent Bonds.

17 이 통찰력 있는 비유에 대해 장하준에게 감사를 전한다.

18 중국을 제외한 숫자. Robert Pollin, *Contours of Descent*, New York: Verso, 2005, p. 133.

19 구조조정이 아프리카에 미친 영향에 대한 여러 관점은 다음을 참고하라. H. White, 'Adjustment in Africa: a review article', *Development and Change* 27, 1996, pp. 785-815; B. Riddel, 'Things fall apart again: structural adjustment programs in sub-Saharan Africa', *Journal of Modern African Studies* 30(1), 1992, pp. 53-68; Howard Stein and Machiko Nissanke, 'Structural adjustment and the African crisis: a theoretical appraisal', *Eastern Economic Journal*, 1999, pp. 399-420.

20 Ha-Joon Chang, *Bad Samaritans*, New York: Bloomsbury Press, 2008, p. 28.

21 World Bank, World Development Indicators, 2007.

22 다른 설명이 없으면 여기에 인용된 숫자들은 다음에서 가져온 것이다. 'SAPing the Third World.' 다음에 수록됨. Mike Davis, *Planet of Slums*, London: Verso, 2006. (마이크 데이비스, 《슬럼, 지구를 뒤덮다》)

23 James Petras and Henry Veltemeyer, 'Age of reverse aid: neoliberalism as catalyst of regression', *Development and Change* 33(2), 2002, p. 287.

24 ILO의 자료다. 다음을 참고하라. Martin Khor, *States of Disarray: The Social Effects of Globalization*, Geneva: UNRISD, 1995, p. 45. 다음도 참고하라. Davis, *Planet of Slums*, p. 166. 베네수엘라에서는 노동자의 평균 소득이 40% 떨어졌고 아르헨티나에서는 30%, 브라질과 코스타리카에서는 21% 떨어졌다.

25 Petras and Veltemeyer, 'Age of reverse aid', p. 287.

26 Davis, *Planet of Slums*, p. 166.

27 Davis, *Planet of Slums*, p. 166. 다음을 참고하라. John Walton and David Seddon, *Free Markets and Food Riots: The Politics of Global Adjustment*, Hoboken, NJ: John Wiley & Sons, 2011.

28 Ha-Joon Chang, *Kicking Away the Ladder: Development Strategy in Historical Perspective*, London: Anthem Press, 2002. (장하준, 《사다리 걷어차기》)

29 1976년의 외국정부주권면책법Foreign Sovereign Immunities Act도 이러한 기능을 한다.

30 'Analysis of World Bank voting reforms', Bretton Woods Project, 30 April 2010.

31 '글로벌 아파르트헤이트'라는 용어는 1978년에 게르노트 쾰러가 처음 사용했다.

32 예를 들어, 1999년에 빈에서 서명된 '글로벌 민주주의 헌장(헌장 99)'에서 이러한 요구가 제시되었다.

33 나는 다음을 통해 부두의 서신에 대해 처음 알게 되었다. Naomi Klein's *The Shock Doctrine*, London: Allen Lane, 2007.

34 Geske Dijkstra, 'The PRSP approach and the illusion of improved aid effectiveness: lessons from Bolivia, Honduras, and Nicaragua', *Development Policy Review* 29, 2011, pp. 110-33.

35 윌리엄 이스털리가 다음에서 개진한 입장이 이것으로 보인다. William Easterly, *The White Man's Burden*, Oxford: Oxford University Press, 2007. (윌리엄 이스털리, 《세계의 절반 구하기》)

36 David Harvey, *A Brief History of Neoliberalism*, Oxford: Oxford University Press, 2005.

37 연방대법원 사건인 '닷지 대 포드 자동차' 사건은 기업이 다른 어떤 고려 사항보다 주주의 단기 이익 극대화를 우선시하도록 강제한 판결로 자주 언급된다.

38 World Bank Treasury, Annual Borrowing Program,

39 Petras and Veltmeyer, 'Age of reverse aid', p. 286.

40 James Bovard, 'The World Bank vs. the Poor', Cato Policy Analysis No. 92, 1987.

41 Harvey, *A Brief History of Neoliberalism*, p. 30.

42 World Bank, Private Participation in Infrastructure Database, http://ppi.worldbank.org/.

43 'The World Bank botches water privatization around the world', Alternet, 22 September 2008.

44 이 통찰에 대해 데이비드 하비에게 감사를 전한다.

45 IBRD Articles of Agreement,

46 United Nations Development Programme, *Human Development Report 1999: Globalization with a Human Face*, New York: Oxford University Press, 1999, pp. 104-5.

47 미국과 라틴아메리카의 1인당 소득 비율은 6대 1에서 8.5대 1로 증가했고 미국과 중동 및 북아프리카의 개도국과의 비율은 15.1대 1에서 20.8대 1로 증가했으며 미국과 사하라 이남 아프리카 사이의 비율은 26.9대 1에서 51.5대 1로 증가했다. 남아

시아의 경우에는 86.5대 1에서 73.2대 1로 감소했지만, 이 시기에 1인당 소득의 절대 액수는 모든 지역에서 미국 대비 격차가 증가했다. 미국과 라틴아메리카 사이의 격차는 66% 증가했고, 중동과 북아프리카, 사하라 이남 아프리카는 60%, 남아시아는 56% 증가했다(1인당 GDP, 2005년 미국 고정달러 기준. 출처: World Development Indicators).

48 Samir Amin, *Unequal Development*, New York: Monthly Review Press, 1976, p. 144.

49 Gernot Köhler, 'Unequal Exchange 1965-1995: World Trend and World Tables', 1998. https://wsarch.ucr.edu/archive/papers/kohler/kohler3.htm. 다음도 참고하라. Gernot Köhler and Arno Tausch, *Global Keynesianism: Unequal Exchange and Global Exploitation*, New York: Nova Science Publishers, 2002. 쾰러는 1995년의 불평등 교환 규모를 1.752조 달러로 추산했다(현행 달러 기준). 쾰러의 방법론에 대한 더 상세한 설명은 1장의 주석을 참고하라.

50 이 숫자들은 모두 다음에서 가져온 것이다. World Bank, World Development Indicators. DataBank. 2013년 달러 기준.

51 New Economics Foundation, 'Debt Relief as if Justice Mattered', 2008.

52 J. W. Smith, *The World's Wasted Wealth*, Sun City, AZ: Institute for Economic Democracy Press, 1994, p. 143.

53 External debt stocks (percentage of GNI), World Bank, International Debt Statistics.

54 David Graeber, *Debt: The First 5,000 Years*, New York: Melville House, 2011, p. 5. (데이비드 그레이버, 《부채, 첫 5000년의 역사》)

55 부채 탕감을 위해서는 먼저 국제통화기금의 구조조정 프로그램을 받아들여야 했다.

56 Amartya Sen, *Development as Freedom*, New York: Oxford University Press, 1995. (아마르티아 센, 《자유로서의 발전》)

57 World Bank, 'What is Development?'

6장 자유무역과 가상 원로원의 부상

1 다음을 참고하라. Ha-Joon Chang, 'Kicking away the ladder', *Post-Autistic Economics*

Review 15, 2002.

2   다음을 참고하라. Perry Anderson, *American Foreign Policy and Its Thinkers*, New York: Verso, 2014.

3   포르투갈이 의복을 영국보다 더 싸게 만드는 '절대 우위'가 있다고 해도 와인에 '비교 우위'가 있다면 와인 생산에 특화해야 한다.

4   카를 마르크스가 1848년 1월 9일 '브뤼셀 민주주의 협회'에서 한 연설의 일부다.

5   경제학자 아르기리 에마뉘엘이 이 견해를 가장 잘 발달시킨 학자일 것이다. 그는 임금과 가격이 역사적, 정치적 요인들에 의해 정해진다고 보았고 이 견해는 '종속 이론'의 핵심이 되었다.

6   다음에 수록됨. Ha-Joon Chang, *Bad Samaritans*, New York: Bloomsbury Press, 2008, chapter 3.

7   Chang, *Bad Samaritans*, pp. 65-6.

8   OECD가 출판한 2010년 OECD 국가들의 농업 보조금 자료에서 가져온 숫자다. 그해에 [3740억 달러 중] 농민에게 직접적으로 지급된 보조금은 총 2270억 달러였다. 또한 부유한 국가들 내부를 보면, 농업 보조금은 소농민에게 피해를 주었는데, 보조금 대부분이 거대 농업 기업으로 들어갔기 때문이다. 이를테면, 미국에서 농업 보조금 수혜자의 20%가 전체 보조금의 89%를 가져갔다.

9   면화 4개국 사례를 알려준 야시 탠든에게 감사를 전한다. 다음을 참고하라. Yash Tandon, *Trade is War: The West's War Against the World*, New York: OR Books, 2015, p. 41ff.

10   다음에 인용됨. Chang, *Bad Samaritans*, p. 69.

11   이 할당제는 1974년 다자간섬유협정Multi-Fiber Arrangement으로 도입되었다.

12   이와 같은 특례 제도는 일반특례관세제도Generalized System of Preferences와 미국이 주도한 아프리카 성장기회법African Growth and Opportunity Act에 의해 시작되었고 2000년에 스와질란드가 수혜국으로 지정되었다.

13   '섬유 및 의류에 관한 협정Agreement on Textiles and Clothing'에 의거한 것으로, 이 협정은 1995년에 도입되었고 10년에 걸쳐 단계적으로 발효되었다.

14   나는 다음에서 이 주장을 개진한 바 있다. 'Neoliberal plague: the political economy of HIV transmission in Swaziland', *Journal of Southern African Studies* 38(3), 2012, pp. 513-29.

15   Meena Raman, 'WIPO Seminar Debates Intellectual Property and Development',

Our World is Not For Sale, 10 May 2015.

16 다음을 참고하라. Peter Mugyenyi, *Genocide by Denial: How Profiteering from HIV Killed Millions*, Kampala: Fountain Publishers, 2008.

17 2001년 11월, 'TRIPS 협정과 공중 보건에 관한 도하 선언'은 최저개발국이 공중 보건상의 위기가 발생한 비상 상황에서 국내 소비용으로 복제 의약품을 생산할 수 있게 했다. 그럼에도, 도하 선언은 스와질란드처럼 약품 생산 역량이 없는 국가들에는 이득을 주지 못했다. TRIPS가 복제 약품의 수입은 여전히 금지하고 있었기 때문이다. 세계무역기구가 압력에 굴복해 '2003년 8월 일반결의'에 서명하고서야 마침내 가난한 나라들이 복제약을 수입할 수 있게 되었다.

18 Dylan Gray, 'Big pharma's excuses for the monopolies on medicine won't wash', *Guardian*, 22 February 2013.

19 미국 제약업계는 2012년에 마케팅 비용으로 270억 달러를 지출했고 가장 큰 회사 10곳 중 9곳이 연구개발보다 마케팅에 돈을 더 많이 썼다. Ana Swanson, 'Big pharmaceutical companies are spending more on marketing than research', *Washington Post*, 11 February 2015.

20 Peter Drahos, 'When the weak bargain with the strong: negotiations in the World Trade Organization', *International Negotiation* 9(1), 2003, pp. 79-109.

21 Richard H. Steinberg, 'In the shadow of law or power? Consensus-based bargaining and outcomes in the GATT/WTO', *International Organization* 56(2), 2002, pp. 339-74.

22 다른 언급이 없으면 이 단락과 다음 단락에 제시된 통계는 퍼블릭시티즌Public Citizen이 펴낸 보고서 《NAFTA가 멕시코에 남긴 영향NAFTA's Legacy for Mexico》에서 가져온 것이다.

23 https://www.epi.org/publication/briefingpapers_bp147; Lara Carlsen, 'Under NAFTA, Mexico Suffered, and the United States Felt Its Pain', *New York Times*, 24 November 2013.

24 Robert Scott, 'Heading South: US-Mexico Trade and Job Displacement after NAFTA', Economic Policy Institute, 3 May 2011.

25 Noel Maurer, *The Empire Trap: The Rise and Fall of US Intervention to Protect American Property Overseas, 1893-2013*, Princeton, NJ: Princeton University Press, 2013.

26 화이트 & 케이스White & Case와 셔먼 & 스털링Shearman & Sterling은 가장 유명한 투

자자-국가 분쟁해결ISDS 전문 로펌이다.

27   다음에 인용됨. Sebastian Perry, 'Arbitrator and counsel: the double-hat syndrome', *Global Arbitration Review* 7(2), 2012.

28   'The arbitration game', *The Economist*, 11 October 2014.

29   'Secret negotiations on trade treaties, a threat to human rights–UN expert', United Nations Human Rights, 23 April 2015.

30   '가상 원로원'이라는 표현은 노엄 촘스키에게서 따온 것이다. 이 말은 촘스키가《뉴 스테이츠먼》에 쓴 글 〈신자유주의의 높은 비용The high cost of neoliberalism〉에서 만 든 말로 알려져 있다.

31   World Bank, *Doing Business*, 2014,

32   또한 '신용 획득' 지표는 어느 국가가 시민들의 신용 이력에 대한 정보를 수집해 더 많이 공개하면 순위가 높아진다. 이런 면에서《기업환경보고서》는 미국의 신용 점 수 시스템을 전 세계에 확산시키려 하는 것이나 마찬가지다. 이상적으로는 모든 시 민의 '신용도'가 점수화되어 은행이 접근할 수 있는 데이터베이스상에 순위가 매겨 져 있으면 가장 좋다. 그러한 시스템하에서라면 당신이 학자금 대출을 갚지 못했거 나 약탈적인 모기지 대출을 갚지 못했을 때 경제 활동이 동결되고 삶이 무너질 수 있다. 이것은 시민들이 은행에 대해 유순하고 순종적이 되도록 만들기에 매우 강력 한 방법이다.

33   Oakland Institute, *(Mis)Investment in Agriculture*, Oakland, CA: The Oakland Institute, 2010.

34   《기업환경보고서》를 독립적으로 검토한 〈독립 리뷰 패널Independent Review Panel〉 보고서에서 지적되었다.

35   'An 80-hour week for 5p an hour: the real price of high-street fashion', *Guardian*, 8 December 2006.

7장 21세기의 약탈

1   조지 W. 부시 행정부 당국자들은 베네수엘라의 쿠데타에 대해 사전에 정보를 알고 있었다. 또한 쿠데타 지도자들을 행동 개시 몇 주 전에 만났고 쿠데타와 관련된 몇

몇 개인과 조직을 지원하고 훈련을 제공했다.

2   가난한 사람들에게 많은 사랑을 받았던 사제 아리스티드는 부시 행정부와 프랑스가 지원한 쿠데타로 권좌에서 쫓겨났다. 그는 부채 탕감과 식민 지배에 대한 배상, 그리고 의류 공장 노동자에 대한 최저 임금 인상 등을 시도해 미국과 프랑스의 분노를 샀다. Paul Farmer, 'Who removed Aristide?', *London Review of Books*, 28(6), 2004, pp. 28-31. 흥미롭게도 아리스티드의 후임자가 어쨌거나 [의류 분야의] 최저 임금을 시간당 0.61달러로 올렸는데, 그러자 리바이스, 헤인스 같은 미국 회사들이 국무부가 개입하도록 손을 썼고 국무부는 아이티가 그 결정을 철회하도록 압력을 넣었다. Dan Coughlin and Kim Ives, 'WikiLeaks Haiti: let them live on $3 a day', *The Nation*, 1 June 2011. 같은 해에 미 국무부는 미국이 선호하는 후보에게 유리하게 선거판을 기울이기 위해 아이티 선거에 개입했다. Center for Economic and Policy Research, 'Clinton emails reveal "behind the doors actions" of private sector and US embassy in Haiti elections', 2015.

3   셀라야는 광산업계에 환경 규제를 부과하고 교역을 규제하고 최저 임금을 올리는 조치를 취했고, 이 모든 것이 이곳에서 사업을 하는 다국적 기업의 분노를 샀다.

4   Nina Lakhani, 'Berta Caceres cour papers show murder suspects' links to US-trained elite troops', *Guardian*, 28 February 2017.

5   Katie Allen, 'World's poorest countries rocked by commodity slump and strong dollar', *Guardian*, 10 April 2016.

6   다행히도 부채 조정의 조건으로 구조조정이 강요되는 것은 이 문제가 강하게 제기되었던 2009년 G20 정상회담 이후 다소 완화되었다. 하지만 글로벌 남부 국가들이 비조건부로 사용할 수 있는 다자간 대출은 여전히 존재하지 않는다.

7   John Nichols, 'Just in time for the July 4 break, Congress imposes "colonialism at its worst" on Puerto Rico', *The Nation*, 2 July 2016.

8   United Nations, *United Nations Convention against Corruption*, 2004, p. iii.

9   Jim Yong Kim, 'Anti-corruption Efforts in a Global Commitment to Act', 2013년 1월 30일, 워싱턴 D.C. 연설. http://www.worldbank.org/en/news/speech/2013/01/30/world-bank-group-president-jim-yong-kim-speech-anti-corruption-center-for-strategic-and-international-studies/.

10   Dev Kar and Devon Cartwright-Smith, *Illicit Financial Flows from Africa: Hidden Resource for Development*, Washington, DC: Global Financial Integrity, 2010, p. 1.

11   실제로는 1조 901억 달러다. 이 숫자는 다음에 나온다. Dev Kar and Joseph Spanjers, *Illicit Financial Flows from Developing Countries: 2004-2013*, Washington, DC: Global Financial Integrity, 2015. 다음의 출처에 따르면 45%는 조세 피난처로 들어갔고 55%는 선진국으로 들어갔다. 국제금융청렴기구 웹사이트. 'Illicit Financial Flows', www.gfintegrity.org/issue/illicit-financial-flows. 불법인인 자금 흐름 추산치에 대해서는 뜨거운 논쟁이 있다. 한 학자는 국제금융청렴기구의 방법론을 강하게 비판했는데, 다음을 참고하라. Volker Nitsch, 'Trillion dollar estimate: illicit financial flows from developing countries', *Darmstadt Discussion Papers in Economics* 227, 2012. 국제금융청렴기구가 제시한 매우 큰 추산치에 대해 문제 제기를 할 만한 이유도 없지 않을 것이다. 하지만 OECD도 "불법적인 자금 흐름의 규모가 원조와 투자를 넘어선다는 데 대해 일반적인 합의가 이루어져 있다"고 인정했다. OECD, *Illicit Financial Flows from Developing Countries: Measuring OECD Responses*, Paris: OECD Publishing, 2014.

12   993억 달러는 다음 자료에서 2013년에 개도국으로 지출된 공적 개발 원조액으로 언급된 숫자다. Kar and Spanjers, *Illicit Financial Flows*, p. 15. 같은 해에 OECD가 추산한 공적 개발 원조액 1350억 달러보다 적다.

13   Ibid., p. vii.

14   Ibid., p. vii.

15   Ibid., p. 10.

16   Ibid., p. 10.

17   Christian Aid, *Death and Taxes: The True Toll of Tax Dodging*, London: Christian Aid, 2008, p. 2. 다음도 참고하라. World Health Organization, 'International Corporations'.

18   Nicholas Shaxson, *Treasure Islands: Tax Havens and the Men Who Stole the World*, London: Vintage Books, 2011. (니컬러스 색슨, 《보물섬》)

19   Raymond Baker, *Capitalism's Achilles Heel: Dirty Money and How to Renew the Free-Market System*, Hoboken, NJ: John Wiley & Sons, 2005, pp. 170-1.

20   Kar and Spanjers, *Illicit Financial Flows*, p. 12.

21   이 숫자는 2004-2014년의 10년간 핫머니 1.3조 달러, 재송장 6.5조 달러, 이전거래 조작 6.5조 달러를 합한 것이다. Kar and Spanjers, *Illicit Financial Flows*, p. vii.

22   World Trade Organization, 'Technical Information on Customs Valuation'. http://www.wto.org/english/tratop_e/cusval_e/cusval_info_e.htm/. 관련 문장은 다음과 같다. "특별한 상황이 아니면, 세관 수입은 재화의 실제 가격에 기반해야 하며 일반적으로 이것은 송장에 나타난다."

23   Matthew Valencia, 'Storm survivors', *The Economist*, 16 February 2013, http://www.economist.com/news/special-report/21571549-offshore-financial-centres-have-taken-battering-recently-they-have-shown-remarkable/.

24   Nicholas Shaxson, *Treasure Islands*.

25   Fred Pearce, *The Land Grabbers: The New Fight Over Who Owns the Earth*, Boston: Beacon Press Books, 2012, p. 23.

26   Pearce, *The Land Grabbers*, pp. 22-3.

27   Pearce, *The Land Grabbers*, p. 25. 피어스는 이렇게 언급했다. "2003년에 농산품 펀드는 130억 달러 규모였는데 2008년에는 많은 전문가들이 이 숫자를 3000억 이상이라고 추산하고 있다." 다음도 참고하라. Frederick Kaufman, 'The food bubble', *Harpers*, July 2010.

28   식량농업기구의 세계 식량 가격 인덱스 그래프를 참고했다.

29   Olivier De Schutter, 다음에 인용됨. Pearce, *The Land Grabbers*, p. 24.

30   랜드매트릭스에서 사용한 정의다. www.landmatrix.org.

31   Pearce, *The Land Grabbers*, p. ix. 투명성 문제에 대해서는 다음을 참고하라. Josie Cohen, 'What's in a number? Why the struggle to quantify the global land grabbing crisis is part of the problem', Global Witness 블로그 글. 2014년 3월 11일. https://www.globalwitness.org/en-gb/blog/whats-number-why-struggle-quantify-truncated/.

32   'Land grabs: the facts', New Internationalist, May 2013, p. 17.

33   랜드매트릭스에서 만든 지도. 2017년 1월의 데이터다.

34   랜드매트릭스가 2012년에 발표한 첫 데이터에 따른 것이다. 이에 따르면, 2억 300만 헥타르 중 1억 2400만 헥타르가 아프리카에서 탈취되었다. 이는 아프리카 대륙 전

체 토지 면적의 4%가 넘는다. 세계은행 보고서에 기록된 2008-2009년 토지 거래의 70%는 아프리카에서 이루어졌다. Fred Nelson, 'Who owns the Earth? A review of Fred Pearce's The Land Grabbers', World Policy Blog, 5 October 2012.

35   토지를 탈취당한 국가의 3분의 2는 기아 문제를 겪고 있다. 'Land grabs: the facts', *New Internationalist*, May 2013.

36   'Land grabs: the facts', *New Internationalist*, May 2013.

37   'The G8 and land grabs in Africa', *GRAIN*, 11 March 2013, https://www.grain.org/article/entries/4663-the-g8-and-land-grabs-in-africa/.

38   토지와 종자 모두에 대해 국가는 기업이 이득을 취할 수 있는 투자 기회를 다 드러내도록 정보를 등록해야 한다. 'The G8 and land grabs in Africa', *GRAIN*, 11 March 2013.

39   Pearce, *The Land Grabbers*, chapter 16.

40   Ibid., chapter 17.

41   Ibid., chapter 18.

42   Joseph Holden and Margarethe Pagel, 'Transnational Land Acquisitions', *EPS PEAKS*, January 2013, http://partnerplatform.org/?azrv33t9/.

43   IFPRI의 연구에 다른 것이다. 다음에 인용됨. 'Outsourcing's third wave', *The Economist*, 1 May 2009.

44   이러한 방출의 절반가량이 미국에서 나왔다.

45   이 데이터는 기후 취약성 모니터의 2010년 보고서에 나온다. 여기에는 별도로 '기타 산업화된 국가들' 범주가 있는데, 이들이 나머지를 차지한다.

46   Suzanne Goldenberg, 'CO_2 emissions are being "outsourced" by rich countries to rising economies', *Guardian*, 19 January 2014.

47   Duncan Clark, 'Which nations are most responsible for climate change?', *Guardian*, 21 April 2011.

48   'A bad climate for development', *The Economist*, 17 September 2009.

49   Ibid.

50   IPCC 연구에 따른 것이다. 다음에 언급되어 있다. John Vidal, 'Climate change will hit poor countries hardest, study shows', *Guardian*, 27 September 2013.

51   'A bad climate for development', *The Economist*, 17 September 2009.

52   Oxfam, *Growing Disruption: Climate Change, Food, and The Fight Against Hunger*, Oxford: Oxfam Publishing, 2013.

53   'A bad climate for development', *The Economist*, 17 September 2009.

54   Climatefairshares.org.

55   Carbon Countdown, Carbon Budget 2016 Update, Carbon Brief, www.carbonbrief.org.

56   'The sky's the limit: why the Paris Climate Goals require a managed decline of fossil fuel production', *OilChange*, September 2016.

57   'Global Carbon Emissions', Co2Now.org, http://co2now.org/Current-CO2/CO2-Now/global-carbon- emissions.html.

58   Damian Carrington, 'Fossil fuels subsidized by $10 million a minute, says IMF', *Guardian*, 18 May 2015.

59   World Bank, *Turn Down the Heat: Why a 4°C Warmer World Must Be Avoided*, Working paper 74455, Washington, DC: World Bank, 2012.

60   NASA, 'The consequences of climate change', http://climate.nasa.gov/effects/.

61   International Energy Agency, 'Scenarios and Projections'.

62   Naomi Klein, *This Changes Everything*, London: Penguin Books, 2015, p. 21

8장 자선에서 정의로

1   Oscar Wilde, *The Soul of Man under Socialism*, 1891. (오스카 와일드, 《오스카 와일드 미학 강의: 사회주의에서의 인간의 영혼》) 명료함을 위해 문장을 다소 재구성했다.

2   예를 들어 2012년에 스타벅스 재단은 50만 달러를 에티오피아 남부 시다마 지역에 물 공급과 위생 프로그램을 지원하기 위한 '프로젝트 컨선 인터내셔널Project Concern International'에 제공했다. 하지만 옥스팜이 2005년 펴낸 보고서에 따르면 스타벅스의 사업 관행은 에티오피아의 생산자들에게 매년 약 9000만 달러의 비용을 유발하고 있었다. 스타벅스는 에티오피아 정부가 지역산 커피 원두 세 종류에 대해 트레이드마크를 획득하려 하자 이를 저지했다. 트레이드마크를 획득했더라면 에티오피

아 농민들이 커피 수출에서 발생하는 이윤의 더 큰 몫을 가져갈 수 있었을 것이다.

3   'Coca-Cola accused of funding Columbian death squad', TeleSUR, 1 September 2016.

4. 부채에 대한 이와 같은 도덕적 프레임은 돈을 빌리는 것이 죄가 아니라 고리대금이 죄라고 보았던 모든 고대 철학의 주장을 완전히 뒤집는 것이다.

5   NEF, *Debt Relief as if Justice Mattered*, London: New Economics Foundation, 2008.

6   Save the World's Resources, *Financing the Global Sharing Economy*, London: Share the World's Resources, 2012, p. 145.

7   조지프 스티글리츠는 이러한 개혁을 위한 흥미로운 제안들을 제시한 바 있다.

8   다음을 참고하라. Thomas Palley, 'A global minimum wage system', *Financial Times*, 18 July 2011. 다음도 참고하라. Jason Hickel, 'It's time for a global minimum wage', *Al Jazeera English*, 10 June 2013.

9   실증 근거들은 최저 임금 인상이 고용에 부정적인 영향을 일으키지 않음을 시사한다. 다음을 참고하라. John Schmitt, *Why Does the Minimum Wage Have No Discernible Effect on Employment?*, Washington, DC: Center for Economic and Policy Research, 2013. 다음도 참고하라. International Labour Organization, *Global Wage Report 2008/9: Minimum Wages and Collective Bargaining*, Geneva: International Labour Office, 2008.

10 Robert Pollin et al., 'Global apparel production and sweatshop labour: can raising retail prices finance living wages?', *Cambridge Journal of Economics* 28(2), 2002, pp. 153-71.

11 다음을 참고하라. 'C131 Minimum Wage Fixing Convention', 1970.

12 UNCTAD, *Robots and Industrialization in Developing Countries*, Policy Brief No. 50, October 2016.

13 Joseph Hanlon et al., *Just Give Money to the Poor: The Development Revolution from the Global South*, Boulder, CO: Kumarian Press, 2010.

14 Maren Duvendack et al., *What is the Evidence of the Impact of Microfinance on the Well-Being of Poor People?*, London: EPPI-Centre, Social Science Research Unit, Institute of Education, University of London, 2011.

15 Joseph Hanlon et al., *Just Give Money to the Poor: The Development Revolution from the*

Global South, Kumarian Press, 2010.

16 브뤼셀 평가 협약이 그러한 사례였는데, 세계무역기구에 의해 폐지되었다.

17 미국, 영국, 유럽 의회는 이미 이 방향으로 조치를 취하고 있다. 미국의 '기업 설립 투명성과 법 집행 보조법'Incorporation Transparency and Law Enforcement Assistance Act'은 실소유자beneficial ownership 정보를 법 집행 기관들이 확보할 수 있게 함으로써 익명의 유령 회사 설립을 없애려 한다. 주 정부들은 이 법에 의거해 실소유자 정보를 공공에 공개하도록 요구할 수 있다.

18 Frances Moore Lappé, Jennifer Clapp, Molly Anderson, Richard Lockwood, Thomas Forster, Danielle Nierenberg, Harriet Friedmann, Thomas Pogge, Dominique Caouette, Wayne Roberts et al., 'Framing Hunger: A Response to the State of Food Insecurity in the World 2012', June 2013; Frances Moore Lappé, Jennifer Clapp, Molly Anderson, Richard Lockwood, Thomas Forster, Danielle Nierenberg, Harriet Friedmann, Thomas Pogge, Dominique Caouette, Wayne Roberts et al., 'How we count Hunger Matters', *Ethics & International Affairs* 27(3), 2013, pp. 251-59.

19 이 추산치는 영국 기후 과학자 케빈 앤더슨에게서 가져온 것이다.

9장 상상력을 발휘하려면 조금은 미쳐야 한다

1 여기에 제시된 수치들은 '글로벌 생태 발자국 네트워크' 데이터베이스의 자료다.

2 Ian Sample, 'Global food crisis looms as climate change and population growth strip fertile land', *Guardian*, 31 August 2007.

3 Ruth Thurstan et al., 'The effects of 118 years of industrial fishing on UK bottom trawl fisheries', *Nature Communications* 1(1), 2010.

4 George Monbiot, 'the great riches of our seas have been depleted and forgotten', *Guardian*, 7 September 2012.

5 S. L. Pimm, G. J. Russell, J. L. Gittleman and T. M. Brooks, 'The future of bio-diversity', *Science* 269, 1995, pp. 347-50.

6 OECD, 'Biodiversity chapter of the OECD Environmental Outlook to 2050: The consequences of inaction'.

7   Charles Clover, 'All seafood will run out in 2050, say scientists', *Telegraph*, 3 November 2006.

8   'A forecast of when we'll run out of each metal,' Visual Capitalist, 4 September 2014, http://www.visualcapitalist.com/forecast-when-well-run-out-of-each-metal/.

9   'Only 60 years of farming left if soil degradation continues', Reuters, 5 December 2014.

10 Lew Daly et al., *Does Growth Equal Progress? The Myth of GDP*, New York: Demos, 2012.

11 경제학자 허먼 데일리가 이를 지적한 바 있다. 예를 들어 다음을 참고하라. Herman Daly, 'Sustainable development: definitions, principles, policies', *Mechanism of Economic Regulation* 3, 2013, pp. 9-20.

12. Thomas O. Wiedmann et al., 'The material footprint of nations', *Proceedings of the National Academy of Sciences of the United States of America* 112(20), 2013, pp. 6271-5.

13 Stefan Giljum et al., 'Global patterns of material flows and their socio-economic and environmental implications: a MFA study on all countries world-wide from 1980 to 2009', *Resources* 3(1), 2014, pp. 319-39.

14 Friends of the Earth Europe, *Overconsumption? Our Use of the World's Natural Resources*, Brussels: Friends of the Earth Europe, 2009, p. 26.

15 N. H. Stern, *The Economics of Climate Change: The Stern Review*, Cambridge: Cambridge University Press, 2007.

16 Kevin Anderson, 'Talks in the city of light generate more heat', *Nature* 528, 21 December 2015.

17 US Environmental Protection Agency, 'Global Greenhouse Gas Emissions Data', https://www.epa.gov/ghgemissions/global-greenhouse-gas-emissions-data/.

18 'Deforestation and its extreme effect on global warming,' *Scientific American*, https://www.scientificamerican.com/article/deforestation-and-global-warming/.

19 Carbon Countdown, Carbon Budget 2016 Update, Carbon Brief, www.carbonbrief.org.

20 Richard G. Wilkinson and Kate Pickett, *The Spirit Level: Why More Equal Societies Almost Always Do Better*, London: Allen Lane, 2009. (리처드 윌킨슨, 케이트 피킷, 《평등이 답이다》)

21 Kevin Anderson and Alice Bows, 'Beyond "dangerous" climate change: Emissions

scenarios for a new world', Philosophical Transactions of the Royal Society 369, 2011, pp. 20-44.

22 그다음에는 2025년부터 이들도 배출을 적극적으로 줄여야 한다. 부유한 국가들의 지원을 받아서 매년 7%씩 줄여야 2050년에 넷제로에 도달할 수 있다.

23 청정에너지 기술과 효율성 향상으로 배출량을 최대한 저감한다는 가정하에 2050년까지 넷제로를 달성하기 위해 필요한 성장 감축률이다.

24 Daniel W. O'Neill, 'The proximity of nations to a socially sustainable steady-state economy', *Journal of Cleaner Production* 108, 2015, pp. 1213-31.

25 Benjamin Radcliffe, 'A happy state', *Aeon*, 17 September 2015. 다음도 참고하라. Richard Wilkinson and Kate Pickett, *The Spirit Level*.

26 P. Edward, 'The Ethical Poverty Line: a moral quantification of absolute poverty', *Third World Quarterly* 27(2), 2006, pp. 377-93.

27 다음에 보도됨. Jennifer Elks, 'Havas: "Smarter" consumers will significantly alter economic models and the role of brands', *Sustainable Brands*, 15 May 2014.

28 Jaromir Benes and Michael Kumhof, *The Chicago Plan Revisited*, IMF Working Paper WP/12/202, New York: International Monetary Fund, 2012.

29 미국의 광고 지출 데이터는 다음에서 볼 수 있다. http://purplemotes.net/2008/09/14/us-advertising-expenditure-data/.

30 Betsy Taylor and Dave Tilford, 'Why consumption matters.' 다음에 수록됨. Juliet B. Schor and Douglas B. Holt(eds), *The Consumer Society Reader*, New York: The New Press, 2000, p. 467.

31 Neal Lawson, 'Ban outdoor advertising', *Guardian*, 20 April 2012.

32 Anna Coote et al., *21 Hours: Why a Shorter Working Week Can Help Us All to Flourish in the 21st Century*, London: New Economics Foundation, 2010.

33 Rob Dietz and Daniel W. O'Neill, *Enough is Enough: Building a Sustainable Economy in a World of Finite Resources*, New York: Routledge, 2013.

34 World Economic Forum, 'What if the world's soil runs out?', *Time*, 14 December 2012.

35 Oliver Milman, 'Earth has lost a third of arable land in past 40 years, scientists say', *Guardian*, 2 December 2015.

36   Andreas Gattinger et al., 'Enhanced top soil carbon stocks under organic farming', *Proceedings of the National Academy of Sciences of the United States of America*, 109(44), 2012, pp. 18226-31.

37   R. Lal, 'Soil carbon sequestration impacts on global climate change and food security', *Science* 304, 2004, p. 5677.

38   Rodale Institute, *Regenerative Organic Agriculture and Climate Change*, Kutztown, PA: Rodale Institute, 2014.

39   R. Lal, 'Soil carbon sequestration impacts.'

40   Frantz Fanon, *The Wretched of the Earth: Pref. by Jean-Paul Sartre*, trans. Constance Farrington, New York: Grove Press, 1963.

한국어판 후기

1   Sullivan, D., & Hickel, J., 'Capitalism and extreme poverty: A global analysis of real wages, human height, and mortality since the long 16th century', *World development*, 2023. 다음도 참고하라. Hickel, J. and Sullivan, D., 'Capitalism, poverty, and the case for democratic socialism', *Monthly Review*, 2023.

2   Hickel, J., Dorninger, C., Wieland, H., & Suwandi, I., 'Imperialist appropriation in the world economy: Drain from the global South through unequal exchange, 1990-2015', *Global Environmental Change* Volume 73, March 2022. 다음도 참고하라. Hickel, J., Sullivan, D., & Zoomkawala, H., 'Plunder in the post-colonial era: quantifying drain from the global south through unequal exchange, 1960-2018', *New Political Economy* 26(6), 2021.

3   Hickel, J., 'Quantifying national responsibility for climate breakdown: an equality-based attribution approach for carbon dioxide emissions in excess of the planetary boundary', *The Lancet Planetary Health* 4(9), 2020, pp. e399-e404.

4   Hickel, J., O'Neill, D. W., Fanning, A. L., & Zoomkawala, H., 'National responsibility for ecological breakdown: A fair-shares assessment of resource use, 1970-2017', *The*

Lancet Planetary Health 6(4), 2022, pp. e342-e349.

5   Hickel, J., 'How to achieve full decolonization', *New Internationalist*, 2022.

6   Hickel, J., & Kallis, G., 'Is green growth possible?', *New Political Economy* 25(4), 2020, pp. 469-486; Hickel, J., Brockway, P., Kallis, G., Keyßer, L., Lenzen, M., Slameršak, A., ... & Ürge-Vorsatz, D., 'Urgent need for post-growth climate mitigation scenarios', *Nature Energy* 6(8), 2021, pp. 766-768; Hickel, J., 'What does degrowth mean? A few points of clarification', *Globalizations* 18(7), 2021, pp. 1105-1111; Hickel, J., Kallis, G., Jackson, T., O'Neill, D. W., Schor, J. B., Steinberger, J. K., ... & Ürge-Vorsatz, D., 'Degrowth can work-here's how science can help', *Nature* 612(7940), 2022, pp. 400-403.

7   Hickel, J., 'The anti-colonial politics of degrowth', *Political Geography* 88, 2021.

8   Hickel, J., 'The double objective of democratic ecosocialism', *Monthly Review* Volume 75, September 2023.

찾아보기

인명 찾아보기

461

격차

2024년 7월 19일 초판 1쇄 발행
2024년 8월 20일 초판 2쇄 발행

지은이   제이슨 히켈
옮긴이   김승진

펴낸곳   도서출판 아를
등록   제406-2019-000044호 (2019년 5월 2일)
주소   10881 경기도 파주시 문발로 139, 407호
전화   031-942-1832
팩스   0303-3445-1832
이메일   press.arles@gmail.com

한국어판 © 도서출판 아를 2024
ISBN 979-11-93955-04-8 03300

아를ARLES은 빈센트 반 고흐가 사랑한 남프랑스의 도시입니다.
아를 출판사의 책은 사유하는 일상의 기쁨, 아름다움을 발견하는 즐거움을 드립니다.
◦ 페이스북 @pressarles ◦ 인스타그램 @pressarles ◦ 트위터 @press_arles